厦门大学南强丛书（第七辑）编委会

主 任 委 员：张　荣
副主任委员：杨　斌　江云宝

委员：（以姓氏笔画为序）

田中群　江云宝　孙世刚　杨　斌　宋文艳　宋方青
张　荣　陈支平　陈振明　林圣彩　郑文礼　洪永淼
徐进功　翁君奕　高和荣　谭　忠　戴民汉

厦门大学南强丛书【第七辑】

现代性的哲学反思与"中国现代性"建构

张艳涛◎著

厦门大学出版社 国家一级出版社
XIAMEN UNIVERSITY PRESS 全国百佳图书出版单位

图书在版编目(CIP)数据

现代性的哲学反思与"中国现代性"建构/张艳涛著.—厦门:厦门大学出版社,2021.3
(厦门大学南强丛书.第7辑)
ISBN 978-7-5615-7811-7

Ⅰ.①现… Ⅱ.①张… Ⅲ.①现代哲学—研究—中国 Ⅳ.①B26

中国版本图书馆 CIP 数据核字(2020)第 093222 号

出 版 人	郑文礼
责任编辑	文慧云
封面设计	李夏凌
技术编辑	朱　楷

出版发行　厦门大学出版社
社　　址　厦门市软件园二期望海路 39 号
邮政编码　361008
总　　机　0592-2181111　0592-2181406(传真)
营销中心　0592-2184458　0592-2181365
网　　址　http://www.xmupress.com
邮　　箱　xmup@xmupress.com
印　　刷　厦门集大印刷厂

开本　720 mm×1 000 mm　1/16
印张　22.75
插页　4
字数　385 千字
版次　2021 年 3 月第 1 版
印次　2021 年 3 月第 1 次印刷
定价　79.00 元

本书如有印装质量问题请直接寄承印厂调换

B0223-1-1

定价:79.00元

厦门大学出版社
微信二维码

厦门大学出版社
微博二维码

总 序

在人类发展史上,大学作为相对稳定的社会组织存在了数百年并延续至今,一个很重要的原因在于大学不断孕育新思想新文化,产出新科技新成果,推动人类文明和社会进步。毋庸置疑,为人类保存知识、传承知识、创造知识是中外大学的重要使命之一。

1921年,爱国华侨领袖陈嘉庚先生于民族危难之际,怀抱"教育为立国之本"的信念,倾资创办厦门大学。回顾百年发展历程,厦门大学始终坚持"博集东西各国之学术及其精神,以研究一切现象之底蕴与功用",产出了一大批在海内外具有重大影响的精品力作。早在20世纪20年代,美籍生物系教授莱德博士对厦门文昌鱼的研究,揭示了无脊椎动物向脊椎动物转化的奥秘,发表在美国1923年的《科学》杂志上,在国际学术界引起轰动。上世纪30年代,郭大力校友与王亚南教授合译的《资本论》中文全译本首次在中国出版,有力地促进马克思主义在中国的传播。1945年,萨本栋教授整理了在厦门大学教学的讲义,用英文撰写 Fundamentals of Alternating-Current Machines(《交流电机》),引起世界工程学界强烈反响,开创了中国科学家编写的自然科学著作被外国高校用为专门教材的先例。上世纪70年代,陈景润校友发表了"1+2"详细证明,引起世界巨大轰动,被公认为对哥德巴赫猜想研究的重大贡献。1987年,潘懋元教授编写我国第一部高等教育学教材《高等教育学》,获国家教委高等学校优秀教材一等奖。2006年胡锦涛总书记访问美国时,将陈支平教授主编的《台湾文献汇刊》作为礼品之一赠送给耶鲁大学。近年来,厦大在能源材料化学、生物医学、分子疫苗学、海洋科学、环境生态科学等理工医领域，在经济学、管理学、统计学、法学、历史学、中国语言文学、教育学、国际关系及区域问题研究等人文社科领域不断探索，取得了丰硕的成果，出版和发表了一大批有重要影响力的专著和论文。

书籍是人类进步的阶梯，是创新知识和传承文化的重要载体。为了更好地展示和传播研究成果，在1991年厦门大学建校70周年之际，厦门大学出版社出版了首辑"厦门大学南强丛书"，从参评的50多部优秀书稿中评选出15部优秀学术专著出版。选题涉及自然科学和社会科学，其中既有久负盛名的老一辈学者专家呕心沥血的力作，也有后起之秀富有开拓性的佳作，还有已故著名教授的遗作。首辑"厦门大学南强丛书"在一定程度上体现了厦门大学的科研特色和学术水平，出版之后广受赞誉。此后，逢五、逢十校庆，"厦门大学南强丛书"又相继出版了五辑。其中万惠霖院士领衔主编、多位院士参与编写的《固体表面物理化学若干研究前沿》一书，入选"三个一百"原创图书出版工程；赵玉芬院士所著的《前生源化学条件下磷对生命物质的催化与调控》一书，获2018年度输出版优秀图书奖；曹春平副教授所著《闽南传统建筑》一书，获第七届中华优秀出版物奖图书奖。此外，还有多部学术著作获得国家出版基金资助。"厦门大学南强丛书"已成为厦大重要学术阵地和学术品牌。

2021年，厦门大学将迎来建校100周年，也是首辑"厦门大学南强丛书"出版30周年。为此，厦门大学再次遴选一批优秀学术著作作为第七辑"厦门大学南强丛书"出版。本次入选的学术著作，多为厦门大学优势学科、特色学科经过长期学术积淀的前沿研究成果。丛书作者中既有中科院院士和文科资深教授，也有全国重点学科的学术带头人，还有新近在学界崭露头角的青年新秀，他们在各自学术领域皆有不俗建树，且备受瞩目。我们相信，这批学术著作的出版，将为厦大百年华诞献上一份沉甸甸的厚礼，为学术繁荣添上浓墨重彩的一笔。

"自强！自强！学海何洋洋！"赓两个世纪跨越，逐两个百年梦想，面对世界百年未有之大变局，面对全人类共同面临的问题，面对科学研究的前沿领域，面对国家战略需求和区域经济社会发展需要，厦门大学将乘着新时代的浩荡东风，秉承"研究高深学问，养成专门人才，阐扬世界文化"的办学宗旨，劈波斩浪，扬帆远航，努力产出更好更多的学术成果，为国家富强、民族复兴和人类文明进步作出新的更大贡献。我们也期待更多学者的高质量高水平研究成果通过"厦门大学南强丛书"面世，为学校"双一流"建设作出更大的贡献。

是为序。

厦门大学校长 张荣

2020年10月

作者简介

张艳涛，黑龙江庆安人，2007年毕业于中共中央党校，获哲学博士学位，现为厦门大学马克思主义学院副院长、教授、博士生导师，厦门大学马克思主义与中国发展研究所所长，厦门大学池田大作思想研究中心主任，主要研究方向为马克思主义哲学、人学、能力理论、社会层级结构理论和力量转移理论。兼任中国人学学会理事，中国马克思主义哲学史学会理事，中国马克思恩格斯研究会理事，中国历史唯物主义学会会员。出版学术专著六部：《马克思哲学观》《马克思主义哲学视阈中的"中国问题"》《知识与信仰：当代大学生精神世界研究》《哲学范式转换与马克思主义哲学理论创新》《中国特色社会主义基本原理：中国话语体系研究》《论"四个伟大"》。在《中国社会科学》《哲学研究》《马克思主义研究》《光明日报》（理论版）等刊物发表学术论文170余篇。研究成果四次获省社会科学优秀成果奖，入选"福建省高等学校新世纪优秀人才支持计划"（2012）、"全国高校优秀中青年思想政治理论课教师择优资助计划"（2015）、"福建省优秀教师"（2017）、"宝钢优秀教师奖"（2020）。

序　言

人类向何处去？这一重大现实问题切实地摆在全球每一个人面前，需要我们共同来思考和破解。毫无疑问，现代性是我们时代最重要的焦点性话题之一。其实，我们研究的许多重大理论现实问题，都直接或间接与现代性相关。现代性既是一个重大理论问题，也是一个重大现实问题，既是当代人类共同面临的一个根本问题，也是"后发展国家"特别是当代中国面临的一个紧迫问题。从哲学视角看，现代性是现代化过程的质的规定性，是现代社会的内在机理，因此现代化过程始终伴随着对现代性的反思与批判。如今，现代性成为现代这个历史概念和现代化这个社会历史过程的总体性特征。马克思的现代性理论正是紧紧围绕资本逻辑的分析和批判来展开的。在马克思看来，现代性归根结底是在现代生产基础上资本运动的产物，是资本逻辑生成过程。马克思的现代性理论不仅揭示了资本本性及其内在逻辑，而且阐释了一个重要思想，就是利用资本消灭资本，中国改革开放和建立社会主义市场经济体制正是对这一思想的深刻领悟与伟大实践。马克思关于现代性的批判与对资本主义的批判是同质的，他指出资本主义：一方面产生了以往人类历史上任何一个时代都不能想象的工业和科学的力量；而另一方面却显露出衰颓的征兆。这种衰颓的征兆集中表现在资本主义关系对人的侮辱、奴役、遗弃和蔑视。因此，马克思希望推翻这一关系、建立每个人自由全面发展的共产主义社会从而扬弃资本主义的种种弊端。"西方现代性"并没有将人类导向一种更安全更幸福的生活。相反，它让我们持续暴露在"社会风险"之下，我们正在经历着"风险"产生的巨大后果。随着世界主导力量的转移,当前中国日益走近世界舞台中央,此时,对现代性进行哲学反思、对"中国现代性"建构进行学理研究恰逢其时。现代性虽然发端于西方,但是随着世界历史和全球化进程,它已经跨越了民族国家的界限而成为一种世界现象和全球现象。因此,现代性话语是当代中国无法回避的理论语境,同样现代性和现代化也是当代中国无法跨越的实践征程。现代化作为中国"未竟的事业"、现代性作为中国"追寻的价值目标之一",对于中国人影响深远。中国早已不是现代性的旁观者,而是一个积极参与者。"中国现代性"与"西方现代性"既有共同点,但还是有本质区别,我们是在中国特色社会主义框架内讲"中国现代性"。比较而言,"西方现代性"是以资本为主导的现代性,"中国现代性"是以人民为本、以人民为中心的现代性。

中国向何处去?这是中国发展的根本问题。近代以降,中国社会经历了空前的民族灾难和前所未有的深刻变革,"中国向何处去"成为时代性的中心问题。围绕这一问题的破解,中华民族和中国人民进行了不屈不挠的探索,经过反复比较与不断实践,历史和人民最终选择了中国共产党、选择了马克思主义、选择了社会主义、选择了改革开放。从此"中国革命的面貌为之一新","中国人在精神上就由被动转入主动"。当前,世界处于百年未有之"大变局",中国特色社会主义进入"新时代",国际社会越来越多地把目光投向中国、聚焦中国、研究中国。中国特色社会主义,既是当代中国的根本政治标识,也是14亿中国人民的最大共识和共同理想。经过长期努力,如今中国发展站到了新的历史起点上,中国特色社会主义进入了"新时代",中华民族迎来了从站起来、富起来到强起来的伟大飞跃,全面建成小康社会进入收官阶段,我们正在向实现社会主义现代化强国迈进。当代中国共产党人正在团结带领中国人民努力接续完成实现现代化和民族复兴的时代课题。为了更好地完成这一时代课题,需要借助于理论的力量和思想的力量。当代中国发展,总体上依然处在社会主义初级阶段,即处在由前现代走向现代化的征途中,中国依然是世界上最大的发展中国家,实现现代化、追寻现代性依然是"未竟的事业"。随着中国崛起,"中国道路"越来越具有世界意义,可以说"中国向何处去"也必将深刻影响"世界向何处去"。

当代中国迫切需要追求现代性,因为其利大于弊。我国是在探索中国式的现代化道路以及反思我国社会转型、社会发展暴露出来的问题的进程中遭遇现代性问题的。研究现代性问题,对推进当代中国发展具有重要的现实意义。"中国现代性"催生着"人性的革命",由过去的控制人和束缚人走向解放人和开发人,它培育着人的法治精神、理性精神、契约精神、能力观念、独立人格和功用观念,这些精神和观念正是中国实现"强起来"所必需的。同时,要消除封建文化的遗毒,中国特别需要进行现代性建构。历史地看,实现现代性是一种自然历史过程,因而,我们不能因为后现代主义批判现代性而放弃对现代性的追求。当代中国还没有真正或完全享受现代性所带来的积极成果。因此要在吸收借鉴西方现代化进程中的经验教训的前提下,推进当代"中国现代性"建构。现代性是多样的而不是一元的,不应只有西方式的现代性。由于中国的传统、现实和国情与西方不同,所以"中国现代性"建构既要体现现代性的一般精神,也必然在方式上具有自己的特点。"中国现代性"建构过程,既是学习、借鉴"西方现代性"的过程,也是根据中国实践的发展要求创造性地进行建构的过程。值得注意的是,"中国现代性"建构不仅要注重党的领导力量、市场配置力量和人民主体力量,而且要注重这三种力量之间的协调并形成合力。只有协调并形成合力,才能真正建成中国特色社会主义,也才能真正显示出中国特色社会主义的制度优势、比较优势和影响力。党的领导力量、市场配置力量和人民主体力量的协调且形成合力,是中国成为强国并屹立于世界民族之林的三大根本支柱,是中国参与国际竞争并拥有国际话语权的三大根本支柱,是建构中国话语体系并形成一种新型文明的基石与核心。当代中国追寻现代性，建设现代化国家，进行改革开放，资本是举足轻重的推动力量。正是借助于资本的力量，"中国现代性"才得以彰显，"中国现代化"才能够实现，"中国人的现代人格"才能养成。实际上，每个社会在发展的一定时期都有首选价值的问题。从根本上说，建立一个更加公平正义的社会才是"中国现代性"建构应有的价值目标。中国恰恰是在普遍性和特殊性的张力中才取得巨大的成就。当前，中国正处于由"大国"走向"强国"的关键期，其发展的"时空压缩"效应使得社会环境急剧变化，社会结构转型使得成员利益极不稳定，新事物新思想大量涌现，社会不稳定因素加剧。这些社会条件的现实变化引发了"现代性焦虑"。"现代性焦虑"本质上是对资本主义文明走向的一种焦虑，因此现代性焦虑之克服根本上在于超越资本主义文明，开辟一种新文明。

我始终倡导，理论研究要瞄准国家发展重大战略需求。马克思指出，"理论在一个国家实现的程度，总是取决于理论满足这个国家的需要的程度"。因此，符合时代要求和国家战略需求的理论研究要有前瞻性，不能满足于做黄昏时才起飞的"猫头鹰"，而应努力成为黎明前报晓的"雄鸡"。《现代性的哲学反思与"中国现代性"建构》这本书既契合国家发展重大战略需求，又具有一定的创新性和前瞻性。概括起来，本书至少有三点创新：

一是视野创新。 作者能够立足人类文明视野审视"中国现代性"建构问题。"中国现代性"建构承载着建设现代国家、建设现代社会和建构现代心灵秩序的历史任务。在一个"资本逻辑"主导的西方现代性发展模式中，"中国现代性"建构应基于中国特色社会主义道路、理论、制度、文化。"中国道路"体现了中国特色社会主义的基本实践以及在这一实践中所形成的社会基本制度和具体体制的设计与框架，他构成了对资本逻辑主导的西方—资本主义现代性的"实践批判"；"中国理论"体现了中国特色社会主义基本实践和基本经验的理论成果，他构成了对资本逻辑主导的西方—资本主义现代性的"理论批判"；"中国制度"

体现了中国特色社会主义的根本问题和关键因素,他构成了对资本逻辑主导的西方—资本主义现代性的"制度批判";"中国文化"体现了中国特色社会主义的根与魂,他构成了对中国传统文化的"守正创新"和对西方文化的深刻反思与"文化批判"。中国崛起,绝不仅仅是国力的强盛和民族的复兴,最根本的乃是人民的福祉,即 14 亿中国人的尊严、权利、福利、利益和能力能够得到更大的增进和维护,在国内建立起令人羡慕的和谐的国民关系,在国外成为令人尊敬的现代文明国家。也就是说,中国不仅要成为"强国"和"富国",更要成为"令人尊敬"和"令人向往"的国家。

二是观点创新。作者能够提出一些有启发有新意的学术观点。中国人对于"中国道路"的探索,其根本宗旨也许正在于为人类的未来探索一种新的可能性——基于"中国现代性"之上的"中国经验",极有可能开辟"一种新的现代性文明形态"。这种新现代性既是"现代性一般"与"现代性特殊"的统一,又是"中国特色"与"社会主义道路"的统一,也是"中国理论建构"与"历史唯物主义中国化"的统一。如果说"西方现代性"的价值排序是"理性化和世俗化优先于人性化和个性化",那么"中国现代性"的价值排序则是"人性化和个性化优先于理性化和世俗化"。在人类文明视野下,中国特色社会主义具有明显的制度优势和比较优势,把制度优势和比较优势有效转化为国家治理效能,是中国共产党团结带领中国人民开辟中国道路、创造中国奇迹的关键密码。中国特色社会主义既借鉴了资本主义文明的有益成果,又坚持科学社会主义的基本原则,创新和发展着社会主义新文明。

三是守正创新。作者能够立足中国大地、面向现代化、面向世界、面向未来坚持守正创新。在当代中国,既然现代化和现代性被设定为中国发展目标,那么就要探寻实现现代化和现代性的具体路径。"中国现代性"建构必须正视中国社会现状。"中国现代性"建构必须在前现代、现代和后现代,封建主义、资本主义和社会主义,人对人的依赖、人对物的依赖和人的自由个性等诸多"时空压缩"复杂境遇下开展。当前应从"新型文明开启"的高度来看待"中国现代性"建构。中国特色社会主义要创造一种"高于"和"优于"资本主义文明新的文明形态，就必须在人与自然的关系上全面超越"环境悖论"、在人与人的社会关系上全面超越"两极悖论"、在人与他人的主体间关系上全面超越"主奴悖论"、在人与自我意识关系上全面超越"存在悖论"。只有在上述四个方面进行全面的革命性变革，才可能开启一种新文明形态。"中国现代性"建构改变的不只是世界体系的"物质力量结构"，还会带来"世界精神结构"的变革和创新。

祝贺本书能够入选厦门大学《南强丛书》，并作为"厦门大学百年校庆出版物"之一。张艳涛于2004—2007年在中央党校攻读博士学位，2007年博士毕业后到厦门大学工作，博士毕业八年就成为教授，他成长进步很快。作为本书作者的博士生导师，我很欣慰张艳涛教授能循着"中国奇迹——中国道路——中国理论——中国方案——中国话语"的逻辑，深入思考和研究"中国现代性"建构问题，希望他在"中国现代性"建构上能有更多更好的论著问世。希望越来越多的学者能够研究和关注"中国现代性"建构问题。

中央党校原校委委员、一级教授 **韩庆祥**
2020年6月10日于中央党校

目 录

导 论 问题提出与研究思路 ………………………………………… 001
　一、研究动因与几点说明 ………………………………………… 002
　二、研究现状述评及研究意义 …………………………………… 004
　三、基本思路、研究方法、主要内容、重点难点 ………………… 010
　四、相关概念界定与辨析 ………………………………………… 014

第一章　现代性的特征、主题与动力：现代性研究的制度性视角 …… 044
　第一节　简与繁：现代性的矛盾性与复杂性、宏观机制
　　　　　与微观机制 ……………………………………………… 044
　第二节　一与多：现代性的离心力和与同化力、单一现代性与多元
　　　　　现代性 …………………………………………………… 049
　第三节　质与量：现代性的动力机制、平衡机制与治理机制 …… 056
　本章小结　"中国现代性"提出的历史语境与现代性的哲学反思：
　　　　　　现代性的病理学透视 ………………………………… 061

第二章　传统更新与"中国现代性"建构：现代性研究的历时态视角 … 068
　第一节　结构转型与"中国现代性"：中国未来命运的决断力 …… 068
　第二节　结构改革与"中国现代性"：中国转型发展的助推力 …… 079
　第三节　结构创新与"中国现代性"：传统的创造性转化
　　　　　与创新性发展 …………………………………………… 087
　本章小结　"中国现代性"建构是结构转型、结构改革、结构创新的
　　　　　　三位一体 ……………………………………………… 091

第三章　时空压缩与"中国现代性"建构：现代性研究的共时态视角 ……… 093
- 第一节　时间与"中国现代性"建构：后发追赶型 …………… 093
- 第二节　空间与"中国现代性"建构：非均衡型 ……………… 098
- 第三节　价值与"中国现代性"建构：多元共存型 …………… 100
- 本章小结　现代性焦虑、虚无主义与文化自信 ……………… 135

第四章　力量转移与"中国现代性"建构：1970年代以来的新变化 ……… 150
- 第一节　力量转移与商品生产 …………………………………… 158
- 第二节　力量转移与货币转移 …………………………………… 160
- 第三节　力量转移与财富转移 …………………………………… 163
- 本章小结　现代性生成的深层主线：从资本逻辑到生活逻辑 ……… 166

第五章　世界历史体系与"中国现代性"建构：中心与边缘的博弈 ………… 177
- 第一节　创新驱动与高质量发展：中国发展的必由之路 ……… 177
- 第二节　"中国现代性"建构：中国特色社会主义的道路创新 ……… 181
- 第三节　共享发展：中国特色社会主义的价值基因 …………… 190
- 第四节　社会主义市场经济：中国特色社会主义的制度创新 ……… 198
- 第五节　建构面向"中国问题"的历史唯物主义理论话语体系：中国特色社会主义文化创新 …………………………… 204
- 本章小结　增强中国特色社会主义的道路自信、理论自信、制度自信、文化自信 …………………………………… 214

第六章　"中国现代性"的双重意蕴：1978年以来的社会现代性与文化现代性 …………………………………………………… 216
- 第一节　"公民社会"与"中国现代性"建构 …………………… 216
- 第二节　"环境正义"与"中国现代性"建构 …………………… 225
- 第三节　"文化强国"与"中国现代性"建构 …………………… 234
- 本章小结　"中国现代性"开启"一种新的文明形态" ………… 241

第七章　人类文明视野下的"中国现代性"建构：2012年以来国家治理
　　　体系与治理能力现代化 ·············· 253
　第一节　"中国现代性"建构与国家治理体系和治理能力现代化 ······ 253
　第二节　"中国现代性"建构与中国共产党的自我革命 ············ 261
　第三节　人类文明视野下的中国特色社会主义与中国共产党 ······ 270
　第四节　中国特色社会主义进入新时代的世界历史意义 ············ 279
　第五节　全球视野中的中国道路与中国奇迹 ·················· 287
　第六节　人类文明视野下高技术与高情感的协调发展 ············ 297
　本章小结　现代文明新秩序建构与中国话语权提升 ·············· 310

结语　历史唯物主义视阈"中国现代性"之建构 ·················· 320
参考文献 ·· 335

后记 ·· 345

导论　问题提出与研究思路

当今世界处于"百年未有之大变局",当前中国处于近代以来最好的发展时期,两者同步交织、相互激荡,共同构成了世界与中国的基本面。现代性作为当代人类社会经验的基本方面无疑已经成为学术研究和理论创新的重心之一。近10多年来,对现代性的反思逐渐成为显学,这既是理论理性发展的内在需要,也是实践理性的必然要求。现代性是"现代"这一历史概念和"现代化"这一社会历史过程的总体性特征,关于这一历史概念和这一社会历史过程人们尚未搞清楚。现代性问题虽然发端于西方,但是随着世界历史和全球化进程,它已然跨越了民族国家的界限而成为一种世界现象和全球化现象。现代化是生产力发展进步的客观结果,也是人类社会发展的必然趋势。一个国家的现代化水平在很大程度上反映了国强民富的程度。如今,中国正在加速实现现代化、奋力追求现代性,与此同时现代性在西方已显现出种种倦怠与弊端,可以说关于现代性话语的理论反思和哲学批判恰逢其时。在当代中国研究现代性问题,必须保持两方面的警觉:其一是自觉的"中国现代性"问题意识,这是中国作为后发展国家的"后发优势"和"比较优势"得以实现的前提;其二是广阔的"全球视野",这是中国作为绵延不绝的文明古国的"历史优势"和"独特优势"得以实现的基础。何谓"西方"?从世界历史和国际政治的角度看,西方既是地理和物质层面的,也是精神和制度层面的。西方文明发源于古希腊、古罗马,历经城邦制、罗马帝国、中世纪、文艺复兴、大航海时代、殖民扩张乃至美国崛起,逐渐形成文明体系并不断被充实和强化。现代西方人以欧洲各民族及其后裔为主体,思想文化深受基督教信仰的影响,以所谓自由民主制度为价值信条。这些共同筑就了西方对世界的政治和文化影响。在物质层面,过去三四百年间,西方基于海洋、大陆扩张和金融霸权,引领了军事革命和科技创新,主导了工业化乃至后工业化时代的世界经济发展。当前,关于"西方现代性"①的研究论著可谓是汗牛充栋,令人望而生畏。然而对于中国而言,现代化正在途中,现代性的学理研究方兴未艾,中国现代性的实践正可谓如火如荼,因此,加强对"中国现代性"的理论与实践的科学研究,从"文明转型"和"力量转移"视角探索中国走向世界历史的路径和意义,合理定位中国在当代世界历史体系中的地位和作用,就成为研究世界"力量转移期"和中国"结构转型期"的当代中国学者必须深入研究的现实课题。毕竟,"中国道路"所蕴含的"中国现代性"能否构成一个足以应对现代西方文明模式挑战的补充性方案或替代性方案,依然有待长时段的历史和实践来验证。

一、研究动因与几点说明

本书研究的理论动因在于,经过这么多年、那么多学者经年累月的研究,我们还能对现代性言说些什么有价值的真知灼见,而不至于沦为某种陈词滥调？在全球化进程中,西方近代以来所实现的现代性已经烂熟,然而非西方各国依然锲而不舍地、你追我赶地追求此种现代性,这不能不引起理论研究者的某种警觉和极大兴趣。从世界历史的高度看,一部现代性的发展史同时也是一部现代性的生成史与理解史,更是一部现代性的反思史与批判史。更为重要的原因是,有关"中国现代性"的讨论往往是在世界政治秩序和霸权结构发生深刻变动并已影响到中国国家走向的时候,才形成论争的。② 这意味着作为"中国现代性"建构进程中的观察者和参与者,研究这一课题是再自然不过的事情。

---

① 实际上,"西方现代性"并非铁板一块,西方模式既有其共性,也有各自特性,任何一种模式都有自己国家的文化内涵在里面。因此,片面地强调普遍性和片面地强调特殊性都是有问题的。

② 中国大陆在 1930 年代前后关于"东西方文化论战"和"中国社会性质"的论争,其实正是一种在帝国主义进入晚期资本主义阶段而世界政治秩序发生大变动背景下出现的有关"中国现代性"的讨论；1960 年代"中苏论战"以及对"第三世界"和"反霸权"原则的强调,也是冷战时期紧张与缓和此消彼长结构下发生的中国社会主义现代化论争；1990 年代由现代化转到现代性的大论争,则更为明显地反映出中国试图重新定位自己在全球化时代国际秩序中的位置这样一种欲望；2004 年以来,有关"北京共识""中国崛起""中国道路""中国模式""中国经验""中国现代性"的讨论,则更为深刻地反映了正在走向强国的中国这一大国对于建构"中国现代性"的渴望。参见赵京华:《世界政治秩序的重组与东亚现代性问题:以二战前后日本"近代的超克"论为例》,载钱永祥:《普遍与特殊的辩证:政治思想的探掘》,台湾"中央研究院"人文社会科学研究中心 2012 年版,第 92 页注释②。

现实动因在于，现代性似乎是人类的宿命，世界各国各民族各地区皆必须经过现代性的洗礼。问题是世界各国各民族各地区，如何实现现代性？谁之现代性？虽然现代性最早发端于欧洲，且如今已弊端丛生、伤痕累累，早在20世纪70年代西方思想界就已经引起所谓"后现代思潮"的反动，力图对现代性进行反思与解构，然而对于现代性的追求与梦想，在中国与亚、非、拉等其他后发展国家，依然是一个"将来式""正在进行时""正在途中"。不过，从理论上看，现代性如今已发展成为一个多元、混乱且复杂的概念，需要对其进行有原则高度和有理论深度的清理、总结和再认识。从实践上看，世界各国、各民族、各文化传统，因为各自不同的历史与文化背景和现实遭遇，可以有不同的路径进入并发展不同样态的现代性。如今，面对全球化、后现代与后殖民主义的严峻挑战，"中国现代性"的议题和课题愈显重要，因此需要从科际整合、跨学科和协同创新的视角出发深入研究现代性问题，既要重视现代性的基础理论研究，也应深化现代性的跨学科研究，从而为"中国现代性"建构提供必要的思想准备和知识储备。一段时间里，中国大陆一直强调"中国道路""中国经验""中国模式"，其核心是"中国现代性"建构。中国在现代性方面的种种努力与成就，必将影响深远，极有可能开辟"一种新的现代性文明形态"。

关于研究题目还需要说明的是：书名标举"现代性的哲学反思与'中国现代性'建构"，所谓"现代性的哲学反思"，就是通过哲学的介入使对现代性的反思与批判更具深度、宽度和高度，笔者选择性地考察现代性的单一与多元、平庸与神奇、矛盾与和解，力图从现代性的根基处进行研究，因为从根基发出的"幼芽"才可能长成"参天大树"，从"枝杈"发出的"幼芽"只能长成"树枝"。所谓"中国现代性建构"，主要是从道路创新、理论创新、制度创新和文化创新层面来探讨中国如何走出一条现代性的新路来。我们之所以标举"中国现代性"也是向世界表明，"中国人通过自己的努力，以自己的方式，从另外的起点和路径，通向世界文明的制高点。条条大路通罗马，不同的道路，对应着不同的历史轨迹、文化脉络和现实国情。每个国家的人民，都有权选择适合自己国情的发展道路"[①]。基于这一理解，"中国现代性"的建构可分为两个密切相关的部分：其一是"中国现代性"的"实践建构"，即"中国特色社会主义道路创新"；其二是"中国现代性"的"理论建构"，即在中国传统文化和西方现代性的反思与批判基础上的"中国特色社会主义的理论创新和制度创新"。中国道路和中国

[①] 玛雅：《道路自信：中国为什么能》，北京联合出版公司2013年版，序言第2页。

前景构成"中国现代性"研究的出发点和落脚点。世界历史"力量转移"背景下中国道路创新、理论创新、制度创新和文化创新构成"中国现代性"的基本分析框架和战略框架。如何让世界更好地了解中国,如何让中国更好地走向世界,如何展现真实立体全面的"中国形象",是笔者所关心的,也是需要深入研究和思考的。

二、研究现状述评及研究意义

对现代性问题进行深入研究和系统总结绝非易事,对"中国现代性"进行前瞻性研究就更加困难。而课题研究和学术探索的本质就是"攻坚克难"。越是面对困难重重,越需要深化理论研究。毕竟,思想就是力量。科学的思想在照亮人们精神世界的同时,也改造着人们生活的物质世界。

究竟何谓"现代性"? 何谓"中国现代性"? 在全球化语境和中国崛起的双重背景之下,有关现代性(modernity)、现代化(modernization)和后现代性(Post-modernity)的研究与争论层出不穷。无论是哈贝马斯(Jürgen Habermas)的"重建现代性"、吉登斯(Anthony Giddens)的"反思性现代性",还是贝克(Ulrich Beck)的"第二次现代化理论",乃至齐格蒙特·鲍曼(Zygmunt Bauman)对"后现代性的预言",都振聋发聩地对现代性加以解释、批判和建构。然而,"现代性"是一个内涵丰富、歧义丛生的概念,不同时代、不同学科、不同学者往往从不同视角对其加以阐释和厘定,使得这一概念既充满张力又富有弹性,进而为人们展示了现代性可供探讨的广阔理论空间。如今,现代性研究已涉及美学、文学、哲学、社会学、政治学、伦理学等众多学科,俨然已发展成一个"学科群"。概括起来,现代性研究主要涉及现代性的四个重要方面:(1)现代性的概念与历史;(2)现代性的矛盾逻辑;(3)文化现代性与审美现代性;(4)现代与后现代的关系。[①]

从总体上看,现代性是指从文艺复兴尤其是启蒙运动以来的西方历史状况与文化精神。对此,可从两个方面进行理解和把握。其一,现代性是一种"历史状况",作为一种"历史状况",它与文艺复兴和启蒙运动的历史背景内在相关。相对于前现代的农业经济、礼俗观念、专制统治及同质、僵化的社会结构与生活方式而言,现代性是"祛蒙昧性"与"祛传统性"的生活境况。其二,现代性是一种"精神状态",作为一种"精神状态",它摒弃人类蒙昧、未开化的精

---

① 周宪:《文化现代性读本》,南京大学出版社2012年版,序言第1页。

神世界,相信人类理性的巨大能量和发展潜力,崇尚人类社会永恒进步的价值理想。可见,现代性是人类发展的必经阶段和状态,因此是无法逾越的。

从哲学的视角看,现代性是现代的本质,它自身蕴含着深刻的文化矛盾和内在冲突。现代性的哲学基础是主体与客体的分裂和对立,现代性哲学的主要表现形式是"主体哲学"(subject philosophy)或"意识哲学"(consciousness philosophy)[①],这一哲学将人的位置和作用凸显出来并提升到绝对高度、把"之一"超拔为"唯一",其结果是人成为世界的中心、尺度和主宰,人之外的一切均沦为"客体"或"有用物",结果造成一种扭曲变形的"以人为本"。实际上,现代性作为现代化过程的"质的规定性",它具有多重性和矛盾性,表征了人类最深刻的社会冲突、人性本身的内在矛盾和人类生存实践的二律背反(悖论)。不仅如此,现代性本身还蕴含相互关联的多重维度,例如,个体的主体性与自我意识、理性化和契约化的公共文化精神、经济运行的理性化、行政管理的科层化、公共领域的自律化、公共权力的民主化和契约化、社会发展的人性化等。因此,从哲学的视角反思现代性可能对现代性的理解和把握更具高度、深度和宽度。

从历史和现实的角度看,现代性是一个老问题,也是一个常新的问题。关于现代性的研究可以追溯至现代发端之初,尤其以近百年以来,其研究论著可谓是汗牛充栋。然而仔细梳理这些成果,可以发现主要存在三点不足:第一,关于现代性"批判有余而反思不足",结果导致发展中国家还没有完全释放出现代性的全部潜力,还没有完全享受现代性的积极成果,就过多过早地对现代性进行批判,造成一些发展中国家现代性发育不足或畸形发展;第二,关于现代性"经验研究有余而思辨研究不足",结果导致定量研究、实证研究比较兴盛,有理论深度的哲学研究略显不足;第三,关于现代性"分门别类地研究、人头式研究有余而整合协同研究不足",结果导致学术研究因"分工"而"分家",虽"鸡犬相闻"但大多"老死不相往来"。这严重制约了对现代性的整体认识、理解和实践。毫无疑问,中外学者围绕现代性的学理研究已经取得了不小成就,但就目前的研究成果来看,还有一定的局限性,比如学界关于现代性的反思,存在一个方法论上的简单化问题,即往往只在观念的层面上思考问题,尚未深入到深层文化结构、社会规范和社会心理机制。此外,对现代性文献的搜集和整理、总结和概括也缺乏明确的整体性计划,往往是自言自语,未能形成

---

① 比较而言,意识哲学主要是"独白方式",实践哲学主要是"对话方式"。

一定的思想交锋、交流和交融的局面。因此，围绕这一课题的研究还有进一步深化拓展的必要和空间。如今，现代性问题已成为一个世界性现象和全球性问题。在西方，随着现代社会的到来和现代化进程的推进，尤其是后现代和后工业社会的到来，现代性问题不仅被学者所深入研究，而且为深度关注社会问题的一般民众所广泛地讨论。然而，对于正行进在现代性途中的后发展国家中国而言，研究现代性问题不纯粹是一种学理性的需要，而且更承载着对现代性在当代中国能否实现的"历史追问"以及如何实现的一种"现实关怀"。

从问题域的视角看，现代性问题绝不是一个孤立的问题，而是一组"问题群"，主要包括：现代性的基本特质是什么？现代性的主题有哪些？现代性的动力何在？传统与现代是何关系？现代与后现代是何关系？不同现代化路径之间的差别何在？如何对西方的现代性概念和理论框架进行反思？如何超越西方现代性"市场—民主—自由"的一般逻辑？西方自18世纪的"启蒙思想运动"所形成的现代性进程及其脉络，是否内在潜伏着诸多暗潮以至于20世纪先后酿成左右极权主义的意识形态？现代性的标准何在？历史的暴政抑或现代性的危机是如何酿成的？现代性危机的文化根源何在？摆脱现代性危机的出路何在？旧体制与新秩序的连续性何在？我们是如何成为现代人的？中国怎样成为现代中国？"中国经验"、"中国模式"或"中国道路"在创造一种新的普遍性吗？"中国经验"可以超越历史条件而被复制吗？如果不能复制，是否说明"中国经验"不具有普遍意义？人类历史实践已经证实了现代性的实现只有走市场经济和民主政治之路？这对中国具有何种启示？"中国现代性"之于西方"经典现代性"的独特性何在？如何寻求中国现代的文明秩序？理性看待并合理把握这些问题，不仅具有理论研究的意义，而且具有实践操作的意义。尤其值得注意的是，中国的现代化进程和现代性建构是在马克思主义思想指导下进行的伟大社会实践，同时马克思主义也在中国现代化进程中获得了发展和创新的巨大空间。中国共产党在坚持社会主义的基本原则和基本制度的前提下大胆创新，试图破解资本逻辑的难题，努力开辟出一条能够替代或超越"资本现代性"（西方现代性）的"另一种现代性文明"。本书的学理任务是对现代性进行全方位的系统分析，即对现代性的经济、科学、制度、社会、文化、精神层面进行哲学分析，力图廓清现代性的层层迷雾，揭示现代性的真面目。

从文化社会学的角度看，"西方现代性"的历史建构呈现出四大取向，即世俗趣味的高涨、工具理性的泛滥、人本价值的回归和个性表现的放纵。如果从哲学视角进行概括也就是世俗化、理性化、人性化和个性化四大方面。前两个方面是"西方现代性"的主导方面,它标志着近代西方随着资本主义、科学革命、工业革命和市场经济的产生与发展,逐渐摆脱宗教对现实人的日常生活的束缚,摆正人与神的关系从而完成世界的"祛魅"①,后两个方面则是"西方现代性"的辅助方面,它标志着近代西方随着文艺复兴、宗教改革和启蒙运动的发展,逐渐摆脱人对人的依赖关系和摆正人与物的关系,养成人性化的思维方式和人的自由独立个性。因此,有必要从世俗化、理性化、人性化和个性化相统一的视角来理解现代性。同时,还应该充分注意在"西方现代性"和"中国现代性"之间价值排序的差异。如果说"西方现代性"的价值排序是"理性化和世俗化优先于人性化和个性化",那么"中国现代性"的价值排序有可能是"人性化和个性化优先于理性化和世俗化"。由此可见,"中国现代性"之建构完全照抄照搬"西方现代性"的价值目标,恐怕是行不通的,也是没有出路的。为此,中国应努力追求现代性的"主产品",扬弃现代性的"副产品",开辟出一条较小代价的现代性建构新路。"现代性社会的最大特点就是人类从一种神性世界转向一种物性化世界以后,找到了一个通兑世界的中介。"②这一中介就是货币,货币既给人某种自由和自我实现的感觉,也一定程度上造成人类拒斥现代性的心理。我们认为,"基于中国和西方在现代性方面所存在的差异,人性化应成为揭示中国现代性的主要价值取向"③。

自觉反思中国现代化的阻滞力和现代性之困境。现代化作为中国"未竟的事业"、现代性作为中国"追求的价值目标之一",对于中国发展、中国社会和中国人必将产生深远影响。如何应对中国社会转型和发展过程中的问题和挑战,如何克服新兴国家的"成长烦恼"和"转型阵痛",进而为"中国道路"和中国的整体结构转型提供理论支持,是当今中国学界义不容辞的重大使命。这首先需要自觉对20世纪90年代以来中国学界关于现代性问题的"众声喧哗"进行严谨的理论清理和总结。既然"问题是时代的格言和呼声",真正的哲学作为"时代精神的精华",最重要的标志就在于这种哲学是否准确捕捉到了时代

---

① "祛魅"是指西方世界一体化宗教解释体系的瓦解,随后西方国家发生了由"宗教社会"向"世俗社会"的世俗化、理性化和人性化转型过程。这或许造成了"世俗社会"在中西方语境中不同含义的差异。在西方"世俗化"主要是"世界的祛魅",而在中国"世俗化"则主要是"低俗、庸俗和媚俗",这是令人忧虑的。
② 张雄:《现代性与价值通约主义的关联》,《中国社会科学报》2012年6月11日。
③ 张艳涛、赵一:《改革开放与人性化进程:兼论中国的人性化回归》,《天府新论》2011年第6期。

的核心问题,那么当代中国的哲学研究就必须表达中国现代化实践的要求,反映中国现代化实践的过程和内容,必须以"中国问题"为切入点,反映并提升"中国精神",展示"中国力量",自觉引导中国人摆脱陈旧的思维方式与前现代的不合时宜的价值观念,使中国人不断地从种种桎梏中解放出来,从而获得更宽广的发展空间。在笔者看来,当代中国社会整体转型的核心问题主要是现代性问题。原因在于,现代性不仅是工业文明的核心,而且也是一种巨大的解放力量,它有力地推动了人类社会的现代化进程,但是现代性又具有内在的矛盾性和局限性,因此应自觉对现代性进行哲学反思。概括起来,自20世纪90年代以来的"中国现代性"研究主要有三种态度:其一,反对现代性,以大陆新儒家为代表,主要代表人物有蒋庆、康晓光、盛洪等;其二,赞同现代性,又可分为"资本现代性"、"文化现代性"和"制度现代性",前者以丰子义、鲁品越、张雄等人为代表,中者以衣俊卿为代表,后者以高全喜、姜义华、张博树等人为代表;其三,提倡后现代性,一些年轻学者往往对此情有独钟。实事求是地讲,中国目前还不是奢谈"后现代"的时候。笔者认为,在中国由前现代走向现代的征途中,如果从"预警"的角度研究"后现代"则是有意义的,但是如果试图用西方所谓"后现代"理论来解决"中国问题",则是一种历史方位的错位。当代中国应超越现代性与后现代性之争,开辟现代性的新路。正如费孝通所言:"长期以来,我以社会科学的方法对工业文明进程中的文化变迁进行了思考,得出的看法不是单线进化论。单线进化论的观点认为人类历史的发展、人文世界的变化有一个单一的直线上升、台阶式的阶段性。这一点恐怕我们不能完全排斥,但我们同时应当关注到在工业文明进程中,不同文化走过的不同道路。"[1]中国应该自信能够走出一条新路来,世界也期待中国能够给出一个独特的答案! 如果中国亦步亦趋地效仿西方发展道路,其结果可能是灾难性的。作为后发展国家,中国有可能避免犯西方现代性的种种错误,关键是把科学技术与中国传统思想相结合、把市场经济与社会主义相结合,并把四者融为一个和谐的整体。对于中国而言,"旧邦而有新命,新命就是现代化"。[2]

此外,"中国现代性"还是"后发外源型"现代性,因此其建构过程始终伴随着一种深深的困境和焦虑意识。这种困境和焦虑意识集中表现为,在肯定现

---

[1] 费孝通:《百年中国社会变迁与全球化过程中的"文化自觉":在"21世纪人类生存与发展国际人类学学术研讨会"上的讲话》,《厦门大学学报(哲学社会科学版)》2000年第4期。
[2] 冯友兰:《三松堂学术文集》,北京大学出版社1984年版,第2页。

代性的正当性、呼唤现代性的同时,又质疑、诘难甚至反抗现代性,可以说对现代性的质疑、诘难与反抗构成中国现代性意识的重要组成部分。随着中国在世界"力量转移"和全球化浪潮中快速崛起,"中国现代性"研究已日益为学界所广泛关注。从理论上而言,作为"后发外源型"追寻现代化的国家,现代性建构在当代中国早已不是"隔岸观火"的事情,而是一个"未竟的事业"。"中国的现代性是后发的现代性,这一事实决定了中国的现代性在先前国家的现代性经验的基础上取得借鉴与选择,可以吸取其他先行国家的可资借鉴的宝贵经验,避免一些不必要的失误和代价。"① 当前,对多元现代性的探究已深入到具体的"中国现代性"、"中国问题"、"中国经验"、"中国道路"、"中国奇迹"、"中国理论"和"中国话语"②之中。研究中国问题,开辟中国道路,建构中国理论,提升中国话语,总结中国经验,完善中国模式,塑造中国形象,是摆在中国思想者面前的现实课题。研究中国问题要有战略思维和全球视野,开辟中国道路要有战略定力和足够自信,建构中国理论要有思想创新和人本关怀,提升中国话语要有辩证思维和国际视野,总结中国经验要有理论上的穿透力和宽广视野。潘维认为,"中国模式"代表了一种特殊而且出色的利益平衡形式。它的成功经验挑战了经济学的"计划与市场两分",挑战了政治学的"民主与专制两分",还挑战了社会学的"国家与社会两分"。③ 这一见解具有启发性。

理论意义:作为一项研究课题,"现代性"不但与欧洲16世纪以来的历史进程密不可分,也对19世纪以来亚、非、拉美等非西方国家和地区的发展造成深远的影响。对"现代性进行哲学反思"不仅可以拓宽我们的理论视野和理论

---

① 陈嘉明:《"理性化"或是"现代化":中国现代性问题的一点思考》,《文史哲》2009年第4期。
② 刘奔:《唯物史观和现当代中国问题》,《教学与研究》2005年第3期;陈先达:《哲学中的问题与问题中的哲学》,《中国社会科学》2006年第2期;冯平:《面向中国问题的哲学》,《中国社会科学》2006年第6期;韩庆祥:《走向面对"中国问题"的马克思主义哲学》,《学术研究》2007年第8期;韩庆祥、张艳涛:《马克思主义哲学视阈中的"中国问题"》,《社会科学战线》2008年第11期;张曙光:《中国:问题、经验与理论》,《学术研究》2009年第1期;吴炫:《理论原创的中国立场》,《江海学刊》2009年第1期;衣俊卿:《总结"中国经验"需要理论上的穿透力和宽阔视野》,《北京日报》2012年7月23日;张艳涛:《马克思主义哲学视阈中的"中国问题"》,中国社会科学出版社2012年版;王海滨:《面向"中国问题"的文化哲学研究理路与逻辑进展》,《厦门特区党校学报》2013年第2期;杨生平:《后殖民主义话语下中国问题评述》,《中国特色社会主义研究》2013年第2期;张艳涛:《新中国成立70年:全球视野中的中国道路和中国奇迹》,《福建论坛》2019年第9期。
③ 潘维:《当代中华体制:中国模式的经济、政治、社会解析》,载潘维:《中国模式:解读人民共和国60年》,中央编译出版社2009年版,第3~85页。

空间,而且有助于我们把握"中国现代性"的发展缘起、演进历程和未来走向,还可以深化马克思主义中国化研究和"中国现代性"的学理研究,进而推进理论创新。反思人类在20世纪曾犯过许多错误,其中一个重大错误就是对发生的巨大变革缺乏必要的理论预见与思想储备。反思新中国成立70多年来尤其是改革开放40多年来所取得的举世瞩目的成就,很重要的一条基本经验就是注重理论研究、理论创新和思想引领。今后,中国在全面建设社会主义现代化国家过程中,在追求现代性的征途中,同样必须重视理论研究、理论创新和思想引领,而本书正是面向中国问题的理论研究、理论创新和思想引领的一个积极努力。

现实意义:反思现代性有助于我们了解和理解当前世界的政治、经济、文化、社会、生态处境具有重要的现实意义。研究现代性问题,有助于确立合理的文化意识、主体意识和社会发展意识,有助于增强对中国特色社会主义的道路自信、理论自信、制度自信和文化自信。历史和实践表明,中国特色社会主义道路有其"后发优势"和"独特优势",它既能防止中国走封闭僵化的老路,又能防止中国走改旗易帜的邪路,还能引导中国走向富强、民主、文明、和谐、美丽的现代性之新路,从而使中国道路越走越宽广,因而应对中国特色社会主义道路充满自信、绝不动摇、深入研究。我们可以从中国特色社会主义道路、理论体系、制度和文化构成的基本框架中,进一步提升出"中国现代性"的内在逻辑,并尽可能揭示"中国现代性"建构所具有的历史意义和世界意义。

三、基本思路、研究方法、主要内容、重点难点

基本思路:他山之石,可以攻玉。如今,中国早已不是"现代性"的旁观者,而是一个"多元现代性"的积极倡导者和实践者。因此,"带着中国问题进入西方的现代性,然后再返回中国问题,这可能是一条恰切的思路"[①]。基于此,本书立足当代中国特色社会主义实践和中国整体结构转型发展的新起点和新阶段,直面现代性困境和现代性焦虑,对西方现代性进行"病理学"分析和哲学透视,合理借鉴欧美学界相关研究成果,比较系统地研究多元现代性问题,在理论上,力图系统阐发现代性的多重意蕴,揭示"西方现代性"的主要成就及其深层问题;在实践中,积极探寻建构"中国现代性"的可能性及其现实路径。本书

---

① 冷鹤鸣:《当代中国社会现代化转型中的现代性问题》,《上海行政学院学报》2004年第3期。

认同视角的多元性,试图超越传统/现代、野蛮/文明、中国/西方的二分法,把"以中国看中国"和"以西方看中国"相结合,把"以古观今"和"以今观古"相结合,把"重新理解西方"和"重新理解中国"相结合,把"自信"和"他信"相结合,从人类文明和世界历史的高度廓清笼罩在现代性上的层层迷雾。第一,笔者要深入探究构成现代世界繁荣的现代性究竟具有哪些文化内涵与哲学特质。第二,笔者要对中国传统文化进行批判式反思、创造性转化和创新性发展。第三,笔者要对东西方的文化传统进行比较和反思,从而廓清"中国现代性"从哪里来、处于哪一发展阶段、向何处去。只有对上述三方面的问题有了精深的理解和准确的把握之后,我们才可能对于"当代中国实现现代化之目标、追求现代性之道路为何如此艰难?"这个问题给出一个比较周全的答案。

研究方法:对象性质决定方法选取,鉴于现代性问题的复杂性,本书拟采用以下研究方法:第一,比较研究方法,鉴于现代性是一个全球性问题,因此必须把这一课题的研究置于"古今中西"比较的视阈中进行考察,力图较为全面地把握现代性的过去影响、现实困境和未来趋向,警惕把"短期现象"误认为"长期趋势";第二,文献参考法,本书主要以理论分析为主,但也兼具实证分析,这不仅需要参阅大量的理论文献,还需要借鉴大量的实证研究成果,总体上而言,本书既是"分析性"的,同时也是"描述性"的;第三,宏观研究和微观研究结合法,本书不仅从宏观上研究现代性一般——"一般现代性",同时还从微观上研究现代性特殊——"中国现代性",在具体研究中,唯物史观及其基本原理是整个研究的理论基础,而其他欧美相关的哲学理论、经济学理论、社会学理论、政治学理论、心理学理论则成为本书必要和有益的补充;第四,文化批判方法,对现代性问题的反思与批判需要超越经典马克思主义有关"经济基础"与"上层建筑"的二分法,而将现代性理解为整个现代社会生产和消费过程的有机部分。由此,现代性反思与批判既要与社会政治经济过程分析相联系,又要在方法论意义上寻找文化分析、社会结构分析、社会心理分析与政治经济分析的接榫点;第五,总体性研究方法。总体是部分的实现和完成的先决条件。总体是由部分构成的,但却不是部分的简单相加,部分并不具有总体的性质与功能,部分只有作为总体的一部分才具有相应的功能,因此"总体优于部分"。但在"物化"意识的作用下,人们常常"只见树木不见森林"、"只见部分不见总体"。总体不是无差别的统一,而是矛盾的统一。每个部分都是作为总体发展中的一个必要环节。总体性思维具有矛盾性、系统性和流动性特征。总体性不是凝固的,而是不断变迁的。总体性是辩证法的重要内容,它在本质上反映了客观事物辩证发展的基本状况;第六,现代性研究中的一般、特殊和个别结合法。采取这种方法考察"中国现代性",就不但要研究"现代性"的一般规律,还要研究"社会主义现代性"的特殊规律,更要研究"中国特色社会主义现代性"的个别规律。在这里,"现代化""社会主义现代化""中国特色社会主义现代化""现代性""西方现代性""中国现代性",同样是一般、特殊和个别三个层次。"西方现代性"与"中国现代性"一样,均是众多文明中的一种,所谓"普世现代性"正是各种特殊或个别现代性中所共享的"重合部分"或"最大公约数"。总之,本书试图用历史与逻辑相统一的方法系统考察现代性多元且矛盾的张力,从中得出一些富有启发性的结论。

主要内容:本书主要围绕以下三方面展开工作:第一,现代性既是一个重大理论问题,也是一个重大现实问题,既是当代人类共同面临的一个根本问题,也是"后发展国家"面临的一个紧迫问题。现代性作为一个发轫于西方而席卷全球的进程,这一进程与资本主义内在相关。在一定意义上可以说,"资本主义是现代性的名称之一"。在西方语境中,现代性往往被理解为一个理性化和世俗化的过程。按照马克斯·韦伯(Max Weber)的观点,西方现代性表现为理性或合理性对经济行为、政治行为和文化行为的全面渗透,然而这一现代性解释模式却未必完全适合于理解"中国现代性",原因在于"中国现代性"除了具有现代性一般特征外,还具有自身的独特之处,这种独特之处就在于中国传统文化的影响和东西方文化的交流与碰撞(西学东渐)所造就的现代性之"地方性格"。中国传统文化在一定程度上形塑了现代性的"地方性格",一定程度上决定了"中国现代性"之不同于"西方现代性"的特殊性。"西方现代性"是在启蒙的价值理念的哺育下产生的,因此,"中国现代性"建构绕不开的就是启蒙话语的有效性问题。东西方文化的交流与碰撞必然深刻影响和左右着"中国现代性"建构的路径选择和模式创新。值得注意的是,在全球化境遇下"中国现代性"之建构,已不完全是一厢情愿式的自主选择和自主建构的过程,而是一个"被建构"和"相互博弈"的过程。第二,由于现代性自身含有肯定/否定、积极/消极、发展/代价等多个相互冲突的方面,因此,对现代性的不同理解,就形成了不同的理论和思潮。一般而言,现代主义往往强调现代性的肯定的、积极的、发展的方面,认同和肯定现代性的积极成果。与此相反,后现代主义则往往强调现代性的否定的、消极的、代价的方面,试图克服和扬弃现代性的矛盾性。其实无论是现代主义,抑或是后现代主义,都具有一定的理论合理性,但也都有明显不足,它们共同的不足就是均用"二元对立"思维模式来理解和阐释历史现实。可见,如何规避"西方现代性"的种种弊端,开辟"中国现代性"发展的新道路,就成为当代中国人重要的思想任务之一。第三,现代性作为现代化的"质的规定性",其本质规定和基本特征乃是主体性、理性与个体自由。在此意义上,"中国现代性"与"西方现代性"在一些普遍的"物质内容"层面上应该是相同、相似或相通的,但在现代性实现方式或路径选择上或许可以也应当有所不同。正视现代性的此种差异有助于推进文化多元化与社会和谐,有利于中国发展与世界和平。总之,"中国现代性"是三重因素——中国传统因素、社会主义因素、西方现代文明因素的结合。

具体而言,本书分为导论,主体七章和结语三部分。在导论中首先交代研究动因,然后厘清和总结现代性的国内外研究现状,述评其理论不足和研究意义,交代研究方法、主要内容、重点难点,最后厘清相关概念。

第一章主要从制度性视角考察现代性的特征、主题和动力。第二章主要从历时态视角研究传统更新与中国现代性建构,具体围绕结构转型与中国现代性建构、结构改革与中国现代性建构、结构创新与中国现代性建构展开,论证"中国现代性"是结构转型、结构改革、结构创新的三位一体。第三章主要从共时态视角研究时空压缩与中国现代性建构,具体围绕时间与"中国现代性"建构、空间与"中国现代性"建构、价值与"中国现代性"建构展开,论证"中国现代性"是时间、空间、价值的三位一体。第四章分析力量转移与"中国现代性"建构,主要分析1970年代以来的新变化,考察力量转移与商品生产、力量转移与货币转移、力量转移与财富转移的内在关系,进而揭示现代性生成的深层主线即从资本逻辑到生活逻辑的演进。第五章主要从世界历史体系与中国现代性建构过程中"中心"与"边缘"的博弈,通过创新驱动与高质量发展是中国发展的必由之路,中国现代性建构是中国特色社会主义的道路创新、共享发展是中国特色社会主义发展的价值基因、社会主义市场经济是中国特色社会主义的制度创新、"中国问题"的历史唯物主义理论话语体系是中国特色社会主义的文化创新,论证增强中国特色社会主义的道路自信、理论自信、制度自信、文化自信的重要价值。第六章主要从中国现代性的双重意蕴:自1978年以来社会现代性与文化现代性,具体围绕"公民社会"与中国现代性建构、"环境正义"与中国现代性建构、"文化强国"与中国现代性建构,指出"中国现代性"可能开启"一种新的文明形态"。第七章主要从人类文明视角下理解和把握"中国现代性"建构,具体围绕2012年以来中国国家治理体系和治理能力现代化而展开。结语部分具体分析历史唯物主义与"中国现代性"之建构,着重考察"历史唯物主义中国化"和"中国现代性"建构的深层动力和远景展望。

重点难点：重点在于，在动力与平衡的张力中界定现代性中颇具张力的"自由"与"平等"的关系，把握中国现代性建构的"时空坐标"与"自我定位"，深刻揭示现代性与虚无主义的深层关联。难点在于，科学阐明全球视野下马克思现代性批判思想的当代价值，为中国发展探寻一条既享受西方现代化的成果，又尽可能避免其种种弊端的现代化新路，为人类文明发展提供"中国方案"、贡献"中国智慧"。

四、相关概念界定与辨析

考察现代性的概念，其实不仅是对现代性概念的分析，还有必要采用威廉斯的"关键词"研究方法。那就是必须注意到现代性并不是一个孤立的概念，它是和一系列相关概念一起出现在具体语境中的。所谓关键词研究的核心理念就是必须对关键词"星丛"（类似于维特根斯坦的"家族相似"概念）及它们的相关性进行考察，进而解释这些相关概念出现的社会历史条件和原因。如今"语境主义成了一种时代精神现象"，[①]因为任何概念都是具体语境的产物，因此如果要充分理解一个概念的意涵，就要具体考察这一概念在同一语境中的变迁（"同中之异"）和在不同语境中的差异（"异中之异"）。诚然，现代性研究中涉及的诸多概念，大多源于欧美，随着中西方文化的碰撞与交流逐渐进入中国，这里存在着一个西方概念被中国文化所理解和接受的问题即"中国化"的问题。值得注意的是，当今一些流行的重要概念在最初只是偶尔出现，并没有明确的含义，或者说其含义在不断生成变化之中，只是经过很长时间才达成较为明确而统一的共识，使得这一概念相对固定下来。当前学术研究存在一种混淆概念的状况——把一些概念混为一谈——令人担忧。实际上所有概念均指称彼此不完全相同的现象与事实，若非如此，这些概念恐怕也就很难存续到今天了。也许有必要补充说，概念区分虽然绝不是任意的，但也不可能是现实世界中的严格划分的毫厘不差的镜像反映，只是一些"相对的区分"而已。为此，笔者首先对本书一些相关概念进行界定，然后再展开相关论述。

1. 现代（modern）概念的考察。从词源学上看，现代（modern）一词来自拉丁文的"modo"，意指"刚才"。但是，"现代"概念似乎并不是一个线性的时间概念，或者不仅仅是一个时间概念，因为"现代"既有历时性的时间特征，又

---

① 尤尔根·哈贝马斯：《后形而上学思想》，曹卫东译，译林出版社2001年版，第162页。

有共时性的空间特征。因此,从时间与空间的统一中揭示现代的本质不失为一种合理的路向。就"现代"的时间特征而言,主要是阐明古(传统)与今(现代)前后相继的内在关联;就"现代"的空间特征而论,主要是阐明中(中国现代性)与西(西方现代性)共时态的"时空压缩"境遇下的左右角力的微妙关联。正如有学者指出的:现代、前现代、后现代实际上是用来指称人类社会不同历史时期的,并且以话语框架的方式在人的意识中呈现。现代化是生活模式的理论表达,现代主义和后现代主义是文化艺术风格的表现。[①] 在当代中国语境中,"现代"的一个含义是"积极的和进取的"、"文明的和进步的"、"先进的和领先的"。因此,"现代"往往象征着最先进的技术。在形式上,这种现代性主要是物质化的:飞机、火车、汽车、空调、电脑、手机等。在内容上,这种现代性主要是精神化的:自由、平等、法治、公正、民主等。现代究竟意味着什么呢?弄清现在对于过去而言的"独特性质",一直是人们对深化自身了解的关键所在。吉登斯对这一问题的重要贡献是使这一"独特性质"——现在与过去的差别——成为当代社会学研究的核心问题之一。按照吉登斯的理解,世界的现代性,即什么具有现代特征,这恰恰是当代社会的社会安排,这个世界超越了自己的过去,不为传统、习俗、习惯、惯例、期望和信念所禁锢。现代性是一种具有历史意义的差异状况,它打破了从前的一切。因此,今天的世界是一个"后传统"世界。问题是,现代世界并没有带来传统的消亡,而是赋予传统以新的地位和环境,使之成为决策的可供选择的替代环境,成为知识、价值观和道德的可供选择的替代来源之一。

2. 现代化(modernization)。不论现代化的概念在哲学与社会理论上存在什么样的争议,它意味着欧洲自 16 世纪以来所经历的巨大变动,现代化起源于欧洲这是毫无疑义的。现代化理论的开拓者帕森斯(T. Parsons)认为:"现代社会只有一个源头,即西欧的理性化",这与马克斯·韦伯"现代化就是理性化"的观点如出一辙。西欧经过以启蒙运动为标志的理性化的洗礼孕育出西欧的现代性,而这一理性化过程不是随意性的,而是具有方向性(directional)和"普世性"意义。帕森斯乐观地预言,西方的现代化会由西方向世界扩展,到下一个世纪(即 21 世纪)或更久远的时间,这会是世界的主要趋向,最

[①] 俞吾金等:《现代性现象学:与西方马克思主义者的对话》,上海社会科学院出版社 2002 年版,第 27 页。

终则是一个他称为现代性的社会的完成。① 与此不同,韦伯却悲观地预言,人类终将走进现代性的"铁笼"。总之,从发生学意义上看,现代化始于西欧,大体经历了一个由量的积累到质的变化、从西欧向全世界扩散的过程。从15世纪的文艺复兴始,经过宗教改革、科技革命、启蒙运动和工业革命,西欧现代化才得以完成。古德法勃(J. C. Goldfarb)指出,谈现代化就应当分辨现代的恐怖——集权主义,现代的挑战——相对主义,现代的成就——自由主义,现代的梦想——民主。笔者补充的是现代的困境——虚无主义。

历史地看,现代化可分为"简单的现代化"和"反射型现代化"。虽然现代化始于欧洲,但他所造成的影响却是世界性的。与此不同,中国现代化的启动带有很强的政治意味,最初是以"工业现代化"、"农业现代化"、"国防现代化"和"科学技术现代化"为主要目标的。1978年以来,邓小平改革开放方案继承了这一目标,并对其进行修正,即以经济发展原则扬弃意识形态治国,这一定程度上使中国现代化道路回归世界现代化潮流。当前,在中国语境中这种现代化道路在主流意识形态中被称为"中国特色社会主义道路",即"在中国共产党领导下,立足基本国情,以经济建设为中心,坚持四项基本原则,坚持改革开放,解放和发展社会生产力,建设社会主义市场经济、社会主义民主政治、社会主义先进文化、社会主义和谐社会、社会主义生态文明,促进人的全面发展,逐步实现全体人民共同富裕,建设富强民主文明和谐的社会主义现代化国家"。② 有必要指出的是,中国改革开放的趋势是不可逆转的,中国走新型现代化道路已成为历史和人民的伟大选择,这一新型现代化道路主要是新型工业化、信息化、城镇化、农业现代化协同发展之路。

从20世纪80年代开始,中国学界关注现代化问题持续升温。进入21世纪以后,中国现代化问题由于中国日益"走近世界舞台中央"(2001年中国成功加入世界贸易组织)和进入"小康社会"的社会转型。与此相应,科技精英和技术精英日益受到重视和重用,应用社会科学如金融、企业管理、市场营销等专家成为社会主流意识形态的新宠,而人文社会科学和哲学等知识分子则被边缘化或"自我放逐"。如今,在中国语境中,现代化概念可谓是家喻户晓,但

---

① T. Parsons, The System of Modern Societies, Englewood Cliff, N. J: Prentice-Hall, 1971, p.138.

② 习近平:《关于坚持和发展中国特色社会主义的几个问题》,《求是》2019年第7期。

这一概念却经历了一个漫长的变迁过程。实际上,"欧化"和"西化"[①]逐渐被"现代化"所取代,不仅是一个修辞上的问题,而且是对观察现代世界的"西方中心论"观点的修正与突破。正如哲学家冯友兰所指出的,从"西化"概念到"现代化"概念,是一种思想上的"觉悟"。当前,关于现代化的基本的共识是,现代化是现代社会发展的必然趋势和必经之路,中国必须实现现代化。然而世界上各个民族、国家和地区经济、政治、文化发展的不平衡,造成了现代化进程开始的早与晚、速度的快与慢、途径的优与劣的差异,这种差异在事实上形成强烈对比和反差,既激发后发展国家向西方发达国家学习与追赶的迫切愿望,客观上也滋长了一些西方国家"以自我为中心"的观念和行为。实际上,现代化是一个复杂的、多元的、全球化的过程,会有也应该有不同的选择。

一般而言,真正意义上的现代化理论研究肇始于20世纪50年代后期。哈佛大学的帕森斯教授提出用现代化(moderization)代替西方化(westernization),从而开启了现代化理论研究之先河。然而现代化理论最初进入中国,是在与唯物史观对抗的性质上"出场"的,这势必造成对现代化的曲解和误解。直到20世纪80年代,随着国内外形势的深刻变化,中国国内的现代化理论研究才真正展开,其中比较有代表性的研究者是北京大学罗荣渠教授。[②] 根据经典现代化理论,现代化不仅是一个"历史过程",也是一种"发展状态",作为"历史过程"现代化是指一个国家或地区实现从传统社会向现代社会的转型,作为"发展状态"现代化是指一个国家或地区基本实现了工业化、城市化(城市化是一个过程,三五年不可能完成,但一个城市的特色、历史风貌却完全可以在三五年内消失)等。实际上,现代性与现代化过程密不可分。通常认为,处在现代性状态的社会被称作现代社会(modern society)。一个社会演变成为现代社会的过程就叫现代化(modernization)。其实,现代化的实质和核心是人的现代化。人的现代化虽然是西方学者于20世纪中叶率先提出的"旧命题",但却是当代中国现代化建设必须直面的"真问题"。对于当代中国社会来说,现代化建设既是"最大的政治"(邓小平语),也是"最大的现实",更是"最大的梦想"。然而国家强大不独有赖经济崛起和国力强大,更有赖文化道德和精

[①] "欧化"和"西化"概念主要适用于俄国和日本"借助效仿西方"而实现现代化的历史过程,如日本"脱亚入欧(美)"。

[②] 代表性成果有罗荣渠:《从"西化"到现代化:五四以来有关中国的文化趋向和发展道路论争文选》,北京大学出版社1990年版。

神价值的深厚强大,现代化需要自觉的文化精神支撑,关键是建构现代心灵秩序,并以此克服种种虚无主义和现代性焦虑。在中国现阶段,出现了一种比较普遍的社会焦虑现象。所谓社会焦虑,是指在社会成员当中普遍存在着一种紧张的心理状态,主要有生存焦虑、发展焦虑、感情焦虑,其共同点是焦躁、不安和不满。仔细分析,社会焦虑主要有四大诱因:(1)个人对自身能力的怀疑,导致一些人不自信;(2)事态发生不由自我掌控,导致一些人不自主;(3)自我深陷两难处境之中,导致一些人不自知;(4)对存在意义的求索不得,导致一些人不自明。在社会转型期,现代性焦虑如何管理?值得专门研究。

表1 不同领域第二次现代化的主要特点

领 域	主要特点
政治新现代化	知识化、国际化、平权化、分散化
经济新现代化	知识化、信息化、全球化、智能化
社会新现代化	知识化、网络化、创新化、社区化
文化新现代化	文化多样化、文化产业化、普及高等教育
人新现代化	理性化、人性化、个性化、创新、合作、终身学习

资料来源:作者整理

3. 现代性(modernity)的一般规定:概念辨析与质的规定性

现代性是一个相当复杂的现象,其涉及的问题复杂而尖锐,在思想史上也备受学者的关注,在21世纪我们能怎样言说现代性?同时,现代性是一个内涵丰富而又争议颇多的概念,要准确厘定这一概念的内涵和外延绝非易事。从现有研究文献来看,对现代性词源的分析,大都追溯到法国诗人波德莱尔:"现代性就是过渡、短暂、偶然;它是艺术的一半,另一半则是永恒与不变。"[①]作为历史进程的现代性是指现代化的过程。作为方法的现代性是指现代思维方式。作为历史与文化的现代性是指自文艺复兴,特别是自启蒙运动以来的西方历史和文化,其特征就是"勇敢地用自己的理智"来评判一切。它表现在两个方面:(1)对于自然界,人类可以通过理性活动获得科学知识,并且以"合理性"、"可计算性"和"可控制性"为标准达至对自然的控制,其口号是"知识就是力量"。(2)在社会历史领域,人类应当相信历史的发展是合目的的和进步的,其口号是"明天会更好"。在西方人看来,人们可以通过"理性协商"达成社

---

① 《波德莱尔美学文选》,郭宏安译,人民文学出版社1987年版,第485页。

会契约,把个人的部分权力让渡给民选政府,实行"三权分立",就能够逐步实现自由、平等和博爱的理想。① 实际上,现代性与现代化相辅相成。"现代性观念为现代化提供着目的论、价值论与方法论,现代化则使这样的观念成为现实。此时现代性体现为现代化的结果,即一种广义上的文化心理与形态。"②

历史地看,现代性的概念具有"重心转移"之特征,类似于威廉斯所说的发生在18世纪末的那场重心转移。当时,一整套新词作为正在改变的文化范式的一部分出现了,试图表达新的体验形式和新的社会关系。哈贝马斯指出,要想搞清楚现代性的概念,就必须回到黑格尔那里去。为什么必须回到黑格尔那里去呢?因为在哈贝马斯看来,黑格尔是"第一位清楚地阐释现代概念的哲学家"。黑格尔对现代性的阐释深刻且影响深远,其主导逻辑是本质论、目的论、一元论和欧洲中心论,这基本上奠定了此后西方人的现代性基本观念。后来逐渐衍生出现代性的三种逻辑:技术的逻辑——科学作为现代性的支配性世界观;社会地位、功能和财富划分的逻辑——资本作为现代性的轴心;政治权力的逻辑——权力作为现代性的重要力量。卡林内斯库在《现代性的五副面孔:现代主义、先锋派、颓废、媚俗艺术、后现代主义》中明确区分了两种现代性——"启蒙现代性"与"审美现代性",前者是启蒙运动与资本主义经济社会全面现代化的产物,其主要特点是崇尚工具理性与计算原则,后者则具有强烈的反理性、反现代化倾向,"更能表明文化现代性(审美现代性)的是它对资产阶级现代性的公开拒斥,以及它强烈的否定激情"。③ 反思学界对现代性的理解主要存在两种误解:一是将现代性的主体性原则误解为"理性主体性";二是将现代性的主体性原则误解为"个体主体性"。不可否认,现代性的一个基本原则就是主体性,"自我解释强调的是一种主体性的阐释行为能力,它是意义产生的先决条件。但这种主体能力不是对客体具有绝对宰制性的控制能力,而首先奠基于一种处境化的主体性,解释所依赖的意义背景使得这种主体性永远是受限的,它首先是一种当下的、情境化的自我理解"④。

---

① 佘碧平:《现代性的意义与局限》,上海三联书店2000年版,第2页。
② 陈嘉明:《中国现代性研究的解释框架问题》,《华东师范大学学报(哲学社会科学版)》2006年第3期。
③ 马泰·卡林内斯库:《现代性的五副面孔:现代主义、先锋派、颓废、媚俗艺术、后现代主义》,顾爱斌、李瑞华译,商务印书馆2002年版,第48页。
④ 张容南:《一种解释学的现代性话语:查尔斯·泰勒论现代性》,上海人民出版社2011年版,第285~286页。

从总体上看,现代性的两个范畴:感性与理性;现代性的三个发展阶段:启蒙现代性、审美现代性、反思现代性;面对现代性大体有四种心态:仰视、平视、俯视、蔑视。现代社会恰恰是一个感性解放、物欲引领、利益博弈、多元共生的社会。在这样的社会里每个人都必须直面现代性,无论是其光明面,还是其阴暗面,都是如此。西方现代性随着基督教新教、自由金融资本和理性主义的扩张而不断扩张。西方著名左翼学者阿里夫·德里克(Arif Dirlik)在《全球现代性》一书中对"全球现代性"(global modernity)进行了探讨,认为现代性不应仅仅有欧美一种样式,并指出中国建构"他种现代性"(alternative modernity)的可能。今天,全世界的人们都在分享着一种生命体验模式——时间与空间、自我与他者、生活中的种种可能性与危险的体验。美国学者马歇尔·伯曼(Marshall Berman)把这些体验总称为现代性。西方现代性的一个内在矛盾在于:"在'形式合理性'与'实质合理性'方面发生了分裂,这不仅意味着形式合理性所蕴含的'工具理性'成为纯粹功利主义的东西,而且意味着形式合理性已经走向理性的反面,成为一种非理性的东西。"①

英国学者安东尼·吉登斯关于现代性的论述,上承现代性论述的左右两家,下接法兰克福学派的哈贝马斯,可谓是现代性论述的集大成者。其实,吉登斯的现实"政治关怀"要比他的"理论规划"广阔得多。比较而言,如果说哈贝马斯还带有比较浓厚的黑格尔主义的形而上学色彩的话,那么吉登斯则可以说是一个彻头彻尾的"现实主义者"。哈贝马斯关于现代性的理解,既继承了德国古典哲学康德主义的传统,强调真理、公正和趣味的三分(在康德那里呈现为纯粹理性、实践理性和判断力三大批判),又继承了分化论和合理化的现代性思路,因而提出了著名的"现代性规划理论"。如果说在哈贝马斯那里,现代性主要是一个"政治理论问题",那么在吉登斯这里,现代性则主要是一个"政治课题"。吉登斯试图对现代性作出一种"制度性的分析",这不无启发性。他认为:"现代性指社会生活或组织模式,大约十七世纪出现在欧洲,并且在后来的岁月里,程度不同地在世界范围内产生着影响。这将现代性与一个时间段和一个最初的地理位置联系起来,但是到目前为止,它的那些主要特征却还仍然在黑箱之中藏而不露。"②在吉登斯看来,现代性的制度与模式包括四个

---

① 陈嘉明:《理性与现代性:兼论当代中国现代性的建构》,《厦门大学学报(哲学社会科学版)》2004年第5期。
② 安东尼·吉登斯:《现代性的后果》,田禾译,译林出版社2011年版,第1页。

维度:"资本主义"、"工业主义"、"监控系统"和"军事力量"。其中"资本主义"是第一位的也是最关键的,它是现代性的基石;"工业主义"是现代性的物质基础;"监控系统"是现代性的游戏规则;"军事力量"是现代性的力量保障。与韦伯对西方现代性的悲观态度不同,吉登斯乐观地看待西方现代性及其后果。他认为这个时代本身正引导我们超越现代性。吉登斯所倡导的"第三条道路"既反对社会民主主义,又反对新自由主义,试图开辟一条新的发展道路。值得注意的是,自20世纪70年代以来,西方现代性的危机不断展现和向纵深发展,东亚一些国家或地区却逐渐实现了崛起(尤其是"亚洲四小龙"——中国香港、新加坡、韩国、中国台湾),一定程度上破除了西方现代性的"同质化图景"和"霸权图景",部分证明了"多元现代性"的可能性与现实性。正如杜维明所指出的:"西化和现代化最大的不同,是地域观念和时间观念的差别。如果把地域观念变成时间观念,就可以说是从西方地域所发展出来的这一套转化世界的模式,可以在其他的地方发展。虽然是从西方一根而发,一定打上了西方的烙印,但在不同地方可以有不同的发展形态。"①可见,对现代化道路和现代性建构应保持开放多元且辩证的态度,这需要"人们必须看到现代性文化中的伟大之处,也要看到其浅薄的和危险的东西……只有一种兼有两者的观点才能给予我们未加歪曲的洞察力,从而去透视我们需要奋起应付其最伟大挑战的时代"。②

美国学者沃勒斯坦认为有两种现代性:其一是"技术现代性",其二是"解放现代性"。前者意味着技术专家的解放,后者意味着普通大众的解放;前者是永无止境地进步的,后者则带有意识形态色彩。然而值得警惕的是资产阶级往往希望把人民的精力引导到"技术现代性"(技术革命)上来,而不是"解放现代性"(阶级斗争)上去。其实"专家治国论"或"科技治国论"背后的理论依据就是"技术现代性","技术现代性"和"解放现代性"的冲突有两个主要的文化表征:其一是"新科学",即复杂科学。新科学不是线性的,它针对按照古典方式解释的"技术现代性"形式提出了最根本的质疑。新科学所挑战的不是牛顿式科学的有效性,而是其普遍性。其二主要体现在人文和社会科学中的"后现代性"运动。所谓后现代性绝对不是后现代,后现代性是一种为了"解放现代性"而拒斥"技术现代性"的极端方式。

---

① 杜维明:《儒家传统与文明对话》,彭国翔编译,河北人民出版社2006年版,第45页。
② 查尔斯·泰勒:《现代性之隐忧》,程炼译,中央编译出版社2001年版,第140页。

综上可见,现代性是一个颇具争议性、反思性、包容性和含混性的理念和实践运动。当代中国语境中的"现代性"更是如此。概括起来,凡是肯定现代性价值——例如自由、平等、解放、启蒙——的思潮,必然因此肯定了现代化(社会现代性)的价值。由此,现代性被阐释成了纯经济和技术的范畴,其中涵盖了现代性的四个基本准则:第一,断代无法避免;第二,现代性不是一个概念,无论是哲学的还是其他的,它是一种叙事类型;第三,不能根据主体性分类对现代性叙事进行安排,我们能够叙述的仅仅是现代性的多种情景,是"之一"而非"唯一";第四,任何一种现代性理论,只有当它能和后现代与现代之间发生断裂的假定达成妥协时才有意义。① 陈嘉明指出,可以从"价值"与"事实"的区分方面将现代性看作属于"价值"的范畴,现代化属于"事实"的范畴,就"现代性"本身的规定性而言,迄今的用法主要有三个:一是指某种对尚未出现的未来(现代)社会的"规划(方案)"、"想象"或"图景";二是指主导现代社会的某种时代精神与文化价值;三是指作为现代化结果的某种现代文明秩序。这三者实际上都可归属于"价值"的层面,而与"现代化"的"事实"层面相区别。实际上,"事实"与"价值"的关系不是一种简单的"是/不是"的二值逻辑,而是多样性的,既有单纯的事实存在,也有关联着价值的事实存在。② 现代性是天生的"国际派",它在本质上是与狭隘的国家主义和民族性相对立的,我们今天讲现代性,必须注意凸显全球性和开放性,也就是说,要通过全球性来理解现代性,又通过现代性来丰富民族性。

4. 中国现代性:这是一个新概念,是进入世界历史进程后发展中国家中国在探寻现代化道路上不断建构的一个新概念。从历时态的视角看,中国的现代性转型已大体走过了100多年的历程,回顾历史、把握当下、展望未来,我们应当认识到中国的"现代性方案"③依然是一个"未完成的方案",是一个需要对现代核心价值观、对中国模式和中国道路重新认识、定位的历史进程,是一个决定中国未来走向的、不可逾越的现实问题,更是一个可能对人类"现代性方案"做出独特贡献的契机。"中国现代性"建构既非"狂野的现代性",也不

---

① 詹姆逊:《单一的现代性》,王逢振、王丽亚译,中国人民大学出版社2009年版,第23~74页。
② 陈嘉明:《事实与价值可分吗:以生态伦理学为视角》,《学术月刊》2012年第8期。
③ 实际上,中国的"现代性方案"可以理解为"现代性方案在中国"(project of modernity in China),以体现它的普遍性,也可以理解为"具有中国特色的现代性方案"(project of modernity with Chinese characters),以体现它的特殊性。

是"沉默的现代性",而是一个"中和的现代性"。我们不是在"东方文化"和"西方文化"的分野上来言说和分析"中国现代性",而是在"前现代"与"现代"的分野上和"时空压缩"的境遇下来研究和考察"中国现代性"。"西方现代性"与"中国现代性"的关系不是"一"与"多"的矛盾与冲突,而是"先"与"后"的关系。以前,正如秦晓所指出的:"在中国的语境中现代化即是'民富国强',它的内涵主要是经济和物质的指标,而价值体系和制度安排则被抽离。"如今,中国越来越重视现代性的价值体系和制度安排。笔者认为,"中国现代性"建构是一个全面的建构,包括经济、政治、社会、文化和生态"五位一体"的全面现代性的目标。因为,当代中国人不仅要成为"当代历史的同时代人",也要努力成为"当代思想的同时代人"。

5. 后现代性(Post-modernity)。不可否认,"前现代—现代—后现代"的分析框架具有一定的合理性,但也存在不可忽视的不足。一段时期以来,后现代、后现代理论、后工业社会、后威权时代等甚嚣尘上。如果从总体上对所谓的后现代理论进行评析,笔者的基本看法是"解构有余而建构不足","预警意义大于现实意义"。陈嘉明指出:"后学研究中的说法浮夸、逻辑混乱。"法国学者利奥塔以后现代视角批判现代性,其所谓"重写现代性"其实无非是希望将现代性建立在更为合理的基础之上。① 后现代视角看到了对知识的异质要求之多样性,这样一来,科学不再享有特权地位了。工业社会不是人类发展的终点,而是人类发展过程中的一个"驿站"。在后工业社会,人们的生产方式、生活方式、学习方式和休闲方式将发生深刻变化。20世纪80年代以降,后现代主义对现代主义和现代性的批判,根本上是从文化的角度切入的。后现代主义反对启蒙的理性观,否定理性的普世性,认为理性是受文化所影响与制约的,没有一个超越一切文化脉络的理性。后现代主义的论述与德国学者哈贝马斯为现代性方案辩护的立场是有现实针对性的。哈贝马斯认为现代性方案的缺陷是可以解救的,但他仍然坚守启蒙立场,认为可以用"沟通理性"来救治现代性方案。需要指出的是哈贝马斯对现代性的论述,同韦伯与帕森斯如出一辙,均对文化没有给予理论上足够的重视。关于此加拿大学者查尔斯·泰勒总结到,一个多世纪以来,有关现代性的理论,都是"现代性的非文化论"。

6. 全球化。全球化发展趋势既是21世纪历史的主流,也是无法抗拒的

---

① 让-弗朗索瓦·利奥塔:《后现代性与公正游戏:利奥塔访谈、书信录》,谈瀛洲译,上海人民出版社1997年版,第153~166页。

潮流。然而全球化究竟从何开始？此一问题有不同答案。从资本主义的形成及其向全球扩张来看，16世纪可以看作是全球化的开始。从工业发展的角度看，19世纪被视为全球化的一个起点。从强势文化向全球各地扩散来看，20世纪60年代可能是全球化的起点。但无论从什么角度看，全球化都集中表现在以下两方面：其一，世界各地的趋同化；其二，世界各地的相互关联性。其实，在现代性发展的巅峰之时，历史很快就重新开展并且全面进入全球化时代。与此相应，真正终结的是"现代"。"现代性的终结"之时正是全球化时代创造新游戏之日。全球化与现代性的关系以英国学者吉登斯的说法最为明确："现代性天生就能全球化。"所谓全球化首先指的是全球交往体系和全球网络的形成。在全球化境遇中，时空的边界进一步拓展了，个人日益与全球发展紧密联系在一起。当前的时代特征是：从18世纪末到19世纪初，人类历史已经开始进入"世界历史"，即进入普遍联系的历史，其标志有两个：其一是18世纪60年代，英国工业革命的完成，实现了机器化；其二是法国的政治革命取得胜利。英法日德俄相继走向了帝国主义发展阶段，使资本主义商品经济在世界范围内运行，世界历史已经全面进入了资本主义商品经济时代。早在1848年，马克思和恩格斯就已经指出："资产阶级，由于开拓了世界市场，使一切国家的生产和消费都成为世界性的了。"过去的那种地方和民族的自给自足和闭关自守状态，被各民族的各方面的互相往来和各方面的互相依赖所代替了。物质的生产是如此，精神的生产也是如此。各民族的精神的产品成了公共的财产。民族的片面性和局限性日益成为不可能。资产阶级以其所创造的巨大生产力第一个证明了人的活动能够取得什么样的成就。一句话，资产阶级"按照自己的面貌为自己创造出一个世界"。① 此后，人类发展所面临的主要矛盾，亦即人与外部世界的关系由以"土地"处于支配地位，人直接与外部世界的联系，转化为以"资本"处于支配地位，人与自己所创造出来的世界的矛盾（即人同自己的活动及其产物的矛盾），这个世界对自然来说是"人化世界"，对人来说又是"物化世界"。人类通过"既有创造又有破坏""既有创造性又有依赖性"，来体现世界历史的发展趋势，这表明历史已经真正进入"世界历史"。现代世界，由于市场、贸易、生产、消费、科技、信息的广泛性，一切地域、国家、民族都彼此紧密地连接在一起了，可以说已经是一个"命运共同体"。不论人们愿不愿意，当今人类已经处在"类"的命运共同体当中，每个人都只能在同人类

---

① 《马克思恩格斯选集》（第1卷），人民出版社1995年版，第276页。

整体的相互依存中获得生存与发展。人类的"共同命运""共同利益""共同威胁"已成为每个人必须关注和考虑的切身命运问题。可见,奠基于世界历史之上的全球化既是一种"事实",也是一种"意识",作为一种事实,它强调的是"事实描述",作为一种意识,它强调的是"价值阐释"。

虽然全球化作为一种理论思潮直到20世纪80年代才在世界范围内开始流行,但其理论源头却可以追溯到马克思和恩格斯共同写作的《德意志意识形态》。《德意志意识形态》既是马克思主义哲学形成的重要标志,又是马克思主义世界历史理论形成的重要标志,同时还是当今全球化理论的重要源头。其实全球化理论不只有西方一种,而是存在三大流派——"西方主流派全球化理论"、"新左翼全球化理论"和"马克思主义全球化理论"。如今,我们应当汲取《德意志意识形态》中世界历史理论的源头活水,借鉴"新左翼"的观点和研究方法,批评和扬弃"西方主流派全球话语"霸权,立足于当今全球化特别是经济全球化的新特点、新阶段、新趋势,进一步发展和深化"马克思主义流派全球化理论"。当代经济全球化是近代以来世界历史走向的第三个阶段,其特点主要表现在:信息网络化、科技全球化、分工体系国际化、跨国公司的全球经营、市场全球化、国际贸易全球化、交往全球化、经济全球产业链条化、政治国际化和文化多元化的并存趋势。必须承认,发展中国家和发达国家的历史起点并不一致,针对全球化新阶段"资本占先"、"西方占先"和"美国占先"的现状,后发展中国家应当采取开放性与自主性辩证统一的方略,利用借鉴前人、少走弯路的后发优势,采取开放引进、综合创新的后发战略,最终达到以柔克刚、以弱制强、后来居上的战略目标。全球化作为一种全球普遍的相关性,意味着相互依存、相互影响、相互制约的明朗化,它可能增强一致性,也有可能加剧民族国家之间的利益冲突。只有尊重各国的历史文化、社会制度和发展模式,承认世界多样性的现实,在竞争比较中取长补短,在求同存异中共同发展,才能使全球化达到共生、共赢和共存的目的。全球化具有神奇的效应:"把大的变成小的"——如"地球村","把远的变成近的"——如地域,"把长的变成短的"——如距离,"把旧的变成新的"——如复古的流行时尚。实际上,任何概念都是某种具体语境的产物,这不仅意味着,"只要类似的语境出现,相关的概念也会应运而生",而且也意味着"相同的语言游戏必定产生相同的语词和语义,以前不存在的游戏并不意味着它永远不会发生;而一旦相同的游戏得以产生,寻找最佳游戏规则的驱动,会使它寻求借用已有的有效规则,包括使用相关的语词。弱势文化假如自己找不到更好的规则,而又不借用强势文化证明是有效的规则,历史证明它们玩不好这样的游戏;再者,从另一方面说,借用了强势文化的规则,并不意味着弱势文化永远会处于弱势,相反,这里也同样通行'青出于蓝而胜于蓝'的道理"①。当前,世界多极化、经济全球化、社会信息化、文化多样性深入发展,各国相互关联、相互依存程度前所未有。然而保护主义和单边主义抬头,资本主义开辟的全球化已然陷入困境,如何走出资本主义全球化困境,是广大发展中国家应该思考的现实问题。

7. 世界历史。在今天,由于全球化成为重要问题和现实课题,故而马克思的世界历史思想再次成为人们关注的焦点。按照马克思的观点,世界历史的现实基础就在于物质生产实践,世界历史形成的根本原因就在于生产力的发展以及与之相应的交往的普遍发展,可以说"马克思的世界历史思想为当今世界一体化进程提供了注脚,它雄辩地证明,中国的改革开放政策是中国历史向世界历史转变的必由之路和聪明之举"②。所谓世界历史并不是各个民族历史的简单相加,而是民族之间相互作用的"合力"的系统值。"哲学意义上所讲的世界历史,是指各个民族、各个国家进入了全面相互影响、相互制约、相互渗透、相互依赖,使世界一体化以来的历史。"③世界历史的形成使各个民族和国家都必须在联系中求得生存和发展的契机,任何"闭门造车"式的独立发展都已成为不可能。世界历史形成后,其社会的深层结构——社会基本矛盾的运动形态发生了深刻变化,变成了民族性与世界性的辩证统一。社会基本矛盾运动形态的民族性是指它在不同国家和民族中运行具有不同性质、结构和运行机制;社会基本矛盾运动形态的世界性是指其运行要超出民族的、国家的狭窄地域,在世界历史的背景中相互影响、相互渗透的整体运动(包括对世界先进生产力的引进和到外面去发展生产力)。这种变化意味着在世界历史形成以前社会基本矛盾运动一般都是在民族的狭隘地域内"单独进行"的,每一种生产方式的形成在各个民族那里都必须从头开始。在世界历史的大背景下,对民族历史的影响突出地表现为交往行为的"合力"效应,人们在普遍交往中往往用自己的优势部分去换取对自己不足部分的弥补,从而避免重复劳动的耗费,这样就给自己带来新的发展能力。诸如:中国确立新型城镇化发展道

---

① 陈嘉明:《理性与现代性:兼论当代中国现代性的建构》,《厦门大学学报(哲学社会科学版)》2004 年第 5 期。
② 张奎良:《时代呼唤的哲学回响》,黑龙江人民出版社 2000 年版,自序第 4 页。
③ 修毅、胡蕊、张艳涛:《马克思的世界历史理论与江泽民的"三个代表"》,《大庆高等专科学校学报》2002 年第 2 期。

路,协调推进城镇化、工业化、农业现代化,发挥城镇化综合效应,释放内需潜力,促进经济长期平稳较快发展与社会和谐进步(中国城镇化将产生巨大的需求,这不仅是中国的机会,也是世界的机会。发达国家可以从中发掘巨大的商机,发展中国家可以从中寻找经验借鉴);中国以新型信息化带动新型工业化,实行社会生产力的跨越式发展,都是对社会基本矛盾这一运动规律的具体认识和遵循。按照这一理论,我们不仅以殖民地、半殖民地的旧中国跨越成为新中国,而且还将在工业经济不够发达的情况下,跨越到信息经济时代。这一理论给了我们一种新的发展力,那就是较为落后的国家和民族,不必一切从头开始,而要以人类最新成果为起点去创造新的东西,要以"跨越式"发展进入到世界历史的先进行列。就此而论,世界历史可以看作是马克思和恩格斯对经济全球化理论的预期和阐释。

从发生学视角看,世界历史的出现是与资本主义的发展相伴而生的。虽然世界历史从 16 世纪就已经初露端倪,但从 18 世纪末至 19 世纪初,历史真正开始进入世界历史以来,资本主义商品经济时代的发展又经历了两个阶段:一个是以工业文明为标志的商品经济时代;另一个是以信息经济为标志的新商品经济时代。以工业文明为标志的商品经济时代的实践格局的特点:最重要的生产要素是"物质资本型"的,在现代大生产基础上,人们主要侧重在实物基础上的实践双向互动,在物与物的普遍交换社会关系下,实现人与外部世界的物质、能量、信息变换。以信息经济为标志的新商品经济时代的实践格局特点:它主要是"非物质实体型"的经济,人们侧重在非实物基础上的实践双向互动,它直接的实践基础是现代技术革命的信息功能和属性,它主要通过处理信息的功能和属性来实现人与外部世界物质、能量和信息的变换。这样一来,信息技术革命使过去由体力劳动为主,改变为由知识、科学技术、脑力劳动为主,产业工人越来越少,白领工人越来越多。大量的工人不是从事有形的物质生产了,而是处理那些无形的信号情报。那种非创造性的脑力劳动逐渐被现代信息所取代,那些资料性的东西暂时把它贮存起来,人们主要进行创造性的精神生产和脑力劳动,并且把每个人"小宇宙"都联络成世界性的网络结构,信息与知识是人类改造世界共同创造的成果,结束了"自食其果"的享用方式。以信息经济和知识经济为标志的新商品经济时代,信息与知识具有共享性。新商品经济时代对人的观念和能力提出了新要求。在一定意义上可以说"能力建设"和"潜能开发"是世界历史深入发展的强大助推器。

8. 价值等级序列与价值排序。不同时代,各种价值的序列是不完全相同的,也就是说,同一价值在不同时代可能具有不同的地位和作用。因此,应从"价值观"和"价值等级序列"的角度来考察现代性问题,因为很多价值都是基本公认的,只不过在几种价值中"孰轻孰重"的判断不同而已。"价值等级序列"是德国学者舍勒(1874—1928)在《伦理学中的形式主义和实质价值伦理学》中提出的概念,意指各种价值之间高低关系的序列。舍勒是20世纪初期德国最著名的哲学家之一,也是现象学的价值伦理学的创立者和现代哲学人类学的奠基人,他提出的"价值等级序列"具有启发意义。在现代西方伦理学中舍勒的"价值伦理学"有着不容忽视的重要地位。舍勒认为,价值是有实质内容和客观性的,对价值可以从各种视角进行划分,各类价值之间可以根据其高低而确定其等级。判定某一类价值高低的普遍性的标准是:(1)持久性——其内在的延续性越长,则价值越高。幸福之于片刻的愉悦、爱之于暂时的喜欢,便是明显的例子。(2)不可分性——较高的价值不能像较低的价值那样被众人分割享有。如艺术品不能被分割,而食品只有分割才可以被人享有。(3)相对独立性——越少依赖于其他价值而存在的,其价值越高。如有用依赖愉快的价值,愉快依赖生命力的价值,生命力价值依赖于精神的价值。精神的价值是这一序列中较高的价值,它造成了有意义的生活。(4)满足的程度——一项价值,使人得到满足的程度越大,其在价值等级序列中所处的地位也越高。满足包括深度和强度两方面。(5)超越性——越少与依赖于特殊自然机体的感情类型发生关系,价值就越高。比较而言,"仅仅有用的东西"比起宗教,其价值就低。基于上述标准,舍勒从基本的价值性质出发,把价值由低到高划分为四个层次:感觉价值、生命力价值、精神价值和宗教价值。总之,价值等级序列在舍勒的"价值伦理学说"中占有重要的地位,它不仅用以确定价值的高低,而且也间接地成为确定行为的伦理价值高低的标准。

近代以降(1840年以来),从中国180年来社会价值观的转型,大体可以初步概括为:最初是对西方现代性的"富强"价值观的部分否定,然后是仿效苏联式的"社会主义"价值观同时对仿效"西化"价值观的部分否定,再后来是新的"现代化"改革开放的价值观同时对苏联式"社会主义价值观"的部分否定和对"富强"价值观的否定之否定。[①] 这既说明中国人探索现代性道路的艰难曲折历程,也表明中国当代的价值观建构必将是一个更漫长和更具包容性的历程。

---

① 罗荣渠:《"现代化"的历史定位与对现代世界发展的再认识》,《历史研究》1994年第3期。

关于现代性带来的价值危机,马克斯·韦伯解析如下:(1)宗教形而上学世界观的解体,带来不同价值领域的分化;(2)不同的价值领域都试图把自己的合理性的逻辑植入到社会生活结构之中,文化领域的冲突就变成行为领域的冲突;(3)当这些相互区别的生活理想之间相互冲突的程度超过这个系统所能承载的限度时,就会出现生活意义危机。由于客观世界已经祛魅,不足以构成信念与行为的权威,与其在文化多元论的挑战之下,既有的道德与价值秩序并不具有绝对的权威,还不如建构新价值、新道德、新权威。这其实是对普遍主义的一种解构、反省和挑战。

9. 韦伯命题。德国社会学家马克斯·韦伯在《宗教社会学论集》的"前言"中阐述了他整个学术生涯所探讨的"世界史问题",即"为什么科学的、艺术的、政治的或经济的发展没有在欧洲之外也走向西方所特有的这条理性化道路"。[①] 在韦伯看来,"现代"与"西方理性主义"之间具有内在联系。韦伯断言在中国文明中存在许多资本主义经济制度发展的必要条件,但遗憾的是在中国缺少资本主义经济制度发展的必要变量之一——宗教变量。由此,他认为新教伦理是资本主义经济的文化动力,而中国的儒家伦理不仅不能推动反而阻碍了资本主义经济的产生和发展。20 世纪 80 年代,有些学者以亚洲儒家文化圈的一些国家和地区的经济"起飞"事实对"韦伯命题"提出了疑问,认为中国传统儒家伦理同资本主义经济并不抵触,恰恰相反,是这些国家和地区资本主义经济繁荣的文化动力,并据此提出"儒家资本主义"这一概念。笔者认为,无论"韦伯命题"是否正确,其启发意义在于把经济研究与伦理研究结合起来,尤其是注意到传统伦理资源对现代经济发展的影响。概括起来,现代商业精神的价值理念包括:自主、契约、诚信、公平、合作、开放、创新、责任、洞察、远见等。在 100 余年前,马克斯·韦伯曾悲观地论及:以理性化为特征的现代资本主义的发展必将导致形成对人的统治制度,现代性或理性则成为"铁笼",甚至断言没有任何方式可以消除人们对社会主义的信念和社会主义的希望。在新的历史情境中,"韦伯命题"是否还继续成立和依然有效?也许只有时间、实践和时代才能给出答案!

10. 启蒙与现代性。考察现代性,不能不涉及启蒙,反之亦然。因为通常认为,现代性的基本观念来自启蒙运动的精神,正是启蒙精神孕育和滋养了现代性的产生和发展。历史地看,启蒙运动在 16—17 世纪兴起于波兰和英国,

---

[①] 马克斯·韦伯:《新教伦理》(第 1 卷),海德尔堡,1973 年版。

18世纪在法国达到高潮,此后波及德国和俄国,后来越过大西洋影响到美国。从哲学高度看,启蒙运动,既是近代资产阶级革命的思想先导,也是一次伟大的思想革命运动,它彻底冲破了中世纪遗留下来的、阻碍资本主义发展的种种精神桎梏,为人的发展开辟新的道路。因此,启蒙运动应当被称为"思想启蒙运动"。如今,"反思启蒙—超越现代性—批判""重新启蒙—重建现代性—建构"已成为重要的思想任务。

作为自我成熟的启蒙。有学者把伊曼努尔·康德(Immanuel Kant,1724—1804)的"什么是启蒙?"看作现代性问题的第一个哲学文本。尽管按照哈贝马斯的看法,黑格尔才是真正开启现代性论说的第一人。在康德看来,"启蒙就是人类脱离自己所加之于自己的不成熟状态。不成熟状态就是不经别人的引导,就对运用自己的理智无能为力。当其原因不在于缺乏理智,而在于不经别人的引导就缺乏勇气与决心去加以运用时,那么这种不成熟状态就是自己所加于自己的了。Sapere aude(古罗马诗人 Q. Horutius Flaccus 的话:要敢于认识!)! 要有勇气运用你自己的理智! 这就是启蒙运动的口号。"[①]启蒙是现代性的重要思想遗产。其实,康德在《什么是启蒙》一文中是在个体作用的意义上定义启蒙的,这从另一个侧面也道出了个体发展的重要性。启蒙使个体获得了洞察力和判断力,并转换为行为动机,从而打破了集体力量的束缚。但是,个体的人的自由自觉的实践创造活动始终同历史的偶然性交织在一起。历史过程中个体的作用虽然不能决定其发展的进程,但却深刻影响着历史发展进程。原因在于,历史中每个人都不同程度地参与了社会生活,都以自己的所思所想、所作所为对历史发展发生作用。马克思曾指出,"个人之间天赋才能的差异,实际上远没有我们所设想的那么大;……搬运夫和哲学家之间的差别要比家犬和猎犬之间的差别小得多,他们之间的鸿沟是分工掘成的"[②]。

作为理性回归的启蒙。启蒙运动以理性立论,但理性决不是西方人的专利。理性是思想自由与科学认知的心灵基础。理性的底蕴即"逻辑思维",其特性是从命题、定理、假设出发,一步步去进行排除与推论。早在明代徐光启在翻译欧几里得《几何学》时就曾发现西方学说的一个特性:其学理学说"欲前后更置而不可得",这种特性也就是我们今天所说的"逻辑性"。启蒙运动高扬

---

① 康德:《历史理性批判文集》,何兆武译,商务印书馆1991年版,第22页。
② 《马克思恩格斯选集》(第1卷),人民出版社2012年版,第238页。

理性,探求对自然的征服,把自然现象的多样性还原为单一的普遍规律。在欧洲,启蒙经历了漫长的历史过程。最初启蒙针对的是基督教,其实质是用"人性"反对"神性",要求人们从宗教信仰中解放出来。无疑,启蒙时代是一个产生伟大思想的时代。作为西方现代思想精髓的个人主义、自然权利、平等、博爱、民主、自由等,无不是在启蒙时期陆续阐明的。启蒙思想的重要内容之一是对理性国家的设计。法兰克福学派霍克海默和阿多诺曾以激进的方式阐明启蒙,所谓"启蒙辩证法"。从前,神话就是启蒙,而现在启蒙却倒退成了神话,这是启蒙的自我毁灭。就进步思想的最一般意义而言,启蒙的根本目标就是要使人们摆脱恐惧,树立自主。"启蒙的纲领是要唤醒世界,祛除神话,并用知识替代幻想。"①霍克海默、阿多诺、阿伦特都注意到了启蒙带有集权主义性质(法西斯主义与现代性有一定的关系,需要专门研究)。因为启蒙的理想就是要建立包罗万象的体系,于是各式各样的形式被"简化"为状态和序列,例如,历史被简化为"事实",世界被简化为"物质",理论被简化为"结论",其结果是数学(伽利略说"大自然是用数学语言写的")成了启蒙精神的准则,启蒙摒除了一切不可度量之物。现代性的一个重要趋向就是"度量一切"和"通约一切"。可以说被启蒙摧毁的神话,正是启蒙自身的产物。其实尼采已认识到,启蒙当中既有"自主精神"的普遍运动,也有破坏生命的"虚无主义"的力量。这启发我们,解放和奴役如影随形,不可分离。

作为现代性之母的启蒙。对现代性的批判与对西方现代性的批判应有所区别。首先应当深刻认识当代中国社会中大量的"前现代"和"非现代"现象。由此我们可以得出看法:在当代中国,启蒙任务尚未完成,应继续启蒙工作!欧洲的启蒙主义发生于资本主义经济发展而政治变革尚未发生之时。"在前现代性的中国,批判现代性只能助长反现代性力量而扼杀现代性。它所煽起的民族主义和民粹主义有可能断送中国的现代化。"②笔者认同这一看法。我们应当批判的不是现代性,而是反现代性;是实现现代性的不良方式,而不是现代性本身。"中国现代性"建构从根本上说也不能背离全人类的历史实践。在"中国现代性"建构的一个多世纪中,民族主义和民粹主义是导致中国现代性失落和扭曲变形的重要思想原因之一。如今,中国已经走到现代性门口,民

---

① 马克斯·霍克海默、西奥多·阿道尔诺:《启蒙辩证法:哲学断片》,渠敬东、曹卫东译,上海人民出版社2006年版,第1页。
② 杨春时:《"现代性批判"的错位与虚妄》,《文艺评论》1999年第1期。

族主义和民粹主义同样是一个危险的陷阱,它对现代性的盲目批判只会葬送现代性,而不会把我们带进现代社会。因此,为了寻求对"中国现代性"的更为开放和宽广的理解,应该警惕民族主义和民粹主义的抬头。

作为普世价值之一的启蒙。启蒙运动倡导的理性、民主和自由是现代性的核心价值观,因而它具有普世(cosmopolitan)的意义。"自由是现代性的核心问题之一。'个人自由'与'普遍自由'的矛盾是现代性的一个基本矛盾。"①中国自晚清开始的现代性转向(modernity turn),由于种种主观和客观原因(前者包括强大的封建传统思想和集权的制度、执政者为维系统治的利益驱动,后者包括西方列强对中国的侵略、扼制),未能经历一次较为彻底的思想启蒙运动。其结果是理性、权利、民主和自由等作为核心的价值观,在中国就没有真正建立起来。于是,现代性对中国来说就等同于民族独立、国强民富、现代化,这就是"中国现代性"产生的历史、政治和文化背景。②

从全球视野来看,肇始于西欧18世纪的启蒙运动,使欧洲社会决定性地进入了现代。启蒙的中心思想是理性,理性用以正当化人们的信仰,并以之规范社会的公(甚或私)领域,亦即以理性作为构建"好"社会的基础。有趣的是,正是中国的五四新文化运动热情地拥抱象征启蒙的"科学""民主"的一年(1919年),德国的马克斯·韦伯发表了著名的《政治作为一种志业》与《科学作为一种志业》的演讲,二者有"异曲同调"之感,但"五四"所关怀的是在思想上推动中国的现代化,展开中国文化的启蒙运动,而韦伯所关怀的则是欧洲启蒙运动的后果。韦伯指出,启蒙在现代社会中,不是理性的胜利,而是一种他称为"工具理性"的胜利。在韦伯看来,"工具理性"之特性,不是导向普遍自由

---

① 贺来:《从"形而上学现代性"到"后形而上学现代性":自由观的哲学反省与范式转换》,《厦门大学学报(哲学社会科学版)》2009年第3期。
② 自晚清以来,随着西学东渐,在东西方文化的碰撞与交流中,中国曾有过几次具有较大影响的思想启蒙运动。然而由于主客观原因,这几次思想启蒙运动都中途而止,转到了"强国富民"的道路上。例如晚清严复对西学(价值观层面)的引入转向张之洞的"中学为体、西学为用",曾国藩、李鸿章的"洋务运动"(器物层面)及康有为、梁启超的戊戌变法(制度层面);20世纪初由陈独秀、胡适倡导的新文化运动转向以救亡为基调的五四运动;20世纪80年代中国知识分子在文化、思想领域兴起的"新启蒙"运动转向政府主导的,以批判"文革"、建立以"四个现代化"为中心的"思想解放"运动。金耀基认为:"中国的现代化,从根本的意义上说,绝不只是富强之追求,也不只是争国族之独立与自由,而实在是中国现代性的建构。中国的现代性的建构,千言万语,则不外乎是一个中国现代文明秩序的塑造。"这无疑是有启发意义的。

的实现,而是"铁笼"的出现。韦伯对启蒙的理性反思,导引和影响了 20 世纪法兰克福学派与后现代主义对启蒙和对现代性的全面批判。

11. 理性与现代性。现代性与理性有着内在关联,可以说理性是启蒙的主要价值之一,现代性的核心是理性。"理性概念不仅集中反映了现代哲学对人的本质的定位,同时也反映了它的'普遍主义'的思维方式与价值追求。这些在康德与黑格尔哲学中得到了集中的反映。"①诚然,任何概念都是某种语境的产物,理性概念自然也不例外。无论是康德的"批判理性"、黑格尔的"和解理性"(或辩证理性)、马克思的"历史理性",还是韦伯的"工具理性"、马尔库塞的"技术理性"、哈贝马斯的"交往理性"、罗尔斯的"公共理性"概念,均是在不同语境中对理性的深化和拓展。在现代性视阈,理性化主要指的是人与社会行为的契约化、法治化、规范化、程序化、专门化、制度化,这与现代精神是契合的。现代性的精神维度和制度维度集中展现为:"个体的自主性与自我意识;理性化的和契约化的公共文化精神;经济运行的理性化;行政管理的科层化;公共领域的自律化;公共权力的民主化和契约化。"②契约化意味着,权利与义务、权力与责任的对等性,没有无权利的义务,也没有无权力的责任。20世纪 70 年代初罗尔斯提出了"正义论","把'作为公平的正义'置于现代性价值排序中的最优先位置,完成了从启蒙政治哲学主题(自由)到当代政治哲学主题(正义或平等)的转换。同时,他以'公共理性'对启蒙理性进行修正和完善,将现代性问题的解决诉诸'公共理性'达到的'重叠共识',为建构现代'秩序良好的社会'奠定'公共理性'这一新的规范基础。这种转换,不是要否定自由的价值,而是更加突出了'作为公平的正义'和'公共理性'的重要性,实质上是对启蒙现代性价值理念体系内部分裂的弥合与修正"③。

理性是希腊留给西方的重要遗产,由此奠定了近代西方以理性为基础的科学。"在笛卡儿看来,主体的计划是以数学为范型,以计算和合理化为特征的,其目的在于使得一切事物可以计算和易被控制。因而,认识也即确信人们控制自然的力量。这一点遂成为近代西方思想的主要信条。"④西方现代性的传统主要是从欧洲中世纪末期以降,在中古封建体制逐渐解体的情况下慢慢形塑起来的,因而与文艺复兴、新航路的开辟、资本主义的兴起、宗教改革、科

---

① 陈嘉明:《个体理性与公共理性》,《哲学研究》2008 年第 6 期。
② 衣俊卿:《现代化与文化阻滞力》,人民出版社 2005 年版,第 18～26 页。
③ 漆思:《现代性问题的批判维度及其辩证扬弃》,《社会科学战线》2007 年第 5 期。
④ 佘碧平:《现代性的意义与局限》,上海三联书店 2000 年版,第 32 页。

学革命、启蒙运动、法国大革命、工业革命等重大历史事件密不可分。由启蒙运动树立了人们对理性、知识、科学的信仰,相信理性是衡量一切是非的标准,相信知识和科学的历史进步性。首先对现代化与理性化加以论述的是马克斯·韦伯,韦伯通过经济行为的理性化、政治行为的理性化和文化行为的理性化论述,实际上将理性化提升为"资本主义精神"。就此而论,"理性化"是韦伯整个理论体系的核心概念,是其社会发展理论的"基石"。

启蒙:理性的回归与重建。如前所述,启蒙运动以理性立论,它高扬理性,赞扬对自然的征服,把自然现象的多样性还原为单一的普遍规律。近代早期的理性概念首先是一种与感觉相比较的能力,它是高于感觉的、能够把握事物本质与普遍必然真理的认识能力,理性所代表的是反思及批判的能力。黑格尔为事物建立了一个理性标准:"凡是合乎理性的东西都是现实的;凡是现实的东西都是合乎理性的。"①"理性作为启蒙哲学所认定的人的本质,它是现代的精神与灵魂,不仅构成现代价值观念的来源,同时还以'理性化'构成现代历史进程的方向与准绳。"②在现代,正如恩格斯所指出的:"一切都受到了最无情的批判;一切都必须在理性的法庭面前为自己的存在作辩护或放弃存在的权利。思维着的知性成了衡量一切的唯一尺度。"③但是在理性化的过程中由于对本质主义和基础主义的过分追求,理性也容易走向极端。如今需要理性的回归与重建,这里的理性,既包括个人行为层面的个体理性,也包括在建立社会规范层面的公共理性。

当然,"我们应确立的批判宗旨并不是要从根本上否定理性,而是要重建理性的合理秩序"④。在一些西方学者看来,理性不是别的,乃是权力,是十分隐蔽的权力意志。权力意志具有"蔑视性理性"和"否定性理性"的冲动。人们在作出重大决定的时候往往是"不假思索的",而对微不足道的问题却"斤斤计较"。马克思把普罗米修斯的自白"我痛恨所有的神"作为新哲学的格言,认为新哲学的任务就是要克服客观存在的非理性,使世界和人本身变得合乎理性。正如马克思和恩格斯正确指出的:"因为每一个企图取代旧统治阶级的新阶

---

① 黑格尔:《法哲学原理》,范扬等译,商务印书馆1961年版,第11页。
② 陈嘉明:《理性与现代性:兼论当代中国现代性的建构》,《厦门大学学报(哲学社会科学版)》2004年第5期。
③ 《马克思恩格斯选集》(第3卷),人民出版社1995年版,第719页。
④ 张琳:《现代性:规范、反思、建构:对当代中国现代性建构的思考》,《江海学刊》2006年第1期。

级,为了达到自己的目的不得不把自己的利益说成是社会全体成员的共同利益,就是说,这在观念上的表达就是:赋予自己的思想以普遍性的形式,把它们描绘成唯一合乎理性的、有普遍意义的思想。"于是,"凡是现实的都是合乎理性的,凡是合乎理性的都是现实的"。黑格尔的这一命题,由于黑格尔的辩证法本身,就转化为自己的反面:"凡在人类历史领域中是现实的,随着时间的推移,都会成为不合理性,就是说,注定是不合理性的,一开始就包含着不合理性;凡在人们头脑中是合乎理性的,都注定要成为现实的,不管它同现存的、表面的现实多么矛盾。因此,凡是现存的,都一定要灭亡。"①可见,现代性是在动态中不断积累、矫正和创新的。

12. 主体性与现代性。主体性原则是马克思哲学研究的方法论原则之一。按照马克思的看法,主体性原则主要包括以下三层意思:(1)对事物要从实践的角度去理解。这是马克思在《关于费尔巴哈的提纲》中针对费尔巴哈在内的旧唯物主义对事物、现实和感性"只是从客体的或者直观的形式去理解"②而提出来的。马克思认为,新唯物主义对事物、现象不仅从客体方面去理解,而且要从主体方面,"当作人的感性活动,当作实践去理解"。(2)对实践要从人的角度去理解。在马克思哲学中,实践有其特定的内涵,它不是黑格尔所说的绝对精神的活动,也不是费尔巴哈所说的卑污的犹太人的活动,而是现实的个人的物质活动。(3)对人要从主体的角度去理解。马克思哲学是以人和世界的关系为其对象的,在人和世界的关系中,"主体是人,客体是自然"。因此,马克思哲学的目的是要揭示人作为主体认识世界和改造世界的原因和方法。马克思说过,未来的新社会是"以每个人的全面发展为基本原则的社会形式"。以人为本是马克思哲学的核心。以人为本强调的是主体坐标。这里的我可以是"小我"——个人,也可以是"大我"——人类。实际上,"大我"与"小我"是辩证统一的。因为人是社会的人,离开个人无社会,社会是人的社会,离开社会无个人,人的生存、享受和发展都离不开社会和他人,这是一个基本事实。

值得注意的是,现代化把人变成"现代化的主体"的同时,也在把人变成"现代化的对象"。进言之,现代化赋予人们改变世界的力量的同时也在改变人自身。关于现代性的理解不能简单化、片面化和极端化,而应保持开放性、

---

① 《马克思恩格斯选集》(第4卷),人民出版社1995年版,第216页。
② 《马克思恩格斯选集》(第1卷),人民出版社1995年版,第54页。

反思性和过程性。作为一个历史分期的概念,现代性标示了一种断裂或一个时期的当前性或现在性。作为一个社会学概念,现代性总是和现代化过程密不可分,就此而论,工业化、城市化、科层化、世俗化、市民社会、民族主义、民族国家等历史进程,都是现代化的种种指标。作为一个心理学范畴,现代性不仅再现了一个客观的历史巨变,而且也揭示了时代变迁对于人的心理造成的巨大影响。在现代世界主要有三个活动领域:家庭、市民社会和国家。每一个活动领域都体现了一种特殊类型的人类联结。比较而言,家庭是以爱和责任为纽带的群体,市民社会是以竞争和利益为导向的社会群体,国家则是以公民身份和对体制的忠诚为纽带的政治群体。其实每一种制度作为一种纽带都是一种力量,也是一种人之主体性的展现。与之相应,在现代性中就有三种伦理理论:家庭的伦理理论、市民社会的伦理理论、国家的伦理理论。在黑格尔看来,国家是最重要的,国家是法律秩序的最高化身。笔者认为,在中国,家庭更为重要,家庭是社会秩序的基础。

遗憾的是,随着资本主义的发展,家庭面临危机。正如马克思所指出的:"一切坚固的东西都烟消云散了。"这表明资本主义摧毁了一切团结与忠诚,摧毁了一切牢固的信念和一切前现代世界的制度。同时,资本主义也撕掉了笼罩在家庭上面的温情脉脉的面纱,把家庭关系变成赤裸裸的金钱交易,生活世界日益货币化。生活世界货币化可以说是现代性生成过程的深层困境。马克思的现代性思想可归纳为八个论点:(1)现代社会是动态的和未来定向的,资本扩张和工业化构成其主要特征。(2)现代社会是理性化的。(3)现代社会是功能主义的。(4)是科学而不是宗教成了知识积累的基础。(5)传统习惯被摧毁,传统美德丢失了;某些价值或准则变得日益普遍化。(6)创造和阐释的标准正在被削弱。(7)"对"和"正确"的概念是多元的。(8)现代世界的不可测性和人类存在的偶然性。其结果是,科学成为新的意识形态。对黑格尔来说,科学是结果,是历史知识的总和与综合,而且它可以被认为是逻辑的体系;对马克思来说,科学的任务则是解读隐藏在表象背后的本质,是揭示关于资本主义及其宿命的真理;对韦伯来说,科学的特征是证伪性。"本来,经典的马克思主义就是一种现代性的态度,其主旨是寻求超越于建立一种不同于以'自由'为主导价值的资本主义现代性,建立一种以'平等'为核心价值的现代性"[①]。

---

① 陈嘉明:《中国现代性研究的解释框架问题》,《华东师范大学学报(哲学社会科学版)》2006年第3期。

西方现代性与西方对人的理解和认识内在相关。从哲学高度讲,在西方语境中现代性的后果主要是"主体性原则"的确立,即"人的发现"和"人的觉醒"。这种"人的发现"和"人的觉醒"过程,西方哲学对人阐释的历史发展大体经历了一个从"抽象的人"到"现实的人"的认识过程。

对于人的阐释是西方哲学史上古老而又常新的话题。"人是什么?"这一"斯芬克斯之谜"与哲学内在相关。如果说哲学的奥秘在于人,那么人的奥秘在于哲学。哲学以人为或隐或显的主题,对哲学的理解在很大程度上取决于对"人"的理解。就此而论,哲学的重要使命之一就是以理论的方式把握人的存在方式的二重性,领悟人的内在价值,提升人的精神境界。西方哲人关于人的阐释,涉及人性与人的本质、人与神、人与物、理性与非理性、存在与意义等诸多方面,最终走向"现实的人"和"人的解放"。梳理西方哲学对人阐释的历史发展,厘清其阐释的主要脉络,有助于我们深化对主体性和现代性的认识。

"人是万物的尺度,是存在的事物存在的尺度,也是不存在的事物不存在的尺度。"[①]普罗泰戈拉的这一命题被认为是人本主义的开端。虽然其并未对"人"这一概念下定义,但实质上这一命题已将"人"从"万物"中独立出来,使人在认识中获得了相对独立的地位,开启了哲学对"人"的阐释之先河。

"认识你自己。"苏格拉底借用德尔菲神庙的箴言"认识你自己"对哲学提出了新要求,为哲学发展指明了新方向。柏拉图在其"灵魂学说"中提到人的灵魂由理性、激情与欲望构成。而理性是支撑灵魂不朽的重要部分,也是把人与动物区分开来的最高原则,但是,人是"无毛的两足动物"这种"种加属差"的定义方法无法揭示人的独特本质。

"理性实为人类所独有。"[②]亚里士多德提出"人是城邦的动物"命题。正如汉娜·阿伦特所指出的,"他认为只有在城邦居住的人及与他同等的人,才符合这种定义——那是当然的事情。我们却把他的这个定义误解为可以作为马上直接运用到整个人类的普遍公式"[③]。所以用这一命题来表征亚里士多德的观点是不够恰当的。亚里士多德提出的"人是有理性的动物"命题,虽然是基于其理性灵魂的预设,但却指出了人所具有的理论理性与实践理性是人之特有的,更能代表亚里士多德的本意。这一思想后来在笛卡儿提出的"我思

[①] 罗素:《西方哲学史》(上卷),何兆武、李约瑟译,商务印书馆1963年版,第111页。
[②] 亚里士多德:《政治学》,吴寿彭译,商务印书馆1965年版,第385页。
[③] 汉娜·阿伦特:《马克思与西方政治思想传统》,孙传钊译,江苏人民出版社2006年版,第35页。

故我在"中听到了回响。

用神论证人。在中世纪,哲学从"科学之女王"沦为"神学的婢女",对于人的理解表面上背离了古希腊先哲开辟的道路。人处在上帝之下,而被古希腊先哲重视的理性精神则服务于神学。奥古斯丁对于上帝存在的知识论证明或是安瑟尔谟对于上帝存在的本体论证明等都展现了用"人性"去证明"神性"的思路。

人的发现和人性解放。文艺复兴时期,自由等人权被看作自然法的规定,自然法则被进一步看作来自神法。人的地位重新被认可,虽然还受神学的影响但却从多方面论证了人的价值、人的尊严、人的才能和人的自由的意义,喊出了个性至上、人性至上以及理性至上等口号,激励着人去挣脱一切束缚人的桎梏,从而取得了一系列积极成果——人的发现和人性解放。人性解放是人的发展的前提,人的任何一种解放,都是为人松绑,都是把人从种种桎梏中解放出来,让人充分享有意志和行动的自由。

"知识就是力量。"弗朗西斯·培根指出"科学的目的就是在认识自然的基础上支配自然,'达到人生的福利和效用'"[1]。此后,科学精神深入人心,知识被认为是对于自然规律的认识,从而帮助人们改造自然。正如"知识就是力量"所表达的,只有掌握科学知识的人才能拥有力量,才能支配自然。

"人,一半是禽兽,一半是天使。"这种说法似乎是抓住了人的"两重本性",人具有"可完善性"和"可堕落性",但它却很难说明两种相反的性质为什么和怎样统一在人的身上。"对人的二重化的分别确认,形成了人性论上的性恶论和性善论之分野,它们折射着经验立场同超验立场的对立,并塑造了不同的哲学传统。"[2]人是生存在两极之间的动物,一方面是理想,一方面是阴暗;一方面是神性,一方面是魔性;一方面是无限,一方面是有限。人的生命就是在这神魔混杂的两极之间挣扎与摸索的过程。基于此,现代西方从人性恶出发,对人性保持"幽暗意识"[3],坚持人性恶原则,结果发展出"权力制衡"和"权利保障"等思想,为从法律和制度上规范人性提供了理论基础。

---

[1] 赵敦华:《西方哲学简史》,北京大学出版社2001年版,第203页。
[2] 何中华:《人性与哲学:一种可能的阐释》,《文史哲》2000年第1期。
[3] "幽暗意识"造成基督教传统重视客观法律制度的倾向。自由主义的一个中心观念——"政府分权,互相制衡"的原则集中反映了基督教的幽暗意识。"幽暗意识"是以强烈的道德感为出发点的,唯其是从道德感出发,才能反映出黑暗势力之为"黑暗",之为"缺陷"。参见张灏:《幽暗意识与民主传统》,新星出版社2006年版,第24~28页。

"人生而自由,却无处不在桎梏之中。"卢梭认为在原始自然状态下的人是绝对自由的,但社会不平等伴随着文明的进程而加深,使人进入了一个否定之否定的圆圈,人只有在国家中才能实现自由的本质。一方面,卢梭从人的产生发展过程中诠释人的自由本质。另一方面卢梭也看到了良心而非理性对于人的重要性。这样的担忧现实地体现在爱尔维修的功利主义伦理观中。爱尔维修提出"人是环境的产物"。这里的人不是抽象意义上的人,而是处在社会中的人。但是爱尔维修将环境(法律与政治制度)置于理性支配之下的做法是自相矛盾的。

"人就是自在的目的本身。"①"我们现在在世界上只有一类的存在者,其因果作用是目的论的,那就是说向着目的的……这类的存在者就是人。"②"人是目的"的命题,确立了人的价值主体地位,也开启了哲学价值论研究的先河。

文艺复兴时"用人的眼光"来看待世界的愿望得到比较彻底的实现。康德晚年把哲学问题归结为"人是什么"的问题,并将其分解为三个问题:人能知道什么?人应该做什么?人能够期望什么?康德试图通过这三方面建立起关于"人的形而上学"。康德认识到了"人为自然立法",认为理智的法则是理智给自然界规定的,在此肯定了人的作用。从道德的先验法则出发,康德认为人具有绝对的价值,人的价值不是任何利害功用所能估量,任何将人作为实现利益与欲望的工具的行为都是不道德的;"世界之目的"即"至善",一切自然的目的要从这里获得最终依据,而人作为理性的存在者,要成为一个有道德的、自由的人,这才是人的发展方向。

"人的精神"。黑格尔的《精神现象学》及其最后成果——作为推动原则和创造原则的否定性的辩证法的伟大之处首先在于,黑格尔把人的自我产生看作一个过程,把对象化看作非对象化,看作外化和这种外化的扬弃,因而,他抓住了劳动的本质,把对象性的人、现实的因而是真正的人理解为他自己的劳动的结果。但黑格尔所理解的劳动仅仅是"精神劳动"。

用"人"解释"神"。"宗教的本质就是人的本质。"在费尔巴哈的人本学中"人"作为一个重要的范畴,"人是以自然界为前提和基础的,人的产生和生存都依赖于自然界"。这揭示了人的感性本质。费尔巴哈对于人提出了四点重要理解:"人是以自然为基础的感性实体"、"人是以肉体为基础的肉体和灵魂

---

① 康德:《实践理性批判》,邓晓芒译,杨祖陶校,人民出版社2003年版,第180页。
② 康德:《判断力批判》(下卷),宗白华译,商务印书馆1964年版,第99~100页。

相统一的实体"、"人是以感性为基础的感性和理性相统一的实体"和"人是以我和你的实在相区别为基础的我和你相统一的实体"。费尔巴哈将人当作"类"来看待,这对于全面理解人的本质具有重要意义。宗教的本质就是人的本质,这既揭露了宗教的虚幻性,又从信仰上肯定了人的价值。

在其现实性,"人的本质是一切社会关系的总和。"马克思对人的认识经历了一个过程,他对人的本质有多种表述,其中最主要的有两个:一是把人的本质归结为"自由自觉的活动",即劳动或实践。在马克思看来:"一个种的整体特性、种的类特性就在于生命活动的性质,而自由的有意识的活动恰恰就是人的类特性。"① 二是把人的本质归结为"社会关系"。"人的本质不是单个人所固有的抽象物,在其现实性上,它是一切社会关系的总和。"② 马克思把"现实的人"作为哲学研究的出发点,把现实的人的生存境遇及其发展命运作为哲学研究的主题,把人的解放和每个人自由而全面发展作为哲学追寻的价值目标。

从"上帝死了"到"人死了"。"我们时代的命运以理性化和理智化,最主要以'世界的祛魅化'(disenchantment of the world)为特征。的确,那些终极的、崇高的价值已从公共领域中消失。或进入超验的神秘生活领域,或直接地进入私人交往的友爱之中"——更直白的表述其实就是"上帝死了"(尼采语)。③当尼采喊出"上帝死了"的时候,恰恰表明哲学要关注人的生命,人要靠自己而生存,而当福柯喊出"人死了"的时候,也正是对"真正的人"的呼唤。无论萨特的"人的存在先于本质",还是海德格尔人之"基础本体论";无论是"主体性黄昏",还是"主体间性";无论是"单向度的人",还是"逃避自由",都是哲学家基于时代特征关于人的新阐释,也是哲学作为人的自觉意识对人的生活世界及其相互关系的一种反思性的理论表征。

总之,西方哲学关于人的阐释是全人类宝贵的思想遗产,继承这一遗产有助于我们深化对以人为本的认识,有助于我们推动哲学回归现实生活世界,也有助于我们从哲学高度关注现实人的生存境遇和发展命运。其实,"人是什么?"本没有一个绝对的且终极的答案。"人就是人",这也许正是对"抽象的人"理解的终结,同时也是对"现实的人"认识的开始。

13. **自我认同与现代性**。认同(identity)意味着一个人能够在时间的流变

---

① 马克思:《1844年经济学哲学手稿》,人民出版社2000年版,第57页。
② 《马克思恩格斯选集》(第1卷),人民出版社1995年版,第56页。
③ 韦伯:《以科学为业》,吴玉军译,载江怡:《理性与启蒙:后现代经典文选》,东方出版社2004年版,第116页。

和传统的现实世界中寻找稳定身份的努力。现代自我的构成主要包括:伦理个人、权利个人、公民资格和道德个人。人的自我构成在于自我与他者的对话与交流,以及叙述性和协商性的认同。在文化现代性视阈下,价值与规范必须由当事者借沟通自行提供正当性。中国学界对现代性这一议题,有一些以批评为主的反思。其中重要原因之一是中国民族意识对西方强势文化压境时的反动。不过,现代性的理解与评价问题均极为复杂,以全面的肯定或者全面的否定去面对它,几乎必然有失。那么,现代性的复杂性何在?或许就在于如何处理"自我与他者"的关系。反常只是正常的他者,越轨是守法的他者,患病是健康的他者,野蛮是文明的他者,动物是人类的他者,女人是男人的他者,异乡人是本地人的他者,敌人是朋友的他者,他们是我们的他者,疯狂是理性的他者,外邦人是本国臣民的他者,外行的普通人是专家的他者。"他者"不仅是我的"他者",而且我也是"他者"的"他者"。实际上,我们既是"观察者"又是"参与者",既是"剧中人"又是"剧作者",既是"对象"又是"主体"。"文化政治是文化之间以文化为形式进行的支配与反支配斗争,所争者即是谁的标准居于支配地位。"标准与我异者,构成了他者。文化政治的结构性思路在于:"强者对于弱者的支配、剥削以及污名化,通常表现为强者的普遍者姿态;强者代表的是某种具有普遍妥当性的文化,而弱者则需要自贬为特殊者,'承认'强者文化的规定。"①正如马克思所揭示的,一些阶级往往把本阶级的利益说成是全人类的普遍利益。历史上很多所谓的普遍主义乃是自诩为普遍主义的特殊主义,本质上则是虚假的普遍主义。可见,互为"他者"就是道德和正义的前提,因此,任何国家或地区的现代性都是一种特殊主义,而不能膨胀为普遍主义,这对于"中国现代性"建构具有启发意义。

　　反思乃是新的时代精神的最纯粹的表达。借用苏格拉底的名言来说,经过反省的,才是有价值的。这也是笔者从哲学角度对现代性进行反思的一个重要理论依据。在笔者看来,现代性首先是人自身力量的发现和展现,也是人的自我意识的觉醒,还是对个体特殊性的确认或对人的个性的肯定。有学者通过"文化现代性"与"社会现代性"的对比,认为"现代性不仅不同于单纯的现代化,而且由于文化现代性具有反思与自我正当的基本特色,现代性内部其实

---

① 钱永祥:《主体如何面对他者:普遍主义的三种类型》,载钱永祥:《普遍与特殊的辩证:政治思想的探掘》,台湾"中央研究院"人文社会科学研究中心2012年版,第45页。

涵蕴着丰富的批判能量。"①这种批判能量积极成果之一就是具有自我反思性。批判理论总是试图在提出自己观点的同时，阐明其产生和运用的背景。接下来的问题是：中国寻求现代性的历史条件和独特方式何在？自近代②以来（1840年以降），现代化不仅成为中华民族100多年来最重要的奋斗目标，而且也已然成为国家富强、民族振兴、人民幸福的"中国梦"的重要组成部分。为了实现这一目标和梦想，一代又一代中国的仁人志士前赴后继、殚精竭虑。但是，经过了100多年艰辛的上下求索，时至今日，我们虽取得令人震撼的成就，但也出现一些令人眩晕的后果。为什么中国实现现代化目标、追求现代性道路对我们是如此的艰难？这是一个值得深长思之的问题。

14. 中西语境"文化"辨析。查考汉语古典文献我们不难发现，"文化"一词出现较早。历史地看，"文化"一词，始见于《易经·贲卦》之《象传》中："观乎天文，以察时变；观乎人文，以化成天下"，这里"人文"和"天文"相对应。汉·刘向《说苑·指武》："凡武之兴，为不服也，文化不改，然后加诛。"这里"文化"是与"武化"对应的概念。后来逐渐引申出"文治教化"之意。从词源学的角度看，西语"文化"一词源于拉丁文 cultura，原意是"对土地的耕耘和植物的栽培"，后来引申为"对农作物或动物的照料"，到了16世纪初又引申为"对人的身体或精神的培养"。这里"文化"乃同"自然"（nature）相对而言。西语"nature"一词既指外部世界，又指本然的状态，因而是非"人为"的。从文化意义变迁的过程，我们可以发现两个重要的变化：第一，人为照料的意涵变得明显；第二，由特殊的过程扩大延伸为一般普通的过程。③ 值得注意的是，西语中的"culture"在18世纪末之前不被重视，到19世纪中叶之前尚未普及。④ 综上可见，从中西"文化"的起源看，"文化"都和人类的生活实践的本质内容、和实践要解决的矛盾紧密联系在一起。文化最本质的特征都属于"人为"，是以

---

① 钱永祥：《现代性已耗尽了批判意义吗？——汪晖论现代性读后有感》，载贺照田：《后发展国家的现代性问题》，吉林人民出版社2002年版，第1页。
② 在中国语境中，"近代"与"现代"似乎无法严格区分，但为了表述的需要，笔者还是倾向于"现代"这一相对精确的表述。
③ 雷蒙·威廉斯（Raymod Williams）：《关键词：文化与社会的词汇》，巨流图书有限公司2004年版，第79页。此书中文简体版2005年由生活·读者·新知三联书店出版。
④ 陈玮芬：《西人东来与文明文化概念的变迁：由传教士与御雇洋人之所论谈起》，《东亚近代社会的知识建构国际学术研讨会论文集》，台湾"中央研究院"人文社会科学研究中心2013年版。

人的为我性原则为基点,以自然为前提和基础所进行的创造。可见,文化的世界是人的自我创造的世界。而属人的劳动、实践是最根本的"人化"亦即"文化"活动。"文化"所标识的就是人与自然和自身所发生的双重关系:既改造又适应,既超越又依赖的矛盾关系。正是这种矛盾的关系使人与自然之间形成了张力,使人的生存成为"主体性"的自为的生存。在中国语境中,作为动词的"化"与作为名词的"文"不同的是,无论特定的主体究竟是什么,其"化"都具有非常强烈的"动态生成"之意。从最直接和最基本的生育角度来看,所谓"天地氤氲,万物化醇,男女构精,万物化生"(《易·系辞下》)、"化不可代,时不可违"(《黄帝内经素问·卷二十》),以及"可以赞天地之化育,则可以与天地参矣"(礼记·中庸)和"化育万物"(《庄子·刻意》)等,都是这种过程。当"化"与"文"并用时,它们从汉语语法角度看所构成的是"主—谓"结构,意即以"文""化"之;而宾语则是有待被"化"的对象。可见,"任何一个民族国家,必须有独特的文化性格,以表现其独特的民族性或民族精神,才能在民族竞争的列国之林里,有其独特的价值与地位,才能维持其文化的尊严"[①]。其实,从全球视野看,世界贸易,交易的主要是商品和服务,交流的却主要是文化和理念。

---

① 张灏:《幽暗意识与民主传统》,新星出版社2006年版,第172页。

第一章　现代性的特征、主题与动力：现代性研究的制度性视角

现代性（modernity）是一个内涵繁复的西方概念，同时也是一个极其复杂的全球性问题，因此，很难一言蔽之。当前，必须重新审视现代性的特征、主题与动力。原因在于，迄今为止，由于这样或那样的具体原因，人们对现代性的理解仍然极为肤浅。一些人还停留在一般性地论述工业化、理性化、世俗化、城市化、民主政治、市场经济、科学技术等，还没有从制度性视角和人类文明的视角深入到现代性的特征、主题和动力层面，还没有完全切中现代性的本质与核心。本章我们将从现代性的矛盾性和复杂性、宏观机制和微观机制、现代性的离心力和同化力、单一现代性和多元现代性、现代性的动力机制和平衡机制等方面分析现代性的特征、主题和动力的不同面向，以期深化对现代性的理解与认识。

第一节　简与繁：现代性的矛盾性与复杂性、宏观机制与微观机制

现代性的矛盾性和复杂性主要在于现代性既解放了人，也使人陷入困惑；既带来了力量，也带来了焦虑；既是可爱的，也是可恶的。许多西方学者在讨论现代性问题时都曾指出，现代性不是一个统一的概念，其中充满了种种矛盾，具有多重张力。在哈贝马斯看来，"现代性是一个未竟的方案"，"主体的自由"是其主要特征。"现代主义的可感知的要素如下：第一，高雅文化与通俗文化的并存；第二，风格上的内在化和情绪上的焦虑、迷惘、孤独；第三，真理、象征和乌托邦；第四，时间和发生学。后现代主义的可感知的要素如下：第一，大众文化和文化工业；第二，解构、碎片、拼贴和游戏；第三，仿真、类象和能指的

暴政；第四，空间和拓扑学"①。笔者认为，在中国由"大国"迈向"强国"的进程中，我们对现代性反思必须超越以往的野蛮/文明、中国/西方、传统/现代等狭隘视野，具有更广阔的视野，只有如此才能穿透"现代性的迷雾"。实际上，"现代化的内在矛盾正是由于现代性的单一性和非矛盾性所引起的，对现代性复杂关系过于简化的结果，因此，对现代性的批判决不能以另一种单一性和非矛盾性来否定现代性的单一性和矛盾性，只能用多样性、矛盾性来消解现代性的单一性和矛盾性。这是以客观的矛盾否定主观的矛盾"②。实际上，现代性的辩证运动就在于"自己敌视自己""自己培养自己的掘墓人""一切都包含其对立面的世界"。

现代性问题不仅是当前学理研究的一个热点问题，也是中国发展绕不开的重大理论课题。中国近代以来的很多文化争论大都是围绕现代性问题而展开的。近十几年来，我们围绕现代性与启蒙运动、现代性与社会理论的当代视阈以及现代性与社会理论的实践等问题，对现代性的基本理论进行了介绍，对霍克海默、阿多诺、马尔库塞、哈贝马斯、吉登斯等当代西方哲学家的现代性理论进行了阐述，对由于过度推崇理性而导致的一系列社会畸形发展问题进行了剖析，初步厘清了马克思主义与现代性理论的关系。马克思主义中既包含了对作为人类文明成果的现代性理论的认同和借鉴，同时也包含了对资本主义社会产生的诸多现代性问题的批判、反思与超越。总体上看，马克思主义经典作家在唯物史观基础上对资本主义生产关系进行深刻反思和批判，提出系列通过对资本主义社会进行革命性改造以解决现代性问题的基本主张，其中的许多观点至今仍具有现实意义。然而，在马克思看来，问题并不止于黑格尔对主观思想的这种思辨超越：只要辩证法如此这般地局限于思辨唯心主义，那么在这里出现的与其说是主观思想的真正瓦解，毋宁说倒是它的最终完成——以绝对形式实现自身的思想只是在表面上获得了现实性的外观。于是，马克思对黑格尔的决定性超越就通过下述命题被揭示出来："意识在任何时候都只能是被意识到了的存在，而人们的存在就是他们的现实生活过程。"③只是从这里开始，我们才有可能从一切形式的主观思想中解放出来，并且才有可能真正触及并深入到经由马克思的划时代批判才开始显现出来的

---

① 俞吾金等：《现代性现象学：与西方马克思主义者的对话》，上海社会科学院出版社2002年版，第34页。
② 何萍：《马克思主义哲学与现代性问题》，《江汉论坛》2002年第2期。
③ 《马克思恩格斯选集》（第1卷），人民出版社1995年版，第72页。

"社会现实"本身。马克思关于东方社会理论对非西方的现代性建构具有启发意义。这一启发性体现为马克思揭示了"现代性"与"民族性"之间存在张力。历史地看,现代性本身是民族文化发展的产物,必然通过民族文化的创造性转化和创新性发展而实现。如在俄罗斯走向现代化进程中,19世纪在俄国曾引发主张坚定地以西方为师的"西欧主义派"和强调俄罗斯特殊性的"斯拉夫派"的激烈争论。实际上,列宁主义就是"西方派"和"斯拉夫派"长期争论的产物,是马克思主义与俄国历史文化特点相结合的产物,这折射出"现代性"与"民族性"之间的复杂关系。[①] 实际上,源于西方的现代性主要是"社会现代性",后发展中国家在借鉴西方现代性的同时完全可以发展更为丰富的"文化现代性"。"现代性并不是千篇一律的,它在不同的社会会有不同的表现"[②]。资本主义道路只是现代性的一条道路,并未穷尽现代性的丰富内涵。诚然,资本是推动现代性的主要动力,也是理解现代社会秘密的一把钥匙。资本对现代社会的统治遵循"总体性逻辑",但同时兼有"分而治之"的策略,这种简与繁的划分具有历史的合理性,但同样需要反思与超越。社会主义国家能否探索出一条有别于西方现代性的新路来?需要研究,更需要探索。

其实,现代性从西方到东方,从近代到现代,它既是一个"家族相似"的开放概念,也是现代进程中政治、经济、文化、社会和生态等诸多层面的矛盾和冲突的焦点。就此而论,后现代视角完全可以看作是对现代性本身的自我反思。同样,未经反思的后现代思想的一种形式是"原教旨主义",另一种则是"犬儒主义"。对后现代思想同样需要进行反思。克尔凯郭尔是第一位发现现代思想的悖论性特征的人。康德相信"二律背反"可以解决现代性思想的悖论性这是他重要而又富有争议的理论贡献。"黑格尔的世界历史是现代性的起源。现代性作为世界历史的完成而出现,作为其隐藏的目的而出现。"[③] 站在巨人的肩膀上进行继续探索,是本研究的起点。笔者所做的工作是试图勾勒出"普遍现代性"的一些基本问题和相对完整的图景。当然,有选择性地分析一些思

---

① 在笔者看来,所有非西方国家在追寻现代性、实现现代化过程都面临这一矛盾,不仅在俄国有"西方派"和"斯拉夫派",在日本有"脱亚入欧(美)",而且在中国则有"中体西用"等论争。
② 夏光:《东亚现代性与西方现代性:从文化的视角看》,生活·读书·新知三联书店2005年版,第317页。
③ 阿格妮丝·赫勒:《现代性理论》,李瑞华译,商务印书馆2005年版,第35页。

想家对"现代性问题"①的理解是进行现代性哲学反思的必要条件。

吉登斯从社会学的角度将现代性等同于"工业化的世界"与"资本主义"制度,哈贝马斯从哲学的角度将现代性看作是一套"源于理性的价值系统与社会模式设计",福柯同样也从哲学的视角出发,不过却将现代性视为一种"批判精神"。总体上看,西方现代性的历史观基础就是"线性历史观",而"线性历史观"又构成"西方中心论"和"西方优越论"的理论基础。如果把西方工业文明看作是人类历史发展的最高形态,那么就是主张"西方中心论"和"西方优越论",这是一种典型的线性历史观。其根本特点是只承认科学知识对历史进步的意义,否定民族文化在历史发展中的作用。实际上,这是仅仅从西方社会来看现代性的结果,如果从世界历史的眼光来看,现代性必然呈现出多元发展的格局。可见,立足点和立场不同,对现代性理解会有很大偏差。

如果说中国自近代以来的文化争论大多是围绕着"古今中西"这个核心点而展开的,那么这个核心点说到底也就是现代性问题。为此,需要从根基处对现代性进行批判、反思与建构。这无疑需要吸收唯物史观的有益思想。"唯物史观不仅开启了对现代世界及其本质的具有原则高度的批判性分析,而且同时最坚决地提出了深入把握社会现实的基本纲领与方法。非批判的观点只是使一切历史的前提滞留于晦暗之中,而疏离于社会现实的批判却总是缺乏原则高度的。因此,唯物史观的优越性便以这样一种方式体现出来:它是一种以把握真正的社会现实为旨归的现代性批判。"②时下关于现代性的诸多意见和争论,在很大程度上仍然从属于主观思想及其外部反思,很少触及现代社会现实本身和历史深处。因此,"走向历史深处"是深化现代性问题研究的一个重要突破口。马克思对黑格尔的决定性超越通过下述命题被揭示出来:"意识在任何时候都只能是被意识到了的存在,而人们的存在就是他们的现实生活过程。""只是从这里开始,我们才有可能从一切形式的主观思想中解放出来,并且才有可能真正触及并深入到经由马克思的划时代批判才开始显现出来的社会现实本身。"③

毫无疑问,现代性问题是马克思研究的主题之一,"马克思与现代性之间

---

① 在笔者看来,之所以用"现代性问题",而不是"现代性理论",其基本用意在于对于"中国现代性"建构而言,最重要的不是"理论建构",而在于破解当代"中国问题"——奠基于"中国现代性"之上的"中国特色社会主义现代化强国建设实践"显得尤为迫切和重要。
② 吴晓明、邹诗鹏:《全球化背景下的现代性问题》,重庆出版社2009年版,序言第4页。
③ 吴晓明、邹诗鹏:《全球化背景下的现代性问题》,重庆出版社2009年版,序言第5页。

具有互文性"①。启蒙具有反思意识,启蒙使个体获得了判断力和洞察力,并转换为行为动机,从而打破了习俗力量和集体力量的束缚。马克思受启蒙影响至深,他毕生追寻的"人的自由和解放"和"人的自我实现"的观念就是启蒙价值的核心,因此马克思也被视为"启蒙之子"。作为"启蒙之子",马克思对于启蒙方案所产生的现代文明有深刻的洞见,对现代性有深刻的洞察。在马克思看来,现代文明是由资本主义的现代性所建构的。因此,他在《共产党宣言》中,对资本主义的现代性,特别是它的生产力给予高度赞美,以致塔克认为马克思和恩格斯的《共产党宣言》可谓是现代性理论的宣言。可以说马克思开启了"现代性现象学"。所谓现代性现象学"也就是运用现象学的理念和方法,尤其是海德格尔的此在现象学的理念和方法,对现代性现象进行全面的考察。在某种意义上可以说,现代性现象学的建立也就是一个新的理论平台的开启"②。马克思的思想是一种对理想人性的最真实的表达,这也是其理论魅力之所在之一。

有必要指出的是,提出"中国现代性"并不是为了取代或超越"西方现代性",而是弥补其不足,丰富全球现代性的内涵和外延。"中国现代性"的建构关键在于对中国历史、中国文化和中国政治的自我体认与深刻反思。首先要讲清楚每个国家和民族的历史传统、文化积淀、基本国情不同,其发展道路必然有着自己的特色;其次要讲清楚中华文化积淀着中华民族最深沉的精神追求,是中华民族生生不息、发展壮大的丰厚滋养;再次要讲清楚中华优秀传统文化是中华民族的突出优势,是我们最深厚的文化软实力;最后要讲清楚中国特色社会主义植根于中华文化沃土、反映中国人民意愿、适应中国和时代发展进步要求,有着深厚历史渊源和广泛现实基础。一个国家实行什么样的主义,关键要看这个主义能否解决这个国家的历史性课题。实践表明,只有社会主义才能救中国,只有中国特色社会主义才能发展中国。过去,中华民族创造了源远流长的中华文化,现在,中华民族也一定能够创造出中华文化新的辉煌。总之,独特的文化传统,独特的历史命运,独特的基本国情,注定了我们必然要走适合自己特点的发展道路。自己的路自己走。中国共产党成立近百年来,从"走俄国人的路"到"走自己的路",一个重要的理论基础就是把马克思主义

---

① 黄瑞祺:《马学与现代性》,允晨文化实业股份有限公司2001年版,第17页。
② 俞吾金等:《现代性现象学:与西方马克思主义者的对话》,上海社会科学院出版社2002年版,第24页。

基本原理同中国实际和时代特征结合起来,不泥古,不媚洋,不迷信,不教条,独立自主,开辟出中国特色社会主义道路。

对我国传统文化,对外来文化,要坚持古为今用、洋为中用,去粗取精、去伪存真,经过扬弃后使之为我所用。"中国现代性"建构能够为我们提供必要的反思现代性的机遇与平台,同时也能激活一些传统和现代资源。当然,"中国现代性"正在进行之中,提出"中国现代性"并不是对"西方现代性"的简单替代或否定,毋宁说是开辟现代性发展的新道路。比较而言,"中国现代性"问题的复杂性还在于,西方是在"现代性"充分发展的前提下,学界对西方现代性进行批判和反思,力求纠正弊端,在西方主要是"现代性与后现代性"的矛盾,而中国则面临"现代性"还未充分发展,现代化和现代性对于中国而言还是"正在进行时",在中国主要是"前现代性(古代性)与现代性"的矛盾,我们就要对现代性进行适时的反思和批判。而且更为重要的是我们的现代化建设留有很多"后遗症",这些"后遗症"将对"中国现代性"建构产生深远的负面影响。

研究"中国现代性"问题必须把握现代性的宏观机制和微观机制,具有全球视野和战略思维。如今,全球化把"地球"理解为一个整体,这种全球观虽然有限,但无疑是一个巨大的进步。实际上,人们越是把"世界"看成一个整体,世界也才越有希望成为一个整体,人类才可能面对"共同的威胁"、"共同的困境"和"共同的命运"。

第二节　一与多:现代性的离心力与同化力、单一现代性与多元现代性

现代性具有分化与整合的双重动力结构,就分化而言,主要是现代社会形成了诸多自律的价值领域(领域分离);就整合而言,主要是在更高层级上实现不同领域的总体性特征(协同发展)。

需要追问的是:现代性如何作为一种"历史叙事"进入历史的?现代化的核心要素之一就是永无止境地动变,这种动变催生出现代性的离心力和同化力。在现代性的离心力方面,马克斯·韦伯提出的三大领域即"科学"、"文化"和"道德"的相互分离具有启发意义。"领域分离"成为现代性的重要标志之一。现代性问题是伴随欧洲资本主义发展而发生的,也是伴随资本主义生产方式和生活方式向全世界传播和扩散而逐渐进入中国人的历史和文化视野

的。"共同富裕"不仅是中国特色社会主义的根本原则,也是凝聚14亿中国人力量的关键支撑。实现"共同富裕"的本质意义在于,它强调的是"共同"。尽管少数西方发达国家走上了富裕道路,但无论是在资本主义早期阶段还是在当今资本主义社会,财富的两极分化都十分明显。社会主义是人类发展史上的全新阶段,其本质特征和根本任务就是要解放和发展生产力,改善人民群众的生活,走"国强民富"和"共同富裕"道路。笔者认为,社会主义与资本主义的本质区别就在于,既要发展比资本主义更高的生产力,又要尽可能消除两极分化,最终达到共同富裕。这是中国特色社会主义道路的题中应有之义,也是社会主义最终扬弃资本主义的关键所在。在社会财富的创造和分配过程中,创造公平公正的社会环境非常重要。原因在于,只有社会公平公正,才能调动广大人民群众的生产经营积极性,促进经济增长和财富创造。如果社会不公平不公正,无论是平均主义还是两极分化都不利于经济增长和财富创造。其实,真正的"富强"是"人民富"、"社会强","民富"然后"国富","社会强"然后"国强",这是现代化进程中的基本规律,也是现代性发展的根本次序。如果离开了"民富"而追求"国富",离开了"社会强"而追求"国家强",那么这样的"富强"是没有根基的,也是有道德风险的。实际上,"富民目标和市场逻辑,二者实际是可以完全统一的"。① 当前,"真正要为和当为的,倒是渐进性地启动政治体制改革,为未来中国经济社会的长期繁荣和发展构建良序的制度基础和条件"。②

对"现代性"的反思与批判不应是"选择性"的反思与批判,而应是"整体现代性"的反思与批判,这一批判既包括对已经展开的"西方现代性"的反思与批判,也包括正行进在现代性途中的"中国现代性"的反思与批判。如果只批判"西方现代性",而对"中国现代性"持非批判的态度,这恰恰表明研究者自身还没有完全站在"全球现代性"的高度来审视现代性问题,也表明研究者没有摆脱"二元对立"的思维方式和"自我中心"的思维模式。如今,似乎每个人都在标榜批判,但究竟什么是"建设性的批判"? 中国现代性问题以及对现代性的哲学反思和文化批判,其根本目的是要彰显"中国现代性"建构的问题意识,但要警惕中国现代性建构过程中的特殊性过分膨胀,警惕民族主义和民粹主义。应看到,"中国现代性"建构是在"西方现代性"发展起来并主导世界的情境下

---

① 周为民:《渐进改革须盯紧大方向》,《瞭望东方周刊》2013年4月16日。
② 韦森:《大转型:中国改革下一步》,中信出版社2012年版,第224页。

提出来的,因此"中国现代性"建构不可能完全脱离"西方现代性"这一他者和整体。离开近代西方主导的"西方现代性"过程性来谈所谓的"中国现代性"建构是没有意义的。

从语用学的角度看,现代性不是单数而是复数,不是名词而是动词,不是单一而是多元。"如果只承认一种现代性即资本逻辑,那么多元性和可选择性就无从谈起,就会成为一种单向度的现代性。就整体而言,我们并没有迈进一个所谓的后现代性时期,而是正在进入这样一个阶段,在其中现代性的后果比从前任何一个时期都更加剧烈化更加普遍化了。"① 现代性以前所未有的方式,把我们抛离了所有类型的社会秩序的轨道,从而形成了各具特色的生活形态。在外延和内涵两方面,现代性引起的变革比以往时代的绝大多数变迁都更加意义深远。具体而言,在外延方面,现代性确立了跨越全球的社会联系方式;在内涵方面,现代性正在改变我们日常生活中最熟悉和最带个人色彩的领域。单一现代性往往对世界持"中心/边缘"的二分看法:在 20 世纪 60 年代,世界被分成"发达"和"不发达"国家;在 20 世纪 70 年代,世界被分成"第一世界"和"第三世界";在 20 世纪 80 年代,世界被分成"较发达"和"较不发达"国家。在中国语境中,这类二分常常变成简单且激烈的东方/西方、中/西、中/美对立说。如今,上述划分只具有历史意义,而新的划分世界的标准将是创新能力,即创新能力强的国家和创新能力弱的国家。

现代性首先是指一种时间观念、时代概念,一种直线向前、不可重复的历史时间意识和现代意识。这种时间意识的产生与欧洲资本主义化过程具有内在关联。在黑格尔那里,现代性概念成为一个时代概念,所谓"新时代"即"现代"。面对现代性,似乎有太多的"似是而非"的分析和结论。无论是发达国家还是发展中国家,现代性与民族性之间都存在着复杂的辩证关系。一方面,民族主义和民族认同在很大程度上均是现代经济与政治力量的产物,现代性与民族性携手并进;另一方面,民族性与现代性之间存在难以调和的张力,即"寻求认同"与"要求进步"的张力,前者回溯历史和过去(向后看),后者展望未来(向前看)。如何处理这一"张力"确实是一个难题。

值得注意的是,一些西方学者对现代性的理解过于简单和片面,往往将"现代性"等同于"西方现代性",认为只有"西方现代性"才具有普遍价值,并认为现代化过程就是"西方现代性"的扩张和实现。他们关注的主要是西方现代

---

① 安东尼·吉登斯:《现代性的后果》,田禾译,黄平校,译林出版社 2011 年版,第 2~3 页。

性的形成及其对非西方国家或地区的影响,这其中隐含着一种对自我和他者文化的评价,在此评价中他们给予西方文化一种想当然的优越的评价。于是乎,现代西方自我呈现为"进步的"和"启蒙的",而其他文化则是"落后的"和"蒙昧的"。这一思潮到了20世纪后期,由于部分社会主义国家的严重挫折,一时风生水起,甚嚣尘上,一些西方学者甚至提出了"共产主义大失败"(布热津斯基)、"历史的终结"①(福山)、"中国即将崩溃"(章家敦)。他们认为"西方现代性"具有人类社会最完美的形式,西方的自由主义民主制度必将在全世界实现,所有的社会最终都会发展成西方式的现代社会。颇具讽刺意味的是,直到目前为止,中国没有崩溃,反倒是"中国崩溃论"崩溃了。现实发展迫使福山的"历史终结论"不断退却、修补或辩解。其实"福山的退却、修补或辩解最终可归结为一点,即世界各国的现代化不需要以西方现代化为唯一模板,世界历史在可预见的未来不会终结于西方现代性的扩张"②。其实早在福山之前,在20世纪初期,德国历史学家斯宾格勒就基于西方现代性的内在局限,在《西方的没落》一书中就揭示了西方现代性的衰微。无独有偶,20世纪60年代英国历史学家汤因比的《历史研究》一书也为我们展现了资本主义"潘多拉魔盒"打开之后,可危可惧的景象。从中不难看出,无论是斯宾格勒,还是汤因比,他们面对西方现代性的衰微,既有"哀其不幸"的叹息,也有"怒其不争"的愤慨。国内外虽然有不少人对"中国经验"、"中国模式"和"中国道路"持批评态度,但不可否认的是,中国改革开放所取得的巨大成就已成为不可否认的事实和现实,"北京共识"、"中国模式"和"中国道路",不管你怎样看待它,它就在那里(存不存在是客观的,承不承认是主观的)。当前需要将"中国问题"放在"反思现代性"和"全球现代性"的理论框架中进行分析和思考。如今,多元现代性不断发

---

① "历史终结论",即"共产主义失败论",最早源于福山1988年所作的一次题为"历史的终点"的讲座。随后,他在讲座的基础上写成论文——《历史的终结及最后之人》。1989年,美国新保守主义期刊《国家利益》发表了这篇文章,标志着"历史终结论"作为一个完整的理论体系正式出笼。在福山看来,苏联解体、东欧剧变、冷战的结束,标志着共产主义的终结,历史的发展只有一条路,即西方的市场经济和民主政治。在他看来,人类社会的发展史,就是一部"以自由民主制度为方向的人类普遍史"。自由民主制度是"人类意识形态发展的终点"和"人类最后一种统治形式",从此之后,构成历史的最基本的原则和制度就不再进步了。这怎么可能?
② 姜晶花:《中国道路与现代化的多元选择》,《江苏社会科学》2012年第1期。

展,逐渐得到人们的认同。近年来,以金砖国家①(巴西、俄罗斯、印度、中国、南非)为代表的新兴经济体的蓬勃发展更在西方现代性之外展现了多元现代性的可能与优势,这无疑是现代性建构的新契机。

与一些西方学者唱衰社会主义、"中国现代性"不同,也有一些西方学者能够较为客观地看待西方现代性和"中国现代性"建构。例如,英国学者马丁·雅克从文化和现代性的视角理解中国崛起及其对西方世界的影响。雅克指出,现代性模式绝非只有西方一种,事实上有很多种。因此,理解现代性,不能囿于欧洲和北美的经验。随着全球化的发展,人们对现代性的理解也应与时俱进。这样就把中国发展的独特性放到了全球现代性发展的多维谱系上,从而证明中国模式也是"一种现代化的发展模式",与欧洲和北美模式并存,具有自身的独特价值。中国发展之路是建立在自身的历史和文化基础之上,与西方经历的道路"完全不一样"。② 实际上,中国不是简单"复制"或"模仿"西方,它是独一无二的,因而需要从独特的"中国模式"入手来理解中国。俄罗斯学者季塔连科从现代性的角度对中国特色社会主义进行了阐述,他认为中国实现现代化与成功解决深刻的国内及国际矛盾的经验,不仅为发展中国家树立了榜样、提供了切实可行的现代化模式,而且在于,中国特色社会主义理论和实践避免了社会主义危机,为推进中国发展和世界发展提供了新模式,具有世界历史意义。"中国现代性"可能孕育着"一种现代文明的新类型"。

历史地看,中西方社会拉开差距的一个根本原因,是西方社会相对注重能力,尤其是创新能力,而中国传统社会结构中相对注重权力,马克思称之为"行政权力支配社会"。对中西文化了如指掌的严复、陈独秀、李大钊指出:中国之所以贫弱,西方之所以富强,主要原因之一是中国重天命,而西方重人力,西方知道"万事全靠人力做成"。现实地看,国家之间的竞争在根本上是创新能力与创新型人才的竞争。从"力量转移"的趋势来看,具有影响力的未来学家托夫勒认为,有三大力量操纵着社会生活和人的生活——暴力、财富和知识,影响当今世界发展的力量正在向知识和创新能力转移。

以色列社会学家S. N. 埃森斯塔特在20世纪80年代曾提出了"多元现代

---

① 传统"金砖四国"(BRIC)引用了巴西、俄罗斯、印度和中国的英文首字母。由于该词与英语单词的砖(Brick)类似,因此被称为"金砖四国"。南非加入后,其英文单词变为"BRICS",改称为"金砖国家"。

② 谭扬芳、贾江华:《中国特色道路昭示光明未来:国外学者论"中国发展模式"》,《红旗文稿》2012年第14期。

性"的观念,所谓"多元现代性"其实可以成为"中国现代性"建构的重要理论基础之一。当前中国发展面临现代性的认同焦虑,克服现代性的认同焦虑需要政治勇气和政治智慧。所谓政治勇气和政治智慧,首先是"方向感",主要是从宏观上把握中国特色社会主义现代化的"大方向",不发生颠覆性错误。其实一国经济进入成熟阶段后,就不能为追求高增长率而一味拘泥于集中劳动和资金投入的发展模式,而应努力寻求新动力。目前,中国正在着力进行结构转型和调整,以夯实经济发展基础,这是一个明智的抉择。鉴于中国的结构转型是如此剧烈,其影响又是如此广泛而深远,因此应搞好"顶层设计"。"中国结构性转型"是一个重要的现代解释性概念,其所以重要原因之一是"它所内含的某种宏观社会学描述性意义已经具有普遍的理论解释力。该解释传达的信息是现代社会的基本结构性改变,包括社会基本制度或体制与社会生活方式之显形结构和社会文化心理与道德信仰之隐形结构的革命性改变"。

当前,应充分认识国际关系中的偶然性和互动性。伯顿(J. Burton)关于"落袋台球游戏"的比喻不无启发意义。世界各国好比是分量和颜色不同的台球,在时间变化过程中,也就是台球在桌面上滚动时,它们相互碰撞接触。每个球都有一定的程度的自主性(来自打球者,即各国的政要),但这种自主性却因其他球(其他国家)的位置和滚动而受到限制。如果把这个比喻再引申一点,白球(母球)也就成了超级大国。[①] 因为每一次都是白球(母球)去击打其他球。"黑球"则往往是崛起中的大国。

"现代性"问题首先起自某一社会或民族国家(national-state)的现代化转型过程。这是对"现代性"的一种社会发生学解释,并不是"现代性"社会学解释的全部。可以说任何国家或地区的现代性都是普遍现代性的一个表现形式,只不过普遍性的程度的差异而已。不存在抽象的"普遍现代性"。实际上,"现代性"首先是"地方性"的,然后才是"世界性"的。正因为是"地方的"和"民族的",才可能成为"世界的"和"普遍的"。"现代性"话语中的"同调"与"异调",不仅意味着"争吵"(恶意对话),也意味着"对话",而对话本身——如果是真正平等意义上的对话——已然表明了"现代性"观念和话语的多样性。问题在于,"现代性"的展示只能诉诸历史的"语境"和文化的"创造性转型"(creative transformation),而这两方面都预示着:任何社会的现代化和现代性

[①] 徐贲:《中国语境中的全球化、现代性和民族国家》,载张一兵、周晓虹、周宪:《社会理论论丛》(第二辑),南京大学出版社 2004 年版,第 95 页。

都是有前提条件的。一句话,"现代性"的生成有赖于特定社会及其文明或文化的既有条件和可利用资源。

现代性在今天几乎已经成为各式各样问题所共享的社会历史背景。如果说现代性是多元的,而且是一个过程,那么,它首先呈现出来的就是资本主义现代性,是自启蒙运动以来的资本主义时代及其基本原则。吉登斯认为,资本主义是现代性制度的一个重要维度。自现代性发轫以来,就有许多思想家前赴后继地对现代性进行反省和批判。不可否认,现代性的发展给人类带来了巨大的进步,与此同时,它所蕴含的种种"中心主义"的历史叙事,所隐藏的"独断主义"的权力话语,所采用的"简化主义"的思维方式等,也导致现代性的诸种后果。面对现代性的后果导致的种种困境和危机,尼采、海德格尔、霍克海默、阿多诺、哈贝马斯、福柯、马尔库塞、罗尔斯、鲍曼、贝克、德里达、利奥塔、鲍德里亚等重要的现代思想家从各自不同的视角对现代性进行批判性思考,并对现代性危机提出了各自的解决思路和方案。客观地讲,他们的思考不能不说是深刻的,他们对现代性病症的诊断也是有启发性的,但是他们最终都没有能够洞穿现代社会的历史本质。无论是哈贝马斯的通过"交往理性"重建现代性,还是吉登斯的通过所谓"自反的现代性"超越"早期的现代性",罗尔斯的通过"公共理性""重叠共识"来摆脱现代性困境,抑或是利奥塔的通过对"元叙事"的怀疑和解构而重写现代性,由于不触及现实制度,因而都仅仅具有文化超越的意义,表现出的是折中的学术立场与改良主义的理论实质,某种意义上是与资本主义现代性的共谋。

基于对资本主义现代性的历史本质的洞察,马克思提出了蕴含于资本主义本身之中的解决资本主义现代性问题的现实道路:共产主义。"共产主义(初级阶段即社会主义)既没有割断历史的联系,否定前人的创造,又是一种新的社会关系和新的社会形态的建构,体现了现代性的内在超越和创造性的建构。它不是资本主义现代性的共谋者,而是通过扬弃资本主义现代性而重构现代性。"[1]实际上,"现代化落脚于不同的土地,就结出许多不同的果实,唯一可确定的是,现代化后发社会中没有一个会再造出与现代化早发社会相同的现代制度模式"[2]。

---

[1] 吴向东:《重构现代性:当代社会主义价值观研究》,北京师范大学出版社2009年修订版,第4页。
[2] C. E. 布莱克:《现代化的动力:一个比较史的研究》,景跃进、张静译,浙江人民出版社1989年版,第50页。

第三节　质与量：现代性的动力机制、平衡机制与治理机制

社会历史发展和运行有三种最根本、最普遍的机制：动力机制、平衡机制、治理机制。衡量社会基本矛盾对社会发展的影响状况，一般通过这三种机制状况来把握。社会基本矛盾之间适应或不适应，通常是通过社会发展的动力机制、平衡机制和治理机制状况体现出来的。当社会基本矛盾之间相互适应时，就使社会既具有发展动力和创新活力，也能使社会保持平衡与和谐。当社会基本矛盾之间不适应时，就使社会既缺乏发展动力和创新活力，也会失去平衡与和谐。如果动力不足、不和谐，动力与平衡不协调、不配合，那就说明社会基本矛盾就不适合，于是就必须进行治理。总之，一个社会能否健康有序发展，从根本上取决于是否具有良好的动力机制、平衡机制和治理机制。

一、社会历史发展一般规律的具体体现：动力机制、平衡机制、治理机制

首先，动力机制（侧重于生产与效率）。劳动者的积极性、主动性和创造性是整个社会生产和效率的重要的能动方面。如果发挥得好，就动力足，社会生产就有效率，社会发展就有动力保障；反之，发挥得不充分，社会生产就没效率，社会发展就出问题。人的需要是人从事生产劳动最主要的驱动力，合理地利用这一驱动力是社会充满活力的基础。与生产劳动有关的科学技术和市场经济的最大贡献是创设一种体制和机制，让一切创造财富的源泉涌流，让一切创新能力迸发，从而使各尽其能、各得其所而又和谐相处。

其次，平衡机制（侧重于分配与公平）。如果说在前资本主义社会，生产领域和生活领域是相对分离的，那么社会生产越往后发展，经济、政治、文化、社会、生态之间的全面协调、统筹兼顾就越显得重要。因此，需要从分配与公平的角度，对社会生产进行"再平衡"。在人类社会历史发展进程中，保持人与自然、人与社会、人与他人、人与自身之间的平衡与和谐具有重要意义。因此，需要从平衡与和谐的角度，对人类社会发展进行自觉调节。动力机制与平衡机制之间的协调与配合是社会机制的主要内容。协调配合得好，社会就和谐稳定，不协调或不配合，社会就问题丛生。

最后，治理机制（侧重于利益调整）。从社会现实来看，一个社会要发展得

好,除了要有动力机制和平衡机制外,还要有治理机制对利益进行调整,维护和实现社会公平正义。以分配而言,就是说初次分配,充分借助"市场力量",努力实现公平;二次分配,充分借助"政府力量",努力实现正义;第三次分配,充分借助"社会力量",努力实现"公平正义",其基本原则是——公平正义。从人类历史来看,主要有两种根本的调整方式——革命与改革,前者主要是从根本上调整生产关系与生产力、上层建筑与经济基础不相适应的部分,后者主要是部分调整生产关系与生产力、上层建筑与经济基础不相适应的部分,其基本原则是——完全不适应就需要革命,部分不适应就需要改革。

二、"三种机制"是一套分析工具和解释框架

动力机制、平衡机制、治理机制是一套分析工具和解释框架,合理运用这一分析工具和解释框架有助于我们深刻理解社会运行机制。无论是资本主义,还是社会主义及中国特色社会主义,其深层就是三种机制的有效运行。

1. 马克思所批判的资本主义社会,主要是动力机制有余而平衡机制不足。基于此,资本主义的新变化,最主要体现在寻求新的发展动力和注重社会平衡上。

第一,马克思和恩格斯从社会动力机制的角度,高度评价资本主义社会的历史进步和资产阶级在历史上的革命作用。在强劲的动力机制作用下,借助于市场经济和资本逻辑,通过生产方式的不断变革、生产工具的迅速改进、生产关系的不断调整、交通的日益便利,资产阶级开拓了世界市场。"在它的不到一百年的阶级统治中所创造的生产力,比过去一切世代创造的全部生产力还要多,还要大。"资本家在物质利益原则的驱动下千方百计提高劳动生产率,它第一个证明了"人的活动能够取得什么样的成就",它按照"自己的面貌为自己创造出一个世界"。

第二,马克思从社会平衡机制的角度,从社会生产力和生产关系之间的现存冲突中强烈批判资本主义社会的剥削和压迫、贫富分配不均和两极分化、不自由与不平等,从而论证资本主义社会的历史局限和资产阶级的不人道和非人性。平等地剥削劳动力,是资本的首要的人权;在一极是财富的积累,另一极却是贫困、劳动折磨、受奴役、无知、粗野和道德堕落的积累,实力和财富令人陶醉的增长完全限于资产阶级;资本是死劳动,它像吸血鬼一样,只有吮吸活劳动才有生命,吮吸的活劳动越多,它的生命就越旺盛。周期性的经济危机是资本主义社会不平衡性的集中表现。

第三，马克思和恩格斯从社会治理机制的角度，分析资本主义社会基本矛盾，最后得出用革命这一治理机制解决这两种机制的不协调，即通过暴力革命消灭私有制、消灭剥削、解放无产阶级。社会主义进行的探索，针对的正是资本主义在平衡机制上的缺陷与弊病，从而也正是社会主义的价值与合理性所在。

2. "苏联模式"社会主义和1978年之前我国社会主义的弊端主要是片面注重社会平衡机制，平均主义和特权、关系、背景配置社会资源，导致社会动力不足、社会公平缺失、社会失去平衡，根本原因在于社会动力机制欠缺。平均主义最大的危害是：干好干坏一个样，出工不出力，导致个人没动力、社会生产没效率。特权、关系、背景配置社会资源最大问题是：社会公平缺失、社会矛盾累积、社会失去平衡。

3. 反思资本主义的新变化主要就是从动力机制、平衡机制、治理机制上进行科学化、人性化和理性化改进。在动力机制上：注重创新能力、创新人才和创新科技培育、开发与应用，注重产业转型升级和结构性调整，使社会具有新动力，这是资本主义虽"历经风险"但仍能保持"强劲势头"的奥秘所在。在平衡机制上：在生产资料私有制的限度内，努力解决贫富悬殊和两极分化，改善工人阶级的待遇与地位，使社会相对和谐，这是资本主义长期保持相对稳定的主要原因。在治理机制上：当代资本主义吸纳了不少社会主义因素，对社会利益矛盾进行调整，实行社会福利政策[①]，建立工会和社会慈善组织，协调劳资矛盾；充分发挥社会的力量，使无产阶级丧失阶级意识和革命意识，这表明资本主义现在还有调整的能力。

4. 中国特色社会主义的建设和发展。中国特色社会主义能否有序运行且可持续发展，关键看"三大机制"能否有效发挥作用且相互配合。建设中国特色社会主义，就要建立和完善动力、平衡、治理"三位一体"的社会运行机制。就动力机制而言，在社会主义初级阶段，我国首要"根本任务"是解放和发展社会生产力，以经济建设为中心实现国家现代化，坚持效率优先、兼顾公平，让人民富裕起来，这是我们的基本发展路线。解放和发展生产力，必须利用"市场机制"和"市场经济"，这是发展生产力的基本手段和方式。就平衡机制而言，

[①] 社会民主主义（social democracy）一词一般指的是在资本主义体制下，通过政府介入市场经济来缓解自由竞争的弊病，即"福利国家"的理念。但从历史的角度来看，社会民主主义思想决不仅限于上述内容。我们应该注意到，社会民主主义思想自19世纪产生以来直至今日，其含义和内容一直是不断发展变化的。

中央先后提出以人为本、和谐社会、共享社会发展成果、促进公平正义、增进人民福祉、化解矛盾、协调利益、处理纠纷、凝聚共识。改革要有效调整市场与政府、增长与改革、经济与生态、债务与投资等多对关系,这些领域的"平衡机制"构成中国改革的主线。就治理机制而言,协调平衡,稳健深化改革,既要敢于担当,以壮士断腕的决心坚定不移全面深化改革,又要讲究策略方法,因地制宜、渐进推进,努力取得改革新突破。关键是调整劳资、干群、党群关系,使领导干部的权威从"管制性权威"走向"服务性权威",从而更具公信力。

5. 十八届三中全会《中共中央关于全面深化改革若干重大问题的决定》的精髓与核心。动力机制:进一步解放思想、解放和发展社会生产力、解放和增强社会活力,坚决破除各方面体制机制弊端。思想解放一小步,实践和发展就会迈开一大步;社会生产力解放一小步,实践和发展就会迈开一大步;社会活力解放一小步,实践和发展就会迈开一大步。平衡机制:改革是解放和发展生产力的必由之路。以社会公平正义为核心凝聚改革共识,协调关系保持平衡,促进公平正义,增进人民福祉。坚持社会主义市场经济改革方向,以促进社会公平正义、增进人民福祉为出发点和落脚点。治理机制:把改革创新精神贯彻到治国理政的各个环节,全面深化体制机制改革,协调利益冲突,推进结构性调整,加快建设创新型国家。通过全面深化改革,健全法制,进一步健全制约权力运行的机制,推进社会公正为目标的改革。

6. 以习近平同志为核心的党中央治国理政的总体思路:以改革创新精神加强治国理政能力建设,"顶层设计"和"摸着石头过河"相结合,"整体推进"和"重点突破"相促进,提高治国理政科学性。为此,各级领导干部要有思想力、判断力、决策力和执行力,要善于运用哲学把关、定向、凝心和聚力,增强战略思维、辩证思维、系统思维、创新思维和底线思维能力。动力机制:解决发展动力、创新活力与社会和谐稳定层面问题。全面深化改革、维护和实现公平正义、推进"三个解放",这在实质上涉及的就是动力机制与平衡机制。为此要强化法治思维和平等意识:对市场主体,是"法无禁止即可为";而对政府,则是"法无授权不可为";对于社会和公民,则是"没有法律授权不可执法"。平衡机制:解决稳定层面问题。要实现中国经济转型期的社会和政治稳定,应管控风险,努力寻求最大公约数,增进最大共识度,形成最大凝聚力。营造共担改革风险、共创改革成就、共享改革成果的体制机制,最终实现国家长治久安的制度保障。创新社会治理,应着眼于维护最广大人民根本利益,最大限度增加和谐因素,增强社会发展活力,提高社会治理水平,维护国家安全。建设中国特色社会主义，就要建立和完善动力与平衡相结合的社会运行机制。治国理政必须提高把握这两个方面关系的能力。"治国理政，根本上，必须始终全面认识和把握动力与平衡两方面的关系，以此为标准和基点，制定和实施正确的路线纲领、国策战略、方针政策，推动社会朝着既有动力活力，又较平衡和谐的方向发展。"①治理机制，解决协调层面问题。一是调结构、转方式、保增长、保服务、保权利、保和谐，关键要增强改革的系统性、整体性、协同性。就改革分配结构而言，关键是建立经济、政治和社会都担责的分配结构，这种分配结构由初次市场分配、再次政府分配、第三次社会分配构成，分别注重分配的效率性、正义性和道义性。中国转型发展既要建立现代市场经济秩序，也要建立现代政治治理秩序，更要建立现代心灵秩序。二是从制度与治理体系和治理能力上进行调整，关键是推进国家治理体系和治理能力现代化：一方面要及时改革不适应实践发展要求的体制机制、法律法规，不断构建新的体制机制，实现治国理政制度化、规范化、程序化；另一方面要注重治理能力建设，善于运用制度和法律治国理政，把科学理念和公平正义变为现代的制度安排。国家治理体系和治理能力现代化是新的改革大考，考得好，我国就将走上公平可持续的发展之路，就将迈进富强民主文明和谐美丽的现代国家行列。

总之，现代多元异质社会自身就蕴含着分化与整合的双重逻辑，如何整合并使之协调有序地发展就成为当代中国社会发展的重要理论课题和现实问题。"中国现代性"建构过程中要处理好活力与和谐、效益与效率、公平与效率、好与快的关系。一个社会能否持续健康发展，从根本上说，主要取决于它能否建立一种通过一定的制度和体制以保障良性社会运行的机制。这种社会运行机制主要包括三个方面：一是活力（动力）机制；二是和谐（平衡）机制；三是治理机制。鉴于活力机制与和谐机制相辅相成，因此，以下两种情况均应重视：其一，有活力才会有动力；其二，有秩序才会有和谐。

---

① 李忠杰:《论社会发展的动力与平衡机制》,《中国社会科学》2007年第1期。

本章小结 "中国现代性"提出的历史语境与现代性的哲学反思:现代性的病理学透视

任何概念都是语境的产物,语境相似,问题和概念就会相似。在当代中国,文明/野蛮、先进/落后、自信/自卑、开放/闭塞、幸福/煎熬,往往同时呈现在中国广阔的"希望的田野"上,这正是处于由前现代向现代化"整体转型升级"历史进程的现实写照。首先,有必要弄清楚"中国现代性"提出的历史语境。

如所周知,中国的现代化和现代性进程是在西方列强的舰炮和商品的双重轰击下在19世纪中叶启动的。鸦片战争之后,中国被强行拖进西方现代性的历史进程。中国与西方的遭遇,动摇了存在数千年的中国中心观,触发了"数千年未有之变局"(李鸿章语),被严复形容为"观今日之世变,盖自秦以来,未有若斯之亟也"。此后,救国寻路,民族复兴,就成为近代中国的基本政治主题。100多年来的中国近现代史表明,中国作为一个后发外源型的现代化民族国家,我们曾经尝试过多种社会现代化方案,从民族资本主义到社会主义,从超英赶美的大跃进到改革开放的中国特色社会主义道路。近代以来,诸多"现代"的"主义"先后在中国舞台上表演,这集中表现为"现代化"与"现代性"的双重变奏。正如现代思想史学者李泽厚和丁守和所指出的,仅仅在五四前后,就有30多种形形色色的"主义"或学说在中国现代思想史上先后亮相,你方唱罢我登场,各领风骚三五年。这种奇特的思想景观说明了什么?实质上,"古""今""中""西""体""用"的思想纠结恰恰是"中国现代性"的困惑之所在。

现代性的哲学话语也即现代性的哲学反思。就现代性话语而言,从18世纪后期开始,现代性就已经成为哲学讨论的主题之一,并且这一主题经久不衰。从哲学史来看,黑格尔是第一位清楚地阐释现代概念的哲学家。"黑格尔起初把现代当作一个历史概念加以使用,即把现代概念作为一个时代概念。在黑格尔看来,新的时代就是现代。"[1]直到18世纪末,现代性要求确证自己的问题才凸显出来,因之,黑格尔才会把它作为哲学问题,甚至于作为哲学的基本问题加以探讨。黑格尔认为,"哲学面临着这样一项使命即从思维的角度把

---

[1] 尤尔根·哈贝马斯:《现代性的哲学话语》,曹卫东等译,译林出版社2004年版,第5页。

握其时代,对黑格尔而言,这个时代即现代"①。在黑格尔看来,"主体性乃是现代的原则"。在哈贝马斯看来,走出主体哲学的另一条路径就是交往理性和以主体为中心的理性。现代性面向未来,追新逐异,可谓前所未有,但它只能在自身内部寻求规范。主体性原则不仅是规范的唯一源泉,也是现代意识的源头。黑格尔哲学满足了现代性自我证明的要求,但付出的代价是贬低了哲学的现实意义,弱化了哲学的批判向度。其结果,"哲学失去了其对当前时代的重要意义,毁灭了自己对时代的兴趣,拒绝了自我批判和自我更新的天职。时代问题没有了挑战性,因为,站在时代高度的哲学已经失去了意义"②。由此,哈贝马斯认为,黑格尔不是第一位现代性哲学家,但他是第一位意识到现代性问题的哲学家。他的理论第一次用概念把现代性、时间意识和合理性之间的格局突显出来。正如有学者指出的,现代性必须置于特定的哲学视角的阐释之中,当然,对现代性的主导价值的考察是一个极为复杂的问题,这同样需要我们确立一定的哲学研究视野。③ 在当代,哲学只有沿着科学批判的道路,才能重新获得诊断时代的力量。比较而言,后现代哲学家对现代性的批判,大多"批判有余而建构"不足,缺乏实践的力量,因此他们的批判是缺乏积极向上的"正能量",与此不同,马克思主义哲学对现代性的反思则显示了现代性健康向上发展的前景。可以说,现代性反思与哲学内在相关,然而需要进一步追问的是:哲学在现代性研究上究竟具有怎样的"独特优势"和"比较优势"?

现代性与病理学。"在现代性的价值认同和制度形态选择上,不同民族和文明会存在差异。在这个意义上讲,现代化并不等同于西方化。而是全球'多元现代性'的构建。"④"同样道理,工业社会也不等于资本主义社会,工业文明不等于西方文明。在工业化、现代性的旗帜下,必然会呈现多样化的理论、方案与实践,无论西方,还是中国,无论早发,还是迟到,其实现手段、发展路径和最终结果,都无可避免地彰显各自的文明的基因与历史胎记,无不各具特色,共同构成工业社会、工业文明的多元形态。"⑤我们提"现代性问题",而不提"现代性研究",其用意就是把现代性视为一个问题。近百年来中国人阅读西

---

① 尤尔根·哈贝马斯:《现代性的哲学话语》,曹卫东等译,译林出版社2004年版,第19页。
② 尤尔根·哈贝马斯:《现代性的哲学话语》,曹卫东等译,译林出版社2004年版,第49页。
③ 俞吾金等:《现代性现象学:与西方马克思主义者的对话》,上海社会科学院出版社2002年版;俞吾金:《现代性现象学》,《江海学刊》2003年第1、2期。
④ 秦晓:《当代中国问题研究:使命、宗旨和方法论》,《科学决策》2008年第5期。
⑤ 刘春田:《知识产权制度与中国的现代性》,《法治日报》2012年6月6日。

方,普遍有一种"病态心理"。原因在于,这种阅读方式首先把中国当成"病灶",而把西方当作"药铺",其结果是阅读西方因此成了到西方去找寻治中国病的"药方药丸"。如今,我们需要摆脱这种病态心理,确立健康地阅读西方的方式。所谓健康地阅读西方的方式首先是按西方本身的历史和文化脉络去阅读西方。实际上,西方如有什么药方秘诀,首先医治的是西方本身的病,例如柏拉图哲学要治的是"古希腊民主的病",奥古斯丁神学要治的是"古罗马公民的病",马基雅维利史学要治的是"基督教的病",尼采和海德格尔要治的是"欧洲形而上学的病",马克思和恩格斯则要治的是"资本奴役劳动控制社会的病",罗尔斯的正义论要治的是"英美功利主义的病"。唯有按照这种西方本身的历史和文化脉络去阅读西方,我们才能真正了解西方思想学术的精髓。

哈贝马斯把18世纪启蒙思想家的主张称为"现代性方案"(project of modernity),他认为这是一个未完成的方案,"西方形成的现代文明秩序是一个需要医治和修补的制度"。[①] 其实在此之前,"在《穆勒摘要》中,马克思就通过对作为交往异化现象学的国民经济学的哲学批判,围绕着资本主义现代性分裂这一根本问题,查明了症候,做出了明确诊断,制定了根本性治疗方案,由此形成一份较为完整的现代性诊疗病理学纲要,从中显示出对于现代性问题的独特理论态度和思维方式"[②]。正如马克思所体验到的,现代生活的基本事实就是生活在根本上是完全矛盾的。"在我们这个时代,每一种事物好像都包含有自己的反面。我们看到,机器具有减少人类劳动和使劳动更有成效的神奇力量,然而却引起了饥饿和过度的疲劳。财富的新源泉,由于某种奇怪的、不可思议的魔力而变成贫困的源泉。技术的胜利,似乎是以道德的败坏为代价换来的。随着人类愈益控制自然,个人却似乎愈益成为别人的奴隶或自身的卑鄙行为的奴隶。甚至科学的纯洁光辉仿佛也只能在愚昧无知的黑暗背景上闪耀。我们的一切发现和进步,似乎结果是使物质力量成为有智慧的生命,而人的生命则化为愚钝的物质力量。现代工业和科学为一方与现代贫困和衰颓为另一方的这种对抗,我们时代的生产力与社会关系之间的这种对抗,是显而易见的、不可避免的和无庸争辩的事实。"[③] "资产阶级除非对生产工具,从而对

[①] J. Habermas, The Theory of Communicative Action, 2 Vols, Translated by T. McCarthy, Boston: Beacon Press, 1981.

[②] 郁戈:《从哲学革命到资本批判:重释马克思哲学革命的历史、逻辑与实质》,世界图书出版公司2013年版,第131页。

[③] 《马克思恩格斯选集》(第1卷),人民出版社1995年版,第775页。

生产关系,从而对全部社会关系不断地进行革命,否则就不能生存下去。……生产的不断变革,一切社会状况不停地动荡,永远的不安定和变动,这就是资产阶级时代不同于过去一切时代的地方。"①

如今需要对"技术现代性"与"解放现代性"进行反思。"技术专制"已成为能操纵每个人的生活和思想的重要手段。诚然,混乱的现代生活正如尼采所揭示的,我们是"现代人",我们是"半野蛮人"。我们只有在最危险的时刻才最快乐。现代性在治愈其伤口之前,还有漫长的未来道路要走。因此,关于种种对现代性开出的药方,不能太猛,否则极有可能把病人都治死了。对于当代中国而言,单纯批判现代性还"不合时宜",告别现代性还"为时尚早"!如何肃清和克服"前现代"的种种弊端,才是我们最迫切的问题。

针对科学主义、个人主义、消费主义、工具理性化等现代性后果,现代西方思想家进行了深刻的反思和剖析。例如加拿大学者查尔斯·泰勒在其《现代性之隐忧》一书中对现代性的后果从三个方面给予了充分的揭示:一是由极端的个人主义导致的意义的丧失、道德视野的褪色;二是在工具主义猖獗面前目的的晦暗;三是由前两者决定的工业—技术社会制度和结构所带来的政治自由的丧失。在泰勒看来,个人主义是现代性社会的主要标志,然而,个人主义的黑暗面是以自我为中心,这使我们的生活既平庸又狭窄,使我们的生活更缺乏意义,更缺少对他人及社会的关心。一个直观的感受是:似乎现代社会中的每个人都渴望被别人关心,但对别人漠不关心。在《自我的根源:现代认同的形成》一书中泰勒从多方面肯定现代性,尤其是现代的平等、自由、人权等观念。他写作此书的主要目的就是要通过刻画自我概念在西方思想史上的变化,来展现现代性逻辑的发展。当然,需要特别指出的是,西方现代性并不是由单一逻辑构成,它其实是一个由多重传统、多条逻辑构成的复杂叙事。其表层是现代性中"物质问题"的哲学反思,其中层是现代性中"社会问题"的哲学反思,其深层则是现代性中"精神问题"的哲学反思。现代人太患得患失了。他认为,"完全诉诸世俗人类需求的、人类中心主义的、拒绝人的超越性向度的现代性是危险的和不可持续的,他不仅会滋生偏见与排斥,还与生态保护等迫切的深层次要求格格不入"②。无独有偶,齐格蒙特·鲍曼在其反思现代性的

---

① 《马克思恩格斯选集》(第1卷),人民出版社1995年版,第275页。
② 张容南:《一种解释学的现代性话语:查尔斯·泰勒论现代性》,上海人民出版社2011年版,第301页。

力作《现代性与大屠杀》一书中揭示：大屠杀不只是犹太人历史上的一个悲剧事件，也并非德意志民族的一次反常行为，而是现代性本身的固有可能。原因在于，科学的理性计算精神，技术的道德中立地位，社会管理的工程化趋势，正是现代性的这些本质要素，使得像大屠杀这样灭绝人性的惨剧成为设计者、执行者和受害者密切合作的"社会集体行动"。

值得深思的是：从极端的理性走向极端的非理性，从高度的文明走向高度的野蛮，看似悖谬，实则有着逻辑的必然，正所谓"两极相通"。而挽救之途也许就在于：在任何情况下，个体都无条件地承担起他的道德责任。①安东尼·吉登斯也在《现代性的后果》一书中从一种全新的、富有启发性的角度阐释了与现代性相联系的制度变革。他认为，在20世纪终结之时，人类并没有进入"后期现代性"时期，而是进入了"盛期现代性"时期。在这一时期，现代性的后果变得前所未有地激剧和普遍化。由此，吉登斯更现实地考察了许多人倍加褒扬的现代性的各种严重后果，着重讨论了极权的增长、经济增长机制的崩溃、生态环境的破坏、核冲突与大规模战争等问题，并且探讨了人类在这些问题面前的出路。②笔者认为，现代性问题不是某一国家的问题，而是全人类共同的问题，因此现代性问题的解决需要全人类共同努力。

阿克瑟尔·霍奈特（Axel Honneth）认为，现代性主要指波德莱尔以来的现代社会中的文学艺术创作风格及其对古典传统的批判态度。但现代性同样也含有更广泛复杂的意义，因为现代社会的发展导致现代理性的正常功能的扭曲，其结果是资本主义社会的发展使市场经济的功能超越了它的正常范围，不但侵害了社会的公共领域和私人领域，也破坏了人的自由。在他看来，在真正的公民社会中，"承认"不仅是公民间的"主体间性"关系合理建构的基础和结果，而且也是公民与国家间达成共识的基本手段。为此，必须维护实现"承认"的三大条件：爱、权力和团结。在此基础上，才有可能把道德衰败的当代社会改造成为具有道德规范的合理社会。显然，霍奈特把道德伦理因素当成实现公民社会合理承认的关键。他进一步论证："相互承认"是实现理想社会规范化的基础，也是批判当代社会权力滥用现象的重要手段。在霍奈特看来，单纯停留在合理沟通的层面上，还不足以建构一个稳定的合理的公民社会，重要的问题，就是要立足于合理沟通协商所取得的主体间性合理关系网络的建构，

---

① 齐格蒙特·鲍曼：《现代性与大屠杀》，杨渝东、史建华译，译林出版社2002年版。
② 安东尼·吉登斯：《现代性的后果》，田禾译，译林出版社2011年版。

进一步使主体间性不仅在个人之间,而且也在个人与各个群体之间达成相互间平等身份的确认。霍奈特所说的"承认",包含三个主要的层面:第一,是个人间的相互承认,指的是个人间相互尊重彼此的平等的身份;第二,是个人与社会整体的相互承认,强调个人对自己所自愿确认的社会的承认以及社会对其各个平等的成员的基本权利的确认,在这个领域中,实现合理的承认就意味着合理实现个人的社会化和社会整合化;第三,是掌握权力的不同层面的社会机构对于个人身份的尊重以及各种权力的正当性地位的确立,在这个意义上的承认,就意味着个人与社会权力的相互承认关系。可见,面对现代性的悖论性、病理性和生活世界的结构变化,霍奈特的思考无疑是有识见的。

在现代性发展道路上,不能把自身"道德化",而把对方"妖魔化"。"德国和日本在20世纪现代化的过程之中,以民族文化相对性为借口,试图以'另类现代性'争夺全球霸权而最终自掘坟墓,这意味着,任何国家对现代性的探索,都不能挑战普世文明的底线,相反地,积极展开与普世文明的对话,发展自身文明的独特性,从而扩展普世文明的内涵,这是赢得文明主导权的不二法门。"[①]时殷弘借助乔治·德莫尔斯基的"世界政治大循环理论",发现近500年来,所有对世界领导者的挑战无一不落入失败者的行列。替代老霸主成就新一代霸业的国家,都是先前世界领导者的合作伙伴。例如17世纪取代葡萄牙的荷兰、18—19世纪的英国和20世纪的美国。[②] 中国崛起如何走出这一怪圈,需要新的智慧和境界。

中国发展如何吸收资本主义的一切文明成就,建成中国特色社会主义?中国崛起能否改变弱肉强食的丛林法则,能否超越资本逻辑的内在强制规律,能否成为文明的力量?关键在于能否超越现代性文明而实现"文明型现代化"。现代化是人类社会不可抗拒的历史趋势和世界潮流,它构成了一条使人类大多数民族投身其间的世界历史变革之链。中国共产党对于现代化的认识经历了半个多世纪。直到20世纪中期前后,中国共产党才逐步地形成了"工业、农业、国防和科学技术的现代化"即"四个现代化"的认识。中国发展进程中一些重大现实问题的解释和解决,需要在普遍性与特殊性的统一中建构"中国现代性",这可能孕育出"一种文明的新类型"。从文明的高度看,"中国人对

---

① 许纪霖:《文明的崛起:中国准备好了吗?》,载世界中国学论坛、上海社会科学院世界中国研究所:《中国学》(第一辑),上海人民出版社2012年版,第54页。
② 时殷弘:《国际政治的世纪性规律及其对中国的启示》,《战略与管理》1995年第5期。

于'中国道路'的探索,其根本宗旨也许正在于为人类的未来探索一种新的可能性——基于'中国现代性'之上的'中国经验',极有可能开辟'一种新的现代性文明形态'"[1]。

从现代性的视阈来看,"中国特色社会主义"是中华民族实现现代化的一种具体实践形式,其实质是"中国现代性"的建构。因此,有必要将中国特色社会主义提升到"中国现代性"的建构这一哲学层面来进行认识和解读。中国特色社会主义所取得的成就实际上意味着一种新现代性即"中国现代性"在世界历史上的确立。有学者把现代性分为"内源的现代性、扩张的现代性和复合的现代性"[2]。中国学者需要立足西方现代性研究者的高度重新审视西方现代性所取得的成就和所面临的问题,并以此来关照"中国现代性"建构的问题。当前,应加强对现代性进行思想史的、社会学的、文化心理的和哲学的综合性研究。

---

[1] 张艳涛:《历史唯物主义视域中的"中国现代性"建构》,《哲学研究》2015年第6期。
[2] 佘碧平:《现代性的意义与局限》,上海三联书店2000年版。

第二章 传统更新与"中国现代性"建构：现代性研究的历时态视角

传统文化与中国现代性建构关系处理得如何，直接关乎中国的发展前途和未来命运。当代新儒家（如牟宗三、唐君毅）提出从"内圣"开出"新外王"的努力，而且其开出的"新外王"又聚焦于科学与民主，这种把"道德"与"民主"接榫的方案值得研究，也值得反思。其根本问题在于，新儒家远离时代、标榜正统，远离大众、囿于小众，因此前景似乎并不明朗。其实，现代与传统并非水火不容，现代性的兴起并没有带来传统的全面消亡，而是赋予传统以新的地位、环境和功能，有些传统正是通过创造性转化和创新性发展而得以延续和传承。因此，只有把当代中国发展置于中国整体发展"承前启后"的历时态之中，才有可能揭示"中国现代性"建构的历史意义和世界意义。

第一节 结构转型与"中国现代性"：中国未来命运的决断力

现代性的一个重要特征就是整体的"转型"与"过渡"，这是历史性思维和过程性思维在现代性中的显现。其实现代性并不是一个人类发展进程的最高阶段或最完美阶段，而只是一个整体转型与提升的阶段。"转型"并不是一个严格的学科术语，它是从化学领域的"构型""构象"以及生物学上的"进化"等概念演变而来的，意指通过改变分子结构的空间排列组合方式，使其具有新的结构与功能。转型后的事物，要么变成了他物，要么通过改变结构而增加了新的功能。在这里，转型主要是指事物的结构，转型就是通过变换事物的结构，而增加或减少事物功能的过程。"中国现代性"建构是一种典型的复合式现代性，由此它固然要回应西方现代性的挑战，但最重要的还是如何完成自身整体的"结构转型"。当前，中国经济社会发展已经到了一个整体"结构转型"的关键期。从整体"结构转型"的视角分析"中国现代性"建构,进而从顶层谋划中国现代化的时间表和路线图,这具有原创性。中国社会整体结构性转型方兴未艾,其前景具有多种可能性,考验着中国共产党和中国人民的判断力和决断力。"中国现代性"建构不仅是对西方现代性的自觉反思,也是对现代文明的自觉认同,更是对中国优秀传统文化的坚定自信。

如今,传统粗放型发展方式已不能适应我国经济社会发展需要和战略需求,创新驱动和转型发展势在必行。中国如果要确立在全球产业链和价值链中的有利地位,要确立在世界民族之林中令人尊敬的强国地位,就必须注重创新驱动和转型发展,这既是世界大势所趋,更是事关中国发展的命运决断。为此,需要坚定不移地走创新驱动、转型发展之路。当前,对于创新驱动和转型发展而言,体制障碍是最大障碍,机制缺陷是最根本缺陷,利益藩篱是最主要的藩篱,这就需要把在更高水平上深化改革扩大开放作为转型发展的强大动力,充分利用市场力量、政府力量、改革力量和思想力量,打造"中国经济升级版"。

全面深化改革的总目标是完善和发展中国特色社会主义制度,推进国家治理体系和治理能力现代化,其中创新驱动和转型发展是题中应有之义。中国转型发展既要建构现代市场经济秩序,也要建构现代国家治理秩序,更要建构现代心灵秩序。无论是全面建成小康社会,还是实现中华民族伟大复兴中国梦,都必须依靠创新来驱动,在创新中转型,在转型中发展。如今,旧的发展模式不可持续,必须寻找新的发展动力。从推动力量看,政府和市场是推进创新驱动和转型发展的两种主要力量,前者的主要作用是保障社会公正,后者的主要作用是促进经济发展。如何引导中国发展步入高质量发展的轨道?关键是要充分利用市场力量、政府力量、改革力量和思想力量,发挥市场的内驱力、政府的主导力、改革的突破力和思想的牵引力,打造"中国经济升级版"。首先要对规范市场经济、公共服务型政府、公平正义改革和思想理论创新具有深刻的理解。

一、市场力量:创新驱动与转型发展的内驱力——为生存而斗争

当代是一个市场经济主导的时代,人们的生存、享受和发展都越来越受到市场经济的影响。实施创新驱动与转型发展首先要借助市场的力量,推进中国经济结构转型增效升级。中国经济结构转型的主要目标是,建构公平竞争、包容有序的"劳动、资本、资源的合理优化配置"的现代经济结构,使市场在资

源配置中起决定性作用。

市场经济既是一种资源配置方式,也是解放和开发人的能力的重要力量,还是人类自由全面发展的重要舞台和平台。市场经济是以交换价值为目的的商品生产,其前提是商品分属不同的独立主体。因此,市场经济首先意味着使人从天然的血缘关系和宗法关系等人的依赖关系中解放出来,个人成为独立的经济主体,意味着对经济主体的自主地位和独立利益的自我确认和相互承认。如此一来,个人在市场经济中就获得了空前的能力发展与人格发展。个人选择的自由就成为个人主义与民主体制的动力。个人在物质利益最大化的追求和实现过程中,又必须遵循契约和交换自由的原则,以维护市场有效的竞争性。实际上,任何经济机制的运行都需要适当的道德基础,市场经济也不例外。"市场经济的道德基础应当是以中国传统道德原则——己所不欲,勿施于人为基点,以保护每个人的产权为核心的一套行为准则或是非标准。"[1]可见,市场经济虽以竞争为基础,但规范的市场经济制度却是以道德诚信为前提的。

市场竞争,意味着对主体的主动性、创造性和活力的激发,因而极大提升了主体的能力,促进了主体的完善,从而使整个社会充满活力。当然,竞争可以是建设性的,也可能是破坏性的。其实,市场竞争只是手段而非目的,如果任由"市场力量"发展,必然会导致垄断的产生,从而造成社会不公不义,因此"政府力量"某种程度的介入,实属必要。《道德情操论》中隐含着增长的道德意义:如果一个社会的经济发展成果不能真正分流到大众手中,那么它在道义上将是不得人心的,而且是有风险的,因为它注定要威胁社会稳定。《道德情操论》之所以给西方世界带来深远影响,原因就在于它触及更为宏大的社会主题:公平与正义。然而,今天的经济学家很少具有哲学头脑,往往片面地把经济活动理解为追求财富的活动,其结果是财富的增加使得贫富差距进一步拉大,"市场经济"变成"市场社会"。

首先,从全球范围看,科学技术日益成为推动经济社会发展的主要力量,创新驱动成为大势所趋,自主创新能力成为国家竞争力的关键。"过去,我们主要用发展的高速度拓宽发展空间,今后,我们必须依靠提高国家自主创新能力,来抢占世界发展的制高点和拓宽我们在世界上的发展空间。"[2]原因在于:国际竞争本质上是力量、时间和速度的竞争,谁动作快,谁就能抢占先机,谁就

---

[1] 汪丁丁:《市场经济与道德基础》,上海人民出版社2007年版,第36页。
[2] 韩庆祥:《创新驱动,构建国家发展的战略支点》,《光明日报》2012年11月12日。

能掌控发展制高点和发展主动权;谁动作慢,谁就会错失机会,就会被别国甩在后边,陷入被动不利地位。为此,要积极推进"体制创新"、"机制创新"和"结构创新",实施"创新驱动"发展战略,推进经济结构战略性调整,为中国转型发展增添新动力。

其次,从中国现实看,中国经过40多年的高速发展,如今到了"结构转型的关键期",即"经济增长速度换挡期""结构调整阵痛期""前期刺激政策消化期"三期叠加。中国过去的发展,大多依赖劳动密集型的产业发展,随着劳动力成本的不断上升和各种资源环境约束的加强,传统发展模式不可持续。其实,中国经济不可能也不必要保持超高速发展。之所以不可能,主要是因为一味维持超高速发展带来的资源、能源、环境压力太大,事实上是"透支"、是不可持续的;之所以不必要,主要是因为我们在提出中长期发展目标时就充分进行了测算,实现我们确定的到2020年国内生产总值和城乡居民人均收入比2010年翻一番的目标,只要年均7%的增速就够了。面对世界经济复苏乏力、国内经济下行压力加大、自然灾害频发、多重矛盾交织的错综复杂形势,既要充分肯定经济社会发展已经取得的成就,看到中国发展"基本面"趋好的态势,也要看到国内外各种不利因素的长期性和复杂性,要牢牢把握中国创新驱动和转型发展的主动权。

再次,从战略角度看,创新驱动和转型发展是顺应世界历史"力量转移"的大势所趋、形势所迫。在后金融危机时代,一场新的竞赛已拉开序幕,其本质是治理模式和发展模式的转型竞争。如今,世界各个国家和地区都在加快推进经济社会发展的转型,力争在新一轮的国际竞争中赢得主动。尤其是进入知识经济时代后,科技创新成为第一生产力,这使得国家间竞争的目标不再是"自然资源"而主要是"创新能力"。长期以来,我国企业由于自主创新意识和能力不足,缺乏核心技术和自主知识产权,因此更多地依赖廉价土地和"人口红利"、依靠资源能源的大量投入来赚取国际产业链和价值链低端的微利。今后,如果不能形成自主创新优势,中国将继续徘徊在国际产业链和价值链的低端,对中国发展是不利的。唯一的出路就是实施创新驱动和转型发展,提高自主创新能力。

最后,从哲学高度看,以经济建设为中心实现现代化,"发展是硬道理",经济发展是根本。经济发展的深层问题是经济体制结构问题,因此,如果要调整经济体制结构,首先就要实现经济体制结构的优化、转型、升级。鉴于过去的发展模式已经显得不可持续且动力不足,以往以经济增长换取社会稳定的发展模式也难以为继,为此要促进中国发展就必须找寻新的内驱动力。随着土地、劳动力、能源等要素成本的上升,随着知识经济时代和老龄化社会的到来,中国所倚赖的低成本"比较优势"和"人口红利"日益式微,创新驱动和转型发展势在必行。

总之,中国发展能够取得历史性成就,关键是充分利用力量转移的"天时"、市场驱动的"地利"和社会稳定的"人和",最主要是改革开放释放出巨大的市场力量和资本力量,为中国发展注入生机与活力。如今,我们还要借助于市场的力量走向创新驱动和转型发展之路。

二、政府力量:创新驱动与转型发展的主导力——为公共利益而斗争

实施创新驱动发展战略和转型发展决定着中华民族的前途命运,然而创新驱动与转型发展仅仅依靠市场的力量还不行,也不够,还需要充分借助政府的力量。政府结构转型的目标是,推进国家治理体系和治理能力现代化,建构以"为民务实清廉的服务型政府及其权力结构"为基本特征的现代公共治理结构。

社会的生产与个人的占有之间的矛盾如何解决?市场经济的他律性与道德的自律性的互斥如何协调?如何防止"市场经济"蜕变为"市场社会"?这都需要发挥政府的力量进行协调与平衡。实际上,市场力量充分发挥需要公平的竞争环境,而这种公平的竞争环境主要是政府提供的。如果说市场力量是创新驱动与转型发展的内在驱动力,那么政府力量则是创新驱动与转型发展的主导力。进言之,创新驱动和转型发展既要发挥"政府科学引导的关键作用",更要使"市场在资源配置中起决定性作用",使"看得见的手"和"看不见的手"协同作用,共同促进中国创新驱动和转型发展。无论是建设创新型国家,还是实施创新驱动发展战略,其根本目的是把中国发展引向创新驱动与转型发展的轨道。

从历史来看,社会历史发展和运行有三种最根本、最普遍的机制:动力机制、平衡机制、治理机制。一个社会能否健康有序发展,从根本上取决于是否具有良好的动力机制、平衡机制和治理机制。动力机制,释放着社会发展的能量;平衡机制,保持着社会发展各部分之间的协调;治理机制,调节着全社会的发展动力和创造活力。社会基本矛盾之间适应或不适应,通常是通过社会发展的动力机制、平衡机制和治理机制状况体现出来的。在西方社会,主导的制度是财产制度,这一制度对西方人的生存和发展产生了深远影响。"资本主义

仰赖个人的创思与倡议,亦即依靠个别企业家理智的、功利的精打细算,这种功利主义与个人主义的哲学思想,反映在经济上为资本主义,反映在政治上为民主体制。"[1]资本家作为人格化的资本,获取利润是其生产的直接和决定性的目的。生产什么、生产多少、怎样生产,无不以剩余价值和利润的多少为转移。由此,"资本主义社会的动力机制较为有效和强劲,但平衡机制非常薄弱"[2]。我们发展和完善中国特色社会主义制度关键是将动力机制、平衡机制、治理机制有机地紧密结合起来,形成三者相互协调的社会运行机制。

从社会现实来看,一个社会要发展得好,除了要有动力机制和平衡机制外,还要有治理机制对利益进行调整,以维护和实现社会公平正义。公平正义是社会稳定的基石。笔者之所以主张中国需要的是政治经济学,重要原因在于,唯有政治经济学才能妥善处理好政府与市场的关系,平衡私利与公益的矛盾,最大限度地实现社会公平正义。建设有中国特色的社会主义,就是要实现和维护社会公平正义。

从未来发展趋向来看,现代政治是"责任政治",而"责任政治"的核心是负责任,即用行政资源治国理政,带给人民更多的幸福感和获得感,毕竟政府权力和行政资源归根结底来自人民(纳税人)。因此,政府应以保障人民的生命、健康、自由和财富为根本目的。就此而论,政府只具有工具性价值。既然政府的权力来自于人民,因此政府各项工作和决策必须体现人民意志。由于政府不能向市场和社会分权,必然造成"大政府、弱市场、小社会"的局面,而这正是今天中国诸多问题的"结构性根源"。在当代中国,创新驱动与转型发展的关键是政府转型。这意味着政府要从自身利益中解放出来,回归公共利益代表者、公共产品和公共服务供给者、公共利益协调者的价值定位。

当前,政府转型的核心是转变职能,关键是简政放权。政府管得过多,直接干预微观经济活动,不仅影响市场在资源配置中发挥决定性作用,增加交易成本,还容易滋生腐败。权力过分集中,于经济层面,不利于释放市场活力;于法治层面,不利于廉政反腐;于个人层面,不利于人格独立。简政放权其实质就是调整"政府力量"过大而"市场力量"和"社会力量"相对较小的权力结构。政府通过简政放权,不仅可以让政府腾出更多精力管好该管的事,而且可以使

---

[1] 洪镰德:《当代政治经济学》,扬智出版社2005年修订版,第396页。
[2] 李忠杰:《从社会运行机制看两种制度发展变化的内在逻辑》,《北京大学学报(哲学社会科学版)》2001年第2期。

企业和社会在更大程度上拥有决定权和自主权,充分发挥市场在资源配置中的决定性作用和社会组织自主治理作用,激发市场活力和经济社会发展内生动力,进而推进国家治理体系和治理能力现代化。

总之,政府应担负起科学发展、协调发展、可持续发展的责任,要充分发挥政府在公共资源配置、管理协调、公共服务中的主导作用。从20世纪80年代以来,"新公共管理"理论应运而生,其要旨是以"目标导向"来取代过去的"规则导向",它提供了现代政府管理的新实践模式。既然政府的力量可以弥补市场缺陷,纠正"市场失灵",那么,反过来也一样,即市场力量可以弥补政府的不足,防止"政府失灵"。① 所谓公共服务型政府,就是"政府为市场提供公平竞争环境并加强市场监管,为社会提供公共服务并加强社会管理,为自身配置和调节公共资源产品制定规则并教育群众"②。

三、改革力量:创新驱动与转型发展的突破力——为公平正义而斗争

实施创新驱动与转型发展不仅要靠市场的力量和政府的力量,还需要充分借助改革的力量。中国改革发展的总目标就是完善和发展中国特色社会主义制度,推进国家治理体系和治理能力现代化,把科学理念和公平正义变为现代的制度安排。

当前,对于创新驱动和转型发展而言,体制障碍是最大的障碍,机制缺陷是根本的缺陷,利益藩篱是最主要的藩篱。为此,创新驱动和转型发展要紧紧依靠改革。改革是最大动力,也是最大红利,关键是要始终坚持公平正义,让人民群众在改革中受益,让全体人民共享改革发展成果。当前,经济体制改革进入攻坚期和深水区,触及更多深层次矛盾,必然涉及利益关系深度调整,复杂性和难度前所未有。此时,既要敢于担当,以壮士断腕的决心坚定不移推进改革,又要讲究策略方法,因地制宜、先行先试、渐进推进,努力取得改革新突破。鉴于目前中国改革动力不足,应通过重构改革动力结构来对改革进行"顶层设计"。为了集中力量推进改革,2013年12月,专门成立了"中央全面深化改革领导小组",其任务就是统一部署和协调一些重大问题,再把工作任务分解下去逐一落实。可以说成立中央全面深化改革领导小组其重要使命就是推进落实,这也是"攻坚克难"和"啃硬骨头"的举措。

---

① 陈振明:《评西方的"新公共管理"范式》,《中国社会科学》2000年第6期。
② 韩庆祥:《深化理解和贯彻落实科学发展观的三个问题》,《红旗文稿》2012年第13期。

在中国这样一个拥有 14 亿多人口的国家深化改革,绝非易事。中国改革经过 40 多年发展,已进入深水区和险滩,爬坡过坎成为基本事实。所谓"深水区"就是你好我也好的改革越来越少,接下来的改革,将不会让所有人都满意。进言之,容易的、皆大欢喜的改革已经完成了,剩下的都是难啃的"硬骨头"。此时,需要一鼓作气,畏葸不前不仅不能前进,而且可能前功尽弃。深化改革格外需要在困难环境中不懈奋斗的人格特质,这就要求我们勇于攻坚克难,敢于迎难而上,坚决破除各方面体制机制弊端,胆子要大、步子要稳。所谓胆子要大,就是改革再难也要向前推进,敢于担当,敢于啃硬骨头,敢于涉险滩;所谓步子要稳,就是方向一定要准,行驶一定要稳,定力一定要够,绝不能犯颠覆性错误。

改革是一项伟大事业,需要付出艰辛的努力,关键是站在人民立场上深化公平正义改革。深化改革,首先需要推进国家治理体系和治理能力现代化。推进国家治理体系和治理能力现代化就是要适应时代变化,既改革不适应实践发展要求的体制机制、法律法规,又不断构建新的体制机制、法律法规,使各方面制度更加科学、更加完善,实现治国理政制度化、规范化、程序化。要更加注重治理能力建设,增强按制度办事、依法办事意识,善于运用制度和法律治理国家,把各方面制度优势转化为管理国家的效能,提高党科学执政、民主执政、依法执政水平。通过深化改革,进一步健全制约权力运行的机制,以推动促进社会公正为目标的改革。

过去,我们没有完全处理好政府与市场在资源配置中的关系,过于夸大政府在资源配置中的直接支配作用,没有让市场在资源配置中发挥决定性作用。这在一定程度上会导致市场缺乏创新活力。如今,确定使市场在资源配置中起决定性作用。为此,要通过深化改革,让一切劳动、知识、技术、管理、资本等要素的活力竞相迸发,让一切创造社会财富的源泉充分涌流。就改革分配结构而言,关键是"要建立经济、政治和社会都担责的分配结构,这种分配结构由初次市场分配、再次政府分配、第三次社会分配构成,分别注重分配的效率性、正义性和道义性"①。推进改革的基本要求是要让国家变得更加富强、让社会变得更加公平正义、让人民生活得更加美好。今后,改革的环境条件和重点任务会变,但这个要求不会变,也不能变。为此,要建立更加公平有效的体制机制,注重利用增量带动理顺利益关系,要处理好政府与市场的关系,充分发挥

---

① 韩庆祥:《论改革的动力结构》,《中国特色社会主义研究》2013 年第 1 期。

市场在资源配置中的决定性作用,更好发挥政府作用,逐步建立各级政府的权力清单制度,为市场主体营造公平竞争的发展环境。改革创新凝练为一种精神风貌,这种精神风貌既是推动中国转型发展的强大动力,又是促进中国全面进步的巨大精神力量。

总之,在当代中国全面深化改革,必须坚持"社会主义初级阶段"的总依据,必须坚持"人民主体地位"的总原则,必须坚持"稳中求进"的总基调,必须坚持"公平正义改革"的总方向。中国改革的目标是:最终要形成全体人民各尽其能、各得其所而又和谐相处的既有活力又有秩序的局面。

四、思想力量:创新驱动与转型发展的牵引力——为承认与尊严而斗争

创新驱动和转型发展除了市场的力量、政府的力量和改革的力量,还有一种十分重要的力量——思想的力量。思想的力量包含价值取向、思想观念和思维方式。中国理论创新和思想创新的主要目标是丰富和发展中国特色社会主义理论体系,彰显中华民族有自立于世界民族之林的思想能力。

在中华民族伟大复兴的历史进程之中,中国理论界可以做出怎样的思想贡献?这是身处创新驱动和转型发展进程中的学者不能回避的现实问题。固然一切都只是思想资源,但在思想创造方面,我们是"拿来主义有余而自主创新不足"。可以说,对于中国而言,思想的力量是最重要但却是最匮乏的。思想的力量主要有:穿透力、判断力、牵引力。在创新和转型交织时代,中国学者如何自主创新?关键是面向时代问题进行创造性回应,不断增强解释力、说服力和穿透力。从1781年康德《纯粹理性批判》问世到黑格尔最后一部有重要影响的著作《法哲学原理》出版(1821年),间隔只有区区40年。然而,正是在如此短暂的时代之内,产生了康德、费希特、谢林、黑格尔等具有原创性的思想家和哲学家,诞生了辉煌灿烂的哲学思想理论成果,涌现出令人震撼的思想创造力。无论是谢林,还是黑格尔,其哲学思想都根植于对时代问题的深邃洞察和创造性回应。"德国古典哲学之所以实现'理论创新'并产生深远的思想影响,一个十分重要的因素是它把思想的触角深入到了时代精神的最深处,洞察并捕捉到了哲学与时代的最恰切的结合点。"①笔者认为,物质生产是"体",精

---

① 贺来:《哲学理论创新的基本要素:以德国古典哲学研究为个案》,《江海学刊》2014年第1期。

神(思想)创造才是"魄",一个国家发展只有"体"而没有"魄",是悲哀的也是危险的。对于个人而言,就算没有硕大身躯,也能够有伟大心灵和思想;对于民族而论,相对落后民族,同样也可以进行思想创新。

如何担负起国家和民族的世界责任?一个民族要站在科学的高峰,一刻也离不开理论思维。一个国家要站在世界的巅峰,一刻也离不开思想的力量。任何一个国家和民族梦想的实现,必须有一套高瞻远瞩的思想体系做支撑。其实,一个国家只是经济体量大,并不代表强。中国要成为强国,在思想创造和科技创新上必须有自己的东西。如果没有创新驱动和转型发展,中国不可能崛起。中国崛起,绝不仅仅是国力的强盛和民族的振兴,最根本的乃是人民的幸福,即14亿中国人的思想、观念、权利、福利、利益和能力能够得到更大的增进,国内建立起令人羡慕的和谐的国民关系,国外成为令人尊敬的现代文明国家。其实"一个国家的外部崛起,实际上是它内部力量的一个外延"①。摆在国家和民族面前的一个现实任务是:中国不仅要成为"强国"和"富国",更要努力成为"令人尊敬的国家",这关键是通过思想理论创新恢复中国人的自信心和创造力。中华民族的伟大复兴改变的不只是世界体系的物质力量结构,还会带来世界精神结构的变革和创新。

如何担负起学者和智库的社会责任?当今中国正处在一个需要思想、需要精神、需要文化的时代,是需要运用先进思想和理论引领社会实践发展的时代,更是一个呼唤思想家的时代。学者既要成为"牛虻",关心社会现实、重视批判思考、强调人性尊严②,也要成为"猫头鹰",对社会实践和社会现象进行反思,还要成为"雄鸡",提出具有前瞻性的理念和思想,用理念和思想引领社会发展。要想用思想引领社会发展,首先就要有思想,学会"用思想表达现代理念"、"用思想表述时代精神"、"用思想表现自我力量"。这不仅需要学者"以问题为导向的学理研究",还需要智库"以政策为导向的智库研究"。智库的成熟是政策科学兴起的重要因素。"思想库是政策科学研究最纯粹的组织体现,

---

① 郑永年:《中国改革三步走》,东方出版社2012年版,第187页。
② 正如有学者所指出的,传统儒家的尊严观是一种义务论的"人格尊严",而非权利论的"人的尊严"。其实,尊严若不建立在权利本位上,则不可能是真正意义上的尊严。没有权利的保障,不可能有现实的人的尊严,最多只剩下依靠自己的抗争来维护的人格自尊。参见陈嘉明:《尊严与权利:基于中国社会视角的一种探究》,《马克思主义与现实》2011年第2期。

它不仅是政治设计的有意义的发明,而且也是政策科学或政策研究成长的摇篮。"①摆在学者和智库面前的一个现实任务是:把握世界历史发展趋势,在专注于学理研究或政策研究的同时,更要承担公共职责或社会责任,努力透过物象世界把握思想或观念世界,用思想或观念世界引领物象世界的发展,为经济社会发展提供具有"含金量"的思想产品。

如何担负起政治家和官员的历史责任?韦伯将职业从政者区分成"为政治而生者"与"靠政治而生者",前者系"以政治为志业",后者则指力求"将政治作为其固定收入之来源的人"。面对着十分复杂的国内外环境,肩负着繁重的执政使命,如果缺乏理论思维的有力支撑,是难以战胜各种风险和困难的,也是难以不断前进的。在中国这样一个拥有14亿多人口的国家治国理政,绝非易事,而要敢于担当,推进国家治理体系和治理能力现代化,更是不易。这内在要求政治家和官员治国理政不仅要把握执政规律和社会主义建设规律,更要把握社会历史发展的一般规律。摆在政治家和官员面前的一个现实任务是:要有思想力、判断力、决策力和执行力,要增强战略思维、辩证思维、系统思维、创新思维和底线思维能力,要把握社会发展一般规律的动力机制、平衡机制、治理机制,因势而谋,应势而动,顺势而为。

如何担负起个人和社会的时代责任?帕斯卡尔指出:我们的全部尊严就在于思想,其基本含义是个人通过理论创新和思想创造获得应有的尊严与尊重。黑格尔也曾指出:人既然是精神,则他必须而且应该自视为配得上最高尚的东西,切不可低估或小视他本身精神的伟大和力量。思想的力量主要体现在解放思想、破除僵化的思想观念上。例如,1978年我们党通过真理标准大讨论和解放思想,极大地推动了我国实践发展的步伐。这可谓"思想解放一小步,实践和发展迈开一大步"。可见,在创新驱动和转型发展过程中思想的力量不容忽视。摆在个人和社会面前的一个现实任务是:进一步解放思想、解放和发展社会生产力、解放和增强社会活力,坚决破除各方面体制机制弊端,让人们"口袋"丰富起来的同时使人们的"脑袋"也丰富起来。

综上所述,提高自主创新能力、建设创新型国家,是决定国家前途命运的根本性、全局性、战略性问题。创新驱动和转型发展决定着全面建成小康社会和实现中华民族伟大复兴中国梦能否实现。市场方面的转型升级主要是从"物质驱动"到"创新驱动",使"市场在资源配置中起决定性作用";政府方面的

---

① 陈振明:《政策科学的"研究纲领"》,《中国社会科学》1997年第4期。

转型升级主要是从"人员管制型"到"公共服务型",推进"国家治理体系和治理能力现代化";民生方面的转型升级主要是从"生存性需求"的满足到"发展性需求"的满足,提高"人民的生活品质"[①];文化方面的转型主要是从片面"物质力量"到更加注重"思想力量",克服"资本的冷漠、权力的傲慢、利益集团的阻碍和思想的懈怠"。总之,中国转型发展既要建立现代市场经济秩序,也要建立现代国家治理秩序,更要建立现代心灵秩序,为全面建成小康社会和实现中华民族伟大复兴的中国梦打下坚实基础。

第二节 结构改革与"中国现代性":中国转型发展的助推力

中国改革开放与经济社会发展把体制改革和结构改革推到历史前台,当下和未来很长一段时期将处于重要的结构改革进程中。1949年新中国成立以来,尤其是1978年改革开放以来,我国社会结构发生深刻变动。问题是:面对深刻变动了的社会结构,人们对社会结构变动还缺乏深入的认识、分析和理解。在中国经济社会发展过程中,如何有效应对由社会结构转型向政治体制改革提出的挑战?中国的发展又走到一个十字路口,其含义之一是说:过去的发展模式已经显得不可持续且动力不足,要促进中国发展就必须找寻新的改革方向。我们认为,积极推进由"体制改革"走向"结构改革"是中国改革发展的方向之一。结构改革可能成为推动中国发展的重要力量之一。

当前,中国改革已进入深水区和攻坚期,所谓"深水区"就是改革要触及根本性的深层次矛盾和问题;所谓"攻坚期"就是改革的需求增加但阻力亦增大,围绕利益进行的博弈十分激烈。出路也许就在于深化改革、调结构。既然制约和影响中国发展与稳定的结构性矛盾已经显现,那么如果不从"结构转型"或"结构改革"的战略高度来考量中国发展问题,就很可能延误发展时机,陷入发展困局。破解中国发展面临的"不平衡、不充分"的结构性难题,需要构建内源性发展的动力机制,这一动力机制主要有三方面:消费拉动、市场推动和创新驱动。"消费拉动"是从需求结构内在化视角探寻经济发展的动力,主张走

---

① 正如汪丁丁所言,精致的生活品质取决于两大因素:(1)是否有挑别的消费者群体;(2)是否有敬业的生产者群体。在笔者看来,还需要补充:(3)是否有负责任的法治政府。

稳健"内源发展"之路;"市场推动"是从资源配置结构上探寻经济发展的动力机制,主张走深化"改革开放"之路;"创新驱动"是从要素结构探寻经济发展的持续动力,主张走自主"创新驱动"之路。然而一些人在分析中国问题时常常归因为"体制问题",这是一种"体制依赖症"。其实,有比体制更重要的问题,体制背后的社会结构问题更根本。因此,只有从"体制改革"走向"结构改革",才能有效破解失衡、失调、失序等难题,也才能真正实现国家的长治久安。

一、经济领域:经济结构的战略性调整

当前全球经济都面临结构改革问题。反思金融危机后中国经济企稳回升,根本上得益于我们坚持主动调整、坚持推进结构改革,走内生增长之路。在后金融危机时代,我们既要坚持"在发展中促转型"、"在转型中谋发展",更要自觉由"以增长促发展"走向"以转型促发展"。[①] 在结构改革的大背景下,当前关键是推进经济结构的战略性调整,释放更多制度红利和结构红利,防止社会断裂和失衡。只有调结构,才能从根本上推进"转方式"和"保增长"。反观改革开放以来中国历史、社会和经济的转型之所以取得了初步的成功,主要原因就在于三大转型客观上顺应了人性需要的必然。面对人性化的时代潮流,相应的各种制度、体制和机制,"就应当不是压抑它,而是要能够疏导这种人性,使之成为一种有益的、恒久的动力源,并为由之而来的竞争提供平等与开放的机会"[②]。当前和今后要持续深化和细化经济结构战略性调整的顶层设计,为中国可持续发展奠定现实基础。

二、政治领域:权力结构的调整

随着中国特色社会主义市场经济的发育和发展,公民社会逐渐成为当代中国政治哲学研究领域的新视阈。公民社会之所以走入政治哲学研究视阈,根本原因在于以市场经济蓬勃发展所引发的社会结构的根本性变化。"在传统中国社会,许多领域是混合在一起的。领域杂糅,会造成某一领域力量的霸权而又缺乏制约,从而使某一领域独大而其他领域得不到正常发展。"[③]在中国,"少数握有权柄的精英与无权无势的民众之间的这种截然分明的界限,是

[①] 韩庆祥:《论转型与发展》,《天津社会科学》2010 年第 5 期。
[②] 陈嘉明:《人性与市场经济》,《学术界》2000 年第 5 期。
[③] 韩庆祥、张艳涛:《破解"中国问题"需要"中国理论"》,《哲学动态》2009 年第 9 期。

传统中国政治的一个明显特征。与此相应的是全社会的权威等级结构,它构造了尊卑关系的复杂网络。……这一权威结构与政治和经济的其他因素相结合,产生了比较复杂的社会分层体系"①。这一分层体系进而滋生出"重国家轻社会""重权力轻权利""重管制轻服务"的政治传统,结果导致"国家强大、社会弱小、个人无力"。随着市场经济的发展和公民社会的发育,政府权力结构需要调结构、转职能、保服务。

权力结构调整的关键是重构政府与市场、政府与社会、国家与人民的关系。正如十八大报告所提出的,"深化经济体制改革的核心问题是处理好政府和市场的关系,必须更加尊重市场规律,更好发挥政府作用"。所谓更加尊重市场规律,主要是尊重市场经济的"价值规律"、"供求规律"和"竞争规律",激发市场活力;所谓更好发挥政府作用,主要是围绕"调结构、转职能、保服务"深化体制和结构改革,激发社会活力。深化政治体制改革主要方向是,深入推进简政放权,建设职能科学、结构优化、廉洁高效、人民满意的服务型政府。

三、文化领域:倡导主旋律与尊重多样化的关系结构,避免僵化和分化

当代中国社会发展矛盾错综复杂,这种复杂性,决定了中国处在一个多种价值因素重新整合的过程之中。如何有效整合与凝聚各阶层、各群体的合理诉求,无疑对于实现改革、发展、稳定的目标,具有重要的现实意义。随着利益格局由单一走向多元,必然要求社会文化价值观念由一元走向多样化。因此,新时期文化建设的哲学基础就不能是排他性的一元论,而应具有包容性、宽容性和建设性。在思想领域,如果只有"多"而没有"一",必然分化;如果只有"一"而没有"多",必然僵化。② 实际上,分化和僵化都是我们应该避免的。因此,应在"竞争性的合作"前提下,倡导主旋律,尊重多样性。

当前,世界的全球化趋势打破了两极格局,推进了世界的多极化趋势。这种趋势反映到哲学上集中表现为思想观念的多元化(多元并不是"一盘散沙")和价值取向的多样化(多样并不是"怎样都行")。因此,随着经济基础和社会结构的转型,思想意识形态必然也要转型,即在意识形态领域也应该唱响主旋律,倡导宽容包容,鼓励思想竞争,理性引导舆论,适度管理网络,整合凝聚中

---

① 詹姆斯·R.汤森、布兰特利·沃马克:《中国政治》,江苏人民出版社2003年版,第26页。
② 韩庆祥、李海青:《努力在深入人心上下工夫》,《党建》2008年第3期。

国发展的"正能量"。这启示我们不能人为地把"社会主义"与"资本主义"、"市场经济"与"社会主义"严格区分开来,而要提倡"共赢共生"与"包容发展"。从中长期看,我国发展仍处于结构转型期。转型期的发展一个突出特征是"社会分化有余而社会整合明显不足",因此既要具有足够的包容性,能够容纳各种思想交锋、交流和交融,从而避免僵化,又要具有一定的主导性,能够引导各种社会思潮求同存异,从而避免分化。

四、社会领域：政府组织与社会组织的关系结构

党的十八大报告提出,"加强社会建设,必须加快推进社会体制改革,加快形成政社分开、权责明确、依法自治的现代社会组织机制"。这为我国政府组织与社会组织的关系结构指明了方向。要超越二元对立思维定式,建立政府、市场、社会合作共赢的组织体制。为了深入推进我国社会管理体制创新,需要从"社会结构性改革、社会组织建设、政府公共服务"三个方面加大社会管理创新的力度。社会管理体制创新的基础是"社会结构性改革"。"社会结构改革"所以重要的原因之一是"它所内含的某种宏观社会学描述性意义已经具有普遍的理论解释力。该解释传达的信息是现代社会的基本结构性改变,包括社会基本制度或体制与社会生活方式之显形结构和社会文化心理与道德信仰之隐形结构的革命性改变"[①]。中国社会结构改革的关键是创设制度条件,释放制度活力,培育健全社会。

政府对社会建设负有主要责任。"但是进入公共管理时代,政府只是社会建设的核心主体,社会组织与更大范围的公众参与一起构成社会建设中的不可或缺的主体。"[②]政府应"适应"而不是"统领"社会组织发展。然而在长期的政府主导型行政改革中,政府扮演着制度设计者、改革推动者、资源调动者、利益协调者等多重角色,由此产生一个难题:政府既是改革的主体,又是改革的客体(对象)。中国改革进入深水区和攻坚期,一个突出标志是政府成为改革的对象,即改革更多具有政府"自我革命"的意涵。社会组织是公民社会的主要载体。"公民的政治关切与参与,以及公共领域的开展是强化与维系民主政治的重要条件。然而,公民的政治实践,以及公民社会的形成皆倚赖公民之责

---

① 万俊人:《"现代性"的"中国知识"》,《学术月刊》2001年第3期。
② 丁元竹:《中国社会建设:战略思路与基本对策》,北京大学出版社2008年版,第191页。

任与判断的养成,缺少后者,民主政治只成——形式化的躯壳。"① 在"'强政府、强市场、弱社会'的格局下,为了加快社会建设,需要对中国社会的组织架构进行合理调整,其关键在于发展非营利社会组织,增强第三部门的力量,最终建构起'有效政府、有序市场、活力社会'的组织体系"②。其基本目标是:政府组织承担政治责任,提供公共物品和服务;企业(市场)组织承担企业社会责任,提供私人物品和服务;社会组织承担公益服务责任,提供政府顾不上做或成本高难以做、企业不愿做的公益服务。

五、生态领域:改善和优化人与自然的关系,建构人与自然的平等的"伙伴关系"

当今世界,生态危机的挑战日益严峻。把一个什么样的地球留给子孙后代,是世界各国人民共同关心的重大课题。生态文明绝不是空穴来风,而是人类理性反思的产物。当代人逐渐认识到,人类的生存、发展和享受,都必须以生态系统和谐为前提,没有人能够否定阳光、空气和水是一切崇高价值的自然基础,也是经济社会可持续发展的自然基础。这一基础与社会制度直接相关。需要进一步追问的是:社会主义与生态文明是怎样的关系?如果要弄清社会主义与生态文明是怎样的关系,首先应分析两者有没有价值上的"关联点"。

生态文明是指人类在改造客观世界的同时,积极改善和优化人与自然的关系,建设科学的生态运行机制和良好的生态状况,支撑的物质、精神、制度方面成果的总和,其核心是人与自然和谐的价值观在经济社会发展中的落实及其成果的反映。生态文明摒弃人类破坏自然、征服自然、宰制自然的想法和行动,倡导在经济社会发展中尊重自然、保护自然、合理利用自然,并自觉进行生态建设,实现人与自然和谐。生态文明突出强调人与自然的平等的"伙伴关系",而不是主从的"主奴关系"。人类活动对自然生态严重破坏而导致的恶果,使人们认识到人类并不是自然的主宰,而仅仅是自然生态系统中的一员。

社会主义的本质属性之一就是超越和克服资本主义的弊端,解放和发展社会生产力,实现人与自然、人与社会、人与他人、人与自我的和谐。可见,这

---

① 张福建:《政治之罪恶与宽恕的可能性:以汉娜·鄂兰的解释为焦点》,载张福建:《公民与政治行动:实证与规范之间的对话》,台湾"中央研究院"人文社会科学研究中心政治思想研究专题中心2009年版,第5页。
② 李培林:《我国社会组织体制的改革和未来》,《社会》2013年第3期。

一价值诉求与生态文明建设是内在契合的。其实,生态文明建设并不是杞人忧天。对于中国特色社会主义建设而言,生态文明建设并不是"远在天边",而是"近在眼前",具有极端的现实性和迫切性。虽然中国在经济发展过程中取得了引人瞩目的巨大成就,创造了"中国奇迹",但也付出了沉痛的自然生态和环境代价,我们的山、水、土地、空气、河流、海洋,都受到程度不同的污染,有些甚至已经到了危及生存的地步。其实"人民并不满意的增长"很重要一个方面就是一些增长和发展导致了人的生存环境的恶化,人们的生产、生活和生命受到了威胁。当前和今后应抓住"整体转型发展"的重要战略机遇期,加强生态文明建设,其根本目的是形成中国特色社会主义建设"五位一体"的总体布局,建设美丽中国,实现中华民族永续发展。面对严峻形势,我们一定要站在人类文明发展、中国特色社会主义全面发展和中华民族永续发展的高度,增强生态危机意识,充分认识生态文明建设的重要性和紧迫性,不断提升发展的质量和效益。

　　反思导致生态危机的主因主要在于人类的活动,也在于没有"人类"(目前为止,人还没有真正以整体的类的共同本质一起活动,还处在分裂与斗争状态)的活动。2007年2月政府间气候变化专门委员会(The Intergovernmental Panel on Climate Change)在巴黎发表的评估报告指出:造成全球气候变暖的主因有九成的可能性是来自人类的活动。这提醒我们,需要重新认识人的活动与自然的关系。马克思指出:"自然界,就它自身不是人的身体而言,是人的无机的身体。人靠自然界生活。这就是说,自然界是人为了不致死亡而必须与之处于持续不断的交互作用过程的、人的身体。所谓人的肉体生活和精神生活同自然界相联系,不外是说自然界同自身相联系,因为人是自然界的一部分。"①"自然界的人的本质只有对社会的人来说才是存在的;因为只有在社会中,自然界对人来说才是人与人联系的纽带,才是他为别人的存在和别人为他的存在,只有在社会中,自然界才是人自己的人的存在的基础,才是人的现实的生活要素。"②恩格斯告诫人类:"不要过分陶醉于我们人类对自然界的胜利。对于每一次这样的胜利,自然界都对我们进行报复。"③所谓报复就是"每一次的这种胜利,起初确实取得了我们预期的结果,但是往后和再往后却发生

---

① 马克思:《1844年经济学哲学手稿》,人民出版社2000年版,第56~57页。
② 马克思:《1844年经济学哲学手稿》,人民出版社2000年版,第83页。
③ 《马克思恩格斯选集》(第4卷),人民出版社1995年版,第383页。

完全不同的、出乎预料的影响,常常把最初的结果又消除了"。

人与自然的和谐是可持续发展的重要维度。当前,可持续发展成为一种现实追求,而要实现可持续发展,需要人改变态度、观念和行为。我们必须时时记住:"我们统治自然界,决不像征服者统治异族人一样,决不是像站在自然界之外的人似的,——相反地,我们连同我们的肉、血和头脑都是属于自然界和存在于自然之中的;我们对自然界的全部统治力量,就在于我们比其他一切生物强,能够认识和正确运用自然规律。"[①]当前,中国发展的生态环境约束日益增强,人民大众的生存环境日益恶化,为此,必须运用"关系思维"和"系统思维"来看待人与自然的关系。应认识到,人与自然是不能分开的,人是自然的一部分,人与自然是相互依存的。表2为生态学四大原理及其理论内涵。

表2　生态学四大原理及其理论内涵

生态学四大原理	理论内涵
1. 万物息息相关原理	反映出生物圈中的网络关系
2. 万物皆有所终原理	反映出物理学中的物质不灭定律
3. 大自然最了解它自己原理	反映出人为改变的风险
4. 天下没有白吃的午餐原理	反映出经济学中的成本概念

由表2可见,人只是生态系统中的必要"一环",如果人的实践活动不尊重生态系统的内在规律,必定导致生态系统的失衡,最终直接危害到人自身。具体而言,"万物息息相关原理"表明了人与生态系统的复杂且微妙的关联,告诉人们要有"联动意识";"万物皆有所终原理"揭示了生态系统的物质代谢奥秘,告诉人们要有"循环意识";"大自然最了解它自己原理"告诉人们要有"平衡意识",自然具有回归生态平衡机制;"天下没有白吃的午餐原理"则警示人们要具有"补偿意识",从自然中攫取的一定还要重新回到自然中去。归根结底,人的物质代谢过程(不管是个体生命层次的物质代谢,还是群体层次的物质代谢)与生态息息相关,也与每个人的生存和发展息息相关,在生态面前,没有人是例外的,由此,"物质代谢具有环保意涵",这可以说是一种"不自觉的社会主义倾向"。[②]可见,生态文明建设是每一个地球人的共同责任,也是社会主义

[①]《马克思恩格斯选集》(第4卷),人民出版社1995年版,第383~384页。
[②] 黄瑞祺、黄之栋:《绿色马克思主义的形塑轨迹》,硕亚数码科技有限公司2013年版,第74页。

的价值目标。

当前,中国正处于工业化中后期和城镇化快速发展阶段,西方发达国家300年间逐步出现的环境问题在中国集中显现,呈现"时空压缩"特征,环境总体恶化的趋势尚未根本改变,环境压力还在增大,经济发展的环境污染代价持续上升,一些地区污染物排放严重超过环境容量,突发环境事件频发,因此必须增强危机意识。面对严峻的经济发展与生态建设之间的紧张关系,十八大报告指出,保护生态环境必须依靠制度,要按照全面深化改革开放的目标要求,加快建立生态文明制度,健全国土空间开发、资源节约、生态环境保护的体制机制,这无疑是一条正确的道路。其实,发展与环境并非水火不容,关键是"以什么方式发展"。如果以现有发展模式发展,环境问题只会越来越严重,如果转变发展模式,走转型升级发展之路,生态危机会逐渐得到控制乃至消除。

解决生态危机的根本途径,就在于创新发展的道路和模式。必须树立尊重自然、顺应自然、保护自然的生态文明理念,必须坚持节约优先、保护优先、自然恢复为主的方针。在自然观上,人们的哲学观与伦理观念发生了重大的转变,"从培根的'知识就是力量'、康德的'人是自然的目的',经由海德格尔对他称为'座架'的技术的本质的批判,到现在的'可持续发展'观念的深入人心,在这段观念发展的历史期间,自然还是原来的自然,只不过由于自然生态遭到破坏的事实,引发了人们对这种后果的负价值判断,从而导致了人类自然观的转变"[①]。可见,对"事实"的思考,人们可以从中引出"价值"判断,因此,事实与价值二分的观点是错误的。笔者认为,努力建设以天蓝、地绿、水净为主要标志的美丽中国,实现中华民族永续发展,这可能孕育一种"现代文明新转型"和"生态文明建设新探索"。

总之,中国特色社会主义生态文明建设要学会"生态修复"的"加法",做好"节能降耗"的"减法",探索"生态经济"的"乘法",摸索"生态综合治理"的"除法",从而实现经济发展与生态文明的比翼双飞。应认识到,建设有中国特色的社会主义决不能以牺牲人的生命为代价,决不能以牺牲生态环境为代价,牺牲人的生命为代价取得的是"人民不满意的发展",牺牲生态环境取得的经济发展是"得不偿失的",人的生命一旦失去就不可挽回,生态环境一旦遭到破坏就极难恢复,而且"牺牲人的生命"、"破坏生态环境"和"不实现环境正义",也很难跻身于"世界文明大国"之列。

---

① 陈嘉明:《事实与价值可分吗:以生态伦理学为视角》,《学术月刊》2011年第8期。

结论：由体制改革走向结构改革

第一，当前，中国社会转型的结构特征日益明显，促改革、调结构、谋发展已成为中国发展的关键。第二，当前，中国发展存在的风险或问题，主要是"不平衡、不充分"的结构性的问题，而结构性问题必须通过结构改革来解决。中国结构改革具有两个层面的内容："一是权力结构；二是经济结构、政治结构、文化结构和社会结构。"①当前改革开放已进入"深水区"和"攻坚期"，利益关系重新调整必然触及深层结构。今后一段时间中国应该将重点放到结构改革，不失时机地推进结构改革，为中国健康发展奠定基础。第三，中国问题主要是发展阶段的问题，根本上则是结构问题。因此，只有不失时机地推进结构改革才会使中国走出一条由体制改革走向结构改革的新路来。总之，由体制改革走向结构改革，是决定国家前途命运的根本性、全局性、战略性问题。当然，结构改革是一个不断深化的过程，不可能毕其功于一役，需要持续不断地努力。我们坚信，中国结构改革不仅决定中国发展的命运，而且必将深刻影响世界格局。

第三节 结构创新与"中国现代性"：传统的创造性转化与创新性发展

如何引导中国发展步入内生增长、创新驱动、转型发展的轨道？如何从动力、路径和手段方面探寻中国发展的现实路径？十几年前中国政府提出结构调整的目标，但10多年过去了，调整的结构怎么样呢？毫无疑问，结构调整远未到位，结构性问题依然突出，其中一个深层次问题是没有真正走上"自主创新"和"创新驱动"之路。

从根本上说，创新来自社会实践，并不以政府的意志为转移。鉴于中国的很多问题主要是结构问题，因此，破解中国问题就需要从"结构转型"入手。而"结构转型"不是对原有发展模式的微调，而是对传统发展模式全面转换，因此必须依靠创新驱动。问题的关键是，如何把创新驱动贯穿于中国发展全过程，

---

① 韩庆祥、张健：《中国特色社会主义建设实践的内在逻辑与发展趋向》，《中国社会科学》2012年第3期。

着力推进制度创新、理论创新和道路创新,实现发展体制机制的结构性优化,在创新中推动转型发展,使创新真正成为中国经济社会发展的主要驱动力。这需要在全社会营造一种崇尚创新、创意、创造的氛围,最终建构"创新型国家"和"创新型社会"。正是不断创新的精神才是中国转型发展的原动力。中国经济转型发展的关键在企业,而转型问题落实到企业中主要是创新问题。目前的分配政策较少涉及收入分配的核心结构性问题。中国存在的收入分配不公,多是结构性因素造成的,因此,要提高劳动者收入必须从结构改革入手,推进结构转型促进社会公平。"过去,我们主要用发展的高速度拓宽发展空间,今后,我们必须依靠提高国家自主创新能力,来抢占世界发展的制高点和拓宽我们在世界上的发展空间。"①总之,提高自主创新能力、建设创新型国家,是决定国家前途命运的根本性、全局性、战略性问题。

中国选择何种体制和机制配置资源归根结底要从中国现实国情出发。基于此,认清中国现实国情,是确定中国发展道路的根本前提,也是确定中国发展战略的理论基础。当前我国经济发展不平衡、不充分问题依然严重,最大的挑战也许就是如何加快转变经济发展方式,即从"投资拉动"转向"消费拉动",从"依赖投资出口"转向"依靠扩大内需"。面对中国发展实际,既要充分肯定我国经济社会发展已经取得的成就,看到我国发展"基本面"长期趋好的态势,也要看到国内外各种不利因素的长期性和复杂性,不回避结构性矛盾,不掩盖结构性问题,从坏处准备,争取最好结果,牢牢把握"结构转型"的主动权。同时还应认识到,加快推进包括经济结构在内的一系列战略性结构转型是大势所趋,刻不容缓。因为国际竞争本质上是时间和速度的竞争,谁动作快,谁就能抢占先机和占据优势,掌控制高点和主动权;谁动作慢,谁就会丢失机会,就会被别人甩在后边。为此,我们要积极推进"制度创新"、"体制创新"和"机制创新",实施"创新驱动"发展战略,推动经济发展方式转变,推进经济结构战略性调整,走新型工业化、信息化、城镇化、农业现代化道路,为推动中国科学发展增添新动力。

经济结构是一国或地区经济技术发展水平、产业分布和发展状况的综合体现,它反映了该国或地区商品的国际竞争力,体现了该国或地区在国际分工与国际贸易中的地位,反映了该国或地区所处的经济发展阶段和发展水平。经济结构转型将缩小贫富阶层之间现存的巨大差距,从而降低社会动荡的危

---

① 韩庆祥:《创新驱动:构建国家发展的战略支点》,《光明日报》2012年11月12日。

险。在后金融危机时代,国际关系的主要矛盾是西方发达国家与非西方新兴国家之间的战略博弈竞争。在后金融危机时代,一场新的竞赛已经开始,其本质是发展模式的转型竞争,其结果将决定着国家的前途和命运。如果能先行一步,就能占据未来发展的制高点。长期以来,我国企业由于自主创新意识和能力不足,缺乏核心技术和自主知识产权,因此更多地依赖廉价土地和"人口红利"、依靠资源能源的大量投入来赚取国际产业链低端"加工生产"的微薄利润。其实,在国际产业分工中有条"U"形曲线,一端是高利润的研发、设计、标准制定等,另一端是高利润的品牌、销售和服务,中间则是低利润的"加工生产"。如果不能形成以技术进步为基础的自主创新优势,中国将长期停留在"U"形曲线的中间段,徘徊在国际产业链的中低端。从哲学高度看,经济结构的深层问题是经济体制结构问题,因此,如果要调整经济结构,首先就要实现经济体制结构的转型。随着土地、劳动力、能源等要素成本的上升,随着老龄化社会的到来,中国所依赖的低成本"比较优势"和"人口红利"日益式微,经济结构转型势在必行。"经济结构的变动需要与人口结构的变动相适应。"① 如何加快经济结构转型的步伐,形成经济结构与人口结构的良性互动,成为中国发展的关键。仔细分析,我国相当一部分的"增长型失业"实质上是"结构性失业"。② 因此,必须从劳动力供给和需求两方面共同努力,加快经济结构和人口结构的调整、转型和优化。

经济发展与结构转型具有联动关系。"我国经济增长与结构转型之间的作用方向应该是,结构转型促进经济增长,而非经济增长促进了我国的结构转型。从长期来看,我国的结构转型具有明显的增长效应。通过加速经济的结构转型促进经济增长在理论和实证上是可行的。"③ 鉴于目前我国结构转型压力增大,因此要从片面偏重于从"供给"角度考虑问题,转向更多地从"需求"角度考虑问题,加强自主创新能力建设,加大技术革新和技术创新水平,从而提升经济发展的质量和效益。具体而言,需求结构要由"投资主导"转为"消费主导";产业结构要由"工业主导"转变为"服务业主导";工业结构要由"重工业主导"转变为"新兴战略产业主导";投资结构要由"要素驱动"转向"创新驱动";外贸结构要由低附加值的"中国制造"转向高附加值的"中国创造",主要基调

---

① 李长安:《人口结构如何与经济结构良性互动》,《上海证券报》2012 年 9 月 14 日。
② 胡荣涛、李泽臣:《从劳动力供给与需求看我国"增长型失业"》,《西部论坛》2012 年第 5 期。
③ 陈平、李广众:《结构转型、资源转移与经济增长》,《上海经济研究》2010 年第 12 期。

是从"出口导向"转为"内需拉动"。中国经济结构调整是为了更好地解决发展过快造成的收入不均等问题,从中长期来看,这更有助于经济的稳定发展。总之,中国经济结构调整应进一步深化和细化为中国产业结构调整。这需要强化需求导向,推动战略性新兴产业、节能环保产业(节能环保产业是指为节约能源资源、发展循环经济、保护环境提供技术基础和装备保障的产业,主要包括节能产业、资源循环利用产业和环保装备产业,涉及节能环保技术与装备、节能产品和服务等;其六大领域包括:节能技术和装备、高效节能产品、节能服务产业、先进环保技术和装备、环保产品与环保服务)、先进制造业健康发展,加快传统产业转型升级,推动服务业特别是现代服务业发展壮大,合理布局基础设施和基础产业,最终形成以技术、品牌、质量、服务为核心的竞争优势,促进加工贸易转型升级,大力发展服务贸易,推动对外贸易平衡发展,逐渐形成转型发展、自主创新的新格局。

中国作为后发展国家,其产业竞争力尤其是现代服务业的竞争力存在先天不足,这种先天不足决定了中国发展服务贸易要有与众不同的新思维。当前,经济增速放缓正可倒逼中国加速结构性调整和发展方式转变,将经济增速放缓过程转化为经济结构转型过程。在全球化现代性语境中,"环球同此凉热",中国经济已成为全球经济的一部分,在全球经济低迷的状态下,中国经济也不可能独自繁荣,所以我们要抓住时机推进经济结构转型升级,增强我国的自主创新能力,从依靠外贸出口转变为依靠扩大内需。要通过扩大内需和结构转型来应对经济增长放缓。关键是调优结构促转型,推动投资、贸易和消费"三驾马车"协同发展,实现投资结构的多元化,消费结构的科学化。从某种意义上讲,贸易结构的优化比贸易规模的增长更为重要。真正使中国经济增长主要靠效率支撑,靠创新驱动,靠内生增长。

中国的改革就是承认人性、人性化和社会的复杂性,拒绝由某个专断意志去改造社会,而由市场和法治去调节社会,尊重多元与个性,尊重人性化和社会的复杂性,和而不同,各美其美。实际上,我们把自由、平等、公正、法治作为社会主义核心价值观的重要内容,并不意味着完全认同西方主流派对这些概念的认识和理解。首先,自由与秩序(法治)是不可分离的,两者互为依存。没有秩序(法治)的自由不仅自身难以存在,也不是人类所追求的理想状态。其次,个人自由也要与集体(家庭、组织、社会、民族)、与大自然相和谐,因为人不可能独立于社会、大自然而存在。比较而言,西方文化更加注重个人(individual)自由,注重平等、民主、个人主义、不信任政府倾向,提倡制衡,鼓励竞争，崇尚人权；东方文化则更加注重社会秩序、人与他人、人与集体、人与自然的和谐。理性与信仰、民主与法治、权利与义务、制衡与效率也同样是互为依存、互为约束，对上述概念的认识和理解上东西方也存在差异。正视这种差异有助于世界的和平。中国在建立现代性核心价值观时既要充分吸取中国传统文化的养分，又要合理吸收外来文化的有益成分。

本章小结　"中国现代性"建构是结构转型、结构改革、结构创新的三位一体

中国发展不进行结构转型，不可能有可持续发展的能力；中国经济发展不建立在内生增长上，不可能具有抗风险能力；中国发展不主要靠自主创新，不可能获得国际竞争力，成为世界性强国。真正的强国要有"威力"、"引力"和"魅力"。那么怎样才能有威力、引力和魅力呢？关键是要推进中国的结构转型、深化结构改革、实现结构创新。

从经济角度看"力量转移"链条，有一条基本规律：在工业化时代，社会经济链条的重心在中间的"加工制造"，而在后工业化时代，社会经济链条的重心由加工制造业转向两端的"创意研发与营销服务"，从事前端的"创意研发"与后端的"营销服务"的白领阶层日益成为经济发展的主力军。目前，世界经济和金融力量正从西方向东方转移，亚洲和中东的主权财富基金正在快速兴起，这是全球金融重心向东方倾斜的一个信号。但如果要真正实现世界经济和金融力量的转移，恐怕要直面全球产业链及其利润分配的现实。一般说来，即在当前产业链利润分配中基本上是 1:9 的分配格局，即加工制造仅占 1/10，9/10 归于产前"研发"和产后"营销"。可见，"产业链条化"的背后是一种全球利润分配格局的新变化。这一变化意味着，作为居于制造环节的广大发展中国家实际上只是发达国家的"国际代工"①，处于一种利益分配的低端与不利位置。当前，全球利润分配"实体经济体系"是微利、高污染和大成本，而全球

---

① 同样是"国际代工"，台湾积体电路制造股份有限公司（简称"台积电"）就有优势，关键是注重创新，把传统的加工制造"垂直结构"创新为"水平结构"，创新是其成功的泉源，其全面创新涵盖技术、制造、策略、治理、行销等各方面。台积电是全球最领先、规模最大的专业集成电路制造服务公司，拥有最先进的制程工艺与最大规模的晶圆制造厂，因此拥有最佳的获利优势。这对我们具有启发意义。

竞争"虚拟经济体系"则是高利润、低污染和强势,后工业社会的"产业链"最终造成了新的力量格局,即发展中国家在这轮分工和利益分配中普遍处于劣势,战略上陷于被动,国家发展陷入困境。由于新兴工业体尤其是中国的崛起,全球产业链与价值链的原有逻辑正在被打破。因而,全球工业化优势向中国转移已成不可阻挡之势。

从哲学高度反思发展模式,按照经济发展的主要推动力可以把经济发展模式分为三种类型:依靠权力来推动经济发展可称为"权力型发展模式";依靠发达国家的资本推进经济发展可称为"资本依附型发展模式";依靠提高自主创新能力而形成强大科技竞争优势的经济发展可称为"自主创新能力型发展模式"。基于这一认识,我们认为当代中国发展模式正在从"权力型"和"资本依附型"走向"自主创新型"的途中。自主创新是打破平衡、派生出其他力量的关键。当前,自主创新能力是当代中国发展"最需要同时也是最缺乏的"。因此,在中国发展中应注重自主创新能力的培养及其在经济发展中的重要作用,即在经济发展过程中,由"物质资源驱动"经"资本驱动"逐渐走向"创新能力驱动",主要从14亿国民巨大的创新能力中寻找"力量转移"的机会。为此,中国应基于自主创新精神培育新兴产业,除了培育各种新领域如技术、通信、信息、贸易、金融等"硬实力"之外,还应注重文化、形象、影响力、价值观等"软实力"。只有基于创新能力基础上的"硬实力"(令人敬畏的力量)和"软实力"(有吸引力的力量)比翼齐飞,中国才能跻身世界优秀民族之林,也才能赢得尊重、赢得未来。

应从中国现代性建构的高度来理解"发展是硬道理"。当前,"结构性问题"已成为中国发展的"瓶颈"之一,"结构转型"已成为中国可持续发展的重要"突破口"。鉴于结构决定体制,体制决定机制,机制影响活力,因此,"结构转型"决定中国发展命运。如今,中国发展已步入结构转型的关键期,摆在中国面前的现实任务是:抓住世界经济结构转型的有利时机,利用好重要战略机遇期,坚持"稳中求进"和"稳速增效"的政策取向,进行整体结构的战略性调整,实现结构优化升级,为中国经济可持续健康发展创造条件。转型发展是对传统发展模式的创造性转换,也是对近代西方线性发展模式的一种发展跨越,因此,必须依靠"内生增长"和"创新驱动",依靠"结构改革"和"顶层设计"。

笔者认为,中国发展"不怕慢","就怕断","就怕乱"。因此必须坚持"不懈怠""不折腾""不动摇",增强发展的普惠性、包容性与内生动力,减少发展的盲目性和代价阵痛,推动从"竞争式发展"走向"竞合式发展",从"零和博弈"走向"共赢共生"。

第三章 时空压缩与"中国现代性"建构：现代性研究的共时态视角

无疑,"中国现代性"建构是在特定的历史时空中展开的,在全球化境遇下,这一时空又具有"压缩"的特征,这也决定了"中国现代性"建构的复杂性和曲折性。本章主要从"时空压缩"视角,从时间、空间、价值三个维度对现代性进行分析,以此建构起"中国现代性"的坐标系。

第一节 时间与"中国现代性"建构：后发追赶型

现代性既是一个具有强烈时间意识的概念,也是一种直线前进、不可逆转的历史时间意识。关于此卡林内斯库指出:"只有在一种特定时间意识,即线性不可逆的、无法阻止地流逝的历史性时间意识的框架中,现代性这个概念才能被构想出来。在一个不需要时间连续性历史概念,并依据神话和重现模式来组织其时间范畴的社会中,现代性作为一个概念将是毫无意义的。"[①]通常,现实的个人以自身为感受的主体,把时间分为过去、现在和未来。这种时间观把此时的现在不断地转化为过去,未来又不断地转化为现在。现代(modern),即现在的时代,与瞬间的现在不同,它是以现在为中心向过去和未来两侧有限延伸的时间跨度,是边际相对确定的广阔的"时间域"。

世界近代史始于 1640 年英国资产阶级革命。比较而言,中国进入近代却整整晚了 200 年,直到 1840 年鸦片战争才拉开中国近代史的帷幕。从时间向度看,"中国现代性"建构是作为"后发外源型"而展开的,具体说,在 19 世纪中期,中国开始了类似于西方 15 世纪的发展历程,时差足足有 300 多年。1949

[①] 马泰·卡林内斯库:《现代性的五副面孔》,顾爱彬、李瑞华译,商务印书馆 2002 年版,第 25~26 页。

新中国成立以来尤其是1978年改革开放以来，中国以"时空压缩"的形式加速进行三大转型，即历史转型、社会转型和经济转型，这三大转型使中国在40多年的时间里压缩了世界先进国家近300年时间的发展任务和发展矛盾。在西方由传统社会向现代社会转型过程中，其矛盾和问题有一个更长的释放过程，因此较为平顺，但与西方不同，中国在短时间内集聚大量矛盾和问题，呈现问题和矛盾叠加的态势，因此更复杂。因此之故，当代中国社会，既有传统社会主义的矛盾，也有传统资本主义矛盾；既有新社会主义的矛盾，也有现代资本主义的矛盾，同时还不断催生出新的矛盾。这种复杂性，决定了中国处在一个多种价值因素重新整合的过程之中。如何在复杂经济环境中推动经济社会又好又快发展？关键是要加快经济发展方式的转变。如今，中国发展已经进入只有加快转变经济发展方式才能实现可持续发展的关键时期。可以说，加快转变经济发展方式，是中国经济社会领域的一场深刻变革或革命，其进展如何，决定着中国的前途和命运。

从全球现代性建制来看，以国家的现代化为例，英国、法国、德国从启蒙运动以来就逐渐实现国家现代化，至今已有300余年历史，美国从1776年独立运动以来也快速实现国家现代化，至今已有244年历史，日本从1870年明治维新以后也逐渐实现现代化，至今已有150年历史，而中国如果从19世纪末的现代转向算起，至今也仅有100余年历史。

西方经过了500多年的资本主义发展，在物本主义思想理念的基础上，其市场经济不仅有效地提高了资源配置效率，而且也卓有成效地促进了社会物质财富的积累，从整体上提高了人民的生活水平。而在中国，之所以当时实行物本经济，是快速现代化的必然选择，因为当时生产力水平低，经济结构和科学技术水平落后，实行物本经济，可以有效地集中全国之人力、物力和财力，进行大规模的工业化建设。在"先生产，后生活"的口号下，政府把大部分资金投入工业建设中，优先发展重工业，必然会一步步地走上物本经济的发展道路，同时也因为当时所处的时代环境不具备实行人本经济的可能性。这却为后来实行人本经济准备了必不可少的物质条件，就此而论，"物本经济"是中国经济社会发展一个不可逾越的历史阶段。如今随着社会经济的发展，物本经济已经不能完全适应时代的要求，必须从"物本经济"转向"人本经济"。高质量发展阶段，我们既要坚持"在发展中促转变"，"在转变中谋发展"，更要自觉由"以增长促发展"走向"以转型促发展"。① 中国现代性建构的一个重要情景就是"时空压缩"②。现代社会的一个重要特征就是"时间征服空间"③,其基本标志是"速度变快、距离变短"。现代性自身内部从一开始就包含有"压缩时间性"所引发的悲剧。

从时间性的维度来看。就中国文明和文化而言,我们需要思考四组具有深刻象征意义的数字:(1)五千年中华古代文明历史和两千多年儒家主导型多元一体的古代文化思想史;(2)百年中国近(现)代文明史和反儒家乃至反传统的中国"现代性"文化思想史;(3)70余年的中国社会主义运动和40余年的"中国特色社会主义改革开放实践";(4)人类社会主义理念与实践的千年思想流变、百年实践运动和中国社会主义理念与实践的70余年历程与40余年变革创新。不厘清这四组数字所饱含的复杂而深刻的文化思想史意味和社会实践意味,我们就很难了解"中国特色"由何而来,因何而立,为何必须!④ 从时间维度看,当今世界依然处于商品经济历史区间,但工业社会阶段从二十世纪七十年代后逐渐退去,后工业社会时代逐渐生成,中国现代化进程和中国道路正处于这种时间的交接区域。抓住这样的历史方位,我们才能准确判断这个时代的本质及其自身发展的历史方位。

现代性的核心理念是坚信每样事物都注定会被加速、被溶解、被取代、被转换、被转型。在后工业社会中,"制造"向"服务"的转换,深层反映的是商品价值重心的转换,体现为消费重心由"实用性"转向"意义性","符号价值"成为后工业社会商品消费的主要内容;基于这一转换,产业链出现"研发—制造—营销"的新形态,世界产业分工出现新格局;这是后工业社会的第一个特征,可概括为"商品符号化"(商品符号化—生产符号化—消费符号化)。后工业社会中的"生产决定消费"向"消费主导生产"的转换,背后反映的是财富内涵的更新和尺度的转换;基于这两大变化,"积累性≠财富,财富=流动性"成为后工业社会基本的财富观念和投资逻辑,"投资经济+定价经济"成为后工业社会经济运作中的主体模式;财富尺度的资本化使得"制造经济"成为辅助,并日渐演化为外包环节,总体上形成"制造经济—投资经济—定价经济"这样一条世

---

① 韩庆祥:《论转型与发展》,《天津社会科学》2010年第5期。
② 关于"时空压缩"的思想可参考吉登斯1991年、哈维1989年、博曼1982年的相关论述。
③ John A. Agnew, Place and Politics: The Geographical Mediation of State and Society, Boston: Allen and Unwin, 1987.
④ 万俊人:《我们为何要构建"核心价值体系"?》,《光明日报》2011年1月24日。

界财富链条;这是后工业社会的第二个特征,可概括为"财富资本化",其本质是资本的效力愈来愈大,呈现集权化趋势。世界货币由"黄金本位"转向"美元本位",在"美元本位"体系中,美元信用由以前的"黄金抵押"转向"军事抵押";基于这一变化,世界财富获取的格局发生重大变化,对冲资本、美元套利资本形成世界金融市场的庄家;当今世界依然并将在一个很长的时期内处于"政治-经济学"时代,观察力量转移和世情变化,必须坚持"政治经济学"前提和价值取向;这是后工业社会的第三个特征,可概括为"货币霸权化"。①

当前,中国虽然从自然时间上来说与西方社会处于同一个时间段,都是21世纪第20个年头,但这只是自然时间的坐标。在发展阶段和发展程度上中国落后于西方发达国家。这产生一个重要的问题即"不对称性"和"错位性"。所谓"不对称性"是指中国现代性在发展阶段上与西方现代性是不对称的,所谓"错位性",是指中国现代性从自身的视角看是错位的。如今,全球瞩目的现代性问题尚未解决,后现代的种种问题又接踵而至。现代工业时代方才启幕,信息革命和能源革命即预告到来。人工智能、大数据、量子技术、生物技术等对人的本性与道德规范造成巨大冲击。前现代性、现代性和后现代性压缩到同一时空中。本来,中国现代化和现代性起步比西方晚了"半拍"或"一拍",由此,追赶型的现代化和现代性之路注定不会太平坦。中国特色社会主义道路引领的中国现代性与西方现代性的竞争与斗争不是"两个发展阶段"的斗争,实质上是现代化和现代性的"两条道路"的斗争。毫无疑问,19世纪的现代化道路是资产阶级领导的现代化道路,即西方国家通向现代性的道路,是资本主义发展模式。这一模式是私有产权与市场竞争相结合,首先在西欧封建社会的母体中长期发育成长,历经宗教革命、商业革命、政治革命一系列变革,最后是工业革命的大变革,在数百年时间中自然形成的。从总体上看,私有制、市场导向、渐进变革是西方现代性模式的基本特征。与此不同,曾经预言接近社会主义门槛的发达国家依然热衷于资本主义,而一些经济文化相对落后的国家(俄国、中国等)却率先宣布建设社会主义。当然,通往现代化的新道路——社会主义道路,是通过激进的政治革命或改革运动为先导、自上而下的强制工业化的进程。从总体上看,公有制、国家计划导向、激进改革是社会

---

① 韩庆祥、张健、张艳涛:《中国特色社会主义基本原理:中国话语体系研究》,高等教育出版社2015年版,第312~326页。

主义现代化发展模式的基本特征。① 不可否认,这一现代化和现代性模式创新在西方危机年代中显示出独特的优越性。但很长一段时期,由于现代生产力引导的两大发展模式从"对比性发展"被误导向"对抗性发展",其结果是国际政治经济格局在大半个世纪中都处于尖锐对立的"谁战胜谁"的局面中。随着"冷战格局"的落幕,恐怕这两大现代性模式应该寻求从"竞争性发展"走向"竞合性发展",从而实现和平共处、和平竞赛、共同发展、共同繁荣、共赢共生,这不是权宜之计,而是现实的选择。"通向现代化的方式与道路的多样性并不抹杀现代化历史内涵的共同性。资本主义向计划化与国家调节方向调整,社会主义转向市场经济和进行广泛结构性调整,是现代理性与现实主义的胜利。"②如今,中国以公有制为主导、更加注重市场在资源配置中的基础性作用、渐进式改革都表明中国建设社会主义也在与时俱进。

在 21 世纪现代化向深度和广度的发展中,一定会出现更多的模式创新与模式混合。迄今为止,人类社会的发展大体经历了三个阶段,从"前工业社会"经由"工业社会"而正进入"后工业社会"。如果说前工业社会的特征是"劳动密集",工业社会的特征是"资本密集",那么后工业社会的特征则是"知识密集"。③"在过去的两个世纪里,中国人经由各种政治实验以及采行自由主义、民主和马克思主义,付出了极大努力去解决西方文明挑战的问题"④。正如姜义华在《现代性:中国重撰》一书中分析的:"现代性的中国书写和现代性的中国重撰,大致说来,经历着三个阶段:以资本为核心的现代性书写与重撰,以劳动为核心的现代性书写与重撰,以每个人自由而全面发展为核心的现代性书写与重撰。这三个阶段既具有依次推进的历时性,又具有互相合作、互相依存、难以分割的同时性。这就是说,由以资本为核心到以劳动为核心再到以每个人自由而全面发展为核心,代表着现代性书写与重撰一步步深化,前一阶段为后一阶段奠定基础,后一阶段为前一阶段的必然归趋。但三者又不是在前一阶段结束之后方进入后一阶段的,后一阶段实际上早已孕育在前一阶段之

---

① 罗荣渠:《20 世纪回顾与 21 世纪前瞻:从世界现代化进程视角透视》,《战略与管理》1996 年第 3 期。
② 罗荣渠:《20 世纪回顾与 21 世纪前瞻:从世界现代化进程视角透视》,《战略与管理》1996 年第 3 期。
③ 蔡英文:《从文明冲突到全球化时代跨文化理解的可能性》,载钱永祥:《普遍与特殊的辩证:政治思想的探掘》,"中央研究院"人文社会科学研究中心 2012 年版,第 60 页。
④ 姜义华:《现代性:中国重撰》,北京师范大学出版社 2008 年版。

中,当后一阶段到来时,前一阶段的现代性仍然在继续,成为后一阶段现代性的基础或补充,所以,这三个阶段,又可视为现代性发展中陆续展开的三个不同层面。主观地想超越或避开第一阶段而直接进入第二或第三阶段,最终总是成为一出出乌托邦喜剧、悲剧或闹剧。"

中国人在追寻现代化和现代性的进程中要有一种"只争朝夕"的新作为和"时不我待"的紧迫感。"把失去的时间补回来"其实隐含着:如果不是虚度光阴的话,我们的现代化也许早就完成了。"在不同的时间、不同的地理空间和不同的社会文化条件下,现代性会呈现出不同的面貌,问题的关键是你是在现代世界体系的什么位置上同现代性发生关系的。"①

第二节 空间与"中国现代性"建构:非均衡型

中国作为一个面积广阔的发展中大国,处理现代性的空间问题异常复杂。现代性促进领域分离,也进一步加剧了区域发展的不平衡。这对中国发展提出了严峻挑战:如何促进平衡发展?中国经济发展大体经历了经济特区、沿海开放城市、经济开发区、西部大开发、振兴东北老工业基地等由沿海到内陆边疆、由南方到北方、由城市到农村的一系列发展历程。如今,如何在全球化和结构转型的境遇下推进区域经济均衡发展,成为"中国现代性"建构的关键。

反思"中国现代性"建构回归正途之路,正是"基于对中国现代化发展的现实性把握和对传统社会主义实践的深刻反思,邓小平在推动思想解放运动,重建社会主义信念的同时,也为中国社会的现代化发展提供了新的战略,这个新战略的重点有两个:一是遵循中国社会发展的内在逻辑,为此,他提出了建设有中国特色的社会主义;二是遵循人类社会在现代化发展过程中反映出的普遍规律和世界发展的潮流,为此,他把中国经济带入具有决定性意义的社会主义市场经济时代。因此,邓小平的现代化发展战略,既强调了中国性,同时也强调了世界性,从而从根本上超越了鸦片战争以来的'全盘西化'和'全盘苏化'的现代化发展战略"②。

---

① 陈燕谷:《现代性:未完成的和不确定的》,《读书》1997 年第 10 期。
② 解战原、董平:《全球化时代马克思主义哲学的创新与发展》,中国政法大学出版社 2003 年版,第 12、23 页。

第三章 时空压缩与"中国现代性"建构：现代性研究的共时态视角

现代性与公共空间。如今，现代性语境下的"行为空间"和"言论空间"都发生了深刻的变化。如果从中国城市现代性的程度看，中国既有现代化的国际性大都市，现代性程度甚至比欧美城市还高，也有普通现代城市，还有相当落后的城市。中国城市现代性的不均衡性既是中国经济发展不均衡的缩影，也是中国发展的非均衡性的真实写照。哈贝马斯借用韦伯的理论，再根据自己有关沟通理性的分析，说明现代性的特色在于三大价值领域的分化：(1)相对于客观对象世界的认知领域，这一领域的主导价值是"真理"；(2)相对于客观社会世界的规范领域，这一领域的主导价值是"公正"；(3)相对于主体内在世界的感性表达领域，这一领域的主导价值是"趣味"，这三大领域分别成为相对独立的价值单位。所谓独立，意指各领域之间没有概念与价值的延续性，任何一个领域里的价值，均无法成为另外一个领域之评价基础。但是这又要避免"相对主义"和"文化虚无主义"。放弃文化现代性可能有两种后果：一是，要么让社会现代性也就是资本主义与官僚国家作为代表的现代化意识，垄断所谓的现代性，批判者于是走上"启蒙之辩证"的悲观绝望，要么如后现代思想家，转而诉诸感性主体的"反现代姿态"。二是，要么为了反抗这种现代性的窒息"铁笼"，追求另一种形态的社会现代性，也就是非资本主义式的社会经济发展、非官僚国家式的政治组织方式。

中国在现代性建构过程中要破除巨大的阻滞力，这些阻滞力主要来自前现代的思维遗存。"关键并不在于维持过去，而在于让梦想成真，然而，今天，过去依旧在维持，而且是以破坏过去为代价。"[①]罗马俱乐部主席奥尔利欧·佩奇在提出和回答"到底应该创造什么样的未来"这个问题时提出"应当着眼于真正能够生活和能够实现的未来，即人们可望可及和切实可行的未来。""人类探险的真正目的，应该是创建一个世界，一种能使人的最佳才能，在互相了解和与大自然相依为命的环境中得以充分发挥的世界。"[②]从这个意义上说，现代化的最重要的社会特征在于，不仅要建设一个适合于现在人们生存的世界，而且要使它成为一个同样适合于未来人们生存的世界。这关涉到"代际伦理"和"代际正义"问题，需要进行专题研究。

---

① 马克斯·霍克海默、西奥多·阿道尔诺：《启蒙辩证法：哲学断片》，渠敬东、曹卫东译，上海人民出版社2006年版，第4页。
② 奥尔利欧·佩奇：《世界的未来：关于未来问题一百页》，中国对外翻译出版公司1985年版，第116页。

第三节 价值与"中国现代性"建构：多元共存型

正如利奥塔所揭示的，现代性造成的最大的灾难性后果，就是用总体性来压制差异性和个体性。毫无疑问，"现代化"是人类面临的共同课题，但最早是由西方发达国家完成的。加之这些发达国家的对外输出和强力推广，使得"现代化"在某种程度上俨然成了"西方化"的同义语，西方式的现代化和西方现代性也似乎成为发展中国家现代化发展和现代性建构的一种范本。因此，在发展中国家对现代化道路的探索中，总是或多或少地有些对西方模式效仿的痕迹。笔者以为，"中国现代性"建构的关键不在于经济的发展，而在于价值观的建构。如今，践行社会主义核心价值观就不仅十分急迫，而且也将在开辟人类现代化事业的"中国道路"或"中国现代性"的伟大创举中获得它深远而关键的历史意义。

一、建构新集体主义

"中国现代性"建构的道德基础之一就在于建构新集体主义。之所以提出新集体主义，根本原因是随着中国经济社会的快速发展，随着世界主导力量的转移，旧有的集体主义已经不完全适应经济社会的新需要和时代的新要求。当前，需要在能力与道德的统一中实现对传统集体主义的扬弃。在人口众多而资源相对匮乏的情况下，传统中国社会强调稳定的社会秩序与和谐的人际关系的重要性。就生产而言，传统中国农业社会，为了有效地长期照顾生长缓慢的农作物，必须以家族为单位，才能胜任需要大量劳动力的耕作与生产。在这种经济形态下，以家族为主的团体因其重要性超过个人，家族成为维持个人生存的主要场所。家族不仅是赋有生育功能的社群，且具有政治、经济、教育与宗教等复杂的功能。这种以家族为中心的特殊社会结构，便形成中国式的集体主义。这种集体主义是以家族为最重要的团体，强调个人必须忠于家族，个人必须努力达成家族的要求与期待等等。（费孝通，1948，杨国枢，1982）实际上，家风、社会风气是紧密相关的。

集体与个人的关系问题一直是影响个人发展和社会进步的一个重点和难点问题。传统视阈下，集体与个人是在单向度上的道德隶属关系，随着能力问题的凸显，必须从能力与道德双重向度构建新型集体与个人关系，建立真实的集体,塑造健全的个人。个人与集体的关系是一种辩证统一的关系。个人与集体既相互塑造,又相互制约,甚至有时还处于对抗之中。个人离不开集体,但集体对个人又有某种强制约束力;集体通过个人而存在,没有个人,何来集体?归根结底,个人与集体是一种对立统一的关系:个人不能离开集体而孤立存在,但个人本质上又不会把自己的个性完全淹没在集体之中。因此,"片面强调个人"和"抽象理解集体"都是形而上学的观点。在"中国现代性"建构过程中,建构符合时代精神的社会主义核心价值观和价值体系具有重要意义,当然这需要充分吸收包括马克思主义在内的一切有益养分。

1. 马克思对虚幻集体的批判和对真实集体的憧憬

首先,马克思深刻批判了"虚幻的集体"(共同体)对个人自由而全面发展的严重阻碍,指出每个人自由而全面发展是与"虚幻的集体"到"真实的集体"的历史进程相一致的。因为,在虚幻的集体里,个人理性屈服于集体理性,个人意志屈从于长官意志,集体利益压制甚至排除个人利益。虚幻的集体往往假借集体之名而谋个人之实。最明显的就是国家权力部门(集体)化,部门(集体)权力私人化(主要是领导一人化)。而一旦从集体里排除了个人利益,集体也就失去动力源泉,集体也就名存实亡直至成了"虚幻的集体"。在"虚幻的集体"中:顺从成了个人的主要道德;人身依附是最大的弊端;集体的事再小也是大事;个人的事再大也是小事。无疑,个人与集体(共同体)的关系是每个人自由而全面发展能否真正实现的一个重要维度。概括地讲,个人与集体的关系大体有两种情况:一种是个人依赖于集体,另一种是集体成为个人之间的自由联合。前者束缚和限制个人自由,虽然其中也存在着个人的自由的不断进展,因而也存在着历史的不断进步。在史前社会个人是共同体的一个细胞,在中世纪个人处于一种人身依附关系之中,在资本主义社会个人虽然摆脱了人身依附关系,却陷入了一种普遍的物的依赖关系之中。在史前社会共同体对自由的限制表现为自然束缚,是自然形成的以社会关系-血缘亲属关系为主要内容的"血缘共同体"对人的自由即人的个性的限制,它是人尚未摆脱自然的脐带的表现。在此之后的前资本主义集体(社会共同体)则表现为一种人身依附关系,其内容是等级依附。在前资本主义个人与集体(共同体)的关系表现为直接的人身依赖关系,历史发展有规律地出现集体(共同体)的发展以个体的牺牲为代价的情况,以直接牺牲个体为特点。资本主义打破了一切以直接的人身依附关系为特点的集体(共同体)的存在,也使历史发展以直接的个体的牺牲为代价的情况转化为新的形态。在市场经济条件下,一切直接的以人身依附关系为内容的集体（共同体）都土崩瓦解了，在普遍的商品交换中个人表现为独立的个人，独立的个人之间的交易表现为自由交易。马克思指出，独立的个人并没有真正获得完全的个体自由，以物的依赖性为特点的新的依赖形式成为个人与集体之间的依赖关系的新形式。独立的个体之间通过商品和货币仍然处在普遍的依赖关系之中。只不过以个体的牺牲为代价的情况通过普遍的市场竞争来实现社会的发展和进步。在这里，马克思所说的"世界历史性的个人"就是在世界范围内通过商品交换而处于普遍依赖关系中的个人。此时，社会的发展不是以个人之间的"自由联合"为基础的，而是以普遍的"物的依赖"为基础的，也就是说是以个体的牺牲为代价的情况通过普遍的对物的依赖关系间接地表现出来。由此可见，在虚幻的集体里，个人是不可能获得自由而全面的发展的。

其次，马克思对真实的集体的憧憬。在真实的集体中，集体是每个人在自由联合中形成的自由共同体。它以每个人的全面而自由的发展作为集体发展的前提和基础，因此集体是建立在每个人自愿联合的基础上。"从前各个个人所结成的那种虚构的集体，总是作为某种独立的东西而使自己与各个个人对立起来；由于这种集体是一个阶级反对另一个阶级的联合，因此对于被支配的阶级说来，它不仅是完全虚幻的集体，而且是新的桎梏。在真实的集体的条件下，各个个人在自己的联合中并通过这种联合获得自由。"[①]在控制了自己的生存条件和社会全体成员的生存条件的革命无产者的集体中，"个人都是作为个人参加的。它是各个人的这样一种联合（自然是以当时发达的生产力为前提的），这种联合把个人的自由发展和运动的条件置于他们的控制之下。而这些条件在从前是受偶然性支配的，并且是作为某种独立的东西同单个人对立的"[②]，同时它排除一切不依赖于个人而存在的东西。在此，一方面马克思强调了在"真实的集体"的情况下，集体是各个个人联合的产物，因而与那种集体"作为某种独立的东西而使自己与各个个人对立起来"的情况相反。可见，集体对个人表现为某种独立的东西就不是真实的集体。另一方面真实的集体具有排除一切不依赖于个人而存在的性质，因而与那种个人依赖于共同体的情况相反，自由联合是以每个人自由而全面发展为前提，是以每个人的自愿联合为基础。共同体的存在依赖于每个人的自由联合，在此基础上共同体又是每

---

① 《马克思恩格斯选集》（第1卷），人民出版社1995年版，第119页。
② 《马克思恩格斯选集》（第1卷），人民出版社1995年版，第121页。

个人自由而全面发展的条件。有必要指出,传统的解释框架认为个人不能离开社会物质生活条件的制约和个人只能在集体中得到发展,规定了个人对集体的依赖关系。因此个人不能摆脱对集体的依赖是个人与集体的关系的必然性,这被指认为马克思的基本观点。其实这是对马克思的严重误解。事实上,马克思认为,在共产主义社会中,个人与他的社会物质生活条件的关系发生了根本变化,以往是社会的物质生活条件控制和支配着个人,个人只是他的社会物质生活条件的人格化,而在真实的集体中,个人则驾驭和控制了自己的社会物质生活条件,因而已经消除物的人格化现象。也就是说,个人必须在一定的物质生活条件下生活与个人依赖于一定的社会物质生活条件,在马克思看来有着完全不同的社会历史内容。前者构成个人生存的基础,后者则是物的依赖性的表现。其实,个人在集体中发展也有着两种完全不同的情况:一种情况是集体"作为某种独立的东西同各个个人对立";另一种情况是集体作为每个人自由联合的产物,因而与个人的自由发展相一致。后一种集体是每个人自由而全面发展的条件。那种存在单向依赖关系的个人与集体的相互关系必然不是真实的集体,不是以每个人的全面而自由的发展作为共同体的发展目标的社会。应当承认,在社会中生存的个人,一方面受社会的物质生存条件和一定的社会关系的制约,另一方面每个人又都是存在差异的。不仅作为生物学意义上的人是有差异的个人,而且作为社会化的个人,也是有着思维方式、人格特点、能力发展的全面性与潜在性等等差异的个体。马克思指出,自由的全面发展的个人也就是"有个性的个人",或者说,是有独特的个性、独特的创造性能力的个体。这种"有个性的个人"之间的和谐统一,他们的自觉自愿的交往关系才构成"自由人联合体"的实质内容。

最后,正如马克思所说"首先应当避免重新把'社会'当作抽象的东西同个体对立起来"。[①] 人不但是社会存在物,同样也是集体存在物。人是社会和集体的确证,社会和集体是人展现的舞台和平台。马克思关于真实的集体和个体之间的关系的论断立足于人类历史的基本特点及其未来发展趋向:以往人类历史是类、共同体的发展以牺牲个体为代价,个体的牺牲成为类发展的一种必要手段,而这种牺牲显然是以个体的非自觉自愿为基础的;而在真实的集体的情况下,个体的自由发展是类发展的前提和基础,类的发展不能再以个体的牺牲为代价。人类能力的这种发展,虽然在开始时要靠牺牲多数的个人,甚至

[①] 《马克思恩格斯全集》(第3卷),人民出版社2002年版,第302页。

靠牺牲整个阶级,但最终会克服这种对抗,而同每个人的发展相一致,同时个体的自由发展又是在这样的真实的集体的情况下得到全面自由发展的,个体是在真实的集体的情况下充分享有自己的自由。两者的关系是:集体以个人之间的自由联合为基础,同时个人的自由发展又是在真实的集体的情况下获得充分的保证。正如马克思所说:"只有在共同体中,个人才能获得全面发展其才能的手段,也就是说,只有在共同体中才能有个人的自由。"

综上所述,马克思关于自由个性社会中个人与集体关系的理解,既区别于个人至上的"个人主义"所作的那种单子主义的理解,也不同于传统社会主义体制下把个人与集体之间的关系理解为一种国家至上的"国家主义",过分强调个体对集体的依赖。传统解释框架没有意识到在马克思眼中,依赖与自由联合是两个具有本质区别的概念:前者在词源的意义上就是依附的意思,在马克思看来就是人的个性的非独立性的存在,而以往人类历史的特点就是存在不同形式的个体对共同体的依赖,无论是对"人的依赖"还是对"物的依赖",都是人没有独立人格的表现;个人必须以一定的物质生活条件为基础与个人必须生活在集体中,并不意味着个人必须依赖于一定的物质生活条件和共同体。未来的自由个性社会是以个人驾驭、控制个人的物质生活条件,与个人自愿联合为共同体为特点的。因此自由联合一方面是以个人对一定的物质生活条件的驾驭为前提,即以生产力的高度发展为前提;另一方面是建立在这一基础上的按照个人自愿联合的原则形成的自由人联合体。因此马克思说:在自由个性社会这种个人间的联系主要表现在下列三个方面,即经济前提,一切人的自由发展的必要的团结一致以及在现有生产力基础上的个人的共同活动方式。在马克思看来,个体对集体的依赖关系正是前资本主义社会的特征,所以马克思将人类历史同时也看作是个体从共同体的依赖中挣脱束缚而获得社会解放和个性解放的过程。建立在物的依赖性基础上的人的独立性既是历史发展的产物,又是一个历史的进步。近现代历史证明,个体的独立性的生成是人的现代化的本质特征之一,它是自由个性生成的前提和基础。而在马克思的自由人联合体(真实的集体)的理论中,集体是自由个性之间自由联合的产物,集体构成自由个体活动的条件和环境。无论是对人的依赖还是对物的依赖,在马克思看来都是人的个性发展中人之个性不健全的现象,最终应为自由个性的个人所代替。反思传统社会主义发生重大挫折的一个重要原因,就是忽视了人的独立个性的生成和培养,主要是建立在落后的经济和文化传统的基础上的社会主义只会存在"虚幻的集体",从而形成了带有前现代社会特征的人的依赖关系残余的高度集权制。这种体制虽然在战争和阶级斗争尖锐的条件下有一定存在的历史合理性,但是在建设社会主义的过程中这种具有人格缺陷的个体,由于没有充分的个体的主体性,因而高度集权制固有的长官意志、个人的独断专行必然带来社会、经济、政治的曲折发展,因而成为传统社会主义失去活力的根本原因。事实上,任何社会、国家或其他形式的集体(共同体),只要是为人而存在的,个体就是它真实而具体的内容,因此集体的存在和发展的基础是每一个"活生生的个人"。

2. 从道德与能力双重视角重构个人与集体的关系

在新阶段和新起点,如何找到个人诉求和公共利益的最佳结合点?如何从道德与能力双重视角重建个人与集体的关系?能力与道德相统一的视角无疑是一个重要的视角。

首先,个人与集体的紧张关系折射着政治与道德合一的绝对律令的矛盾。如果不坚持权利和义务的双重原则,就不会有真实的集体和健全的个人。个人与集体的关系与社会发展密切相关。真实的集体既要维护集体成员的正当个人利益,又要维护集体的整体利益。传统的集体主义片面强调集体至上性与绝对性,其弊端突出表现为:过分强调集体的权力,对个人权利重视不够甚至漠视;过分强调集体形成后个人对集体应承担的义务,对一个真实的集体形成的前提即必须维护集体成员的切身利益的义务承诺强调不够、兑现不够。现代被称为组织(集体)的时代也就是说个人不可能离开组织而独立存在。时代的发展明确地取决于人的组织。在 21 世纪人才是最为宝贵的财富。可以说,人才是一切的关键,一切发展都取决于人才优势。对于创新型人才而言,一个职位是否有吸引力,除了物质报酬外,更看重是否能够创造出一个令其发挥聪明才智的机制和环境。而人才不是单子式的个人,他必须生存于组织之中。组织从个人出发,又归结于个人。因此"人的组织"必须彻底尊重每一个人。"组织决不单只是具有'个'的总和的力量,而更应细致去观察每一个人,激励他们,培养他们,同时使每个人潜伏着的无法估量的力量,都最大限度地充分正确地发挥出来,乃是关于组织的发展极其重要的关键所在。"[①]笔者认为,应该把个人与组织协调起来,使双方的长处都充分发挥出来,这是组织应该努力追求的最理想的目标。组织的实质无非是为社会和组织中每个人能力的自由而全面发展创造条件,而个人能力也应在社会和组织中得到自由而全

---

① 池田大作:《我的人学》,铭九、庞春兰等译,北京大学出版社 1990 年版,第 158~159 页。

面的发展，并为社会和组织做出贡献。市场经济导致人由"依附型"向"独立型"、"软弱型"向"能力型"、"封闭型"向"开放型"发展。独立人格塑造与经济体制创新是重中之重。政治体制改革滞后于经济体制改革的事实要求"积极从管制型政府转向服务型政府转变"[①]，应从道德与能力统一的视角重新理顺个人与组织的关系。在分配领域，实行分配制度创新，按能力贡献大小进行分配以推进人的全面发展。大力推进能力建设，通过建构能力型组织和能力型社会促进人的全面发展。从组织文化的视角来看：组织的方向发生变化——由单向转向双向；组织执行方式——由命令型转向传媒型；组织决策——由根据权限转向根据资讯情报；组织领导方式——由集权化的个人独断转向集思广益；在人与组织的关系上由单纯注重组织控制人、约束人到相对注重组织解放人、开发人。在现代，组织主要为个人发展提供机会与平台、政策与规则、管理与服务。在此意义上，以人为本是新的组织管理理念。体制改革与制度创新不仅要有利于社会物质财富的增长和社会总体的发展，更要考虑怎样更有利于人自身能力、素质的发挥和提高，考虑为每个人的自由全面发展营造社会空间。体制和制度应该成为人的全面发展的推动力量和根本保障，应该成为扩展和放大个人能力的"社会器官"。为此，必须实行政治体制改革，通过推进民主法制化进程促进人的全面发展；必须实行干部人事制度创新，通过确立一种使优秀人才脱颖而出的选人用人制度来推进人的全面发展；必须实行劳动管理制度创新，通过增强社会流动和世界交往推进人的全面发展。此外，在处理"集体"与个人自由的关系时，应防止"虚幻的集体"对个人自由全面发展的阻碍，防止组织对个人合法权益的侵吞，防止权力部门化对国家和个人的伤害，切实保障在"真实的集体"里，每个人的自由发展是一切人的自由发展的条件。"对于共同体而言，它首先作为个人发展条件的真实集体，在这一前提之下，共同体有权要求其成员履行维持既存的合理秩序的义务。当然，共同体对个人的义务就在于为个人的发展提供尽可能的条件，保障和实现个人的各项权利。共同体要求于个人的一切，其出发点和落脚点归根到底只能是为了人本身。"[②]这就要求在集体的"权力"与个人的"权利"之间寻求理性的平衡。

其次，本位观念是价值观的核心。本位思想的核心是把什么看作是最重要的价值和最优位的价值，以什么作为衡量其他价值的标准，对此作不同理解

---

① 韩庆祥：《思想是时代的声音》，新世界出版社2005年版，第248页。
② 孙晓莉：《中国现代化进程中的国家与社会》，中国社会科学出版社2001年版，第36页。

就形成不同的本位观念,如类本位、集体本位、个人本位、权力本位、金钱本位、能力本位等等。实际上,每一个时代都有其主导的本位理念和价值观,时下,我们要努力培育符合时代要求的价值观,即需要价值观的创新。而价值观的创新要根植中国实际,面向中国问题,把握价值观变革的规律,掌握科学的方法。有学者指出主要应从以下几方面努力:一是对马克思主义经典著作的原始文本进行深度解读,创造出与时俱进的科学的价值理论。二是根据新的形势对我国传统文化的优秀资源进行改造,使之与时代精神相融合,形成具有强大吸引力、凝聚力和时代感的新的价值观念。三是批判地吸收和借鉴外来价值观,汲取人类创造的一切优秀文明成果。四是总结人民群众在社会实践中创造出来的鲜活的价值观,加以培育使之成为新价值观的生长点。五是要整合多元价值观,使之成为时代精神新的精华,引导社会健康发展。这些观点具有启发性。

最后,个人与个人、个人与集体、个人与国家以及个人与社会的辩证关系的历史发展最终指向是每个人的全面而自由的发展。马克思从历史与逻辑相一致的原则,论证了个人的独立性形成的历史过程。他说:"我们越往前追溯历史,个人,从而也是进行生产的个人,就越表现为不独立,从属于一个较大的整体;最初还是十分自然地在家庭和扩大成为氏族的家庭中;后来是在由氏族间的冲突和融合而产生的各种形式的公社中。只有到18世纪,在'市民社会'中,社会联系的各种形式,对个人说来,才表现为只是达到他私人目的的手段,才表现为外在的必然性。"[①]在这里马克思指出了独立的个人的形成是一个历史过程。独立的个人的形成是一个历史的进步,是个人从社会、共同体中解放出来的过程,独立个体的形成是"迄今为止最发达的社会关系"的特征。从世界历史发展的进程看,现代化的核心是作为文化存在物的人的现代化,而人的现代化从世界历史发展的一般过程看就是个人主体性的确立即个人从共同体的束缚中解放出来,从而成为独立的个人。独立的个人的确立是一个现代化的过程,它是现代化的基础。由于现代化首先是在资本主义市场经济的发展中实现的,因此作为资本主义替代物的共产主义社会,在否定资本主义的同时也把资本主义发展的积极成果——其中核心的是个人主体地位的确立作为自己的前提。马克思正是以独立的个人的形成作为现实的个人的具体形态的,而这种现实的个人表征的是个人与他的物质生活条件之间的关系。现实的个

---

① 《马克思恩格斯选集》(第2卷),人民出版社1995年版,第2页。

人所具有的他的物质生产力和个人之间的物质交往关系之间的矛盾,构成现实的个人发展的动力,从而成为资本主义发展和变化的原因。现实的个人的这种发展导向,在马克思看来,由于个人的物质生产力和个人之间的物质交往关系之间的矛盾的运动和发展,必然导向每个人自由而全面发展的社会的出现。因而马克思的自由个性思想不是以共同体为其基础,而是以独立个人作为自己的积极的成果。作为这种物的依赖性基础上的独立个性的发展的产物的是自由个性的形成,它在独立的个人摆脱物的依赖性的基础上实现人的更高程度的自由,从而使社会建立在自由个性的基础上。每个人的全面而自由的发展的提法本身就表明了马克思关注的是个人自由发展的普遍性和全面性。资产阶级需要的是私有财产的自由和市场交易的自由,而且由于在资本原始积累时期所具有的资本与国家的力量相结合对劳动阶级的残酷剥夺的特点,使劳动阶级和进步知识分子意识到真正的普遍的个人自由并没有实现。人不但走在全面发展的道路上,同样也走在自由发展的道路上。

综上所述,传统的集体主义价值观需要重新理解和阐发,以适应已经变化了的社会现实。尊重、保护和发展个人的正当权益是集体主义的内在要求,一旦集体不考虑并切实地满足个人的正当要求,就迫使个人只有自己去关心自己,从而脱离集体去谋求个人的发展,这时集体必将沦为"虚假的集体",从根本上失去向心力和凝聚力。有学者把所谓亚洲价值观归纳为"群体本位的价值取向、自强不息的进取精神、义利兼顾的行为准则、克勤克俭的生活信条,其核心是整体主义的儒家价值观"。儒家的价值观在现代社会要想有新的作为就必须进行现代化或现代性转化。一般说来,马克思主义哲学与儒家摩擦的根源是它们作为文化的时代性差异。就目前而言,主要是儒家单一价值主体意识与市场经济多元化价值主体意识的冲突。儒家的价值观使个人产生对整体的依赖性,好处是忠诚和集体凝聚力由此而来。忠诚是需要的,但应补充以集体对个性化的尊重。[①] 值得注意的是,"单位"可能是中国独有的一种社会现象。对于许许多多的中国老百姓来说,"单位"不仅意味着一种工作场所,更多地,它意味着人们选择的一种社会地位、一种生活方式、一种依赖和寄托、一种安全感。在实质上,"单位"反映出来的是一种制度,是一种中国特有的文化现象和社会结构。因此有学者从中国单位社会的独特视角,分析单位中的冲

---

① 王锐生、黎德化:《读懂马克思》(绪论),四川人民出版社2001年版,第16页。

突与内耗①,具有启发性。

3. 新集体主义:个人利益与集体利益的结合

真实的集体与真实的个人具有一致性。在真实的集体中,个人与集体的道德关系是双向度的,个人在集体中充分发挥自己的能力,并在集体的平台上提升自己的能力。对集体而言,要为个人的发展创造机会、提供平台,给予激励;对个人而言,要努力工作,发展能力,更好地为集体的近期发展和长远发展提供不竭动力。"只有当现实的个人把抽象的公民复归于自身,并且作为个人,在自己的经验生活、自己的个体劳动、自己的个体关系中间,成为类存在物的时候,只有当人认识到自身'固有的力量'是社会力量,并把这种力量组织起来因而不再把社会力量以政治力量的形式同自身分离的时候,只有到了那个时候,人的解放才能完成。"②因此,在此之前,要"反对离开道德来谈能力和离开能力谈道德两种倾向,倡导在当代市场经济和知识经济背景下,要围绕人的能力的充分正确发挥来构建现代道德,以道德为前提,能力为本位,要把道德看作是促进人的能力充分正确发挥的进取性道德,把每个人凭其能力的充分正确发挥做好本职工作从而为社会而贡献看作是最大道德"③。

人的道德品质是人格的重要内容,完善人的道德品质,在现代人培养中具有十分重要的地位。从社会主义市场经济体制建设的现实来看,道德似乎出现了某种历史进步与历史退步并存的现象:从"人格依附"走向"人格独立",个人成了独立的道德主体,这无疑是一种历史进步;但在走向"独立个人"的过程中,必然伴随着集体主义道德的某种丧失。如果全面而历史地看待这种现象,那么就会发现任何一种进步都是以某种退步为代价的。在计划经济体制下,个人自我价值主要通过个人对集体的依赖来实现,确立集体主义道德具有一定历史合理性。但传统集体主义倡导集体利益高于一切,过多地强调个人服从集体,忽视个人的独立人格,轻视个人需要的满足。这容易导致个体积极性受到压抑,不利于个人自主性和能动性的发挥,集体和社会发展的目标也难以实现,结果使传统集体主义陷入困境。改革开放的实践表明,社会主义与市场经济的结合即社会主义市场经济体制的建立是可行的。社会主义市场经济首先是一种市场经济,具有市场经济的一般特征。市场竞争实质上又是能力竞

---

① 李汉林:《中国单位社会:议论、思考与研究》,上海人民出版社2004年版,第41~45页。
② 《马克思恩格斯全集》(第3卷),人民出版社2002年版,第189页。
③ 韩庆祥:《思想是时代的声音》,新世界出版社2005年版,第283页。

争,这意味着有"为"才有"位"。市场经济作为一种主体经济,经济主体的相对独立和平等自由是市场经济得以形成的先决条件。从事经济活动的个人在经济运营中作为具有一定主体地位的独立自主的个人,即独立的道德主体,通过创造和占有社会物质财富来实现其价值。随着社会主义市场经济体制的建立,个人的主体意识日益觉醒,旧体制下的人格依附将逐渐变为人格独立。

然而,市场经济的本质也决定了从事经济活动的个人不再主要通过集体而是主要通过创造和占有社会物质财富来实现其价值。个人自我价值之实现方式的这种变化,必然会使从事经济活动的主体过于注重个人物质财富而忽视集体道德建设。就此而论,集体主义道德的某种丧失就具有历史的必然性。当今社会中的人际关系冷漠、个人利己主义、享乐主义、拜金主义等个人主义泛滥的现象,多缘于此。可见,在社会主义市场经济体制下,一方面,个人成为独立的道德主体,从人格依附逐步走向人格独立;另一方面,人格独立又容易迈向自私自利的危险边缘,导致集体主义道德出现某种丧失,面临着公共道德滑坡的危险。

其实,能力与道德是人类两种相辅相成的思维方式和行为理念。比较而言,一个人的能力往往是稳定的、真实的,而一个人的道德常常具有变化性和虚假性,因此,现实中有很多"伪君子"——满口仁义道德,满肚子男盗女娼。实际上,道德往往可以造假,而能力通常不容易造假,即使造假也比较容易发现。当前需要把能力原则贯彻到公正之中努力实现"各尽其能,各司其职,各得其所,而又和谐相处"。具体来说,要注意发挥道德自身的矫正功能,针对市场经济体制建设过程中出现的集体主义道德失落的状况,引导人们深刻认识到:扬弃与传统计划经济体制相适应的传统集体主义,确立与新的市场经济体制相适应的新集体主义是社会主义市场经济体制运作的内在要求。社会主义市场经济不仅具有市场经济的一般特征,还区别于资本主义市场经济,具有社会主义的性质,体现社会主义的价值、目标与追求。因此,与社会主义市场经济体制相适应的价值观念体系必须融合市场经济的价值观念与社会主义的价值追求。社会主义市场经济体制下的新集体主义对个人与集体之间的辩证关系做出了科学解答。它整合了计划经济体制下的传统集体主义的基本内核与市场经济体制下的个人主义的合理因素。它的根基是"集体本位",核心是"人人为我、我为人人"。本来,"我为人人"("为别人")和"人人为我"("为自己")就是同一件事,但在现代却彼此分离、相互矛盾了。新集体主义是对计划经济体制下的传统集体主义的扬弃,它与传统集体主义的分野在于:后者把集体利益抽象化、绝对化,以致淹没和否定个别主体的特殊利益;而前者在保证集体共同利益这一大的前提下,充分肯定个别主体的特殊利益,承认个别主体追求特殊利益的合理性。进言之,新集体主义以个体的平等自由为基础,通过维护集体成员的共同利益而达到对个人利益追求的目的,从而实现个人利益与集体利益的协调统一。

总之,新集体主义旨在通过协调个人利益与集体利益,引导人们不断追求更高层次的思想道德目标。它将道德要求划分为三个层次:最高的道德追求——无私奉献、一心为公;次一级的道德追求——先公后私、先人后己;最基本的道德要求——公私兼顾,不损公肥私。这种划分体现了把先进性要求与广泛性要求相结合的务实精神,有利于引导人们从身边做起,不断追求更高层次的道德目标。新集体主义对道德要求的层次划分还表明:在社会主义初级阶段,不论从事何种职业、处于何种岗位,也不论能力大小、职务高低,每个人都能够通过不同方式践行新集体主义的价值观,都能够沿着道德层次的阶梯循序渐进地向更高层次的道德境界攀登。人是改变命运的力量。如果在人类历史长河中,人只是命运的被动承担者,那么一切人类活动就是十分可悲的活动。正因为未来的变化没有完全确定,思考的人和行动的人才可以在客观条件允许的范围内创造未来,改变世界,同时改变人本身。

二、拨开笼罩在"普世价值"上的迷雾

在当代中国语境中,"普世价值"论争绝不是一个无关紧要的小问题,而是一个必须高度重视的大问题。因此,有必要拨开笼罩在"普世价值"上的层层迷雾。

一段时期以来,一些人习惯于用"西方理论"来解释中国现实,认为西方理论不证自明和天然正确,一些人热衷于用"西方话语"来解说中国现实,认为中国处处不如西方,甚至"西方的月亮都比中国的圆",一些人用西方所谓"普世价值"来解构中国现实,认为中国在向西方看齐和靠拢。这些非反思和非批判的观点和看法,在理论上是根本站不住脚的,在实践上是危险且有害的。

在全球秩序转型期和中国发展关键期,西方在话语、模式和规则等方面依然占据主导,西方处处"借势设阱",中国理应"顺势而为"。简单否定自由、民主、正义等人类共同价值是缺乏自信的表现;盲目接受西方的自由、民主、正义等观念是自卑和迷信的表现。正是因为缺乏自信和迷信西方,因此当社会主义核心价值观提出后,有一种声音认为,中国终于接受了西方的"普世价值",

这是一种误读和误解。如今,在世界范围话语权上"西强我弱"的格局还没有根本改变,中国发展优势和综合实力还没有转化为中国话语优势,中国话语体系还没有真正建立起来,中国声音偏小偏弱,不少方面处于"失语"或"无语"状态,要么"有理讲不出",要么"讲了没人听"。落后就要挨打,贫穷就要挨饿,失语就要挨骂,无语即被边缘化。我们党带领人民就是要不断解决挨打、挨饿、挨骂这三大问题。经过几代人不懈奋斗,挨打和挨饿问题基本得到解决,但挨骂问题还没有得到根本解决。可见,建构中国话语体系和提升中国话语权是我们必须解决好的重大现实问题。

"普世价值"绝非单纯的学术概念,在浓密的学术外衣包裹之下则是以美国为首的西方发达国家的全球话语霸权及其强势政治诉求。西方宣扬和推行"普世价值"的一个重要方式是将"价值性知识"包装为"真理性知识",进而试图垄断自由、民主、正义等的解释权。在价值观论争方面,根本分歧不在于纷繁复杂的表象,而在于西方价值观表述背后的立场和理念。马克思指出:"如果事物的表现形式和事物的本质会直接合而为一,一切科学就都成为多余的了。"①这提醒人们要拨开笼罩在自由、平等、民主和正义上面的迷雾,透视"普世价值"的实质,切中资本主义的本质。正如习近平总书记所指出的,冷战结束以来,在西方价值观捣鼓下,一些国家被折腾得不成样子了。如果我们用西方资本主义价值体系来裁剪我们的实践,用西方资本主义评价体系来衡量我国发展,符合西方标准就行,不符合西方标准就是落后的陈旧的,就要批判、攻击,那后果不堪设想!最后要么就是跟在人家后面亦步亦趋,要么就是只有挨骂的份。因此,中国坚定走自己的,才有路可走。习近平总书记在讲话中点出如何看待西方所谓"普世价值"等问题,具有现实针对性。

有些人认为,西方普世价值经过了几百年,为什么不能认同?有的人奉西方理论、西方话语为金科玉律,不知不觉成了西方资本主义意识形态的吹鼓手。资本主义民主、自由、平等、人权,作为反对封建制度的价值观是进步的,但它是以私有制为基础的,其结果必然是资产阶级的民主、自由、平等和人权。例如"人权高于主权"对于美国来说是"内外有别"的。当美国要干涉国内政时,往往祭出"人权高于主权";当美国为了监听民众通信时,则祭出"主权高于人权"。1953年,美国提出"和平演变"的概念。和平演变战略涉及方方面面,其中之一就是"攻心"战略,即对社会主义国家进行思想文化渗透、诱导、催化。

---

① 《马克思恩格斯文集》(第7卷),人民出版社2009年版,第925页。

美国总统尼克松在《1999不战而胜》一书中说:"当有一天,中国的年轻人,已经不再相信,他们老祖宗的教导和他们的传统文化,我们美国人,就不战而胜了。"我们应深刻认识"攻心战"的威力,认清西方推行"普世价值"的实质与核心,切实维护好意识形态安全。正是针对一些中国人缺乏自信,习近平总书记强调要坚定道路自信、理论自信、制度自信和文化自信,其实质就是要坚守我们的心理防线、精神防线和思想防线。

关于"普世价值"有些问题仍然没有得到很好解释,需要进一步阐明,有些问题我们需要进一步说清楚、讲明白。所谓"普世",从空间向度看,意指适用于一切国家、地区,适用于不同民族、不同的经济社会形态;从时间向度看,意指适用于不同历史发展阶段,超越时空的永恒概念。贯通时间和空间的"普世价值"是不存在的。价值具有相对性和历史性,价值观具有阶级性和意识形态性,因此不能混淆价值与价值观。然而"普世价值"论者往往把西方某些国家的价值观说成是全人类普遍性的价值观,混淆了价值与价值观,结果造成"话语陷阱"。归根结底,西方国家倡导的"普世价值"代表了资产阶级的利益,是资产阶级私有制和资产阶级利益在价值观上的显现。因此,绝不能把个别和特殊的价值观说成是普遍和普世价值观,也不能把"之一"当成"惟一",西方某些国家要走出"冷战思维"和"霸权逻辑",在价值观上寻求"最大公约数"。

中国在新的全球化条件下已经独立自主地走出一条独特的发展道路。对此,我们要坚定对"中国道路"、"中国理论"、"中国制度"和"中国文化"的自信。面对西方所谓"普世价值",中国不能不讲价值和价值观,如果不讲价值和价值观,那么就等于自动把价值和价值观的话语权拱手让给西方,自己陷入被动。实际上,自由、民主、人权、法治等都属于当代文明价值观。正如亨廷顿所指出的,所谓的普世文明,并非以西方为代表,而是各种不同的现代文明当中共享的那部分。问题的关键是,我们要赋予这些价值以新的含义,我们要切实践行社会主义核心价值观。

三、揭露"普世价值论"的虚伪性

在2018年,"普世价值论"具有一些新动向和新表现,无论在理论和实践中均显得更露骨和更具攻击性,其主要表现是全球化和"逆全球化"博弈更加激烈,世界力量转移加速,全球治理赤字更加突出,权利与义务之间的失衡乃至"双重标准",现代化道路选择成为焦点。鉴于"普世价值论"具有欺骗性和迷惑性,一场"没有硝烟的战争"已经打响,因此有理有力地批驳"普世价值论"

仍然是一项长期和艰巨的任务,这考验着世人的判断力。

当前,国际思潮更加活跃、更多激荡,各种思潮交流、交锋更加频繁,也更显混乱。"普世价值论"从字面理解,是指能被全世界所有国家的人们共同接受、认同直至遵守并执行的共同价值。"普世价值论"绝不是一个无关紧要的小问题,而是一个必须高度重视的大问题。原因在于,"普世价值论"不仅涉及如何理解价值和价值观的学理问题,而且涉及社会思想状态和大众人心稳定问题,还关涉到世界向何处去的问题,其实质是西方话语霸权和意识形态的渗透。仔细分析,国际思潮争论背后往往是利益分化和力量转移,因为思潮背后往往是利益和力量。"普世价值论"由于其具有欺骗性和迷惑性,一场"没有硝烟的战争"已经打响,有理有力地批驳"普世价值论"仍然是一项长期和艰巨的任务。

正如马克思所指出的:"如果事物的表现形式和事物的本质会直接合而为一,一切科学就都成为多余的了。"①这提醒人们要拨开笼罩在自由、平等、民主和正义上面的层层迷雾,透视出"普世价值论"的本质,看清西方"非此即彼"、冷战思维、零和博弈思维方式的实质。总体上看,西方"普世价值论"是荒谬的,是虚伪的,是服务于霸权主义与强权政治的,是服务于资本逻辑这一终极价值的。只有揭开笼罩在"普世价值论"上的面纱,才能开辟人类共同价值凝练的新道路。目前,深入分析 2018 国际思潮动向,重点分析"普世价值论"动向及其表现具有重要意义。

"普世价值论"动向之一:全球化和"逆全球化"博弈更加激烈。在美国日益倾向于单边主义和贸易保护主义路线的背景下,其他国家将何去何从?这关系到各国的未来发展,关系到人类前途命运,是每一个国家必须认真思考和回答的重大现实问题。当今世界的主流和大势是和平发展与合作共赢,冷战思维与零和博弈是不得人心的。在 21 世纪各国面临的挑战越来越具有全球性质,只有通过多边治理和基于规则的国际体系才能够有效应对这些挑战。西方"普世价值论"的时代局限性主要表现为,它是构成当时西方主要资本主义国家时代精神的关键元素,是当时资本主义国家的核心价值理念。作为国际思潮的"普世价值论"所主张的是要全盘照搬西方的政治制度,显然这不是学理问题,而是政治问题。美国企图使用"普世价值论"这一重要全球战略手段,通过价值渗透弱化或误导"一带一路"建设实施大方向,用西方话语霸权冲

---

① 《马克思恩格斯文集》(第 7 卷),人民出版社 2009 年版,第 925 页。

击"一带一路"话语体系建设,以西方"普世价值"干扰"一带一路"建设实施的软环境建设,发动一场舆论战,诋毁中国"一带一路"建设成效,抹黑中国合作倡议实施前景。我们认为,在多元社会中,承认差异的存在而寻求共识的努力在每个国家都不可避免,"求同存异"与"和谐共处"不仅仅是理想,更是解决问题的唯一方案。西方有些国家要走出"冷战思维"和"霸权逻辑",理性客观地看待其他国家的发展与进步,在价值观上寻求"最大公约数",推动从"竞争式发展"走向"竞合式发展",从"零和博弈"走向"共赢共生"。

"普世价值论"动向之二:权利与义务之间的失衡乃至"双重标准"更加凸显。"普世价值论"所依赖的抽象"人性论"、利益共同体"和"永恒价值"是根本站不住脚的。普世价值之"普",在于表面上似乎人人都懂,然而却存在"同与不同""标准与多元""对人与对己""应然与实然"等一系列内在性矛盾。"普世价值论"宣扬所谓普遍接受和永恒存在的价值观念,其目的是用西方价值观念解释、取代社会主义核心价值观,动摇我们党执政的思想基础,攻击我们党的领导和社会主义制度,否定我国改革开放成就,达到从思想上瓦解我国社会主义意识形态的目的。"普世价值"具有一定的迷惑性和欺骗性。例如,最热衷于推广"普世价值"的美国就退出了应对气候变化、遏制全球变暖趋势的《巴黎协定》,这是引人深思的。"普世价值"常常作为西方霸权国家对外发动侵略战争或干涉别国内政、侵犯别国主权的借口,用所谓"西方标准"任意裁剪他国现实,有些国家甚至被贴上"邪恶国家""失败国家"的标签。从历史上看,资产阶级提出自由、平等、民主、法治等等口号确实具有一定的社会进步意义。但自由平等不是抽象,而是具体的。长期以来,以美国为首的西方资本主义国家在世界各地大肆宣扬以自由、民主、人权为核心内容的所谓"普世价值",但在现实中又背离甚至否定"普世价值"。西方推行"普世价值论",其实质是将西方资产阶级的特殊价值普遍化,根本上是维护西方资产阶级特别是国际垄断集团的特殊利益。本来,南海航行自由没有问题,但美国一再炒作。我们要揭露美国宣扬所谓"南海航行自由",却打着"重返亚太"的旗号,把60%的军力部署到亚太地区,把军舰开进中国南海海域制造紧张局势,把"航行自由"变成了"横行自由"。本来,贸易自由是以契约精神和贸易协议作为基础的,而美国动不动就采取退出多边贸易组织、撕毁多边贸易协议的方式,肆意侵害别国利益,满足美国一己之私利,严重损害了正常的贸易往来和世界各国的经济利益。由此可见,美国口头上倡导自由,行动上却限制自由;保护本国的自由,却侵犯别国的自由;保护垄断资产阶级的自由,却剥夺劳动人民的自由。可见美国所宣扬的"自由"本质上是美国的自由,是美国垄断资产阶级的自由,是维护美国垄断资产阶级利益的自由。美国推行"普世价值"的颜色革命和干涉政策给中东地区带来了动荡、分裂、战乱的极度混乱局面,带来了国破家亡、流离失所、生灵涂炭的人道主义灾难。可见,在21世纪一定要警惕文化霸权和文化殖民主义。任何民族都存在着一个能否和如何走出"民族中心主义""双重标准"的问题。

"普世价值论"动向之三:世界力量转移加速,全球发展赤字、和平赤字、治理赤字、信任赤字更加突出。东欧剧变、苏联解体后,西方国家把推行"普世价值"渗透的重点转向中国,企图把中国引向资本主义道路。近年来,国际力量对比发生了深刻变化,但世界秩序仍没有实质改变,广大发展中国家在全球治理中依然处于弱势地位,无法得到与其地位和能力相匹配的话语权。西方社会往往"戴着有色眼镜",对发展中国家有种根深蒂固的曲解和误解。美国哥伦比亚大学教授约瑟夫·斯蒂格利茨说,传统的全球经济治理体系在提供公共产品方面存在明显不足,其中一个突出表现就是,由于融资规模的限制和条件的约束,在向发展中国家基础设施、基础工业建设等提供支持方面作用有限,亚洲国家的基础设施建设缺口每年近800亿美元,这一数额显然不是国际货币基金组织和亚洲开发银行所能提供的。当前,世界面临的发展赤字、和平赤字、治理赤字、信任赤字需要有新的解题方案和智慧。

"普世价值论"动向之四:现代化道路选择成为焦点。西方现代性与西方对人的理解和认识内在相关。在西方语境中现代性的后果主要是"主体性原则"的确立,即"人的发现"和"人的觉醒"。实际上,主体性背后所隐藏着的恰恰是西方近代的内在性主体性哲学的文化话语。这种近代的内在性主体性哲学把人的本质"理解为一种内在的、无声的、把许多个人自然地联系起来的普遍性"[①]。在价值观论争方面,根本分歧不在于纷繁复杂的表象,而在于西方价值观表述背后特定的立场和理念。所谓"普世价值"后面其实是特定的利益诉求、制度特质和意识形态。"现代化"最早是由西方发达国家完成的,使得"现代化"与"西方化"在某种程度上成了同义语,西方式的现代化似乎成为发展中国家之发展的一种范本,西方式现代化便成为一种强有力的话语范式,其包含的特定价值立场也被其共性问题所掩盖,变成了具有"普世价值"的一种导向。现代化道路从来就是"条条大路通罗马"的,根本就不存在"自古华山一

---

① 《马克思恩格斯文集》(第1卷),人民出版社2009年版,第501页。

条路"的情况。在选择现代化道路上没有可以被奉为金科玉律的"教科书",也没有可以对别国颐指气使的"教师爷"。实际上,人类文明没有高低优劣之分,各种文明必须在相互交流中取长补短,才能获得共同的进步。不可能要求有着不同文化传统、历史遭遇、现实国情的国家都采用一种发展模式。人类文明因平等包容而变得丰富多彩。为此应尊重不同道路选择,因为一个国家道路合不合适,只有这个国家的人民才最有发言权。

总之,方向决定前途,道路决定命运。方向和道路错了,就会犯颠覆性错误。当今世界,各国相互依存,休戚与共,我们要继承和弘扬联合国的宗旨和原则,构建以合作共赢为核心的新型国际关系,打造人类命运共同体。虽然发展中国家对世界的贡献越来越大,但在世界范围话语权和代表权上还没有根本改变,为此,必须从战略层面重视话语体系构建与话语权提升,以有效应对西方的话语霸权。

四、"普世价值"与共同价值辨正

在当代中国语境中,"普世价值"争论和共同价值建构绝不是一个无关紧要的小问题,而是一个必须高度重视的大问题。原因在于,普世价值争论和共同价值建构不仅涉及如何理解价值和价值观的学理问题,而且涉及社会思想状态和大众人心稳定问题,还关涉到中国如何在全球视野下建构自己的话语体系和提升自身话语权的政治问题。因此,对于普世价值与共同价值的内涵和外延要进行科学界定,这有助于廓清笼罩在"普世价值"上的层层迷雾,进而为追寻共同价值开辟道路。

1. 究竟有没有普世价值:西方宣扬和推行"普世价值"的实质与核心

长期以来,一些人习惯于用"西方理论"来解释中国现实,认为西方理论不证自明和天然正确,一些人热衷于用"西方话语"来解说中国现实,认为中国处处不如西方,一些人用西方所谓"普世价值"来解构中国现实,认为中国在向西方看齐。这些非反思和非批判的观点和看法在理论上是根本站不住脚的,在实践上是危险且有害的。关于"普世价值"有些问题仍然没有得到很好解释,需要进一步阐明,有些问题我们需要进一步说清楚、讲明白。

"普世价值"争论的实质与核心是什么?是否存在"普世价值"?是否有更合适的概念替代"普世价值"?这些问题都是悬而未决的。因此,为了防止人们思想上的混乱和行为上的无所适从,有必要对"普世价值"进行有理有据的分析与研究。概括起来,近年来中国学界对普世价值的争论,具有代表性的观点主要有：

侯惠勤认为，"普世价值"的"特点在于价值观的单一性和实践标准的双重（多重）性。西方发达国家"通过'普世价值'干预我国的民主政治建设，以期终结共产党领导的国家权力结构"，最终"把当代中国的改革开放纳入资本主义世界文明的轨道"，因此，普世价值"在本质上是当代西方话语霸权及其价值渗透方式的表达"。① 这揭示了普世价值的霸权维度。

陈先达认为，对"普世价值"和"价值共识"要加以区分。"普世价值是一种以抽象人性论为依据、以绝对的普遍性为方法的唯心主义价值观。"西方提出"普世价值"有分化和西化中国的目的，对待"普世价值"问题，"我们要揭露西方'普世价值'论的实质，但应充分肯定人类文明进步的成果和通过国际合作与文化交流在一定范围内和一定问题上达到价值共识的可能性"。② 这揭示了普世价值的人性论基础和西方中心论心态。

李德顺认为，当前国内对"普世价值"的论争仍多半是以某些西方政客界定的含义为依据，并不顾及中外学术研究，尤其是中国价值研究对它的界定。"我们必须旗帜鲜明地保持我们自己对待普世价值问题的话语权，在批判抵制某些人普世主义的话语霸权时，不是回避或转移问题，而是有理有据地确立自己的普世价值观念。"③他进一步提出，"普世价值并不是外在于我们生活的异己之物，它无非就是人类长期生存发展中从自发到自觉地追求着的一切有益的、美好的前景的名称"。④ 这揭示了普世价值的生活维度。

韩庆祥认为，在全球化时代，国内外敌对势力往往以"自由、民主、人权"等为突破口，用文明、学术外衣设置政治陷阱，"大力对我国进行意识形态渗透，目的就是动摇我们的思想根基，摧毁中国人的自信心和凝聚力"。⑤ 问题的关键在于，西方常常把价值与价值观相混淆，用具有普世意义的价值代替带有意识形态性的价值观。这揭示了普世价值的深层动机。

在全球秩序转型期和中国发展关键期，西方在话语、模式和规则等方面依然占据主导，西方处处"借势设陷"，中国理应"顺势而为"。简单否定自由、平等、民主、正义等人类共同价值是缺乏自信的表现；盲目接受西方的自由、平

---

① 侯惠勤：《"普世价值"的理论误区和实践陷阱》，《马克思主义研究》2008年第9期。
② 陈先达：《论普世价值与价值共识》，《哲学研究》2009年第4期。
③ 李德顺：《对其说"不"并非高明应对：普世价值与中国故事》，《人民论坛》2014年第4期。
④ 李德顺：《怎样看"普世价值"》，《哲学研究》2011年第1期。
⑤ 韩庆祥：《中国共产党面临八个"新的伟大斗争"》，《人民日报》2014年7月23日。

等、民主、正义等观念是自卑和迷信的表现。正是因为缺乏自信和迷信西方，因此当社会主义核心价值观提出后，有一种声音认为，中国终于接受了西方的"普世价值"，这是一种误解。如今，在世界范围话语权上"西强我弱"的格局还没有根本改变，中国发展优势和综合实力还没有转化为中国话语优势，中国话语体系还没有真正建立起来，中国声音偏小偏弱，不少方面处于"失语"或"无语"状态，要么"有理讲不出"，要么"讲了没人听"。失语就要挨骂，无语即被边缘化。由此可见，建构中国话语体系和提升中国话语权是我们必须解决好的重大现实问题。

"普世价值"绝非单纯的学术概念，在浓密的学术外衣包裹之下则是以美国为首的西方发达国家的全球话语霸权及其强势政治诉求。西方宣扬和推行"普世价值"一个重要方式是将"价值性知识"包装为"真理性知识"，进而试图垄断自由、平等、民主、正义等的解释权。"价值与真理都是反映主体与客体之间关系的范畴。但不同的是，价值是指具有特定属性的客体对于主体需要的意义；真理是人们对于客观事物及其规律的正确反映。真理原则侧重于客体性，表明人的活动中的客观制约性；价值原则侧重于主体性，主要表明人的活动中的目的性。"[1]在价值观论争方面，根本分歧不在于纷繁复杂的表象，而在于西方价值观表述背后的立场和理念。马克思指出："如果事物的表现形式和事物的本质会直接合而为一，一切科学就都成为多余的了。"[2]这提醒人们要拨开笼罩在自由、平等、民主和正义上面的迷雾，透视"普世价值"的实质，切中资本主义的本质。

首先，需要追问的是：西方宣扬和推行"普世价值"的实质是什么？西方宣扬"普世价值"，实质是"推销西方的所谓'民主国家体系'和'自由体制'"。[3] 西方把他们的"民主国家体系"和"自由体制"视为全人类的共同追求，因此其他国家和民族都要向西方看齐。可是，所谓"普世价值"后面其实是利益诉求、制度特质和意识形态。因此，深层次的问题是政治和文化而非经济和社会，只有认识到这一点才能把握价值观争论的本质和核心。

其次，需要进一步追问的：价值观的普世性何在？所谓"普世"从横向看，意指适用于一切国家、地区，适用于不同民族、不同的经济社会形态；从纵向

---

[1] 郭榛树：《"普世价值"思潮的自我包装术》，《红旗文稿》2015年第3期。
[2] 马克思：《资本论》（第3卷），人民出版社2004年版，第925页。
[3] 卫兴华：《掀开西方"普世价值"的面纱》，《人民日报》2015年11月30日。

看,意指适用于不同历史发展阶段,超越时空的永恒概念。但适用于任何时间、地点、条件的普世价值是不存在的。西方推行"普世价值"实际上是要掌握话语权,对外进行"价值观外交"和输出"普世制度",对中国进行意识形态渗透,企图改变中国发展方向,似乎只要认同西方普世价值,中国问题都能迎刃而解。西方希望人们认同这样的等式:普世价值＝西方普世价值＝美国价值＝美国制度。因此,"美国的对外交往不是传统意义上的外交政策,而是传播价值观的工程"①。美国人甚至认为"其他所有民族都渴望照搬美国的价值观","美国坚信自己的原则具有普世性",仿佛美国"代表全人类行事",显然,这具有某种"拜物教"性质的想法和做法是值得反思的。美国试图把自己的"民主国家体系"和"自由体制"推向世界。为了给"普世价值"奠定学术基础,首先就是进行共同人性的设定,即在人性中寻求共通性的东西。美国倡导的"普世价值"是建立在抽象人性论基础上的。以美国为首的西方发达国家热衷于向其他国家推广所谓的"普世价值",倡导自由、民主、人权、公平、正义、平等是全人类追求的价值,企图宣扬一种超国界、超社会制度的价值观,轻视和忽视各国发展进程中现实存在的现实差异和发展道路的自主选择。美国说自己坚持的是"普世价值"和"普世标准",但其做事情的出发点和落脚点都是美国的"国家利益"。

2. 价值与价值观的区分:拨开笼罩在普世价值争论上层层迷雾的关键所在

价值具有相对性和历史性,但价值观具有阶级性和意识形态性,因此不能混淆价值与价值观。然而"普世价值"论者往往把西方某些国家的价值观说成是全人类普遍性的价值观,混淆了价值与价值观,造成话语上的陷阱。

价值一词在政治经济学中是指凝结在商品中的一般的、无差别的人类劳动,它是商品的基本属性。在哲学视阈,价值体现在主体-客体的关系之中,指的是主体对客体的需要及客体对主体需要的满足。价值主体是多元的,可以是个人、群体、社会、国家、民族、人类。价值客体是可以满足主体需要的物质存在或精神存在。例如,阳光、空气、水是人类(每个人)生活所必需的,在此,充沛的阳光、清新的空气和洁净的水对全人类(每个人)而言都是有价值的。客体本身具有一定的物理属性、化学属性,这是价值得以形成的前提条件而非充分必要条件,而只有当主体与客体通过主体的需要建立起关系以后,客体对

---

① 亨利·基辛格:《世界秩序》,胡利平、林华、曹爱菊译,中信出版社2015年版,第305页。

主体而言才产生价值。这种主客体之间的关系可以总结为"价值既来源于客体本身的结构,又取决于主体的活动"。①

首先,价值具有相对性。由于价值体现在主客体关系中,主体的需要是评判客体价值的重要尺度。因此,不同的客体对同一主体可能具有不同的价值;同一主体在不同的时期有不同需求,对同一客体的价值评价也不尽相同;同一客体对不同的主体具有不同的价值。可见,价值是具体的、相对的,不存在可以适用于一切社会制度的"普世价值",自由、民主、人权、公平、正义、平等在不同历史阶段对于不同的阶级也有不同的意义,也必然会有不同的理解。西方某些国家往往抬高自己的价值观,贬低和消解他国价值观。原因在于,推广"普世价值"可以确保美国占据国际道义高地,掌握道义优势。推广"普世价值"有利于美国掌握国际话语权。西方国家将所谓的"普世价值"主义化,以"自由"的名义开展思想渗透,以"民主"的借口实施离间分化,以"人权"的标签制造事端,以"平等"的名义转移责任,其目的就是要在全球范围内控制意识形态话语权,以谋求在世界范围内发挥"领导作用",建立符合其意愿的"世界秩序"。

其次,价值具有历史性。鉴于世界是不断变化发展的,因此主体与客体、主体与主体之间的关系也相应地处于变化和发展之中。在不同的历史发展阶段,价值有不同的表现形态。不存在超越时空,超越历史,永恒存在的"普世价值"。在马克思看来,自由、平等、民主、人权都是历史的产物,由经济基础决定,并随着时代的发展而发展。资产阶级在夺取政权之前,为了团结工人阶级和农民阶级达到夺取政权的目的,资产阶级把自己的利益说成是社会全体成员的共同利益,把他们所宣扬的自由、平等、民主、人权说成是与生俱来的普遍人性,是属于社会全体成员的。但在资产阶级夺取了政权并建立了自己的政治统治后,他们就背离了自己的政治宣言,其自由平等完全沦为资产者的自由平等,而没有成为全社会的自由、平等、民主和人权。

再次,价值观具有阶级性。价值观是主体对价值的一般看法和根本观点,体现了主体处理问题时的立场、观点和态度,可见,价值观十分重要。"价值观之所以重要,是因为它们将国家和民众凝聚在一起。它们帮助定义一个社会所支持和所反对的东西。"②在交往实践中,人们处于不同的阶级,代表不同的

---

① 李连科:《价值哲学引论》,商务印书馆1999年版,第96页。
② 格拉特·哈丁:《欧洲人之谜》,葛鸣译,《国外社会科学文摘》2012年第8期。

利益,想问题办事情自然也从自身利益出发,因此,价值观带有阶级性。物质决定意识,统治阶级的价值观自然也占主导地位。"占统治地位的思想不过是占统治地位的物质关系在观念上的表现,不过是以思想的形式表现出来的占统治地位的物质关系。"① 归根结底,西方国家倡导的"普世价值"代表了资产阶级的利益,是资产阶级利私有制和资产阶级利益在价值观上的显现。因此,绝不能把个别和特殊的价值观说成是普遍和普世价值观,也不能把"之一"当成"惟一",更不能把中国改革开放所取得的一切成果归因于"普世价值",认为中国改革开放是向资本主义的"价值回归"。西方发达国家把政治民主简化为"一人一票",把经济民主简化为"私有化",显然,这是不符合中国国情的。长期以来,美国的一些基金会和非政府组织资助一些精英分子以学术的名义传播西方的价值观,论证西方制度的优越性,以及中国选择西方模式的必要性,这是值得警惕的。

最后,价值观具有民族性。特定区域、特定民族在长期的生产实践活动中,历史地形成了各具民族特色的价值观,并在民族文化的积淀与传承中凝练为民族的核心价值观。价值观的不同是区别不同民族精神气质的标识之一。恩格斯指出:"善恶观念从一个民族到另一个民族、从一个时代到另一个时代变更得这样厉害,以致它们常常是互相直接矛盾的。"② 西方的"普世价值"企图将本民族的价值观移植到其他民族,无视价值观的民族性,因而不会有长久的生命力。例如,有些发展中国家和地区,照搬西方发达国家的价值观念、发展模式,带来的不是经济发展、政治稳定和人民生活富裕,而是经济衰退、政局动荡和人民居无定所,便是最深刻的教训。中国要在新的全球化条件下独立自主地走出一条自己的发展道路。我们要坚定对"中国道路""中国理论""中国制度""中国文化"的自信。"我们强调我们的价值观是社会主义核心价值观。这种强调并不表明我们崇尚的价值与西方发达国家价值的区别,而是表明我们所采取的制度可能与西方发达国家不同。"③ 美国一再重申自身价值观和世界秩序观的普世性,但我们看到的却是价值观背后的国家利益。每个民族、社会阶层都有独特的价值观,但也应有一些共享的价值观,这就是国家意识形态。值得警惕的是:第一,把自由、平等、民主、人权等一系列价值观统称

---

① 马克思、恩格斯:《德意志意识形态》(节选本),人民出版社2003年版,第42~43页。
② 《马克思恩格斯选集》(第3卷),人民出版社1995年版,第433~434页。
③ 柯华庆:《西方兜售"普世价值"的真实缘由》,《人民论坛》2015年第1期。

为"普世价值";第二,把这些价值观理解和解释为某种特定的模式;第三,把这种特定模式作为这些价值观实现的标准;第四,公开或者隐蔽地向别国强行推销这些模式。中国文明是开放的文明,提倡"和而不同",西方则要求"和而同"。

总之,西方有些国家要走出"冷战思维"和"霸权逻辑",中国也要从弱者心态中走出来,在价值观上寻求"最大公约数"。面对西方所谓"普世价值",中国不能不讲价值,如果不讲价值,那么就等于自动把价值的话语权拱手让给西方,自己陷入被动。实际上,自由、平等、民主、人权、法治等都属于当代文明价值观。问题的关键是,我们要赋予这些价值以新的含义。

3. 从"普世价值"争论走向"共同价值"凝练:打造人类价值共同体和命运共同体

针对西方某些国家的"普世价值"概念,中国提出"全人类共同价值",是十分必要、十分重要的。"全人类共同价值"是对人类命运共同体在思想理念层面的深度挖掘,是对世界各国自觉奉行的价值准则的高度概括。中国逐渐强大,更要自信。在由大国走向强国的途中,中国要积极倡导共同价值,努力打造人类价值共同体和命运共同体。

2015年9月,习近平总书记在联合国大会发表演讲,提出了"共同价值"概念,这是在有关普世价值争论的一片混沌中指出了一个方向和思路。习近平总书记提出:"和平、发展、公平、正义、民主、自由,是全人类的共同价值,也是联合国的崇高目标。目标远未完成,我们仍须努力。当今世界,各国相互依存、休戚与共。我们要继承和弘扬联合国宪章的宗旨和原则,构建以合作共赢为核心的新型国际关系,打造人类命运共同体。"[①]仔细分析"人类命运共同体"背后的有力支撑就是——共同价值。民主和人权是人类的共同追求,这是站在人类文明的高度对基本价值理念的强调。然而,"目前尚未形成与之相适应的共同价值观和普世道德规范,很多国家政治集团仍被'弱肉强食'的社会达尔文主义即'他者是敌手'的冷战思维所捆绑,热衷于对抗和挑动战争,所以世界很不太平"[②]。人类命运共同体构建过程中要有效防止一国的"偏好"沦为对他国的"偏见"。在"全人类共同价值"面前,每个国家都是平等的主体,都

---

① 习近平:《习近平谈治国理政》(第2卷),外文出版社2017年版,第522页。
② 牟钟鉴:《共同体:人类命运 中国经验》,《光明日报》2015年12月14日。

是自主的,这正是中国领导人提出"全人类共同价值"的实质所在。①

价值具有共同性。人们在日常生活中,处理人与自然、人与人、人与社会关系的过程中,难免会遇到相同或相似的问题,产生同样的需要,于是就形成了共同的价值理念、价值判断和价值追求。这可以解释为什么在不同的文化背景下,遇到类似的问题,人们也会有相近的价值观念。例如,中华文化中的道德金律——"己所不欲,勿施于人"由孔子提出,而西方文化中也有类似的表述,即耶稣所言"你要别人如何对你,就要如何对人"。需要注意的是,"价值的共同性是分领域、分层次、有差别的。这种差别是由共同利益的差异决定的。"②人类的基本价值可以达到某种共识。通常,在共同利益较多、共识较大的领域,如科学技术发展、医疗卫生、环境保护等领域,价值的共同性就多;在事关国家利益、民族争端、意识形态斗争的领域,如领土争端、阶级关系等,价值的共同性就少。关于普世价值,不同文明之间还没有达成共识,还需要继续寻求"最大公约数"。因此,东西方价值之间需要对话和包容。

作为价值共识的共同价值提出符合人类历史发展的规律。人类发展进步的历史,也是对文明继承发展演进的历史。从纵向看,人类的文明是在继承前人文化积淀的基础上,根据本民族阶段性的发展特征提出的;从横向上看,同一时代不同民族、种族间不是完全隔绝的,民族间文化交流融合,互相借鉴吸收先进的文明成果来发展本国、本民族的文化。尤其是在全球化时代,各国都处于"地球村"之中,全球治理中许多问题需要国际合作,共同应对,因而,形成共同的价值理念、行为的共同准则很有必要。例如,2015 年 11 月 29 日至 30 日,138 位国家领导人、195 个国家代表团、近 2000 个 NGO 团体共聚法国,出席气候变化巴黎大会,各国就如何应对气候变化、提升经济绿色水平、实现人类可持续发展等问题展开了商讨。这说明各国正以实际行动达成价值共识,形成共同价值。经济越发展,人们对共同价值的呼声也就越高。费孝通先生提出的"各美其美、美人之美、美美与共、大卜大同"体现了人类共同价值整合凝聚的方向。

共同价值不同于"普世价值"。价值虽然具有共同性,但这并不意味着共同价值与"普世价值"相等同。共同价值说明了在某一具体的历史发展阶段,人们有共同的价值理念、价值理想、价值追求,因而共同价值是适用于特定的

---

① 钟国兴:《高扬"全人类共同价值"的旗帜》,《北京日报》2016 年 1 月 25 日。
② 李文阁:《谈谈"普世价值"》,《求是》2014 年第 4 期。

历史时期、特定的地域的,这与"普世价值"所鼓吹的超越时空、超越地域、永恒存在的价值有根本的区别。共同价值体现的是国与国发展中的共性,揭示了当今时代不同国家息息相关、紧密相连的命运。共同价值是人类在认识世界、改造世界的过程中主动追求的结果,绝不是某些霸权国家极力向外输出价值观念,企图让其他国家接受的所谓"普世价值"和"普世模式","主动追求"与"被动接受"体现了共同价值与"普世价值"的区别。

中国文明的发展不是站在人类现代文明之外的发展,而是主动融入、引领世界潮流的发展。中国从世界多彩文明中汲取丰富营养,为人类共同价值贡献中国智慧。社会主义核心价值观的每个关键词,既根源于中国优秀传统文化,又充分吸取了人类现代文明的优秀思想,实际上回答了"我们要建设什么样的国家、建设什么样的社会、培育什么样的公民"的重大问题,与西方价值标准有着清晰分野。就此而论,社会主义核心价值观是中国对全人类共同价值的重要贡献,也是中国对人类文明包容互鉴所作的郑重承诺。社会主义核心价值观与所谓"普世价值"有本质的区别:社会主义核心价值观所倡导的民主,是人民民主、是人民当家作主;自由,是人民民主专政下的自由,是同纪律有机统一的自由;公正,是人人平等、人人享有的公正;法治,是坚持党的领导、人民当家作主、依法治国有机统一的法治。

构建人类"价值共同体"和"命运共同体"需要我们遵循和平、发展、公平、正义、民主、自由的共同价值,更需要"有话好好说",寻求"最大公约数"。在价值观竞争的背景下,一定要努力占据价值观竞争的道德制高点,争夺价值观话语权。"价值观的竞争是理想观念感召力、吸引力的竞争,只有站在制高点上才能赢得群众、赢得未来、赢得历史的主动权。"[①]随着中国的崛起,中国发展越来越具有世界意义。为此,中国的价值观不仅要有特色,体现中国风格、中国气派,还要具有普遍的世界历史意义,具备世界眼光、引领世界潮流,真正"使核心价值观的影响像空气一样无处不在、无时不有"。

总之,迄今为止,人类尚未建立起一个没有被价值观所污染的事实知识的蓄水池,从中可以凝练出共同价值。我们既要揭露西方所谓"普世价值"的实质,同时也要看到在人类发展进程中通过国际交流与合作在特定范围、特定问题中达成共同价值的可能性。不能因人类文化交流过程中在某些领域具有共同价值而误入西方"普世价值"的陷阱,也不能因为惧怕西方"普世价值"带来

---

① 韩震:《我国意识形态工作困难的成因及其破解办法》,《中国高校社会科学》2015年第4期。

的西化和分化影响而否定共同价值存在的意义和作用。当代中国在崛起进程中要遵循"和平、发展、公平、正义、民主、自由是全人类的共同价值",只有如此,才能更好地与世界沟通与交流,也才能为中华民族伟大复兴的中国梦实现创造良好的外部条件。实际上,思想分化背后是利益分化,因为思想背后是利益。分化并不是问题,问题是缺少整合的力量。

五、社会主义核心价值观的独特贡献

西方往往"戴着有色眼镜"对中国成功有种根深蒂固的曲解和误解,认为中国的成功,对内主要靠"摸着石头过河",对外主要靠"搭全球化便车",由于缺乏自身明确的价值观和制度特质,因此中国成功具有极大的偶然性和不可持续性。社会主义核心价值观的提出、培育并践行有力地回击了这种曲解和误解,它表明中国在道路自信、理论自信、制度自信、文化自信基础上逐渐形成"价值自觉"和"价值观自信",这有助于讲清楚中国成功的"价值根源"与"独特贡献"。

当今时代,社会思想观念和价值取向日趋活跃,价值观竞争成为全球话语体系和话语权竞争的重要方面。改革开放四十多年,中国从经济结构到社会结构再到人的心理结构,从人们的生产方式到生活方式再到生存方式,从人们的思维方式到行为方式再到心灵秩序都发生了广泛而深刻的变化,结果使党的面貌、国家的面貌、人民的面貌、军队的面貌、中华民族的面貌都发生了前所未有的变化,这些变化为中国由"大国"迈向"强国"、为中华民族"伟大复兴"和中国人的现代化奠定了坚实的基础。不仅如此,改革开放还推动中国经济实力、科技实力、国防实力、综合国力进入世界前列,推动中国国际地位实现前所未有的提升。在笔者看来,中国改革开放四十多年从价值观和主体性的角度看,最大的成就也许就是提出、培育并践行社会主义核心价值观。这使中国人从精神上和价值观上由被动转为主动,成为价值观的同时代人。中国共产党人不是价值观上的虚无主义者,而是有着坚定的价值追求和价值观自觉。这种价值追求概括起来就是为中国人民谋幸福,为中华民族谋复兴;这种价值观自觉概括起来就是以永不懈怠的精神状态和一往无前的奋斗姿态弘扬和践行社会主义核心价值观。

1. 社会主义核心价值观的出场背景

进入21世纪以来,中国思想理论界更加活跃、更多激荡,各种理论思潮交流、交锋更加频繁,可以说既是一个思想理论空前活跃的时期,也是思想理论

相对混乱的时期。在中国整体价值图景中,既有西方所谓"普世价值"的追随者,又有"文化保守主义"的倡导者,还有"马克思主义中国化"的推进者;既有一些面对"中国问题"的独立思考者,也有一些向西看、向过去看者,还有一些"面向未来"的向前看者。当前,在世界范围内,各种思想理论交流交融交锋日益频繁,为防止理论依附和思想混乱,中国在价值是非和思想原则上必须要保持战略自信和战略定力,关键是提升对中国和世界重大现实问题的判断力、批判力和建构力。

第一,提升判断力,精准判定"当代中国历史方位"。在过去、现在和未来的时间向度上,为防止在历史方位判定上缺位、错位和越位,既要看到中国发展的阶段性特征,也要明确中国发展的阶段性目标和阶段性任务,这样才能从思想理论上把握"中国向何处去"这一根本问题。笔者认为,中国社会发展的方式和任务取决于其所处的阶段。从中国社会发展方式和阶段性特征视角看,改革开放之初是"动员参与期",其任务主要是动员参与,各尽其能,使社会活力迸发出来;继之而来的是"利益分化期",其任务主要是各谋其利,造成社会差距拉大;再后来是"表达诉求期",其任务主要是各言其言,尊重各阶层社会成员的正当利益诉求并使各种诉求通过合适的渠道表达出来;新时期是"整合凝聚期",其任务主要是各得其所,协调各种力量和各方面的利益关系,寻求最大公约数,整合凝聚中国力量积极保障和改善民生。当前,中国是世界上最大的发展中国家,正在决胜全面建成小康社会、向中国特色社会主义现代化强国迈进。此时"如果一个社会没有共同理想,没有共同目标,没有共同价值观,整天乱哄哄的,那就什么事业办不成"①,也就不可能实现"两个一百年"奋斗目标和中华民族伟大复兴的中国梦。"中国特色社会主义是改革开放以来党的全部理论和实践的主题,是党和人民历尽千辛万苦、付出巨大代价取得的根本成就。"②党的十八大以来,中国特色社会主义进入"新时代",中华民族迎来了从"站起来""富起来"到"强起来"的伟大飞跃。当前我国社会主要矛盾已经演变为"人民日益增长的美好生活需要和不平衡不充分的发展之间的矛盾",但是"我国仍然处于并将长期处于社会主义初级阶段的基本国情没有变,我国

---

① 习近平:《习近平谈治国理政》(第2卷),外文出版社2017年版,第335页。
② 习近平:《决胜全面建成小康社会 夺取新时代中国特色社会主义伟大胜利——在中国共产党第十九次全国代表大会上的报告》,人民出版社2017年版,第16页。

是世界上最大发展中国家的国际地位没有变"①。为此,我们想问题、办事情一定要从社会主义初级阶段这一实际出发,而不能犯超越中国历史发展阶段的错误。

第二,提升批判力,精确回击所谓"普世价值"论。在当代中国,"普世价值"争论和"共同价值"建构绝不是一个无关紧要的小问题,而是一个必须高度重视的大问题。原因在于,"普世价值"争论和"共同价值"建构"不仅涉及如何理解价值和价值观的学理问题,而且涉及社会思想状态和大众人心稳定问题,还关涉到中国如何在全球视野下建构自己的话语体系和提升自身话语权的政治问题"②。仔细分析,理论争论和思想分化背后往往是利益分化,因为理论和思想背后往往是利益。分化并不是问题,问题是缺少整合的力量。当代中国最大的挑战也许就在于在多元分化的现实境遇下如何凝心聚力、建构秩序。"冷战结束以来,在西方价值观念鼓捣下,一些国家被折腾得不成样子了,有的四分五裂,有的战火纷飞,有的整天乱哄哄的。"③在价值观论争方面,根本分歧不在于纷繁复杂的表象,而在于西方价值观表述背后特定的立场和理念。所谓"普世价值"后面其实是特定的利益诉求、制度特质和意识形态。当代中国人决不能当"普世价值"的思想俘虏。"普世价值"绝非单纯的学术概念,在浓密的学术外衣包裹之下则是以美国为首的西方发达国家的全球话语霸权及其强势政治诉求。正如马克思所正确指出的:"如果事物的表现形式和事物的本质会直接合而为一,一切科学就都成为多余的了。"④这提醒人们要拨开笼罩在自由、平等、民主和正义上面的迷雾,透视"普世价值"的实质,看清西方"非此即彼"思维方式的弊端,切中资本主义的本质。只有揭开笼罩在"普世价值"论上的面纱,才能从"价值自觉"和"价值观自信"的高度把握"社会主义核心价值观"的核心要义,才能开辟人类共同价值凝练的新道路。我们认为,和平、发展、公平、正义、民主、自由,是全人类的"共同价值"。

第三,提升建构力,精心建构"中国理论"。面向中国问题,建构中国理论是当代中国学者的历史使命。当前中国正处于整体性结构转型关键期,此时中国道路与中国实践提出了大量问题,这给中国理论创新和思想创造提供了

---

① 习近平:《决胜全面建成小康社会 夺取新时代中国特色社会主义伟大胜利——在中国共产党第十九次全国代表大会上的报告》,人民出版社2017年版,第12页。
② 赖怡静、张艳涛:《共同价值的哲学基础与现实意义》,《人民论坛》2016年第14期。
③ 习近平:《习近平谈治国理政》(第2卷),外文出版社2017年版,第327页。
④ 马克思:《资本论》(第3卷),人民出版社2004年版,第925页。

难得的契机。这既是一个需要理论而且一定能够产生理论的时代,也是一个需要思想而且一定能够产生思想的时代。一切有理想、有抱负的中国学者都应该立时代之潮头、通古今之变化、发思想之先声,积极为党和人民述学立论、建言献策,担负起历史赋予的光荣使命。如今,如何把"中国道路"和"中国经验"凝练概括提升为一种"中国理论",则是摆在中国学者面前的现实任务。"中国理论"既要力图本土化,又要具有世界眼光。因为"中国理论"绝不仅仅是地方性知识,而具有普遍的世界历史意蕴。中国理论创新和思想创造的主要目标是坚持和发展中国特色社会主义理论体系,根本价值追求则是彰显中华民族自立于世界民族之林的思想能力。只有如此才能从思想理论上把握"中国理论"建构这一重大现实问题。

人类社会发展的历史表明,"对一个民族、一个国家来说,最持久、最深层的力量是全社会共同认可的核心价值观。核心价值观,承载着一个民族、一个国家的精神追求,体现着一个社会评判是非曲直的价值标准"[①]。核心价值观不会自动生成,它需要人们选择、判断、凝练与建构。"简单否定自由、平等、民主、正义等人类共同价值是缺乏自信的表现;盲目接受西方的自由、平等、民主、正义等观念是自卑和迷信的表现。正是因为缺乏自信和迷信西方,因此当社会主义核心价值观提出后,有一种声音认为,中国终于接受了西方的'普世价值',这是一种误解。"[②]改革带来活力,开放带来进步,改革开放是决定中国命运的关键一招。一段时期以来,西方对中国改革发展有种根深蒂固的曲解和误解,认为中国的成功,对内主要靠"摸着石头过河",对外主要靠"搭全球化便车",由于缺乏自身明确的价值观和制度特质,因此中国成功具有极大的偶然性和不可持续性。社会主义核心价值观的提出、培育并践行有力地回击了这种曲解和误解,它表明中国在"道路自信""理论自信""制度自信""文化自信"基础上逐渐形成"价值自觉"和"价值观自信",这有助于讲清楚中国成功的"价值根源"与"独特贡献"。

2. 社会主义核心价值观蕴含的三大因素

社会主义核心价值观不是横空出世,也不是空穴来风,而是具有深厚的中国传统文化、现代化和社会主义基础。其实,社会主义核心价值观主要蕴含三大因素:中国传统文化因素、现代化因素和社会主义因素,与之相应,社会主义

---

① 习近平:《习近平谈治国理政》,外文出版社2014年版,第168页。
② 张艳涛:《普世价值争论走向共同价值凝练》,《人民论坛》2017年第8期。

核心价值观的"价值根源"与"独特贡献"就蕴含在复兴、包容与创新之中。在转化与发展、吸收与借鉴、坚持与发展中凝结中国精神、凝练中国价值、凝聚中国力量,为中国由大国迈向强国提供价值指引。

第一,不忘本来,才能开辟未来。所谓复兴,不是复古走"老路",而是要推进中华优秀传统文化的"创造性转化"与"创新性发展",传承中华优秀传统文化的基因。

中华优秀传统文化是涵养社会主义核心价值观的重要源泉,关键是处理好转化和发展的关系,重点要做好"创造性转化"和"创新性发展"。

对人类发展有较大贡献是实现中华民族伟大复兴的"中国梦"的应有之义。中国应当对世界文明有较大的贡献,当代中国人应该有这个雄心壮志。古代中国曾对世界文明做出巨大贡献。近代以来,随着工业革命以及殖民主义的扩张,此时主导力量向资本和科技转移,由于近代中国没有拥有这两种力量,从此西方国家主导人类历史长达300年。中国作为世界几千年历史上唯一连续的文明体,诚如毛泽东在1956年发表的《纪念孙中山先生》一文中写道:"中国应当对人类有较大的贡献。而这种贡献,在过去一个长时期内,则是太少了。这使我们感到惭愧。"[1]邓小平在20世纪80年代曾指出:"到21世纪中叶中国要达到中等发达国家的水平","为人类做更多的事情",并说,中国坚持社会主义和和平政策,"我们的路就走对了,就可能对人类有比较大的贡献"[2]。习近平指出,"中国的发展是世界的机遇,中国是经济全球化的受益者,更是贡献者"[3]。可见,中国发展不是"破坏性力量",而是"建设性力量"。实现中华民族伟大复兴主要是在对人类文明的贡献意义上讲的。如今,我们比历史上任何时期都更有信心、更有能力实现这一"伟大梦想"。

历史地看,社会主义核心价值观是社会主义核心价值体系的内核,不仅反映了社会主义核心价值体系的丰富内涵和实践要求,更是对中华文化的创造性转化与创新性发展。核心价值观是文化软实力的灵魂和文化软实力建设的重点,它承载着一个民族、一个国家的精神追求,是最持久、最深层的力量。如果缺少这一追求和力量,中国不可能崛起,中国梦也不可能顺利实现。"一个国家的文化软实力,取决于其核心价值观的生命力、凝聚力、感召力。"[4]中华

---

[1] 《毛泽东文集》(第7卷),人民出版社1999年版,第156～157页。
[2] 《邓小平文选》(第3卷),人民出版社1993年版,第158页。
[3] 习近平:《习近平谈治国理政》(第2卷),外文出版社2017年版,第484页。
[4] 习近平:《习近平谈治国理政》,外文出版社2014年版,第163页。

文明绵延数千年，必然有其独特的价值体系，为此，培育和践行社会主义核心价值观，应推动中华优秀传统文化创造性转化和创新性发展，从中汲取丰富营养。社会主义核心价值观是中国"最大公约数"，对内，有利于凝心聚力为实现"两个一百年"目标和中华民族伟大复兴的"中国梦"奠定价值基础，对外，有利于塑造良好的"中国形象"。"人无精神则不立，国无精神则不强。精神是一个民族赖以长久生存的灵魂，唯有精神上达到一定的高度，这个民族才能在历史的洪流中屹立不倒、奋勇向前。"①可见，培育和践行社会主义核心价值观，有助于更好地弘扬"中国精神"、创新"中国文化"、坚持"中国道路"。

第二，吸收外来，才能开辟未来。所谓包容，不是西化走"邪路"，而是要吸收借鉴一切先进文化和文明成果，为我所用。现代化因素是涵养社会主义核心价值观的重要养分，关键是处理好吸收与借鉴的关系，重点要做好"自主性吸收"和"批判性借鉴"。

现实地看，人类文明并无高低优劣之分，各种文明只有在相互交流中取长补短和互学互鉴，才能获得共同的繁荣和进步。为此，不能要求有着不同文化传统、历史遭遇、现实国情的国家都采用一种发展模式。"世界上没有放之四海而皆准的具体发展模式，也没有一成不变的发展道路。历史条件的多样性，决定了各国选择发展道路的多样性。"②实际上，人类文明因平等包容而变得丰富多彩。为此，应尊重不同道路选择，因为一个国家道路合不合适，只有这个国家的人民才最有发言权。正是由于中国崛起及其示范效应，广大发展中国家才认识到后发现代化国家实现现代化不仅是必要的，而且是可能的，关键是走对路。

核心价值观蕴含着新的时代精神，是最现代、最先进的力量。每个时代都有每个时代的精神，每个时代都有每个时代的价值观念。一个国家、一个民族的精神追求，必须契合时代精神。我们积极倡导富强、民主、文明、和谐，这是"国家层面"的价值目标；倡导自由、平等、公正、法治，这是"社会层面"的价值目标；倡导爱国、敬业、诚信、友善，这是"个人层面"的价值目标。"三个倡导"确立了当代中国最基本的价值观念，回答了我们要建设什么样的国家、建设什么样的社会、培育什么样的公民的重大问题。社会主义核心价值观把国家、社会、公民的价值要求融为一体，"既体现了社会主义本质要求，继承了中华优秀

---

① 习近平：《习近平谈治国理政》（第2卷），外文出版社2017年版，第47～48页。
② 习近平：《习近平谈治国理政》，外文出版社2014年版，第29页。

传统文化,也吸收了世界文明有益成果,体现了时代精神"①。当代中国思想解放和价值观念更新必须以社会主义核心价值观为导向,不能偏离和背离社会主义核心价值观,而要着眼于中国国家文化软实力的增强和中国话语权的提升。

第三,面向未来,才能开辟未来。所谓创新,不是僵化和保守,而是走"新路",坚持实践创新、道路创新、理论创新、制度创新、文化创新以及其他方面创新,坚定道路自信、理论自信、制度自信、文化自信。社会主义先进文化是培育社会主义核心价值观的重要资源,关键是处理好坚持与发展的关系,重点要做好"在坚持中发展"和"在发展中创新"。

用未来的眼光看,核心价值观蕴含着国家社会人民的价值追求,是最根本、最内在的力量。只有改革创新,中国才能跻身世界优秀民族之林,也才能赢得尊重、赢得未来。社会主义核心价值观不仅传承了中国优秀传统文明的精华,而且吸收借鉴了人类文明一切有益成果,更为关键的是坚守了社会主义先进文化前进方向。经过40多年改革开放,在跨过一定物质层面门槛后,决定中国前途命运的,一定程度上是精神层面特别是核心价值观的凝练和确立。当今世界,大国崛起必定伴随文化软实力和精神力量强大。如果中国要成为一个强国、中国社会要成为一个和谐社会、中国人要成为当代思想的同时代人,就必须重视社会主义核心价值观建设。

社会主义核心价值观不仅体现了社会主义意识形态的本质要求,而且体现了社会主义制度在思想和精神层面的根本性质和基本特征,凝结着社会主义先进文化的精髓,是中国特色社会主义道路、理论体系、制度和文化的现代表达。例如,新发展理念中的"共享发展不仅是当代发展伦理的'中国表达',更是当代中国破解发展难题提供的'中国方案',是中国发展的'价值基因'"。② 因此,培育和践行社会主义核心价值观有助于更好地塑造"中国形象"、有助于建设"和谐社会"、有助于培育"现代公民"。培育和践行社会主义核心价值观,关键是把社会主义核心价值观内化为人们的精神追求,外化为人们的自觉行动。这就需要在落细、落小、落实上下功夫,在引导人们在为家庭谋幸福、为他人送温暖、为社会做贡献的过程中自觉提升精神境界、培养文明风尚、滋养美好心灵。

---

① 习近平:《习近平谈治国理政》,外文出版社2014年版,第169页。
② 张艳涛、张瑶:《"共享发展":当代中国发展的目标和归宿》,《前线》2017年第6期。

3. 社会主义核心价值观的独特贡献

概括起来,社会主义核心价值观的"独特贡献"就在于复兴、包容与创新三个向度上,体现了"创造性转化"与"创新性发展"的统一、"自主性吸收"和"批判性借鉴"的统一、"在坚持中发展"和"在发展中创新"的统一。具体而言,社会主义核心价值观引领和推动下的中华民族的"伟大复兴",既包括"复兴中华文明"并推动中华文明走向世界,又包括"包容西方文明"建构人类共同价值体系,还包括"创新人类文明"建构人类命运共同体,实现人类互利共赢永续发展,深化了对共产党执政规律、社会主义建设规律、人类社会发展规律的认识,使中华民族以更加昂扬的姿态屹立于世界民族之林。

当前,世界正处在全球秩序深刻调整期,中国发展正处于关键期和全面建成小康社会进入决胜阶段,此时西方处处"借势设阱",中国理应"顺势而为"。笔者认为,有效防止西化、分化和僵化,关键是改革创新,实事求是地分析和解决问题,切实把马克思主义和中国特色社会主义说清楚、讲明白,真正入心入脑。改革开放以来,中国增强了对世界的认识和理解,同时,世界各国也越来越想知道中国人的世界观、人生观、价值观。在中国改革开放四十多年之际,我们要从价值观进步和人的现代化角度准确评估中国的历史性进步。"人民有信仰,民族有希望,国家有力量。"①我们所追求的中国特色社会主义,不仅物质财富要极大丰富,精神财富也要极大丰富,不仅要丰富人民精神世界,而且要增强人民精神力量。

第一,坚定文化自信和保持战略定力,不为各种错误思潮所左右。

中国逐渐强大,更要坚定自信。所谓更要坚定自信就是,既要坚定中国道路自信、理论自信、制度自信、文化自信,又要坚定价值观自信,牢牢掌握我国意识形态的领导权和话语权。正如习近平总书记所指出的,当今世界,要说哪个政党、哪个国家、哪个民族能够自信的话,那中国共产党、中华人民共和国、中华民族是最有理由自信的。唱响主旋律,弘扬正能量,传承红色基因,巩固马克思主义在意识形态领域的指导地位,永远在路上。尤其是在互联网语境下,更要高扬马克思主义旗帜。"马克思主义是我们党的指导思想,共产主义是我们党的远大理想。没有马克思主义信仰、共产主义理想,就没有中国共产党,就没有中国特色社会主义。"②然而"国内外各种敌对势力,总是企图让中

---

① 习近平:《习近平谈治国理政》(第2卷),外文出版社2017年版,第323页。
② 习近平:《习近平谈治国理政》(第2卷),外文出版社2017年版,第326页。

国共产党改旗易帜、改名换姓,其要害就是企图让我们丢掉对马克思主义的信仰,丢掉对社会主义、共产主义的信念"①。我们要认清西方"普世价值"暗藏的玄机,如果中国用西方资本主义价值体系来裁剪中国实践,那后果将不堪设想。我们要加强对各种社会思潮的辨析和引导,不当旁观者,要敢于发声亮剑,善于解疑释惑,不为各种错误思潮所左右。关键是要不为任何风险所惧,不为任何干扰所惑,坚定"任凭风浪起,稳坐钓鱼船"的战略定力和大国心态。

第二,做好思想储备和理论储备,建构面向中国问题的"中国理论"。

中华民族必须要创造自己的哲学社会科学理论,并以此提升哲学社会科学的民族性和标示出中国思想的路标。在中国崛起的过程中,思想者必定会有更大的作为。然而长期以来,一些人习惯于用"西方理论"来解释中国现实,认为"西方理论"不证自明和天然正确,一些人热衷于用"西方话语"来解说中国现实,认为中国处处不如西方,一些人用西方所谓"普世价值"来解构中国现实,认为中国在向西方靠拢和看齐。这些非反思和非批判的观点和看法在理论上是根本站不住脚的,在实践上是危险且有害的。当前,中国必须跳出西方话语体系和"西方标准"的陷阱,实现中国话语理论的创新,关键是切中"中国问题",建构融通中外的新概念、新范畴、新表述。为此,要从政治话语、学术话语、大众话语和世界话语四个层面全面推进中国话语的世界表达,多管齐下讲清"中国道路"、讲透"中国文化"、讲好"中国故事"、讲出"中国精神",切实把中国发展优势和制度优势转化为"话语优势"和"理论优势"。

第三,积极参与全球治理,为人类对更好社会制度的探索提供"中国方案"。

当前,人类正处在大变革大调整时期,如何使发展起来的中国对人类有较大的贡献?关键是积极参与全球治理,为人类对更好社会制度的探索提供"中国方案"、贡献"中国智慧"。中国方案就是构建人类命运共同体,实现共建共赢共享,这是中国成功的根本秘诀,也是中国的比较优势。当前,"中国特色社会主义进入新时代,不仅在中华人民共和国发展史上和中华民族发展史上具有重大意义,而且在世界社会主义发展史上和人类社会发展史上也具有重大意义"②。西方推行的所谓"普世价值"论始终坚持"西方的就是最好的",而中

---

① 习近平:《习近平谈治国理政》(第2卷),外文出版社2017年版,第327页。
② 习近平:《决胜全面建成小康社会 夺取新时代中国特色社会主义伟大胜利——在中国共产党第十九次全国代表大会上的报告》,人民出版社2017年版,第12页。

国方案则揭示了"没有最好,只有更好"。"中国方案"作为一种全新的现代化路径,打破了西方对现代化道路解释权的垄断,结果把世界现代化道路从"单选题"变成了"多选题",是一种新发展观和新文明观。

党的十八大以来,中国用马克思主义中国化的最新成果——习近平新时代中国特色社会主义思想指导中国实践,这使中国获得了强大的理论创造力、思想主动性和民族自信心。我们要深刻认识到中国道路自信源于中国道路创新、中国理论自信源于中国理论创新、中国制度自信源于中国制度创新、中国文化自信源于中国文化创新、中国价值观自信源于中国价值观创新,可见,没有创新也就没有自信。

综上所述,社会主义核心价值观引领下的"中国道路"不仅对世界作出了"生存性贡献"和"发展性贡献",而且还作出了"和平性贡献"与"文明性贡献"。就此而论,"中国道路"所蕴含的"中国现代性"和"社会主义核心价值观"及其展开有可能构成一个对现代西方文明模式的"补充性方案"或"替代性方案"。在中国由"大国"迈向"强国"的历史征程中,我们不仅仅要建设"现代文明国家",建设"现代文明社会",而且还要培养"现代文明公民",这不仅造福中国,而且造福世界。

本章小结　现代性焦虑、虚无主义与文化自信

从哲学视角看,现代化是现代社会的"量的规定",现代性是现代化的"质的规定",虚无主义是现代性的"根本困境"之一,而文化自信则是克服虚无主义的重要资源。在现代,人的物化生存使时代的文化精神不得不蛰伏在虚无主义的阴影中。现代化需要文化自信的引领与支撑,其关键是人建构现代心灵秩序,并以此通过创新创造和人文关怀等走出虚无主义困境、克服现代性焦虑。文化自信是更基本、更深沉、更持久的力量。为此,文化建设,应着眼于满足人的精神文化需求,提升人的精神生活质量,不断丰富人的精神世界。揭示现代性与虚无主义的深层关联,有助于引领人们走出现代性焦虑和虚无主义困境,有助于推进传统文化的创造性转化和创新性发展,从而更好地坚定文化自信和开创新文明。

在21世纪,中国作为世界上最大的发展中国家,为什么要关注现代性焦虑问题?当代中国学者,为何要研究虚无主义?中国发展,如何防止误入虚无

主义的歧途？如何真正坚定文化自信？这些问题都需要进行深入思考。如果说现代性是具体的，那么现代化则是历史的。根据经典现代化理论，现代化不仅是一个"历史过程"，也是一种"发展状态"，作为"历史过程"现代化是指一个国家或地区实现从传统社会向现代社会的转型，作为"发展状态"现代化是指一个国家或地区基本实现了工业化、城市化等。正是在批判性地反思现代化的过程中，当代中国学术话语才实现从"现代化思维"到"现代性思维"的转向，正是在对西方现代性的哲学反思过程中，才逐渐建构起"中国现代性"。

一、现代性焦虑及其管理与克服

无疑，现代性是我们时代最重要的焦点性话题之一。其实，我们研究的许多重大理论现实问题，都直接或间接与现代性相关。从19世纪中期以来，尤其是1978年改革开放以来，"现代性焦虑"就成为中国人无法回避的课题。中国之所以遭遇"现代性焦虑"，一个重要原因是中国作为后发现代化国家，当我们追赶西方、追求现代化的时候，西方已经显现出现代性的种种弊端。这种"时空落差"与"时空压缩"交织在一起，构成中国人"现代性焦虑"的底色。问题不在于对"现代性焦虑"如何恐惧，问题在于如何基于现代性视角对"现代性焦虑"进行深入的学理分析，对"现代性焦虑"进行有效管理，进而寻求克服之道。

西方现代性与西方对人的理解和认识内在相关。在西方语境中现代性的后果主要是"主体性原则"的确立，即"人的发现"和"人的觉醒"。伴随这种"人的发现"和"人的觉醒"过程，西方哲学对人的阐明大体经历了一个从"抽象的人"到"现实的人"的认识过程。实际上，主体性背后所隐藏着的恰恰是西方近代的内在性主体性哲学的文化话语。这种近代的内在性主体性哲学把人的本质"理解为一种内在的、无声的、把许多个人自然地联系起来的普遍性"①。

其实，现代性是一个内涵丰富而又争议颇多的概念，要准确厘定"多维现代性"的内涵和外延绝非易事。从研究文献来看，对现代性词源的分析，大都追溯到法国诗人波德莱尔："现代性就是过渡、短暂、偶然；它是艺术的一半，另一半则是永恒与不变。"②作为历史进程的现代性是指现代化的过程。作为方法的现代性是指现代思维的方式。作为历史与文化的现代性是指自文艺复

---

① 《马克思恩格斯选集》（第1卷），人民出版社1995年版，第60页。
② 《波德莱尔美学文选》，郭宏安译，人民文学出版社1987年版，第485页。

兴、特别是自启蒙运动以来的西方历史和文化,其特征就是"勇敢地用自己的理智"来评判一切。

哈贝马斯指出,要想弄清楚现代性的概念,就必须回到黑格尔那里去。为什么必须回到黑格尔那里去呢?因为在哈贝马斯看来,黑格尔是"第一位清楚地阐释现代概念的哲学家",也是"真正开启现代性论说的第一人"。黑格尔对现代性的阐释深刻且影响深远,其主导逻辑是本质论、目的论、一元论和欧洲中心论,这基本上奠定了此后西方人的现代性基本观念。后来逐渐衍生出现代性的三种逻辑:技术的逻辑——科学作为现代性的支配性世界观;社会地位、功能和财富划分的逻辑——资本作为现代性的轴心;政治权力的逻辑——权力作为现代性的重要力量,都或多或少地受到黑格尔的影响。哈贝马斯断言"现代性是一个未竟的方案","主体的自由"是其主要特征,"主体性原则"成为现代意识的源头。

如果说哈贝马斯还带有比较浓厚的黑格尔主义的形而上学色彩的话,那么吉登斯则可以说是一个彻头彻尾的"现实主义者"。在哈贝马斯那里,现代性主要是一个"政治理论问题",而在吉登斯这里现代性则主要是一个"政治课题"。吉登斯从"制度性维度"视角试图对现代性作出一种"制度性的分析"。他认为"现代性指社会生活或组织模式,大约17世纪出现在欧洲,并且在后来的岁月里,程度不同地在世界范围内产生着影响。这将现代性与一个时间段和一个最初的地理位置联系起来,但是到目前为止,它的那些主要特征却还仍然在黑箱之中藏而不露"①。在吉登斯看来,现代性的制度与模式主要包括四个维度:"资本主义"、"工业主义"、"监控系统"和"军事力量",其中"资本主义"是第一位的也是最关键的,它是现代性的基石;"工业主义"是现代性的物质基础;"监控系统"是现代性的游戏规则;"军事力量"是现代性的力量保障。

从哲学视角看,现代化是现代社会的"量的规定",现代性是现代化的"质的规定"。现代化在把人形塑成"现代化的主体"的同时,也把人变成"现代化的对象",这其中就蕴含着异化和物化的风险。进言之,现代化在给人们带来丰硕的物质文明成果的同时,也催生了相应的精神危机,现代性焦虑就是其中之一。如今,现代性焦虑已成为现代社会显著的标识之一,也构成了现代人的基本生存处境,因此"焦虑管理"应运而生。笔者认为,现代性焦虑是现代化不可避免的后果之一,正是随着现代化借助全球化拓展的过程中走向全世界。

---

① 安东尼·吉登斯:《现代性的后果》,田禾译,译林出版社2011年版,第1页。

尤其值得注意的是,"现代性焦虑"在社会转型期得以凸显和强化,成为不可忽视的问题。

首先我们有必要对焦虑进行"现象学分析"。"焦虑是所有形式危险的自然相关物。其成因包括困窘的环境或威胁,但它也有助于建立适应性的反应和新的创新精神。"[①]"作为一种普遍现象,焦虑源于个体去超前思考及预期与当下行动有关的反事实的未来可能性的能力和必要性。"[②]西方存在主义哲学家海德格尔将"焦虑"视为人的基本存在方式,他认为人的生存状态表现为"在世",而"在世"的基本结构就是"烦":"在世本质上就是'烦',寓于上手事物的存在可以被理会为烦忙,而与他人的在世内照面的共同此在一起的存在可以被领会为烦神。"[③]无论是烦忙,还是烦神,均揭示出现代人的某种基本生存体验——焦虑。此种焦虑感在风险社会进一步强化。风险社会的最大特点便是对于未来的"不确定性"以及"不可预测性"无法有效控制。"焦虑之所以发生,首先是由于未来的不确定性或未知性。"[④]现代性并没有将人类导向一种更安全更幸福的生活境遇,相反,它让我们持续暴露在"风险"之下,我们正在经历着"风险"产生的巨大后果。概括起来,现代人正处于四大"风险景象"之中:人造的自然灾难、科技造成的安全隐患、虚拟资本带来的财富冲击和金融体系的高风险效应。在高风险的现代社会,自我本体的安全和存在焦虑成为一个困扰现代人的现实问题。实际上,生活在高度现代性世界里,便是生活在一种机遇与风险并存的世界之中。

真正的哲学作为时代精神之精华,理应成为管理和克服现代性焦虑的重要思想资源。"哲学作为理论形态的人类自我意识,即以理论的形态所表达的人类关于自身的意义与价值的自我意识,一向是以阐扬崇高贬抑渺小作为自己的追求目标和理论使命。"[⑤]在当代,信仰缺失无疑加剧了社会焦虑,主要表现在:有些人缺少定力,随波逐流;有些人丧失底线,为所欲为;有些人任性,无

---

① 安东尼·吉登斯:《现代性与自我认同:现代晚期的自我与社会》,赵旭东、方文译,生活·读书·新知三联书店1998年版,第14页。
② 安东尼·吉登斯:《现代性与自我认同:现代晚期的自我与社会》,赵旭东、方文译,生活·读书·新知三联书店1998年版,第52页。
③ 海德格尔:《存在与时间》,陈嘉映、王庆节译,生活·读书·新知三联书店1987年版,第233页。
④ 乌尔里希·贝克:《风险社会》,何博闻译,译林出版社2004年版,第6页。
⑤ 孙正聿:《崇高的位置》,吉林人民出版社1997年版,第1页。

所畏惧；有些人认命，无所作为；有些人走向悲观冷漠。于是，一些人追求短期利益（短期行为），放弃长远目标。如今，"无家可归状态变成了世界命运。因此有必要从存在的历史意义去思此天命"①。"本来，经典的马克思主义就是一种现代性的态度，其主旨是寻求超越于建立一种不同于以'自由'为主导价值的资本主义现代性，建立一种以'平等'为核心价值的现代性。"②

现代性的一个重要趋向就是"度量一切"，其结果就是"一切都变得可通约"。现代性的矛盾性和复杂性主要在于现代性既解放了人，也使人陷入困惑，既带来了力量，也催生了焦虑。现代性是马克思研究的主题之一，"马克思与现代性之间具有互文性"③。马克思受启蒙影响至深，他毕生追寻的"人的自由和解放"的观念就是启蒙价值的核心，因此马克思也被视为"启蒙之子"。作为"启蒙之子"，马克思对于启蒙方案所产生的现代文明有深刻的洞见，对现代性有深刻的洞察。马克思所体验到的现代性的矛盾性往往用异常强烈的意象来表达——深渊、地震、火山爆发和压倒一切的重力。马克思断言，"这里有一件可以作为我们19世纪特征的伟大事实，一件任何政党都不敢否认的事实"，这就是充满矛盾的现代性：

> 在我们这个时代，每一种事物好像都包含有自己的反面。我们看到，机器具有减少人类劳动和使劳动更有成效的神奇力量，然而却引起了饥饿和过度的疲劳。财富的新源泉，由于某种奇怪的、不可思议的魔力而变成贫困的源泉。技术的胜利，似乎是以道德的败坏为代价换来的。随着人类愈益控制自然，个人却似乎愈益成为别人的奴隶或自身的卑鄙行为的奴隶。甚至科学的纯洁光辉仿佛也只能在愚昧无知的黑暗背景上闪耀。我们的一切发现和进步，似乎结果是使物质力量成为有智慧的生命，而人的生命则化为愚钝的物质力量。现代工业和科学为一方与现代贫困和颓废为另一方的这种对抗，我们时代的生产力与社会关系之间的这种对抗，是显而易见的、不可避免的和无庸争辩的事实。④

---

① 孙周兴：《海德格尔选集》（上卷），生活·读书·新知三联书店1996年版，第383页。
② 陈嘉明：《中国现代性研究的解释框架问题》，《华东师范大学学报（哲学社会科学版）》2006年第3期。
③ 黄瑞祺：《马学与现代性》，允晨文化实业股份有限公司2001年版，第17页。
④ 《马克思恩格斯选集》（第1卷），人民出版社1995年版，第775页。

在《共产党宣言》(1848)一书中,我们看到将推翻现代资产阶级的革命动力来自资产阶级自身最深层的冲动和需要:

> 资产阶级除非对生产工具,从而对生产关系,从而对全部社会关系不断地进行革命,否则就不能生存下去。反之,原封不动地保持旧的生产方式,却是过去的一切工业阶级生存的首要条件。生产的不断变革,一切社会状况不停的动荡,永远的不安定和变动,这就是资产阶级时代不同于过去一切时代的地方。一切固定的僵化的关系以及与之相适应的素被尊崇的观念和见解都被消除了,一切新形成的关系等不到固定下来就陈旧了。一切等级的和固定的东西都烟消云散了,一切神圣的东西都被亵渎了。人们终于不得不用冷静的眼光来看他们的生活地位、他们的相互关系。①

在《超越善恶》(1882)一书中,尼采这样描述现代性的矛盾性:

> 在历史的转折点上,出现了相互并列相互交织的壮丽多样的、丛林般的生存努力,充满激烈竞争的热带发展速度以及巨大的破坏和自我毁灭,这是因为利己主义的剧烈相争,为太阳和光而进行的相互争斗、相互破坏,在他们滥用的道德范围内,没有任何限制、没有任何克制,没有任何为他人的着想……除了新的"为什么",不再有任何公共规约;对误解与相互敌视的新的信念;腐败、邪恶和种种最自负的欲望相互胶着在一起,种族精神从善恶的丰饶之角中奔涌出来;春与秋预言性的同时出现……还有危险,那道德之母——巨大的危险——但是这一次发生在个体身上,在最亲近的人身上,在街头,在自己的孩子身上,在自己的内心,在自己希望和意志的最隐秘处。

弗洛姆在《逃避自由》一书中对现代人逃避自由的心理机制进行了分析,揭示了现代人的个体化和自由的复杂特征:

> 个人摆脱了经济及政治纽带的束缚。但他在新制度中发挥积极独立的作用,获得了积极意义上的自由。但他同时摆脱了曾给他安全感和归属感的那些纽带。生活不再是一个以人为中心的封闭世界;世界已变得无边无际,同时

---

① 《马克思恩格斯选集》(第1卷),人民出版社1995年版,第275页。

又富有威胁性。由于人失去他在封闭社会里的固定位置,所以也找不到生活的意义所在。其结果便是他对自己及生活的目标产生怀疑。他受到强大的超人力量、资本及市场的威胁。每个人都成了潜在的竞争对手,他与同胞的关系也敌对起来,疏远起来;他自由了——也就是说,他孤立无助,备受各方威胁。由于没有文艺复兴时期资本家的财富和权力,又失掉了人和宇宙的一体感,于是他被个人的微不足道感和无助感所淹没。天堂永远失去了,个人茕茕孑立,直面世界,仿佛一个陌生者置身于无边无际而又危险重重的世界里。新自由注定要产生一种深深的不安全、无能为力、怀疑、孤单与焦虑感。如果个人想成功,就必须设法缓和这些感觉。①

虽然离开自由,无法把握现代性,但需要进一步追问的是:现代性是否必然导致人与物的"疏离"和人与人的"疏远"?对待现代性,恐怕还是要像胡适当年所提倡的那样,"少谈些主义,多研究点问题"。其中,一个重要问题就是合理处理自我与他者、个人利益与公共利益、个人自由与社会团结的关系。"文化政治是文化之间以文化为形式进行的支配与反支配斗争,所争者即是谁的标准居于支配地位。"标准与我异者,构成了他者。在一些狭隘的人看来,他者即竞争者、对手甚或是敌人。文化政治的结构性思路在于:"强者对于弱者的支配、剥削以及污名化,通常表现为强者的普遍者姿态:强者代表的是某种具有普遍妥当性的文化,而弱者则需要自贬为特殊者,'承认'强者文化的规定。"②正如马克思所揭示的,一些阶级往往把本阶级的利益说成是全人类的普遍利益。历史上很多所谓的普遍主义乃是自诩为普遍主义的特殊主义,本质上则是"虚假的普遍主义"。

面对现代性的后果导致的种种困境和危机,尼采、海德格尔、霍克海默、阿多诺、哈贝马斯、福科、马尔库塞、罗尔斯、鲍曼、贝克、德里达、利奥塔、鲍德里亚等重要的现代思想家们从各自不同的视角对现代性进行批判性思考,并对现代性危机提出了各自的解决思路和处理方案。客观地讲,他们的思考不能不说是深刻的,他们对现代性病症的诊断也是有启发性的,但是他们最终都没有能够洞穿现代社会的历史本质。无论是哈贝马斯的通过"交往理性"重建现

---

① 埃里希·弗罗姆:《逃避自由》,刘林海译,国际文化出版公司2007年第2版,第45~46页。
② 钱永祥:《主体如何面对他者:普遍主义的三种类型》,载钱永祥:《普遍与特殊的辩证:政治思想的探掘》,台湾"中央研究院"人文社会科学研究中心2012年版,第45页。

代性,还是吉登斯的通过所谓"自反的现代性"超越"早期的现代性",还是罗尔斯的通过"公共理性""重叠共识"来摆脱现代性困境,抑或是利奥塔的通过对"元叙事"的怀疑和解构而"重写现代性",由于未能深度触及现实制度,因而都仅仅具有文化超越的意义,表现出的是折中的学术立场与改良主义的理论实质,某种意义上是与资本主义现代性的共谋。

笔者认为,现代性焦虑本质上是对资本主义文明走向的一种焦虑,因此现代性焦虑之克服根本上在于超越资本主义文明,开辟一种新文明。中国进行社会主义现代化建设是一种有益的探索。中国的成功意味着西方文明中心论的破产,也意味着人类文明的多样性得到尊重和捍卫;中国崛起意味着一种新文明形态的出场,也意味着21世纪人类思想宝库盖上了"中国印"。从人类文明发展的维度看,中国特色社会主义进入"新时代"意味着中国拓展了发展中国家走向现代化的途径,为解决"人类问题"和"世界难题"提供了"中国方案"、贡献了"中国智慧"。笔者认为,在后发现代化国家中,"现代性焦虑"是无法根除的,但是国家可以采取多种措施对其进行管理:推进民主化和法治化进程,完善社会民生保障制度,"精准"满足社会成员各层次的需求,减少居民所面临的风险性因素并提升他们的抗风险能力;引导社会成员树立并践行社会主义核心价值观,建立以公平正义和共建共担共享为核心的社会价值体系,从多个层面化解社会焦虑。① 对于个人而言,可以通过寻找新的价值坐标,守住安身立命之本,避免从"物化"滑入"虚无",防止在"纵欲"与"虚无"之间游移,从而降低幻灭感和无意义感。

二、虚无主义及其遏制或克服

从理论上看,虚无主义是一些有识之士对现代文明的深刻反思。历史地看,虚无主义本质上是对现代化命运的一种理解,也是对现代文明前景和本质的一种严肃思考,从德国到俄国再到中国,从雅各比、马克思、屠格涅夫、尼采、海德格尔、朱谦之、刘森林,从未中断,区别在于他们有的从存在论的视角,有的从价值论的视角,有的从阶级论的视角,有的从文明论的视角,有的从相结合的视角审视虚无主义问题。值得注意的是,在虚无主义及其遏制或克服的主体方面,马克思把希望寄托在"无产阶级"身上,而尼采则把希望放在了"超人"身上。

---

① 张瑶、张艳涛:《现代性视角下的社会焦虑》,《胜利油田党校学报》2016年第6期。

第三章 时空压缩与"中国现代性"建构:现代性研究的共时态视角

虚无主义是不是现代化过程的必然结局?从哲学视角看,虚无主义无疑是现代性的"根本困境"之一。在21世纪,我们需要在动力与平衡的张力中界定现代性中颇具张力的"自由"与"平等"的关系,进而揭示现代性与虚无主义的深层关联。此种揭示,有助于引领人们走出现代性焦虑和虚无主义困境,有助于推进传统文化的创造性转化和创新性发展,也有助于更好地坚定文化自信和开辟新文明。"其实,虚无主义是可以指向超越现代化的,指向现代化之后的另一种新文明的。"①关键是要走出物化生存状态,因为归根结底虚无主义受到物化生存的滋养。

启蒙之后,现实的个人往往在纵欲与虚无之间游移,其结果造成一些"两面人"。其实尼采早已认识到,启蒙当中既有"自主精神"的普遍运动,也有破坏生命的"虚无主义"的力量。这启发我们,自由和责任相伴而生,解放和奴役如影随形,不可分离。如果说现代的恐怖主要是集权主义、现代的挑战主要是相对主义、现代的成就主要是自由主义、现代的梦想主要是民主和法治,那么现代的困境主要是虚无主义。当然,我们谈论和研究虚无主义并不是要赞扬虚无主义,更不是鼓励人们走向消极颓废,而是要寻求遏制或克服虚无主义之道,毕竟,虚无主义问题愈益接近现代性思维的核心。维基百科对"虚无主义"的解释简洁明了:"虚无主义作为哲学意义,认为世界、生命(特别是人类)的存在是没有意义、目的以及可理解的真相及最本质价值。"我们正是从哲学视角出发审视虚无主义的。

毫无疑问,现代虚无主义问题诞生于德国,一直延续至今。虚无主义的流行,离不开两个人物——尼采与海德格尔。在海德格尔看来,尼采是最后一个,也是最具代表性的虚无主义者。自从尼采说出"上帝死了"②这句名言,以理性主义为特征、以基督教为背景的西方传统哲学便陷入了全面的危机之中。在到处弥漫的虚无主义的精神氛围中,传统观念遭到全面的否弃,而且在近代文艺复兴、宗教改革和启蒙运动中建构起来的价值体系也遭到全面的否弃。这种虚无主义的哲学情绪危害很大。仔细分析,尼采是以一种"以毒攻毒"的方式来克服欧洲传统的虚无主义的,他以一种新的形而上学颠覆了西方自柏拉图以来的形而上学。但是虚无主义决不是一种特殊的"德国现象"和"俄国

---

① 刘森林:《物与无:物化逻辑与虚无主义》,江苏人民出版社2013年版,第2页。
② 确切地说,是黑格尔最早表述了这一思想,黑格尔在论述苦恼意识时说:"苦恼意识是痛苦,这痛苦可以用这样一句冷酷的话来表达,即上帝死了。"参见《精神现象学》(下卷),商务印书馆1981年版,第231页。

现象",随着中国逐渐走近世界舞台的中央,随着中国特色社会主义道路的发展,当代中国人也必须认真对待虚无主义问题。可以说,"源自德国经俄国到达中国的社会主义探索,仍然承担着矫正、改造现代资本主义文明,创建更高更好的新文明的使命"①。

需要进一步追问的是:虚无主义是欧洲历史的运动过程和欧洲文化思想发展的必然结果吗?根据尼采的说法,"虚无主义意味着,最高价值的自行贬黜"②。在现代社会,人们享受着科学理性带给我们的诸多成果时也迎来了所有客人中最可怕的客人——虚无主义。有学者认为,虚无主义本质上是"弱者的哲学",原因在于,"虚无主义:没有目标;没有对'为何之故?'的回答"③。可见,遏制或克服虚无主义是21世纪人类的一种"伟大斗争"。

在21世纪,资本主义文明是否已经走到穷途末路了?资本的运行是否必然孕育着虚无主义的力量?海德格尔认为"马克思达到了虚无主义的极致"④。马克思关于虚无问题有两次重要的思考:第一次是指责施蒂纳的"无"之"虚",第二次指出资本势必荡除一切崇高与神圣。施蒂纳声称"我把无当作自己事业的基础",这对马克思刺激较大,促使马克思放下自己的重要工作,详尽地批判施蒂纳。在马克思看来,资本主义经济交换本质上是一种"夷平"的过程,它将整个世界充满个性的事物抽象为无人格性的物品,人的一切活动均被抽象化和形式化:"资产阶级在它已经取得了统治的地方把一切封建的、宗法的和田园诗般的关系都破坏了。它无情地斩断了把人们束缚于天然尊长的形形色色的封建羁绊,它使人和人之间除了赤裸裸的利害关系,除了冷酷无情的'现金交易',就再也没有任何别的联系了。它把宗教虔诚、骑士热忱、小市民伤感这些情感的神圣发作,淹没在利己主义打算的冰水之中。"⑤放眼望去,到处都是精致或赤裸裸的利己主义者。在一定意义上,资本逻辑主导的时代,就是消灭大侠和义士的时代。此后,快意恩仇、行侠仗义、惩恶扬善的民间力量逐渐式微了,取而代之的只能是民主与法治。海德格尔另辟蹊径力图通过克服西方形而上学来克服虚无主义。"海德格尔克服欧洲虚无主义的方式仅仅是追问存在本身,反对一切定义和陈述,试图'不顾存在者而思存在',同样

---

① 刘森林:《物与无:物化逻辑与虚无主义》,江苏人民出版社2013年版,第57页。
② 海德格尔:《尼采》,孙周兴译,商务印书馆2002年版,第26~27页。
③ 陈嘉明:《现代性与后现代性十五讲》,北京大学出版社2006年版,第400页。
④ 费迪耶等:《晚期海德格尔的三天讨论班纪要》,《哲学译丛》2001年第3期。
⑤ 《马克思恩格斯选集》(第1卷),人民出版社2012年版,第402~403页。

陷入两难:要么摆脱不了主体形而上学和价值论,要么沉默不言、否定语言,两者都仍然是虚无主义。"①如今,人的寿命越来越长,却越来越感觉到空虚无聊,人要怎样建立自己内在终极的关怀呢?一旦人丧失了意义和价值(原因),就容易走向悲观主义(中介),最终走向虚无主义(结果)。

正是在对现代文明和现代性进行反思和批判的过程中虚无主义话语才出场的。从理论上讲,"现代意义上的虚无主义还是从德国开始的"②。通常,越是传统深厚且后发现代化的大国,越容易出现虚无主义话语的泛滥,首先是德国,接着是俄国,再后来是中国和日本,均是如此。"如果中国要总结借鉴跟自己很类似的晚外发现代化大国德国、俄国对待西方现代化的经验教训,反思现代文明的哲学基础,探究超越现代资本主义文明、创建更高的新文明的可能性,就无法避开对德国、俄国虚无主义话语的核心提问和反复思考。在这个意义上,虚无主义话语就是晚外发现代化的大国立足本国悠久传统对西方传来的现代文明的批判性思考。"③这种批判性思考是开辟新文明的前提和基础。

总之,虚无主义蕴含巨大的吞噬力,遏制或克服虚无主义已成为现代人的天命。诚然,遏制或克服虚无主义问题好比是肥胖者需要减肥,只有首先胖起来,才有减肥的必要和需要,一个瘦子是没有减肥的必要和烦恼的。因此,中国也只有经过充分的现代化发展,才能真切遭遇到虚无主义问题,也才能真正有资格谈论遏制或克服虚无主义问题。

二、文化自信与现代心灵秩序建构

在 21 世纪,随着全球化的深化发展,人类文化所蕴含的各种矛盾和冲突也愈益清晰地在全球范围内展示出来并获得完整的意义。当中国的经济发展达到一个更高的阶段时,对现代性的反思、对虚无主义的克服必然要提出文化自信与现代心灵秩序建构的论题。

如何把中国制度优势和发展优势转化为理论优势和话语优势?现代性焦虑和虚无主义是不是新旧文明转折的阵痛?为了防止出现"现代化水平不断提高伴随着文化的日益降低和丧失"的问题,需要文化自信。文化作为人类的独特存在方式,是一个社会制度存在的根基,也是人们安身立命、身心和谐的

---

① 邓晓芒:《欧洲虚无主义及其克服》,《江苏社会科学》2008 年第 2 期。
② 刘森林:《物与无:物化逻辑与虚无主义》,江苏人民出版社 2013 年版,第 2 页。
③ 刘森林:《物与无:物化逻辑与虚无主义》,江苏人民出版社 2013 年版,第 4~5 页。

基础,还是一个民族昌盛和国家强大的内在支撑。一个民族,只有文化体现出比物质和资本更强大的力量,才能造就更大的文明进步;一个国家,只有经济发展体现出文化的品格,才能进入"强起来"的发展阶段。文化自信是更基本、更深沉、更持久的力量。为此,文化建设,应着眼于满足人们的精神文化需求,提升人们的精神生活质量,不断丰富人们的精神世界。现代化需要文化自信的引领和支撑,现代性焦虑的克服和虚无主义的遏制,都需要新文化的滋养。

首先,遏制或克服虚无主义要走出崇高的失落。占有还是生存?这的确是一个问题。从普遍地为追求生活享受而奋斗中走出来,确实很难!无论是近代德国用高度"文化"抵御低俗"文明"还是当代中国用高度的"文化自信"抵制盲目的"崇洋媚外",均是如此。"20世纪哲学理性的精神困倦,从根本上说,就是在消解异化的崇高的过程中却失落了崇高并淡化了对崇高的追求。"[①]社会转型期人们的心灵秩序面临前所未有的冲击和挑战。个人的无意义感、无归属感、无认同感、孤独感,是一些现代人的精神状态。于是,如何引导人们建构现代心灵秩序自然就成为时代的重要问题。对于当代中国而言,现代化既是"最大的政治",也是"最大的现实",更是"最大的梦想"。然而国家强大不独有赖经济崛起和国力强大,更有赖文化道德和精神价值的深厚强大,现代化需要自觉的文化精神支撑,关键是国民要有现代心灵秩序,并以此通过人文关怀消除种种虚无主义和现代性焦虑。

其次,遏制或克服虚无主义要培育新人。文化的最大作用是育人。中国之所以是一个文明古国,就是因为通过文化教育让国人传承了中华传统美德。中国共产党之所以能够带领人民群众取得革命、建设、改革开放的胜利,很重要的一个原因就是传承了历史文化,传播了先进文化,培育了一代代新人。在21世纪,以文化人是我们发展和繁荣文化的重要任务。以文化人,发挥文化的教化、激励、引导作用,带领中国人民由文化自觉、文化自信走向文化自强。当代中国人不仅要成为"历史的同时代人",更要成为"思想的同时代人",而要成为"思想的同时代人",关键是建构现代心灵秩序,培育现代个人。毕竟,人的现代化是现代化的核心与关键。

再次,遏制或克服虚无主义要坚定文化自信。当代中国人如何走出学徒心态,告别他信,真正建立自信?近代以来,"现代性焦虑"迫使中国人急切地希望找到一个蓝本,而这个蓝本就是西方的物质文明与现代文化。近百年来

---

① 孙正聿:《崇高的位置》,吉林人民出版社1997年版,第70页。

中国人阅读西方,普遍有一种"病态心理"。原因在于,这种阅读方式首先把中国当成"病灶",而把西方当作"药铺",极力到西方找寻医治中国病症的"灵丹妙药"。如今,我们需要摆脱这种病态心理,确立健康地阅读西方的方式。所谓健康阅读西方的方式首先是按西方本身的历史和文化脉络去阅读西方。实际上,西方如有什么药方,首先医治的也是西方本身的病,例如柏拉图哲学要治的是"古希腊民主的病",奥古斯丁神学要治的是"古罗马公民的病",马基雅维利史学要治的是"基督教的病",尼采和海德格尔哲学要治的是"欧洲形而上学的病",马克思和恩格斯则要治的是"资本奴役劳动控制社会的病",罗尔斯要治的是"英美功利主义的病"。唯有按照西方本身的历史和文化脉络去阅读西方,我们才能真正了解西方。只有在充分学习、消化、吸收西方现代文明的基础之上,只有在立足中国传统文化的创造性转化和创新性发展基础之上,当代中国人才能建构起现代心灵秩序,也才能成为思想的同时代人。

最后,遏制或克服虚无主义要有所创造和创新。其实,越是有创新就会越自信。中国道路自信源于中国道路创新;中国理论自信源于中国理论创新;中国制度自信源于中国制度创新;中国文化自信源于中国文化创新;创新的关键是营造创新的社会氛围。发展和创新21世纪马克思主义、当代中国马克思主义是建构理论中国的重要方面。当今中国学术一个问题恐怕就是"浮躁",所谓"浮"就是根基不牢,所谓"躁"就是坐不住板凳。毋庸讳言,如今,虽然哲学研究看似繁荣,实质上原创性成果却是凤毛麟角。对此,高清海曾指出:"我们并不缺乏哲学理论,更不缺少哲学知识,我们有许多哲学方面的专门家、学问家乃至理论家,但出了多少能够表征我们时代精神、堪称真知灼见的哲学思想?我们有太多的有理论而无思想的文章和书籍!"①如果理论不能切中现实,不能深入分析问题,那么就不是真学术。这与中国学人"为天地立心,为生民立命,为往圣继绝学,为万世开太平"的学术理想如出一辙,具有"永恒的魅力"。

文化建设,应着眼于满足人的精神文化需求,提升人的精神生活质量,不断丰富人的精神世界。当今,人的发展面临两大负面影响,即"人的侏儒化"和"人的动物化",前者从精神上对人矮化,后者从肉体上对人矮化,其结果是"人字愈写愈小",人越来越平庸。此时更应重视文化建设、丰富人民精神世界、增强人民精神力量、满足人民精神需求。在中国现代性建构过程中一定要注重

---

① 转引自孙正聿:《哲学通论》,辽宁人民出版社1998年版,第2~3页。

文化软实力建设和文化创新,一定要警惕文化霸权和文化殖民主义。其实,任何民族都存在着一个能否和如何走出"民族中心主义""双重标准"的问题,在文化史上,模仿与创造是两个不同的潮流。"一个民族之文化变形,有内在不断创生的问题,也有外在吸收学习的问题,就结构与历程讲,则创生重在结构分析,模拟重在历程分析。"[①]当代中国语境的现代性之路的建构,不是强调地域式的中国或"经济中国",而是"文化中国"。中国现代文化应该是中华优秀文化与西方现代优秀文化相结合的产物。

当今世界正处于百年未有之大变局,各国利益深度融合、休戚与共。改革开放40多年,中国同世界关系实现了历史性变革,中国发展和世界发展紧密相连。习近平总书记指出,"中国开放的大门不会关闭,只会越开越大",这是中国基于自身发展需要作出的战略抉择,回应了各方面对中国开放的关切,打消了一些人对"中国开放步伐是否放缓"的疑虑,向世界表明了中国推动高水平对外开放的鲜明态度和坚定决心。过去40多年中国发展和"富起来"是在开放条件下取得的,未来中国实现高质量发展和"强起来"也必须在更加开放的条件下进行。为此我们要顺应历史和时代大势、保持战略定力,适应并引领好经济全球化,努力消解其负面影响,不断提高对外开放质量和水平,共建创新包容的开放型世界经济。"对外开放"是中国的基本国策,"开放发展"是五大新发展理念之一,中国将坚定不移走自己的道路,继续以真诚的态度和开放的胸怀,与各国互学互鉴、深化合作,始终做世界和平的建设者、全球发展的贡献者、国际秩序的维护者,让世界看到一个更加自信、更加开放、更加繁荣的中国。

中国崛起,话语权不能缺席。21世纪是中华民族伟大复兴的世纪,也一定是中国话语强势崛起的世纪。中华民族的伟大复兴必然伴随着中华文化的繁荣兴盛,中国的和谐发展也必须借助于中国人高度的文化自觉、文化自信和文化自强。"文化自觉只是指生活在一定文化中的人对其文化有'自知之明',明白它的来历、形成过程、所具有的特色和它的发展趋向,不带任何'文化回归'的意思,不是要'复旧',同时也不主张'全盘西化'或'全盘他化'。自知之明是为了加强对文化转型的自主能力,取得决定适应新环境、新时代对文化选择的自主地位。文化自觉是一个艰巨的过程,首先要认识自己的文化,理解所接触到的多种文化,才有条件在这个正在形成中的多元文化的世界里确立自

---

① 劳思光:《中国文化路向问题的新检讨》,东大图书公司1992年版,第55页。

己的位置,经过自主的适应,和其他文化一起,取长补短,共同建立一个共同认可的基本秩序,和一套与各种文化能和平共处、各抒所长、联手发展的共处条件。"①

---

① 费孝通:《论人类学与文化自觉》,华夏出版社2004年版,第248页。

第四章 力量转移与"中国现代性"建构：1970年代以来的新变化

随着时代的发展，主导人类历史发展的基本力量也在悄然实行转移。如今，"力量转移"成为人们观察世界发展趋势和中国转型动向的重要指标之一。因此，"力量转移"也应成为学界着重加以研究的一个重大现实问题。通过对"力量转移"之时空背景、内在机理和基本规律的研究，可以更加清晰地把握未来世界格局的走向和中国转型发展的方向。中国现代性建构必须高度重视人类历史发展的"力量转移"特征及其趋向。以1970年为界，人类发展出现一些新变化，这些新变化直接或间接地影响着中国现代化梦想的实现，左右着中国现代性的走向。这要从1970年代以来国际形势的新变化说起。以1970年代为分界，全球发展在"商品—货币—财富"三大基本框架上发生深刻变革。上述三大变化及其影响，构成了当今世界利益博弈的核心内容，也是理解现代世界主题和力量转移的关键。"力量转移"是不以人的意志为转移的客观历史过程，既然是客观历史过程，就必然有其基本规律，掌握这些基本规律及其内在机理，有助于我们把握世界历史主导力量的发展趋向，也有助于我们掌握中国发展的主动权和发展战略。

虽然"力量转移"概念早就提出了，但"力量转移理论"却迟迟没有诞生。我们在此尝试概括出"力量转移理论"。所谓"力量转移理论"就是指分析和研究主导人类社会历史发展力量的时空背景、基本要素、内在机理、演进规律、发展趋向及其对世界秩序、国家关系和个人发展所带来的深刻影响的理论。"力量转移理论"是分析世界历史、中国历史和当代中国发展的一个有效理论框架。

首先，我们可以用"力量转移理论"分析"世界历史"。当今世界正处在深刻变革之中，人类正迈入一个巨变的时代，以往人们熟悉的历史坐标逐渐消失，以往的历史理论解释力逐渐式微。如今，不仅东西方力量在转移，西方继续主导世界力量中心的可能性越来越小，而且南北的差距也越来越大，南半球国家人均国民收入不到北半球国家的四分之一。正如依附理论的重要阐释者阿明（Samir Amin）指出的，在工业革命前的商业主义时期（1500—1800年），以大西洋为中心的商业资本形成了它的支配地位，并创造了它的边缘区域——美洲；在产生于工业革命的所谓资本主义的古典时期（1800—1945年），随着西方资本主义的发展，亚洲（日本是一个例外）、非洲和拉丁美洲成为西方资本主义的边缘地区，它们通过农业和矿业的生产而加入全球劳动分工之中；第二次世界大战结束后（1945年至今），是边缘地区在不平等条件下进行工业化时期，这一时期包括中国在内的许多亚洲和拉美国家重新获得国家的政治主权，这为建立公平公正的国际政治经济秩序提供了可能性。虽然殖民主义已经退出历史舞台，军事占领已经不是剥夺的主要形式，但是通过经济霸权、政治霸权、军事霸权、文化霸权，通过跨国资本、跨国公司、跨国企业，特别是通过不平等的贸易和经济关系，当代世界的发展模式依然是一个不平等的发展模式。值得关注的是，在处于中心/边缘、强势/弱势、主宰/从属的不平等关系中，非西方国家（中国、印度、巴西、南非等）正在新一轮"力量转移"过程中逐渐崛起。2008年以来的国际金融危机[1]和2010年欧洲主权债务危机加速了"力量转移"速度，进一步改变了西方国家和非西方国家的力量对比。反思"发展主义"，它内含了一种"帝国主义"或"殖民主义"的逻辑。美国和欧洲经济可能会长期陷入紧缩，中国和印度等新经济体国家发展增速也在放缓。发达经济体试图重塑实体经济，出现所谓"制造业回归"，新兴经济体则力争保持快速崛起之势，努力实现所谓"结构转型"，不同国家围绕主导权、话语权、发展权的斗争将更加复杂，围绕全球气候变化、能源资源安全、国际货币金融体系、全球经济规则等问题的博弈也将更加激烈。

其次，我们可以用"力量转移理论"分析"中国历史"。中国古代和近代早期曾对世界文明做出巨大贡献。据统计，在16世纪以前，影响人类生活的重大科技发明约有300项，其中有175项是中国贡献的。正是这些重大发明和发现，使中国的农耕、纺织、冶金、手工制造技术长期处于世界先进水平。15世纪初郑和七下西洋的壮举，曾预示着世界地理学史上一个大发现时代的萌动。遗憾的是，欧洲人先后到达好望角（1488年）、美洲（1492年）和印度（1498年），此即欧洲历史上的世界地理大发现。中国没有能去发现欧洲，就只有等

---

[1] 全球经济发展失衡，以美元为主导的不合理国际金融体系和自由主义走到极端，这是2008年以来国际金融危机的深层根源。

待着被欧洲发现。在18世纪初期,中国与印度、伊斯兰世界、西方分享世界舞台,直到18世纪末期,中国的经济规模还是当时世界上最大的。但随着工业革命以及殖民主义的扩张,包括中国在内的"非西方世界"先后落入西方的宰制,从此西方国家主导人类历史长达300年。用"力量转移理论"分析近代中国的衰落,主要教训就是中国没有抓住世界历史"力量转移"的趋向,反而与其背道而驰,其结果导致落后挨打。1840年的鸦片战争是中国历史发展的一个转折点,反思中国"三千年未有之变局"主要应该从"力量转移理论"角度来进行。基辛格在《论中国》一书中指出中国在鸦片战争中的失败,西方并无意要控制中国,而是要强迫中国接受一个新的世界秩序,这个秩序就是中国并不是天下,而是世界群国之一国而已,这当然是中国"三千年未有之变局"。1949年新中国成立以来尤其是1978年改革开放以来,中国的崛起是人类历史上最大规模、最快速的工业化过程,其规模和速度都史无前例。中国现代化既是中国文明的"转型",也是顺应世界历史"力量转移"趋向的结果。我们谨慎乐观地预见,包括中国在内的"非西方世界"的全面兴起将打破20世纪"一元现代性"历史格局,"多元现代性"将成为21世纪的基本特征。

最后,我们可以用"力量转移理论"分析"当代中国发展"。从哲学高度反思发展模式,按照经济发展的主要推动力可以把经济发展模式分为三种类型:依靠权力来推动经济发展可称为"权力型发展模式";依靠发达国家的资本推进经济发展可称为"资本依附型发展模式";依靠提高自主创新能力而形成强大科技竞争优势的经济发展可称为"自主创新能力型发展模式"。基于这一认识,我们认为当代中国发展模式正在从"权力型"和"资本依附型"走向"自主创新型"的途中。自主创新是打破平衡、派生出其他力量的关键。当前,自主创新能力是当代中国发展"最需要同时也是最缺乏的"。因此,在中国发展中应注重自主创新能力的培养及其在经济发展中的重要作用,即在经济发展过程中,由"物质资源驱动"经"资本驱动"逐渐走向"创新能力驱动",主要从14亿国民巨大的创新能力中寻找"力量转移"的机会。为此,中国应基于自主创新精神培育新兴产业,除了培育各种新领域如技术、通信、信息、贸易、金融等"硬实力"之外,还应注重文化、形象、影响力、价值观等"软实力"。只有基于创新能力基础上的"硬实力"(令人敬畏的力量)和"软实力"(有吸引力的力量)比翼齐飞,中国才能跻身世界优秀民族之林,也才能赢得尊重、赢得未来。

中国作为一个崛起中的大国,如何基于"力量转移理论"和"力量转移"趋向,从合理定位、发展现状、政策走向、发展前景等方面谋划中国发展?如何更好地与现在的世界强国和大国处理好关系？如何增强自主创新能力？这些问题都是当代中国发展过程中必须要处理好的重大现实问题。这需要用历史和理论启示未来。经过思索，我们认为，需要树立、完善并践行科学发展观、大历史观、社会主义市场经济理论和新安全观，同时还需要提升判断力、稳定力、创新力和执行力。

启示一，树立并践行科学发展观，把握中国发展的主旋律，稳健发展，平稳适度增长。发展也许是最被中国人崇拜的词语，"发展"这个词，容易给人一种印象，以为中国的发展是一帆风顺的。其实如果我们回顾一下，就知道中国发展是充满危机、困境、曲折的。中国在发展过程中遭遇到的这些危机、困境、曲折我们理解为有益的"抗体"，这有助于提升中国发展的"免疫力"。在从农业文明向工业文明再向后工业文明转变的过程中，社会发展有一个由"物力"向"能力"转移的"力量转移"过程。从这一认识出发，我们认为"转型发展"就是中国当前发展的主旋律，"转型发展"应契合"力量转移"的发展趋势，注重通过推进"力量转移"加快发展模式转型。应看到，"力量转移"是经济社会发展的客观规律，后发展国家应善于把握"力量转移"的机遇与挑战。中国发展带动"非西方世界"崛起，一定程度上改变了工业产品和原材料之间的交换条件，加速了全球（财富）力量的重新分配。如今已经成为全球资本主义一部分的中国如何发展？中国的分工既是"垂直的"也是"平行的"，它同时跨越劳力密集、资本密集、技术密集多个层次，这为"结构创新"创造了条件。我们认为，中国发展"不怕慢"，"就怕断"，"就怕乱"。因此必须坚持"不懈怠""不折腾""不动摇"，增强发展的包容性与内生动力，减少发展的盲目性和代价阵痛，推动从"竞争式发展"走向"竞合式发展"，从"零和博弈"走向"共赢共生"。

启示二，掌握"世界体系论"（如华勒斯坦等人的《开放社会科学》）、大历史观（如黄仁宇提出的大历史观[①]），把握历史大方向和时代主潮流，把握世界发展和中国发展的"基本面"，对"发展主义"进行深刻反思。在中国发展过程中要分清"主次""先后""轻重"，把当代中国发展置于整个中华民族复兴和全球力量转移的历史进程中进行整体考量。既要看到经济发展依然是中国的"第

---

① 黄仁宇在《万历十五年》一书中第一次提出"大历史观"，其核心思想是从小事件看大道理，从长远的社会和经济结构观察历史的脉动。大历史观启发我们对中国历史整体的认识和把握，了解中国历史发展的趋势和走向，洞悉其背后深刻的经济和文化因素。我们认为，"微观研究"能够分析中国一些问题，但不能解决中国问题，因为中国问题的根子在权力至上，因此欲解决中国问题恐怕还应从"宏观研究"着眼和入手。

一要务",又要认识到科学发展、均衡发展与可持续性发展是中国的"必然选择";既要做好"文化理念创新"这篇文章,又要做好"人力资源开发"这篇文章;既要在时间向度上注意发展的可持续性和代际公正,又要在发展的空间向度上注意发展的均衡性和代内公正。努力引领中国从"跟随者""追赶者""模仿者"走向"引领者"和"主导者"。中国提出的"实施创新驱动战略"论断,充分反映了"力量转移"的大趋势。"力量转移"的趋向要求中国发展要实施创新驱动发展战略。实施创新驱动发展战略与推进经济结构战略性转型是我国当前经济社会发展进入历史新阶段的根本任务,是全面建成小康社会的重要保障,也是深入贯彻落实科学发展观的关键所在。建设创新型国家,走自主创新之路,是我们总结历史经验得出的基本结论,是中国特色社会主义建设的内在动力,也是反映"力量转移"趋势的国家核心发展战略。如果说过去中国发展主要靠对外贸易和吸引投资,那么今后中国发展则主要靠高附加值产业和自主创新。这首先需要文化理念创新,具体而言就是要由奉行"权力本位""关系本位""金钱本位"的社会价值观转向"能力本位"的社会价值观,使人人凭本事吃饭、凭能绩立足,最终建成人力资源强国。

启示三,遵循市场经济规律,创新和完善社会主义市场经济体制和模式,充分发挥市场在资源配置中的基础地位和作用,适时推进利率和汇率市场化改革,加强对金融风险的管控。世界经验显示,政治民主制不仅代价相对低,而且是走向长治久安之路。为此,对于市场经济发展所必需的政治制度与发展需求应适时满足。中国发展的关键是创新社会主义市场经济体制和模式,既要与国际接轨(加入 WTO),又要具有中国特色(以公有制为主体,多种所有制并存);既要注重发展实体经济,又要注重发展虚拟经济。按照力量转移的趋向,美元最终会失去世界储备货币的独占地位,但是完全取代美国的超主权货币也很难在短期内出现。因为国际金融体系并非静态,而是随着国家权力与增长率的消长而发生变化。在过渡期,国际贸易会呈现多种货币结算的多元化局面和区域化格局。因此,中国在金融领域,要适时推进利率、汇率市场化改革,培育多层次资本市场,提高直接融资的比重,保护投资者权益;要促进区域货币合作,构建多元化国际货币体系;要建设完善的、多层次的资本市场制度以消除流动性结构性紧张;要通过市场调节让资金流向最该去的地方,恢复经济结构平衡。此外,中国还应积极推进人民币的国际化,有条件的可以在一些双边贸易中以人民币为结算货币,为建立一个公平、公正、包容、有序的国际货币金融体系进行积极探索。当前,为了降低美元本位对中国金融稳定的不利影响,首先,积极地推动人民币国际化,减小美元本位对中国的影响;其次,加强国际货币政策合作,联合其他国家约束美元持续采用量化宽松的货币政策;再次,完善中国的金融市场,提高中国自身的抗风险能力;最后,加强对热钱流动的监控,引导游资的流动。[①]

启示四,深刻总结西方世界在近代的兴起及其经验教训,把握国际国内大势,树立并践行新安全观。世界"力量转移"是一个无法控制的必然过程即"世界潮流",这一潮流"浩浩荡荡,顺之者昌,逆之者亡",这是历史的必然规律。也就是说,力量转移不以个人的意志为转移,个人、社会和国家只能顺应之、利用之,而不能抗拒之。从实证的角度看,"崛起国"与"霸权国"的关系是国际体系的核心。近代以来,国际体系变迁的本质就是霸权(霸权不仅是自我优越的认定,同时也是维持既得利益的必需)的转移和大国在国际体系权力结构中的重新排列与组合。问题是:非西方国家崛起能否超越或改变西方"霸权转移"的特征?中国在21世纪可能成为一个强国,但却不能成为新的全球霸权。中国既要有理有力地反对"任何霸权",同时还应有力有效地打击"暴力恐怖"活动。过去,全球秩序的"力量转移"在引导中国发展模式演进,未来,中国崛起会带动全球秩序的重构。为此,要善于把握和平、发展、合作、共赢的国际大"势",善于把握富强、民主、文明、和谐的国内大"势"。所谓"势"指的是世界和中国的发展主导趋向,就像水从高处飞流直下,没有什么力量可以阻挡。政治家的任务就是判断"势"在哪里,引领国家和社会朝着这个方向前进。实际上,"力量转移"不仅决定了国家在国际体系中的地位与影响,也在很大程度上形塑了"力量转移"各方彼此间的安全关系。中国主张树立互信、互利、平等、协作的新安全观,倡导综合安全、共同安全、合作安全的新理念,使地球村成为各国共谋发展的大舞台,而不是相互角力的竞技场。

中国如何作为文明型的国家崛起?中国能够达到怎样的文明高度?有学者指出,中国崛起是"文明型国家"的崛起。中国崛起承载着当代中国人的雄心壮志,体现出中国人的责任与担当。然而中国崛起不仅要通过生产力的快速发展,打造"物质中国"与"经济中国",更要通过生产关系的优化,打造"文化中国"与"文明中国"。中国和平崛起和文明崛起就是要改变"落后就要挨打""贫穷就要挨饿""失语就要挨骂"的弱肉强食、倚强凌弱的丛林法则和社会达尔文主义。国家在崛起过程中,低层次是经济竞争,中层次是社会结构和社会

[①] 何国华、邓增洪:《美元本位对中国金融稳定的影响》,《光明日报》2013年6月21日。

心理竞争,深层次则是文明竞争。中国崛起是和平主义的,可能为人类的发展开启新的文明形态。我们应该在"民富"与"国富"的统一中探求强国之道。"德国和日本在20世纪现代化的过程之中,以民族文化相对性为借口,试图以'另类现代性'争夺全球霸权而最终自掘坟墓,这意味着,任何国家对现代性的探索,都不能挑战底线,相反地,积极展开与普世文明的对话,发展自身文明的独特性,从而扩展普世文明的内涵,这是赢得文明主导权的不二法门。"①中国道路绝不是对资本主义发展道路的模仿和重复,推动科学发展就是对既有的人类科学发展和文明发展模式的创新和超越,以人为本的科学发展观、创新协调绿色开放共享五大新发展理念、全面建成小康社会、"精准扶贫"、"一带一路"建设,均是如此。在后西方时代,"当代中国只有超越'资本的文明',才有可能真正建立起一种'超越资本'的文明"②,我们将迎来持久和平、普遍安全、共同繁荣、开放包容、清洁美丽的人类社会美好家园新图景。

当今世界正经历百年未有之大变局,中国处于近代以来最好的发展时期。在中国与世界关系上,我们既要学习包括西方在内的一切文明的积极成果,同时又要防止崇洋媚外,防止失掉民族自尊心和民族自信心。中国发展离不开世界,世界发展离不开中国。世界好,中国才能好;中国好,世界才更好。"中国特色社会主义理论,特别是经济新常态条件下中国经济发展转型期的政治经济学,是《资本论》的伟大续篇和最新创新成果。"③新中国成立70多年来,中国从一个在世界上被人们看不起、被视为"东亚病夫"的穷国发展成为一个受到国际社会广泛尊重、日益走近世界舞台中央的强国。如今,人类正处在大发展大变革大调整加速期,作为世界第二大经济体的中国对人类文明如何才能做出较大贡献?关键是积极参与全球治理,为人类对更好社会制度的探索提供"中国方案",这一新方案是构建人类命运共同体④、实现和平发展合作共赢的积极努力。"全球治理本质上是一套用于规范国家或非国家行动体之间博弈的规则体系,具有强烈的非中性特征。当前的国际制度和体系由西方发达国家主导创建,更多地体现了发达经济体的利益,长期以来新兴经济体和发展

---

① 许纪霖:《文明的崛起:中国准备好了吗?》,载世界中国学论坛、上海社会科学院世界中国研究所:《中国学》(第一辑),上海人民出版社2012年版,第54页。
② 王庆丰:《〈资本论〉的再现》,中央编译出版社2015年版,第230页。
③ 鲁品越:《鲜活的资本论:从〈资本论〉到中国道路》,上海人民出版社2016年版,第1页。
④ 推动构建人类命运共同体,其核心是要和平不要战争、要发展不要贫穷、要合作不要对抗、要共赢不要单赢,这反映了中国智慧。

中国家在其中的发言权和代表性明显不足。"①"中国方案"作为一种有别于西方的现代化路径,打破了西方对现代化道路解释权的垄断,结果把世界现代化道路从"单选题"变成了"多选题",可能开启一种"新文明观"。

随着中国崛起,中国发展越来越具有世界影响和世界意义,可以说"中国向何处去"也必将深刻影响"世界向何处去"。1978年改革开放以来中国快速崛起是引人注目的世界历史事件,这一事件已经并正在深刻影响世界力量转移与全球秩序重构。概括起来,改革开放以来当代中国发展的"现实逻辑"中所蕴含和展现的"整体转型升级"和"力量转移",最终就是要在中国建构起"现代文明新秩序"。其实"一个国家的外部崛起,实际上是它内部力量的一个外延"。② 中国崛起的关键是,破除"贫富分化"的陈旧逻辑跨越"中等收入国家陷阱";破除"强国必霸"的陈旧逻辑跨越"塔西佗陷阱";破除"一山容不得二虎"的陈旧逻辑跨越"修昔底德陷阱"。这无疑需要开启一种人类文明新形态。

总之,只有正确认识和积极顺应中国和世界发展大势,才能把握时代脉动,把握发展主动权,推动中国崛起。当前,中国崛起与世界秩序重构面临一系列"天时""地利""人和"的机遇。在天时方面,抓住"力量转移"的战略机遇期,利用巨大人力资源和物质资源,用好中国的外汇储备;在地利方面,在"中华经济圈",以大陆的劳动力、资源和市场,台湾的高科技与经济发展经验,香港和澳门的国际化经验,极有可能成为继欧洲与美国之后21世纪举足轻重的世界重心;在人和方面,群策群力、凝心聚力,齐心协力、和平发展、合作发展、和谐发展。一句话,中国要拓宽发展空间,赢得世界的广泛认同,显示比较优势或独特优势,关键是集中"智力"来分析(判断力),集中"民力"来维稳(稳定力),集中"脑力"来思想(创新力),集中"心力"来落实(执行力)。

---

① 张宇燕:《中国对外开放的理念、进程与逻辑》,《中国社会科学》2018年第11期。
② 郑永年:《中国改革三步走》,东方出版社2012年版,第187页。

第一节　力量转移与商品生产

自然经济是生产中心与消费中心同一,与此不同,商品经济是生产中心、需求中心、消费中心分离。如果说自然经济是以生产主义为中心,那么20世纪70年代以后发达国家则进入消费社会,购物中心和超级市场成为主要场所、广告宣传和市场营销成为主要手段、信用卡和透支成为常态。"商品崇拜、消费崇拜成为消费社会的伦理和意识形态,深入人们的思想意识。它表现为对需求、享乐的追求。这些关于开支、享乐、非计算、超前消费的主题,取代了那些关于储蓄、劳动、遗产的'清教式主题'。"①

历史地看,在不同时代,主导社会历史发展的基本力量是不尽相同的。在农业经济时代,人们看重的是土地,土地是主导社会历史发展的基本力量;在工业经济时代,人们看重的是资本,资本是主导社会历史发展的基本力量;当今世界正在走向知识经济时代,在知识经济时代,人们看重的是知识、智力和具有创新能力的人才,知识、智力,尤其是创新能力正日益成为主导社会历史发展的基本力量。这表明,影响社会历史发展的主导力量正在由物质资本向创新能力转移,由物质驱动向创新驱动转移,由外在向内在转移。为此,我们的学术研究和智库研究应反映这种"力量转移"的时代趋势,引导国家、社会和个人走向以创新能力为核心的创新驱动发展之路。

现实地看,当今世界正处于大发展大变革大调整时期,"力量转移"已成为我们理解和把握21世纪世界发展趋向的重要坐标。所谓"力量转移",就是主导人类社会历史发展力量的变化、迁移及其带来的深刻影响。当然,"力量转移"不是自明的,在力量大发展、秩序大变革、格局大调整时期,"力量转移"本身也是一种需要说明的理论现象。我们的基本判断是,当今,世界正处于一个新的"力量转移"期,深刻把握"力量转移"的趋向,对于个人、社会和国家都具有重要意义。个人应捕捉"力量转移"的新动向,努力掌握个人发展的命运,打造创新的"火花";社会应反映"力量转移"的新变化,营造创新的社会氛围,凝聚创新的"火苗";国家应顺应"力量转移"的新潮流,把握"力量转移"的规律及其带来的新机遇,积极主动抢占"力量转移"的制高点,形成创新的"火流"。

---

① 陈嘉明:《消费社会、拟像世界与后现代性》,《江苏社会科学》2006年第3期。

第四章 力量转移与"中国现代性"建构：1970年代以来的新变化

从未来的趋势看，美国著名未来学家杰里米·里夫金（Jeremy Rifkin）在其新著《第三次工业革命》一书中预言：一种建立在互联网和新能源相结合基础上的新经济即将到来。所谓"第三次工业革命"，其本质是目前新兴的可再生能源技术和互联网等新通信技术的出现、使用和不断融合后，将会对人类生产方式和生活方式产生深刻影响。反思人类历史可以发现，数次工业革命都是在新通信技术和新能源系统结合之际发生的。例如，第一次工业革命发轫于蒸汽机技术带动印刷技术发展，从而产生了"大众传媒"；第二次工业革命肇始于电力通信技术和石油燃料内燃机技术的结合，从而产生了"数字化生存"；而在今天，第三次工业革命正由于互联网技术和新型绿色能源的结合而风生水起，极可能孕育着"智能化生存"的新时代。可见，人类历史上发生主导"力量转移"在其产生条件上通常有三个共同之处：一是能源使用方式发生变革；二是管理能源系统的新信息手段的革新；三是新经济模式出现和人的生存方式的变迁。值得注意的是，第一次和二次工业革命的模式均是"垂直模式"，即国家主导的市场和政府融入其中，而第三次工业革命的模式是"扁平模式"，即每个人都能融入其中，这为个人发展创设了条件。

当前，人类发展正处于第三次工业革命的门槛，个人电脑和互联网的使用使人们的生产方式、交往方式、生活方式等都发生了深刻变化，智能电网和能源网络已成为第三次工业革命的主导方向。可以预见，第三次工业革命将使全球技术要素和市场要素配置方式发生根本性变化，进而推动世界范围内的产业结构调整，推动国际分工新格局的形成，催生出新经济模式。反思当前人类面临的全球性经济危机，其本质是以化石燃料和相关技术为基础的第二次工业革命逐渐式微，已无力继续支撑世界经济的快速发展。第三次工业革命则是摆脱经济危机的可能出路。

在商品维度上，传统工业社会阶段，商品消费重心在于其"实用性"，即消费体现的是"物质性需求的满足"，1970年代以后，则转换为"符号性"，本质是商品背后所附带的社会意义的消费，消费体现的是"人的社会价值、地位等精神性需求的满足"。该变化使得全球产业分工形成三大环节（品牌设计—产品制造—市场营销）、两大体系（工业化体系与去工业化体系），全球产业发展出现去工业化主导工业化、虚拟经济主导实体经济的新走向。如何评估这种变化，是"中国现代性"建构的重大课题。

"中国现代性"建构必须充分认识到力量转移境遇下的商品生产的新特点和新趋向。从经济角度看"力量转移"链条，有一条基本规律：在工业化时代，社会经济链条的重心在中间的"加工制造",而在后工业化时代,社会经济链条的重心由加工制造业转向两端的"创意研发与营销服务",从事前端的"创意研发"与后端的"营销服务"的白领阶层日益成为经济发展的主力军。随着全球化市场的形成,人才也日益全球化。通常,"力量转移"与"人才流动"具有一致性。拥有大量创新型人才是一个国家或地区繁荣发展的重要保证,也是引领世界发展走向的巨大资本。这就给我们提出一个现实的问题:如何培养和吸引更多的创新型人才?不可否认的是,如今西方尤其是美国依然是对全球人才最有吸引力的国家。早在1950年代以后的台湾,大学生中流行一句顺口溜,叫作"来来来,来台大;去去去,去美国",最能反映这一趋向。通常,人才跟着财富和环境走,人才走到哪里,发展的中心往往就在哪里、创新中心就转移到哪里、创意中心就转移到哪里。其实,影响人才转移的因素很多,既有经济因素,也有非经济因素;既有物质因素,也有精神因素;既有感情因素,也有环境因素。在力量转移链条中,资金流、人才流、技术流、财富流的转移具有一致性。这里有一个"合力效应",即实现"1+1>2"的效应。

第二节 力量转移与货币转移

近年来,国际力量对比继续朝着不利于美国的方向发展,美国呈现出明显的霸权衰落的焦虑感,竭尽所能力图改变困境和"重新伟大"。法国总统马克龙闭门演讲中也发出"西方世界霸权已近终结"的哀叹。马克龙说:"我们已经习惯了一种自18世纪以来,以西方霸权为基础的国际秩序。这是一个源自18世纪受到启蒙运动启发的法国。这是一个源自19世纪受到工业革命引领的英国。这是一个源自20世纪受到两次大战影响而崛起的美国。法国、英国、美国,让西方强盛300年。法国是文化,英国是工业,美国是战争。我们习惯了这种伟大,它让我们对全球经济和政治掌控着绝对的支配权。但事情正在起变化。有些危机来自我们西方国家自身的错误,而有些,则来自新兴国家的挑战。在西方国家内部,美国在面对危机中的多次选择错误,都深深动摇着我们的霸权。注意,这不只是从特朗普政府开始的,早在特朗普之前,美国的其他总统也作出了其他错误选择,克林顿的对中政策,小布什的战争政策,奥巴马的世界金融危机以及量化宽松政策。这些美国领袖的错误政策,全都是动摇西方霸权的根本错误,然而,另一方面,我们却又极大地低估了新兴大国的崛起。低估这些新兴大国的崛起,不是这两年才开始的,而是早在十年或二十年前。我们打从一开始,就低估了他们。"如何理性分析和正确看待世界主导力量转移?这是一次国际秩序的转型,一次地缘政治的整合,更是一次战略重组和文明转向。

无论是"力量转移"还是"商品生产",都离不开"货币转移",这需要深刻反思全球货币体系。在 1970 年代以前,美元与黄金挂钩,这意味着人们储存美元就是储存黄金,人们相信美元,本质上是相信黄金,在这个意义上,美元的信用模式表现为"物质性财富抵押",理论上,这是"金本位"货币体系。该阶段,美元作为世界货币,其决定性力量来源于美国强大的黄金储备,即美国的强大经济实力。而 1970 年代以后,美国单方面宣布美元与黄金脱钩,这意味着人们拿着美元未必就是拿着黄金,即美元信用模式不再是"物质性财富抵押",世界货币体系的"金本位"内涵消失。那么,美元信用不再是"物质性财富抵押",又会是什么呢?事实是,石油与美元挂钩形成"石油美元",即美国通过国家行为宣布石油与美元挂钩,同时并通过国家力量迫使石油由美元进行唯一定价。至此,美元信用来源转换为"强制抵押",理论上,"美元本位"内涵正式生成。该阶段,美元作为世界货币,一则其发行在理论上取决于世界交换需求规模,不再依赖美国的黄金储备,也就是不需要美国经济实力作唯一基础;二则在实践上美国依靠强大的军事力量让世界离不开石油,让石油离不开美元,从而确立了美元背后的"美国国家强制抵押"的地位,也就是说,该阶段的美元背后是美国强人的政治强权。世界货币的背后是国家霸权化事实。当代世界进入一个后工业社会时代,该时代对整个人类社会的知识体系提出了新挑战,如何研究这个时代的本质和特征,应该成为当代中国马克思主义理论研究的重要课题。

1970 年代以后,作为世界货币的美元,在完成"美金—石油美元"的转换的同时,也完成了对世界利益博弈格局的重构。从本质上看,"美金"背后的信用是"以黄金做抵押","石油美元"的背后是"以产油区的军事存在作抵押",而后者通俗说就是"以暴力作抵押"。以暴力为抵押的美元给世界带来了两个新游戏规则:一是,美元不可靠,可以用来花,但不可以进行战略储备,由此,在全球范围内,资本就建立了这样一个新秩序,即"美元与全球资源资产之间的跷跷板";二是,世界汇率以美元为基准,美元的深层是美国国家意志,因此汇率变动就不是纯粹经济现象,这是一个以美元为按钮的政治经济学时代。如果说在工业化时代"生产就是权力",那么在后工业时代,"服务就是权力"。进言之,"资本、技术和服务三位一体的结合就是权力"①。此时,有创意的思想未必来自思想家,而更多地可能来自新游戏的创作者,例如"支付宝""余额宝""谷歌""微博""微信""QQ""MSN"等,这其中就蕴含新时代的精神和风险。金融风险类似于"击鼓传花"游戏,问题在于"花落谁家"。尤其是在金融化时代,货币转移与中国发展具有更为复杂的关联。人民币如何成为与美元和欧元具有同样地位的世界货币,对于中国而言依然有一段艰辛的路要走。

当前,能源问题已引发新全球地缘政治的"力量转移"。如果把能源比喻成"血液",那么通信系统就像"神经",没有"血液",人类不能存活,没有"神经",人类同样不能存活和交往。如今,以矿物燃料为基础、以汽车为中心、以一次性物品为基本消费模式已弊端丛生。如果中国选择将其经济向第三次工业革命转变,则有可能迎头赶上、后来居上,关键是建设创新型国家。现在的问题是,西方发达国家在技术创新方面,不仅仅是"待价而沽"的问题,而且是一个"垄断利润"的问题。比如当前美国在陆地"页岩油"和"页岩气"开采中已率先取得技术突破,日本在海底"可燃冰"开采方面也已取得突破性进展,虽然中国地下及周边海域也蕴藏着大量的"页岩油"、"页岩气"和"可燃冰",但是中国目前还没有能力安全地开采这些能源,如果美国和日本实行技术垄断,恐怕会对全球降低污染的努力是一大打击。一位未来学家把现代化进程称之为"大过渡",即从前工业社会跨越工业社会的长时程,估计从 19 世纪一直延伸到 22 世纪。② 以富强为价值取向的中国现代性一个突出的问题是感性物欲的侵扰,发财的欲望过度膨胀,甚至出现马克思所批判的"金钱拜物教"。席美尔通过对货币功能的解析,发现从传统的人身依附关系向现代社会的个体自由的转变,主要靠的就是货币这一中介。"钱在口袋里,我们是自由的!"

---

① 赵汀阳:《游戏改变之时的反思》,《社会科学报》2013 年 8 月 1 日。
② 陆象淦:《走向二十二世纪:卡恩的大过渡理论》,辽宁人民出版社 1986 年版。

第三节　力量转移与财富转移

伴随着"力量转移"的是"财富的转移"。什么是财富？怎么看待财富？传统财富观有哪些不足？当代中国应建构怎样的财富观？这些问题都需要以马克思主义为指导，加强研究，给予解答。

财富与人的发展内在勾连，不仅在于财富是个人生存、享乐和发展的物质基础，同时财富也是人生意义、价值和成功的精神表征。历史地看，在不同时代，主导社会历史发展的基本力量和主要财富是不尽相同的。在农业经济时代，人们看重的是土地，土地是主导社会历史发展的基本力量和主要财富形式；在工业经济时代，人们看重的是资本，资本是主导社会历史发展的基本力量和主要财富形式；当今世界正在走向知识经济时代，在知识经济时代，人们看重的是知识、智力和具有创新能力的人才，知识、智力，尤其是创新能力日益正成为主导社会历史发展的基本力量和主要财富形式。概括起来，三种社会对应的三种财富形式与自由意涵见下图：

农业社会	自然经济	土地	食物
工业社会	商品经济	资本	金钱
信息社会	创新经济	信息	自由

图1　三种社会对立的三种财富形式与自由意涵

经过普遍贫困的时期，如今，国人渴望财富、追求财富与创造财富的欲望、意识和观念日趋强烈。对于当代中国而言，财富观不是一个小问题，而是一个关涉中国今后"怎样创造财富"和"如何分配财富"以及中国人"怎样致富"和"如何享受财富"的重大现实问题。在实践上，国际金融危机把财富问题凸显出来，也使蛰伏许久的马克思能力财富思想重新走进人们的理论视野，成为建构当代中国财富观的重要思想资源之一。当代中国应建构怎样的财富观？首先需要判定当代中国的历史方位。当代中国社会发展，总体上依然处在社会主义初级阶段，正处在由前现代走向现代的征途中。在这一征途中，人民群众日益增长的美好生活需要与不平衡不充分的发展之间的矛盾是当代中国社会的主要矛盾,影响人民日常生活和行为方式的前现代文化价值观念依然十分明显。因此,我们应在这种并存现象中提炼出当代中国人的财富观。改革的绩效标准从主要提高生产力水平以改善人们的物质生活逐渐转变为多元标准,以丰富人们的精神世界,满足人们广泛的社会需求。

  在当代中国,从传统社会层级结构向公正为基的现代社会结构的转向,是当前以及今后一段时期中国一系列转型中具有风向标意义的转变。这一转变反映在财富观上就是人们将不仅重视金钱、资本等物质财富,更重视文化、信仰等精神财富;不仅追求票子、房子、车子等有形财富,更追求知识、能力、健康、声誉等无形财富;财富的主体本质将日益凸显,自由时间和能力全面发展必将成为财富的重要尺度;经济财富、政治财富、文化财富和精神财富将在人们的财富观中占据恰当的比例,最终形成多元财富观。在多元财富观中,能力财富观应成为主导性的财富观,这不仅有利于"社会财富充分涌流",而且有利于"提升社会公平公正"。如果说,知识就是力量,时间就是金钱,能力就是财富,那么这意味着,掌握知识的人才能更有力量,珍惜时间的人才能获得更多金钱,拥有创新能力的人才能拥有更多财富。这必然要求尊重劳动、尊重知识、尊重人才、尊重创造。如今,资本对财富创造能发挥重要作用。"不仅在于资本可以分配财富,其根据并不在于它如同劳动那样也是财富创造的源泉,而在于它是财富创造的倍增器:生产一经资本这个要素有效发挥作用,劳动创造财富的能力就会大大提高。"①也就是说,应在劳动价值论的基础上,更加重视资本、知识、技术和管理在财富创造中的作用。

  随着财富资本化、货币霸权化、全球产业链条化,在资本时代金融中心和银行家成为全球力量的主导,富人与穷人、服务者与消费者的矛盾成为主要矛盾。在"力量转移"过程中,一国的财富不仅包括"有形"的物质资本和自然资本,同样重要的还有"无形"的人力资本、社会资本和环境资本。在当代,随着广义虚拟经济的发展,贫富的区别不再仅仅是占有物质财富的多少,而越来越用占有股票、债券、储蓄、有价证券、未到期债权等等的多少作为新的财富衡量标准。在广义虚拟经济时代,传统的创造物质财富,以满足人们生存需求为主的经济形态,正在被不仅创造物质财富而且创造附加其上的精神财富,以主要满足人们发展需求和心理需求为主所取代。虽然财富是个人生存和发展的必要条件,但财富分布是不均衡的,这往往造成暴力、权力和财富之间微妙的关

---

① 张彦:《论财富的创造与分配》,《哲学研究》2011年第2期。

系。当前,由于欧洲16~24岁的年轻人就业率很低,加之贫富差距过大和种族等问题,导致街头暴力事件在欧洲街头时常上演,这表明暴力并未完全退出"力量转移"的舞台,只是改变了比重和作用的方式。

如果说在市场经济条件下,金钱和资本是衡量一切的价值尺度,它奉行"有钱就有一切"的法则,那么在官本位体制下,权力和官位就是衡量一切的价值尺度,奉行"有权就有一切"的法则。按照马克思的理解,资本是决定社会结构和社会关系的主要因素,资本主义,是指资本家占有生产资料和剥削雇佣劳动为基础的社会制度。资本绝不会错过与新技术合作而成为普遍权力的机会,未来的权力将越来越具有超越政府和国家的能力,而成为一种"超越权力"。发展中国家在民主化进程中最应该注意不要把某种价值置于民主价值之上,人为地破坏民主的程序与基础。

当前,世界贫富不均,世界人口的1%掌握全球财富的39%,且财富多集中在北美、欧洲和亚太一些发达国家,即使在这些国家和地区,财富的分布也是极为不均的。这表明经历新一轮全球经济衰退之后,贫富不均有所加剧。第二次世界大战后,美元取代英镑成为国际货币体系的中心,后来尽管"布雷顿森林体系"的瓦解降低了美元的影响力,但未能从根本上撼动美元的霸主地位,美元依然在国际贸易、结算、储备中占据绝对优势。在美元本位货币体系下,货币间的汇率水平实际上操纵在美国手中,因此并不存在真正意义上的均衡汇率。正因为如此,美国巨额的财政赤字才可以通过发行国债来弥补,这等于把"美国债务"丢给全世界,也意味着"全球财富"向美国转移,这是一种新的"掠夺"、"剥削"和"资本奴役劳动"关系。全球化资本主义的发展,使权力正在向全球性金融这种动荡不安的、具有掠夺性质的体制转移。例如,发达国家控制或主导国际性的银行、金融体系及世界性组织,例如世界银行(World Bank)、国际货币基金会(International Monetary Fund,简称 IMF)、世界贸易组织(World Trade Organization,简称 WTO),已成为以强凌弱、以富暴贫的宰制性工具。实际上,所谓"自由市场竞争"一定程度上掩盖了资本主导下的"不平等关系"及其"权力结构"。正如沃勒斯坦在总结布罗代尔的贡献时指出的,"如果没有一种政治保障你就永远不能支配经济,……认为没有国家的支持、甚至在反对国家的情况下也能成为一个(布罗代尔定义下的)资本家,那简直是一个荒诞的想法"①。由此可见,所谓全球化,一定意义上乃是经济的富国、军事的强国、政治的优国、文化的大国,把他们的影响力扩张到世界各地的一种趋势。在资本逻辑主导的前提下,经济资本、军事资本、政治资本、文化资本可以相互转化。例如,政治资本转化为经济资本和经济资本转化为政治资本主要是通过"权力的市场化"。当前,应深刻理解邓小平提出的"允许一部分人先富起来",这既是历史发展和力量转移趋向的必然选择,也是中国在启动改革开放的必要举措,但我们同样应该反思如何实现"共同富裕"的目标。"资本逻辑主导"时期主要是富人与穷人的矛盾,这是一种"雇佣"与"被雇佣"、"发工资"与"领工资"、"尊严"与"有失尊严"的关系。

本章小结　现代性生成的深层主线：从资本逻辑到生活逻辑②

现代性问题虽然发轫于西方,但随着全球化进程的加快,它已跨越了民族国家的界限而成为一种全球性和世界历史现象。因此,现代性话语是当代中国无法回避的理论语境,同样现代性和现代化也是当代中国无法跨越的实践征程。当代中国"迫切需要追求现代性,因为其利大于弊"③。鉴于中国发展特定的"历史方位"使得我们与马克思当年的分析批判基本处于相似背景,二者面临诸多相同或相似的问题。马克思当年分析批判的某些重要问题同样也是当代中国在社会主义市场经济建设中迫切需要解决的问题,资本问题无疑是其中之一。资本逻辑是现代性之"普照的光","资本和资本的运营是现代社会和现代性的本质特征,现代社会的产生和发展,本质上是以资本的运营和扩张为特征的市场经济的发展扩张过程"④。资本的利与弊、善与恶如影随形。

---

① 费尔南·布罗代尔:《资本主义的动力》,杨起译,生活·读书·新知三联书店1997年版,第85页。
② 有学者研究,大概早在12—13世纪,已出现了"资本"(capital)一词,后来出现了"资金"(fonds capitaux),大概到17世纪才出现了"资本家"(capitalist),而"资本主义"(capitalism)这个专门词汇是在19世纪后期才使用的。参见布罗代尔:《15至18世纪的物质文明、经济和资本主义》(第2卷),生活·读书·新知三联书店1993年版,第234～256页。
③ 韩庆祥:《现代性的建构与当代中国发展》,《天津社会科学》2004年第3期。
④ 徐大建:《资本的运营与伦理限制》,《社会科学》2008年第3期。

近代以降,资本逻辑在西方演绎了充满悖论的现代性,中国现代化进程中如何综合运用各种力量,对资本逻辑扬其善而抑其恶,以构建和谐社会,无疑需要我们深入研究现代性生成的深层主线。

一、超越资本逻辑与生活逻辑之二元对立

如今,货币支付成为人们之间唯一的纽带,这种"人人都经手,事事离不开,天天都相遇,处处皆流通"的流转性质客观上极易导致如此错觉:"把一切都还原为价格表","货币可以通兑一切"。马克思对此有过深刻揭示:"资产阶级把个人尊严变成了交换价值,用一种没有良心的贸易自由代替了无数特许的和自力挣得的自由。"货币对物理时空、社会时空、历史时空的压缩和转换,成为现代社会独特的景观。"资本是构成现代性的基础,资本被创造的过程,就是现代性形成的过程。马克思在《资本论》中,对资本形态的发育和发展过程的分析,实际上就是对资本与现代性关系的剖析,他所揭示的重要思想的启发性在于:"离开对资本和资本制度的批判,我们无法切中现代性的要害。资本对现代性影响的重要方面,是资本张力与权力张力的互动问题。"[1]恩格斯曾指出:"资本和劳动的关系,是我们全部现代社会体系所围绕旋转的轴心。"[2]就世界范围而言,现代社会仍是以"资本逻辑"为主导价值的市场经济社会。资本主义发展的内在动力仍然是以利润为目标、以技术理性为手段的资本逻辑的不断生成。离开"资本逻辑"不可能真正理解现代性与现代社会。

所谓资本逻辑,不是泛指资本的所有属性,而是特指资本自身增值、追求利润最大化、唯利是图和不断扩张的自由本性。用资本逻辑来审视现代性是一个独特的视角。资本逻辑是"过度劳动的文明暴行"。然而在马克思看来,资本逻辑是人类生存活动中自身矛盾的历史运动形式,只要将这一逻辑贯彻到底,它就会扬弃自己并实现质的转变。因为"自我异化的扬弃同自我异化走的是一条道路"[3]。但这需要人们自觉地对资本逻辑进行哲学批判,以引导人们扬弃资本逻辑,回归生活逻辑。在 19 世纪,马克思洞察到在物的外表下掩盖的人与人的关系后指出:"资本不是物,而是一定的、社会的、属于一定历史

---

[1] 张雄:《现代性逻辑预设:关于三种路径的探讨》,载吴晓明、邹诗鹏:《全球化背景下的现代性问题》,重庆出版社 2009 年版,第 26 页。
[2] 《马克思恩格斯选集》(第 2 卷),人民出版社 1995 年版,第 589 页。
[3] 马克思:《1844 年经济学哲学手稿》,人民出版社 2000 年版,第 78 页。

社会形态的生产关系,后者体现在一个物上,并赋予这个物以独特的社会性质。"①海德格尔对现代社会的根本分析落脚于"科学",与此不同,马克思对现代社会的根本分析落脚于"资本"。原因在于,马克思看来,这是资本时代,只要资本存在,人的异化就不可能根除。比较而言,资本比科学更具有始源性特质。"在现代社会,不是科学驾驭资本,而是资本驾驭科学,科学只有在被资本购买并为资本服务时,它才是生产的。因此把现代社会的危机归罪于科学是肤浅的,其根源只有在资本中寻找。"②资本家积累得越多,他就能更多地积累。在此意义上,资本拜物教的出现,就其根源而言,乃是人与物关系颠倒的必然结果。与之相伴生,人不是以"人"的方式对待人,而是以"物"的方式对待人。法国米歇尔·博德非常深刻地指出:"资本主义既非人,亦非机构;既非出于意愿,亦非由于选择。资本主义是一种通过生产方式在起作用的逻辑,一种盲目发展而又顽强积累的逻辑。""这是一种取决于商品生产的逻辑,在这种逻辑中使用价值是必定返回到资本的剩余价值的支柱。而且,价值必须以现金体现,商品必须出售,否则,积累就会停滞,危机就会接踵而至。"③资本仿佛具有独立生命,控制和左右着人的思想与行为,于是,整个世界日益蜕化为物化颠倒的世界。马克思试图在"现实层面"改变这个物化世界的颠倒状况,这一努力的最终旨归就是"共产主义"。

所谓生活逻辑,是特指生活主体人追求生存、发展和自我实现的生存之维,即"人诗意地栖居"的超越本性。依照生活逻辑,生产活动和交往活动之效率的提高必然带来生活资料的增加、生活内容的丰富和生活质量的提升,然而资本运动似乎有一种造成生活资料丰富而生活意义贫乏的内在逻辑。资本扩张过程推进的"生活世界的货币化是资本带给人类社会的根本革命变革,其充满矛盾的过程是现代性生成过程的深层主线"④。商品拜物教、资本拜物教和金钱拜物教的深层意蕴正是物对人的完全统治。在资本逻辑面前,资本家不是把他的财产作为自由的自我实现加以占有的,而只是作为资本加以占有的。于是,为了追求利润,只要和法律不相抵触似乎一切都是允许的(法律成了最低限度的道德)。可见,如果缺乏必要的法律和规范,资本逻辑只会遵循"经济

---

① 马克思:《资本论》(第 3 卷),人民出版社 2004 年版,第 922 页。
② 孙承叔:《资本与现代性:马克思的回答》,《上海财经大学学报》2006 年第 4 期。
③ 米歇尔·博德:《1500—1980 资本主义史》,吴艾美、杨慧玫译,东方出版社 1986 年版,第 145 页。
④ 鲁品越、骆祖望:《资本与现代性的生成》,《中国社会科学》2005 年第 3 期。

理性"和"市场逻辑"的规则而导致"马太效应",最终引起生活和伦理的混乱与异化。要解决问题,首先要找到问题产生的原因。仔细分析起来,造成混乱与异化的深层原因就在于仅仅考虑生产什么商品能获取更多利润的"资本逻辑"占主导地位,导致"生活逻辑"的弱化、淡忘或遗忘,从而使人们在幸福/苦难、家庭/事业、工作/健康、手段/目的之间进行"非此即彼"的抉择。总之,资本逻辑和生活逻辑的冲突归根到底是资本与劳动、物与人、手段与目的的冲突,从根本上说这种冲突是本体上的,它从本原处折射出工具理性和价值理性的深刻矛盾。

历史地看,马克思既是资本逻辑的追随者,也是资本逻辑最深刻的批判者,更是生活逻辑最坚定的重建者。判断马克思在现代性研究领域是否拥有一席之地,"主要不在于他是否提出和使用过与现在完全相同的'现代性'术语及相关概念,而是要看他是否对现代性理论关注的基本问题提供了独特的、实质性的理解"[1]。实际上,马克思深入分析了资本主义生产方式,揭示了这种经济制度是以追求资本利润最大化为"主要动机"和"基本目的"的经济形态,从而揭示了"资本逻辑"构成资本主义所有矛盾的"总根源"。马克思哲学的基本主题之一就是现代性批判。马克思通过哲学、政治经济学和科学社会主义来探寻现代性的本质及其基本特征,逐渐形成了以"资本逻辑"批判为核心的"现代性批判理论"。

马克思从现代实践格局出发,透视出资本的双重作用:一方面,就资本的积极作用而言,资本是"一本打开了的关于人的本质力量的书"[2],资本逻辑在"它已经取得了统治的地方把一切封建的、宗法的和田园诗般的关系都破坏了。它无情地斩断了把人们束缚于天然尊长的形形色色的封建羁绊"[3];另一方面,就资本的消极作用而论,资本本性是贪婪的,"死的资本总是迈着同样的步子,并且对现实的个人活动漠不关心"[4]。资本逻辑与生产逻辑、技术逻辑联姻共同吞噬生活逻辑是现代社会的奇特景观。马克思在《资本论》中进一步揭示了资本的本性,他援引托·约·邓宁的一段关于资本本性的精彩论述:"资本害怕没有利润或利润太少,就像自然界害怕真空一样。一旦有适当的利润,资本就胆大起来。如果有百分之十的利润,它就保证到处被使用;有百分

---

[1] 丰子义:《马克思现代性思想的当代解读》,《中国社会科学》2005年第4期。
[2] 马克思:《1844年经济学哲学手稿》,人民出版社2000年版,第88页。
[3] 《马克思恩格斯选集》(第1卷),人民出版社1995年版,第274~275页。
[4] 马克思:《1844年经济学哲学手稿》,人民出版社2000年版,第9页。

之二十的利润,它就活跃起来;有百分之五十的利润,它就铤而走险;为了百分之一百的利润,它就敢践踏一切人间法律;有百分之三百的利润,它就敢犯任何罪行,甚至冒绞首的危险。"①资本本性被刻画得入木三分。实际上,只要"物的世界的增值同人的世界的贬值成正比"②的现状没有彻底改变,只要在资本最大化自身的逻辑没有终止其有效性之前,马克思对资本的批判就仍是有效的和不可超越的。

资本(物)支配劳动(人)成为现代性的主要负面效应。这集中表现在资本家与雇佣工人之间的不平等关系上。"货币占有者作为资本家,昂首前行;劳动力占有者作为他的工人,尾随其后。一个笑容满面,雄心勃勃;一个战战兢兢,畏缩不前,像在市场上出卖了自己的皮一样,只有一个前途——让人家来鞣。"③在此,资本成为强制力,人则退化为机器(物)、生活沦落为手段。与此不同,马克思追寻的理想社会应是这样一个社会,在这个社会中资本和物质利益不再是占支配地位的,人的能力的自由全面发展和自由发挥成为目的本身。而现实的情形是,"在一极是财富的积累,同时在另一极,即在把自己的产品作为资本来生产的阶级方面,是贫困、劳动折磨、受奴役、无知、粗野和道德堕落的积累"④。马克思指出:"在资产阶级社会里,活的劳动只是增殖已经积累起来的劳动的一种手段。在共产主义社会里,已经积累起来的劳动只是扩大、丰富和提高工人的生活的一种手段。"⑤人受着货币和资本的支配。我是什么和我能够做什么,主要不是取决于我的个性,而取决于我手中持有货币和资本的数量。在这种情况下,"资本具有独立性和个性,而活动着的个人却没有独立性和个性"⑥。马克斯·韦伯认为,资本主义的一条首要原则不是别的,就是"人竟被赚钱动机所左右,把获利作为人生的最终目的。在经济上获利不再从属于人满足自己物质需要的手段了"⑦。

---

① 《马克思恩格斯选集》(第2卷),人民出版社1995年版,第266页。
② 马克思:《1844年经济学哲学手稿》,人民出版社2000年版,第51页。
③ 《马克思恩格斯全集》(第44卷),人民出版社2004年版,第205页。
④ 《马克思恩格斯选集》(第2卷),人民出版社1995年版,第259页。
⑤ 《马克思恩格斯选集》(第1卷),人民出版社1995年版,第287页。
⑥ 《马克思恩格斯选集》(第1卷),人民出版社2012年版,第415页。
⑦ 马克斯·韦伯:《新教伦理与资本主义精神》,于晓、陈维刚等译,生活·读书·新知三联书店1987年版,第37页。

二、占有抑或生存：生存方式之痛苦抉择

现代性成为"现代"这个历史概念和现代化这个社会历史过程的总体性特征。马克思的现代性理论正是紧紧围绕资本逻辑的分析和批判来展开的。在马克思看来，现代性归根结底是在现代生产基础上资本运动的产物，是资本逻辑生成过程。马克思的现代性理论不仅揭示了资本本性及其内在逻辑，而且阐释了一个重要思想，就是"利用资本消灭资本"。在他看来，"能够克服资本根本矛盾的物质条件是'不再以直接劳动作为财富的基础'，而能够达到这种条件的途径只能是'利用资本消灭资本'，即利用资本发展生产力，提供不再以直接劳动作为财富基础的条件，它是资本矛盾不再存在或资本崩溃的根本条件"①。马克思的立场是坚定而明确的：既要征服贫困，又反对把消费作为最高目的。马克思在《共产党宣言》中曾指出："在资产阶级社会里是过去支配现在，在共产主义社会里是现在支配过去。""共产主义并不剥夺任何人占有社会产品的权力，它只是剥夺利用这种占有去奴役他人劳动的权力。"②在资本主义社会，资本具有独立性和个性，而活着的个人却没有独立性和个性。当资本出现于人类社会，在这只"看不见的手"的操控下，以利润最大化为终极目的的资本逻辑逐渐支配一切。可以说，"资本的逻辑决定着现代性的逻辑"③。不仅如此，在商品经济社会和市场社会，资本逻辑甚至操控物（也包括人）的进化方向，这直接导致了工具理性猖獗和消费主义泛滥。在全球资本主义时代，由于资本天然的趋利性，几乎没有任何一种事件能逃脱"资本逻辑"之手。实际上，当人类逐渐从"绝对匮乏"进入"相对匮乏"的时代，资本完全可以成为社会福利和个人幸福的强大赞助者，而今却沦为人类危险的敌人，资本变得敌视人了。

无疑，中国在现代化进程和追寻现代性进程中无法绕开市场经济、资本和全球化。因此，中国实行以市场化为导向的改革具有一定的历史必然性，也具有一定的风险。然而，改革在给中国经济注入生机与活力的同时，也空前激发了民众的物质欲望，加之媒体的推波助澜，经济主义和消费主义理念大行其道，大众的物质追求急剧膨胀，物质享乐迅速提升，人文追求急剧弱化，人文发

---

① 陆晓禾：《利用资本发展社会主义市场经济面临的两大挑战》，《社会科学》2008 年第 3 期。
② 《马克思恩格斯选集》（第 1 卷），人民出版社 1995 年版，第 287—288 页。
③ 丰子义：《发展的反思与探索：马克思社会发展理论的当代阐释》，中国人民大学出版社 2006 年版，第 113 页。

展明显滞后。随着市场经济的发展,现代人似乎成了"经济动物",熙熙攘攘,皆为利来,攘攘熙熙,皆为利往。在市场经济中,由于人们采用不同的逻辑,会形成迥异的生存方式:立足于"存在论"的人,必然采用"重占有"的生存方式;立足于"生存论"的人,必然采用"重生存"的生存方式。实际上,重占有与重生存这两种生存方式都蕴含于人的本性之中,是人性的两种现实性或可能性。两者的差别在于"占有性个体是只知占有的物欲主义者,他崇拜的是物质和权力,而生成的人却以更有趣的生活作为更高目标,他推崇的是自由和创造"①。占有在一定意义上排斥"分享",而生存意义在很大程度上却需要通过"分享"来实现。

然而,私有财产具有内在的自私逻辑,它"使我们变得如此愚蠢而片面,以致一个对象,只有当它为我们拥有的时候,就是说,当它对我们来说作为资本而存在,或者它被我们直接占有,被我们吃、喝、穿、住等等的时候,简言之,在它被我们使用的时候,才是我们的。尽管私有制本身又把占有的这一切直接实现仅仅看作生活手段,而它们作为手段为之服务的那种生活,是私有制的生活——劳动和资本化"②。对私有财产的积极扬弃,主要是通过人并且为了人而对人的本质和人的生活、对对象化了的人和属人的创造物的感性的积极占有。笔者认为,人类要可持续发展就必须适当管控自己的物欲,在建构精神家园上下更多的功夫。毕竟,财富有限,而欲望无穷。"在我们这个时代,每一种事物好像都包含有自己的反面。我们看到,机器具有减少人类劳动和使劳动更有成效的神奇力量,然而却引起了饥饿和过度的疲劳。财富的新源泉,由于某种奇怪的、不可思议的魔力而变成贫困的源泉。技术的胜利,似乎是以道德的败坏为代价换来的。随着人类愈益控制自然,个人却似乎愈益成为别人的奴隶或自身的卑劣行为的奴隶。甚至科学的纯洁光辉仿佛也只能在愚昧无知的黑暗背景上闪耀。"③如今,就连现代西方发达国家里资本的自由也不等于完全放任。因此,当代中国对资本更应该是引导、监管和规范而不是放任自流。

基于上述分析,我们得出一个基本结论:从资本逻辑到生活逻辑是现代性的深层主线。进一步分析,资本逻辑与生活逻辑的冲突主要源于人的两重性:

---

① 李文阁:《回归现实生活世界》,中国社会科学出版社2002年版,第172~173页。
② 马克思:《1844年经济学哲学手稿》,人民出版社2000年版,第85页。
③ 《马克思恩格斯选集》(第1卷),人民出版社1995年版,第775页。

人是现实性与理想性、生物性与社会性、此在性与超越性、给定性与创造性、自在与自为等诸多矛盾的统一体。在马克思看来,就人通过创造、处理和占有对象世界,自己生成自己的现实而言,就人"同对象的关系"是"人的现实的实现"而言,劳动无疑是人之自由的表征与确证。人正是在劳动中变得自由了。在此,自由表征的是人作为主体所具有的一种属性、权利和状态。资本作为能够带来剩余价值的价值,作为能够支配人并且吸吮人的活劳动的"怪物",也有自由的特质。可是,没有制约的自由常常表现为一种恶。鉴于资本本身是没有理性的,因此,"如果不能从实践上颠覆资本逻辑的霸权,那么,即使最深刻的现代性批判也无异于自欺欺人"。[①] 资本逻辑不是单一的而是两重的:在生产财富时也生产贫困,在发展生产力时也发展出一种压迫的力量。在社会层面,生产的社会化与生产资料的私人占有的矛盾考验着人们的耐力。在个人层面,财富有限而欲望无穷的矛盾同样折磨着人们的智慧。实际上,物质消费的不断提高并不必然带来幸福感和成就感的提升,常常是在满足之后陷入空虚或进一步更大满足的渴求。这启示我们在建设和谐社会的过程中应努力克服下述困难:必须放弃无限的经济增长这一目标,而代之以有选择的、有质量和均衡的增长,同时降低发展中的风险与代价。时下,迫切需要对经济发展进行"代价分析",对资本进行"哲学批判"。

三、回归生活逻辑:资本批判之价值归宿

在资本逻辑的主导下,如今一切似乎都变得围绕着"金钱"旋转了。值钱?值多少钱?打个折?怎么这么贱?交易?成为现代人必须熟悉的市场语言和游戏规则。笔者认为,解决现代性问题,必须对"资本逻辑"进行反思与评判。改革开放40多年来,中国经历着一场深刻的社会转型,社会结构发生了深刻变化,它直接影响着每一个中国人的生存方式、价值观念、社会关系等方方面面,在取得巨大成就的同时也出现了一些资本"吃人"的现象。为此,迫切需要对资本进行必要的引导、监管和规范。

如前所述,资本具有两重性:一方面它既是推动生产力发展和社会进步的巨大动力,给人的生活带来物质上的享乐,使人变得自立、自信、自负;另一方面它也容易掏空人的精神世界,使人变得缺少人情味,极易使人陷入"物化生存"之困境。资本逻辑使一些人只追求物质不追求精神、只讲现实不讲理想、

[①] 王善平:《现代性:资本与理性形而上学的联姻》,《哲学研究》2006年第1期。

只看眼前不想长远、只讲工具理性而不讲价值理性,于是社会成为"单向度社会",人成为"单面人",理性成为"片面理性"。虽然资本具有"文明化"的趋势,但要警惕现代性批判蜕变为资本逻辑的赞歌。正是基于资本的内在逻辑,马克思在资本仍处襁褓之时就对其做了科学考察和哲学批判,并从生活逻辑的高度揭示了其必然被扬弃的命运。进言之,"资本的幻象破灭之后,在价值规律主宰下变得僵化的生活世界将会重新获得活力"①。

现代性赋予人们改变世界的力量的同时也在改变人自身。从"追求现代化"到"反思现代性"是中国在现代化征途上走过的基本轨迹。当然,"我们不能因为现代性概念有这些缺陷而对它采取否定的态度,……我们是在人类文明已经发展到更高水平的年代里进行现代化建设,并且是社会主义现代化建设,因此应当有比启蒙时代确立了的这些现代性价值更先进、克服了它们已经被认识到了的缺陷的现代性意识"②。中国的社会主义市场经济正是试图把追求效率的市场经济和注重公正价值的社会主义结合起来,从而为克服资本逻辑的负面影响提供新的可能性,这种结合成功与否,还有待于进一步的观察。

资本逻辑集中表现为最大化和自由性。资本自由具有双重特性。资本自由与社会良知本是一对矛盾:一方面,资本没有自由就不会有剩余价值增殖,也不会有财富的增长和人民的福利。正如马克思所言:"如果没有这种发展(指生产力的巨大增长和高度发展——笔者注),那就只会有贫穷、极端贫困的普遍化;而在极端贫困的情况下,必须重新开始争取必需品的斗争,全部陈腐污浊的东西又要死灰复燃。"③另一方面,资本自由如果缺失必要的社会良知制约,就只会有暂时的效率(短期效率),最终导致社会的畸形和人之精神家园的丧失。随着伦理关系、生活世界和能力的货币化,人逐渐迷失自我。在现在的雇佣劳动的条件下,"自由贸易"和"自由交易"就是资本的自由,也就是资本拥有者的自由。因此,"不要受自由这个抽象字眼的蒙蔽!这是谁的自由?这不是一个普通的个人对待另一个人的关系上的自由。这是资本压榨劳动者的自由"④。在某种意义上,"资本是对劳动及其产品的支配权力。资本家拥有这种权力不是由于他的个人的或人的特性,而只是由于他是资本的所有者。

---

① 尤尔根·哈贝马斯:《现代性的哲学话语》,曹卫东等译,译林出版社2004年版,第76页。
② 陈嘉明等:《现代性与后现代性》,人民出版社2001年版,第30页。
③ 《马克思恩格斯选集》(第1卷),人民出版社1995年版,第86页。
④ 《马克思恩格斯选集》(第1卷),人民出版社1995年版,第227页。

他的权力就是他的资本的那种不可抗拒的购买的权力"①。因此,必须以社会良知合理规范资本自由。

在资本逻辑占主导的时代,人的生存境遇和发展命运在一定程度上取决于市场,要想完全置身于资本统治之外已是不可能的事。"资本不是一种个人力量,而是一种社会力量。"②正如哈贝马斯所言:"如今,市场语言无孔不入,把所有的人际关系都纳入以强调自我利益、自我优先权为导向的模式。由相互理解和相互承认而结成的社会纽带和伦理道德规范已经被契约的、目的——手段理性的以及最大功利化的选择和行为方式所摧毁。权力和财富成为人们所追求的最高目标。"③成为有权人和有钱人成为现代成功的新定义。

无论是资本逻辑与生活逻辑的冲突,还是重占有与重生存的生存方式的矛盾,都与资本(物)与人的博弈密切相关。问题在于,是资本力量压迫人,还是人驾驭资本,前者属于必然王国,后者属于自由王国。千百年来人类苦苦追寻的就是要脱离"必然王国"进入"自由王国",使人类真正成为自然界、人类社会和人自身的主人,到那时"一直统治着历史的客观的异己的力量,现在处于人们自己的控制之下了"④。中国在现代性建构的途中以人为本科学发展观的提出,实质上就是要使发展目标与发展动力回归到生活逻辑上来,使人从资本逻辑的桎梏中解放出来。"就世界范围来说现时代仍是以利润为本的资本主义时代。无视资本主义而空谈人本主义,这是迄今为止现代性研究的最大败笔。"⑤这一看法对中国语境中的现代性建构特别重要。不可否认,资本逻辑泛滥在现代化过程中具有某种必然性。坦率地讲,比较而言,资本相对于血统、身份和暴力无疑是巨大的历史进步。反思苏联式的计划经济的社会主义失败原因很复杂,其中很重要的一个原因就是,没有准确理解马克思所揭示的资本逻辑,只看到资本带来的危害,而没有看到资本同时也是进行社会扩大再生产的活力源泉。我们的基本思路是:既要利用资本活力,又要坚持社会主义,遏制资本的消极作用,将资本为社会主义所用。

改革开放以来中国的经济学家的贡献功不可没,其中最主要贡献就是使中国人认识了资本,认识了资本逻辑,认识了市场经济。"资本逻辑是构成现

---

① 马克思:《1844年经济学哲学手稿》,人民出版社2000年版,第21页。
② 《马克思恩格斯选集》(第1卷),人民出版社1995年版,第287页。
③ 转引自章国锋:《反思的现代化与风险社会》,《马克思主义与现实》2006年第1期。
④ 《马克思恩格斯全集》(第20卷),人民出版社1971年版,第308页。
⑤ 王善平:《现代性:资本与理性形而上学的联姻》,《哲学研究》2006年第1期。

代市场经济的生命和灵魂,因而是现代民族国家必须直面的客观生存法则,当代中国不可能不走市场经济发展之路,因而不可能不遵循市场法则和资本逻辑。"①资本与市场经济不仅为中国带来了全新的经济体制,带来了比计划经济更为优越的资源配置方式,而且还具有重塑中国人的生活与生存模式的巨大作用。但是在发展的同时也一定程度上存在着"轻视人,蔑视人,使人不成其为人"的现象。无疑,市场经济是一种"物化"的经济,人在其中容易被金钱所驱使(资本支配劳动),自由容易受缚于资本的逻辑,欲望满足容易取代意义的追求,甚至消费主义至上,工具理性泛滥,人文价值观沉沦,最终人成了"无根"的存在。正如有学者正确指出的:"只有把握资本逻辑,才能理解当代形而上学的辉煌,找到摆脱人类生存和思想困境的出路。"②可见,扬弃资本逻辑,回归生活逻辑,必将成为现代理性人最有前途的努力方向之一。正如有学者指出的:"资本逻辑越是有效,世界的前景则更具危险。""现代性既因资本逻辑的获得而不断跃进,但也因它而逐渐走向自己的极限,如果所谓反思的现代性不能找到对资本的制约办法,那么文明的悲剧是难以避免的。"③需要特别注意的是,在当代"中国现代性"建构过程中,当资本逻辑的解放力量还没有充分释放和发挥出来以前,任何"反现代性的现代性"注定是一个超前的乌托邦,注定是不合时宜的。

  总之,鉴于当代中国发展的特定历史方位,当前,中国依然处在并长期处在社会主义初级阶段。具体而言,正处于从前现代走向现代的征途中。在这种征途中,人的依赖、物的依赖和人的独立个性并存;前现代、现代和后现代并存。中国学者应在这种并存现象中提炼出属于我们中国自己特有的"中国问题"。④ 进言之,中国学者应在"社会批判理论"与"社会发展理论"双重维度相统一的马克思主义哲学中、在"义"与"利"相统一的中国传统哲学中以及在"理性化"与"人性化"相统一的西方哲学理论中找寻批判资本逻辑的理论资源,以引导人们走出资本逻辑之困境,走向自由发展、全面发展与和谐发展的新境地。

---

① 刘敬东、张玲玲:《马克思世界历史理论:中国道路的一个解释框架》,《江苏行政学院学报》2012年第4期。
② 王善平:《现代性:资本与理性形而上学的联姻》,《哲学研究》2006年第1期。
③ 黄力之:《现代性的资本逻辑:一元模式与多样模式的重合》,《上海大学学报(社会科学版)》2008年第2期。
④ 张艳涛:《马克思哲学观》,社会科学文献出版社2008年版,第291~292页。

第五章 世界历史体系与"中国现代性"建构：中心与边缘的博弈

没有一成不变的事物,强大与弱小都是相对的,也是可以转变的。在21世纪,应审慎地重新阐释与批判"西方现代性"的地位与意义,深入挖掘"西方现代性"进程中的"欧洲中心主义""西方中心主义""美国中心主义",反思文化或文明差异、冲突与共存等问题,为建构互利合作共赢的国际新秩序而努力。在后冷战时代,"中国现代性"的建构与世界现代性的建构已经密不可分,可以说世界现代性的前景影响甚至左右着"中国现代性"的前景。问题是,当"中国现代性"、"世界现代性"重合之后,"中国现代性"的风险状况如何？机遇何在？"殖民主义"、"后殖民主义"与现代性的关联何在？这需要深入研究。为此,中国哲学社会科学界应把研究阐释"中国特色社会主义"和"中国梦"作为首要任务,集中集聚骨干力量和优势资源,加强协同创新和综合攻关,推出一批重大理论成果,为增强道路自信、理论自信、制度自信和文化自信提供坚实的学理支撑。

第一节 创新驱动与高质量发展：中国发展的必由之路

如果说创新驱动是中国迈入"强国时代"和"强起来"的必然选择,那么实现高质量发展则是中国迈入"强国时代"和"强起来"的必然要求。2019年3月10日,习近平总书记在参加福建代表团审议时,对福建加强新时代创新驱动和高质量发展提出了重要要求,为我们指明了方向、提供了遵循。福建书写新时代创新驱动和高质量发展优异答卷关键是要把握由"大国"迈向"强国"的发展逻辑,逢山开路,遇水架桥,再接再厉,久久为功,做好新时代创新驱动和高质量发展这篇大文章,营造有利于创新创业创造的良好发展环境。

发展是第一要务,人才是第一资源,创新是第一动力,这已经成为大家的共识。问题是如何在经济社会发展中贯彻和落实这些先进理念。如所周知，人是生产力中最活跃、最革命的因素，人的创新能力和水平直接关系到经济社会发展的水平。反思中国改革开放的成功，在哲学的意义上得益于人性的回归，从而激发出潜藏在亿万中国人身上巨大的能力，推动中国快速发展起来。"我们必须把创新摆在国家发展全局的核心位置，不断推进理论创新、制度创新、科技创新、文化创新等各方面创新，让创新贯穿党和国家一切工作，让创新在全社会蔚然成风。"[1]在实现创新驱动和高质量发展的过程中，我们要始终坚持创新是第一动力、人才是第一资源的理念，加快实施创新驱动发展战略，完善国家创新体系，加快关键核心技术自主创新，为经济社会发展打造新引擎，为实现"两个一百年"奋斗目标和中华民族伟大复兴提供强有力的支撑。创新是一个民族的灵魂，是一个国家兴旺发达的不竭动力。科技是国之利器，人民生活赖之以好，企业赖之以赢，国家赖之以强。创新不是别人能赐予的，特别是在关键技术、核心技术上，只能靠中国人自己的努力，否则你只能跟着别人走。创新本质上是人的创造性活动。为此要充分尊重和信任科研人员，赋予创新团队和领军人才更大的人财物支配权和技术路线决策权。

如今，高质量发展成为中国发展的主题，面对新形势、新任务，迫切需要进行一轮思想大解放，以实现全面深化改革、创新驱动、推动高质量发展的目标。反思中美之间的竞争，主要是创新能力方面的竞争。任正非在30多年前成立华为，目前华为年收入超过1000亿美元，其智能手机全球销量与苹果公司几乎一样高。华为成功的秘诀就在于坚持创新驱动并取得实效。在新一轮全球增长面前，惟改革者进，惟创新者强，惟改革创新者胜。我们要拿出"敢为天下先"的勇气和"爱拼才会赢"的锐气，锐意改革，激励创新，积极探索适合自身发展需要的新道路、新模式，不断寻求新增长点和驱动力。实现高质量发展，破解我国自主创新能力不强和关键核心技术短板问题，一个重要方面是实施创新驱动发展战略，进一步提升创新能力和发展质量。当前，要大力优化创新生态，调动各类创新主体积极性；要深化科技管理体制改革，推进关键核心技术攻关，加强重大科技基础设施、科技创新中心等建设；要强化企业技术创新主体地位，要营造有利于创新创业创造的良好发展环境；要向改革开放要动力，最大限度释放全社会创新创业创造动能。2019年3月10日，习近平总书记在参加福建代表团审议时强调，要坚持问题导向，解放思想，通过全面深化改革

---

[1] 习近平：《习近平谈治国理政》（第2卷），外文出版社2017年版，第198页。

开放,给创新创业创造提供更好的环境。

实践无止境,创新无止境。改革开放既是改变中国命运的"关键一招",也是中国一次"伟大的变革",它使中国逐渐赶上时代,进而引领时代。综合国力竞争,说到底是创新能力的竞争。在新时代,我们要向改革开放要动力,最大限度释放全社会创新创业创造动能,不断增强我国在世界大变局中的影响力、竞争力。改革开放40多年的实践启示我们:解放和发展社会生产力,增强社会主义国家的综合国力,是社会主义的本质要求和根本任务。因此,只有牢牢扭住经济建设这个中心,毫不动摇坚持发展是硬道理、发展应该是科学发展和高质量发展的战略思想,推动经济社会持续健康发展,才能全面增强我国经济实力、科技实力、国防实力、综合国力,才能为新时代坚持和发展中国特色社会主义、实现中华民族伟大复兴奠定雄厚物质基础。随着中国特色社会主义进入新时代,"我国社会主要矛盾已经转化为人民日益增长的美好生活需要和不平衡不充分的发展之间的矛盾"①。我们要围绕解决好人民日益增长的美好生活需要和不平衡不充分的发展之间的矛盾这个社会主要矛盾,坚决贯彻创新、协调、绿色、开放、共享的发展理念,统筹推进"五位一体"总体布局、协调推进"四个全面"战略布局,推动高质量发展新路径。

第一,实现创新驱动和高质量发展,关键在人。当前,创新成为驱动发展的核心动力,中国比历史上任何时期都更加渴求创新型人才。实现高质量发展,必须下大力气引育人才。中国经济社会发展进入一个由高速增长阶段转向高质量发展阶段,如何加快推进经济社会发展与人的协调发展,进而推进国家治理体系和治理能力现代化,为国家长治久安、社会和谐稳定、人民生活幸福提供保障,是摆在中国共产党面前的现实任务。实现这些艰巨任务的关键是牵住实现更高质量发展的"牛鼻子"。从根本上说,市场活力和社会创造力源于亿万人民积极性主动性创造性的发挥。中国人民勤劳智慧,具有无限的创新创业创造潜能,只要充分释放出来,中国的创新驱动和高质量发展就一定会实现。

第二,实现创新驱动和高质量发展,政府要有更大作为。要真正树立政府做好服务是本分,服务不好是失职的理念。在新时代,推动高质量发展,政府要在保障和改善民生上有更大作为。具体而言,围绕推动高质量发展,深入推

---

① 习近平:《决胜全面建成小康社会 夺取新时代中国特色社会主义伟大胜利——在中国共产党第十九次全国代表大会上的报告》,人民出版社2017年版,第11页。

进供给侧结构性改革;围绕优化营商办事环境,要深入推进"放管服"改革;围绕激发活力,要大力推进改革开放,加快建立统一开放、竞争有序的现代市场体系,放宽市场准入,加强公正监管,打造法治化、国际化、便利化的营商环境,让各类市场主体更加活跃。为此,要抓住人民最关心最直接最现实的利益问题,在发展基础上多办利民实事、多解民生难事,兜牢民生底线,不断提升人民群众的获得感、幸福感、安全感。

第三,实现创新驱动和高质量发展,企业发展要有战略思维。做企业,做事业不是仅仅赚几个钱的问题。实实在在、心无旁骛做实业,这是本分。"企业是科技和经济紧密结合的重要力量,应该成为技术创新决策、研发投入、科研组织、成果转化的主体。"[①]为此要营造有利于创新创业创造的良好发展环境;要为中小企业、年轻人发展提供有利条件,为高技术企业成长建立加速机制;要为各类所有制企业营造公平、透明、法治的发展环境,营造有利于企业家健康成长的良好氛围,帮助民营企业家实现创新发展,在市场竞争中打造一支有开拓精神、前瞻眼光、国际视野的企业家队伍。同时要积极发挥经济特区、自由贸易试验区、综合实验区、21世纪海上丝绸之路核心区等多区叠加优势,不断探索新路,吸引优质生产要素集中集聚,全面提升福建产业竞争力,力争在建设开放型经济新体制上干在实处、走在前列。

第四,实现创新驱动和高质量发展,对台工作要有新思维。在新时代,对台工作既要着眼大局大势,又要注重落实落细。两岸要应通尽通,提升经贸合作畅通、基础设施联通、能源资源互通、行业标准共通,努力把福建建设成台胞企业登陆的第一家园。关键是把工作做到广大台湾同胞的心坎里,切实增进台湾同胞对民族、对祖国的认同。台湾人民是同胞,两岸是一家人。基于此,福建在对台工作中要贯彻好以人民为中心的发展思想,对台湾同胞一视同仁,像为大陆百姓服务那样造福台湾同胞。两岸同胞同根相系、同命相连,应携手共创共享全体中国人的美好未来。

总之,过去,中国改革发展的巨大成就,是中国共产党团结带领中国人民筚路蓝缕、千辛万苦干出来的。未来,实现"两个一百年"奋斗目标,成就中国人民的幸福与追求,还得长期不懈地干下去。当代中国的创新驱动和高质量发展是关系我国发展全局的一场深刻变革。党的十八大以来,在习近平新时代中国特色社会主义思想的指引下,中国走出了一条稳中求进、由高速度转向

---

① 习近平:《习近平谈治国理政》(第2卷),外文出版社2017年版,第274页。

高质量发展的道路,实践已经表明并将继续表明这条道路是符合中国国情的"强国之道",我们要坚定地走下去。

第二节 "中国现代性"建构:中国特色社会主义的道路创新

"中国现代性"建构面临一个根本性的问题:普遍与特殊的关系问题。对于中国发展而言,究竟什么样的道路才是最好的道路呢?道路如鞋子,适合的才是最好的。习近平总书记强调,"道路决定命运,找到一条正确的道路多么不容易,我们必须坚定不移走下去","要把蓝图变为现实,还有很长的路要走,需要我们付出长期艰苦的努力"。"道路决定命运"这一论断彰显了中国特色社会主义道路是实现中华民族伟大复兴的正确道路,只有坚定不移地走这条道路,我们才能完成社会主义现代化和中华民族伟大复兴的历史使命,这透视出"中国道路"与"中国命运"的关系。

概括起来,中国特色社会主义道路,就是在中国共产党领导下,立足基本国情,以经济建设为中心,坚持四项基本原则,坚持改革开放,解放和发展社会生产力,建设社会主义市场经济、社会主义民主政治、社会主义先进文化、社会主义和谐社会,建设富强民主文明和谐美丽的社会主义现代化强国。道路,既是途径,亦是方向。"中国向何处去"不是一个无关轻重的小问题,而是一个攸关中国发展命运的大问题。中国共产党自建立以来经历了不懈的探索,摆脱了贫困落后的状况,造就了辉煌的事业。如今,中国日益成为具有重要影响力的大国,这一成就的取得得益于中国特色社会主义道路的开辟、发展和完善。就此而论,中国特色社会主义道路是适合中国的道路,它是将科学社会主义理论与中国国情相结合,将实践创新与理论创新相结合,将解放思想与实事求是相结合,将改革开放的伟大使命与坚持四项基本原则相结合。

当然,中国特色社会主义道路的开辟(建立)并不是一帆风顺的,它经历了曲折的历程并且伴随着中华民族的复兴过程。经过几代中国人的不懈努力,中国特色社会主义道路才得以建立、发展和完善。中国共产党第一代领导集体是中国特色社会主义道路的开创者。作为社会主义现代化的奠基人,毛泽东及其同代人并没有盲从苏联的发展模式,而是从中国国情出发进行新的探索,这些探索过程中所遭遇的种种曲折,为以邓小平为代表的第二代领导集体提供了宝贵的经验和教训,为中国特色社会主义道路的建立奠定了基石。

1978年召开的党的十一届三中全会,将中国推向了一个新的发展阶段。以邓小平为核心的党的第二代领导集体,总结经验、拨乱反正、准确分析国内外形势,以解放思想和实事求是为自己的行动指南,摒弃"阶级斗争为纲"的错误理论,批判"两个凡是"观点,开创以经济建设为中心的举措,作出了改革开放的伟大决定,开创了中国特色社会主义道路新局面。中共十二大上,"建设有中国特色的社会主义"命题成了时代的最强音,至此,确立了中国特色社会主义道路在改革开放大潮中的主流地位,中国特色社会主义这一命题重新将中华民族的伟大复兴作为新的道路下的必然使命。十三大提出了"一个中心两个基本点"作为党的基本路线,强调经济发展过程中必须要结合本国国情,走出符合本国实际的经济发展道路,解放与发展生产力,实现现代化,进一步拓展了中国特色社会主义道路。

党的第三代领导集体,继续探索中国特色社会主义道路,使中国特色社会主义道路基本形成并不断完善。十四大围绕着"什么是社会主义"和"怎样建设社会主义"这一中心,探索中国的"富民强国"之路,为实现富强、民主、文明的现代化国家而奋斗。十五大提出了社会主义初级阶段的基本纲领。在继续推进中国现代化建设的进程中,抓住经济发展的机遇,创造性地提出了科学发展观和构建和谐社会的科学理论,这是在探索新时期中国发展道路。十六大提出建设中国特色社会主义必须坚持的基本经验。十七大总结了中国特色社会主义理论体系,继续深化和拓展了中国特色社会主义道路,开创了中国特色社会发展道路的新的发展阶段。十八大提出"坚定不移沿着中国特色社会主义道路前进,为全面建成小康社会而奋斗"。中国共产党将中国特色社会主义道路摆在首位,既顺应时代、实践和人民的要求,也是实现社会主义现代化、完成中华民族伟大复兴和创造人民美好生活的必由之路。强调"道路决定命运",表明了坚持走中国特色社会主义道路对于中华民族复兴的重大历史与现实意义。十八大报告强调指出:"回首近代以来中国波澜壮阔的历史,展望中华民族充满希望的未来,我们得出一个坚定的结论:全面建成小康社会,加快推进社会主义现代化,必须坚定不移走中国特色社会主义道路。"[①]近代以来中国一代代志士仁人梦寐以求的夙愿和不懈奋斗的追求,就是通过走现代化之路实现国强民富。

---

① 胡锦涛:《坚定不移沿着中国特色社会主义道路前进,为全面建成小康社会而奋斗——在中国共产党第十八次全国代表大会上的报告》,人民出版社2012年版,第10页。

第五章 世界历史体系与"中国现代性"建构：中心与边缘的博弈

中国特色社会主义道路，本质上是面向"中国问题"的实践创新。中国共产党成立近100年的发展历程启示我们，理论创新是实践创新的思想前提。只有在"理论创新"与"实践创新"良性互动的条件下，中国特色社会主义道路才能越走越宽广。如果说道路是"实现途径"，那么理论体系就是"行动指南"，制度则是"根本保证"，三者是一个整体，统一于中国特色社会主义实践之中。中国社会的发展进步过程中，历史和人民选择了中国特色社会主义道路，这是依据中国国情而开辟的新道路。这条道路坚持了科学社会主义理论的基本原则，它不仅影响着中国的过去，而且将深刻影响中国的未来；这条道路注定是中华民族繁荣富强之路，正是这一道路从根本上改变了中国人民和中华民族的命运。道路决定命运，坚持走中国特色社会主义道路，是民族复兴、兴国安邦、人民富裕、社会和谐的必由之路。在当代，做一个真正的"马克思主义者"就是要做一个时代问题的"探索者"！

如今，摆在中国人面前的就是现代性与资本幻象。似乎一切都变成"资本面前人人平等"。实际上，只有当资本的幻象破灭之后，在价值规律主宰下变得僵化的生活世界才会重新获得活力。关于高速度的问题，笔者的基本看法是中国在一定时期，低水平下的高速度具有一定的历史必然性和合理性。值得警惕的是，急于求成、形象工程、好大喜功已然成为中国发展的某种政治品格，这给中国可持续发展与和谐发展带来阻力和隐患。在作风问题上，在一些地方、部门和领导干部当中，形式主义、官僚主义、享乐主义和奢靡之风"四风"突出，如果任其蔓延，势必削弱党的执政能力、动摇党的执政根基，成为实现中国梦的绊脚石。

现代性焦虑与个人成功狭隘化。我们现在的价值取向是，"只有成功了，你才有尊严；如果没有成功，也就没有任何尊严可言"，这其实是对成功的曲解和对人的尊严的一种否定，导致的结果就是每个人都要削尖脑袋往上爬，从而难免会让某些人不择手段，铤而走险。反思一些人因为小小的挫折就轻生、一些人对现代性的疯狂追求导致"过劳死"，无不表明，在现代性诱惑面前，有些人是明显缺乏"免疫力"的。"中国现代性"建构过程中如何成为真正自主的人？中国人能否真正成为自身的主体，成为自身的本质、需要和欲望的主人？这要看人们的当下和未来的实践，由实践来验证。人们认识到现代性的弊端与规避现代性的弊端还有一段距离。《醒世恒言》中载有一条寓言，对于正在追求现代性途中的国人而言颇令人回味和警醒。文云：薛录事（官名）于高烧昏迷中化为鲤鱼，跃入湖中，恰遇渔夫垂钓，明知饵在钩上，吞之必祸身，但耐不住饵香扑鼻，张口咬之，终被钓去。作者点评曰："眼里识得破，肚里忍不过。"可见，通达人类成为自身的本质、需要和欲望的主人的道路其实并不顺畅和平坦，对于现代化进程中的诸多问题应该有足够的思想准备，因为现代性的诱惑力实在是太大了。

现代化的"地方性"品格。"西方现代性"是否代表"世界现代性"？质言之，"人类社会在发生由传统到现代的现代性社会转型时，是否只有一种可能、一种选择、一种模式？"① 其成功程度的判断标准也不可能是绝对独立的，各种不同的"现代性"知识和模式必须是可以相容的、可以共享的某些观念和价值的"地方性知识"（local knowledges）或"区域性文明"（regional civilizations），这是由"现代性"本身的构成性特征或普世化本性所决定的。这是一种基尔凯戈尔（Kierkegaard）式的"非此即彼"决断，而不是真正意义上的选择。实际上，真正的选择必定是超越两分性思维定势的"多样性选择"。因此，没有理由认为，在人类现代社会中只存在或只能产生某一种"现代性"。"现代性"必定是一个充满多种可能因而也可能是一个充满多种张力的矛盾系统。

中心对边陲的宰制，对于落后国家而言往往是无可奈何的事情。亨廷顿在《文明冲突论》中把国家按其全球角色分成三类：一类是全球负有领导责任的国家；另一类是附庸国家；再一类是无所适从的国家。他乃是依据"西方现代性"的自由民主与工业化资本主义的展现，以此衡量非西方地区文明的现实，这实际上隐含着一种"西方文明和文化的优越性"。中国社会的现代化，作为一个客观的历史过程，不自今日始。实际上，我们早已卷入全球现代化的浪潮之中，只不过我们现在比过去更加自觉、主动、全面和深刻罢了。现代性的"洪流"或"漩涡"——世界历史体系与现代性扩张，成为中国现代性建构的现实语境。在过去 200 年中建立起来的现行的世界经济体，形成中心—边缘型结构的不平等国际分工，建立了以西方发达国家的利益和游戏规则为主导的国际经济秩序。这一秩序随着发展中国家的发展，有限的资源、能源、市场都将重新配置，这必将引发更大的冲突和矛盾。正如华勒斯坦所言：以欧洲大陆为中心的资本主义世界经济在 16 世纪开始形成，并从一开始就建立了我们可称之为"商品链"的完整生产过程。这些"商品链"几乎都跨越了当时的政治界域。从"商品链"提取的全部剩余完全没按创造剩余的地区公平分配，总是不

---

① 万俊人：《"现代性"的"中国知识"》，《学术月刊》2001 年第 3 期。

成比例地集中在某些地区上,其结果是形成"中心"地区繁荣富裕,而"边陲"地区萧条贫困的景观。其实,人类历史进程的开始阶段,不同地理区域的经济财富差别并不大。近代以来剩余的流动就使"中心"地区与"边陲"地区泾渭分明:获取较大部分剩余的模式就是在商品链的某些环节中实行相对的垄断。

当代语言学大师杭士基(中国大陆译为乔姆斯基——笔者注)对于作为全球化中心的美国对边陲国家的宰制有深刻的论述,他说:"过去,许多全球化议题都以主权概念的方式而架构。也就是说,政治实体依循本身路线——可以是良善或是丑恶不堪——的权力,而且能够免于外来干预而加以完成。在真实的世界内,这意味着被高度集中的权力所干预,而美国正是其主要核心。"① 正如刘明福所概括的:"西方大国的原罪,是通过制造了一个落后非洲,来创造了一个发达的欧洲。"垄断能进行是因为生产者在一些环节的技术或组织中占有优势,或因为政治上强加的某种市场限制。不管造成垄断利益的原因是什么,垄断本身都是十分脆弱的。因为随着时间的推移,技术或组织方面的优势将逐渐丧失。

无论是"历史进化论""文明冲突论",还是"文化同化论",都不能完全解释现代性的复杂性和丰富性,而"世界历史体系论"和"长波理论"②却可以部分解释现代性的复杂性和丰富性。工业革命改变了文明传播的方式。在此以前,在人类历史舞台上长期是"野蛮民族"进攻"文明民族","边缘"威胁"中心"地区(例如匈奴对汉朝的进攻)。工业文明改变了这一态势,"文明民族"进攻"落后民族","中心"威胁并征服"边缘"地区(例如资本主义列强对中国的进攻)。这对世界历史变迁的影响就其广度、深度和速度而言,是人类历史上空前的。日本批评家柄谷行人通过重新解读马克思的《路易·波拿巴的雾月十八日》,提出一个具有启发性的观察世界现代史周期反复结构的分析模式。概括地讲,可以采用60年一个周期的长时段视角来观察世界近代史的结构性演变过程。这样,我们可以发现从1870年代世界进入帝国主义时代到1930年代的晚期资本主义阶段再到1900年代的全球化新自由主义时期,世界现代史

---

① 杭士基:《流氓国家》,林佑圣译,正中书局2002年版,第352页。
② 长波理论又叫长周期或康德拉季耶夫周期,主要指资本主义经济增长过程中长达50～60年的明显规则性波动。在最近50年中,长波理论的研究主要出现了四个方向,它们分别是"新熊彼特"学派基于技术和创新的研究、法国调节学派基于技术和制度辩证关系的研究、由戴维·戈登等发展出的积累的社会结构理论以及以沃勒斯坦为代表的世界体系学派对上百年周期性经济波动的研究。

的变迁的确有一个大致遵循60年周期而变化的情况。其实在柄谷行人之前,沃勒斯坦也曾依据周期大循环的长期波动理论分析帝国主义的时代特征。①

如果说"第一次世界大战"宣告了欧洲之世界的结束而传统国际关系中的势力均衡逻辑开始失去作用,那么,"第二次世界大战"则宣告了凡尔赛条约秩序的瓦解并促成了美国霸权的诞生。在世界历史体系发展过程中有一些关键的时间节点,这些节点对后续发展产生深远影响,其中1945年无疑就是具有这样意义的时间节点之一。1945年后,"发展"成为意识形态的主题及斗争领域。掌权的政治团体都给自己订立了发展经济(对内把蛋糕做大,这是经济发展)及扩大内部平等(对内实现社会公平正义,这是社会改革)的双重政策目标。双重目标就有双重答案。一方面,发展意味着内部更大的平等,即社会(或社会主义)根本改革;另一方面,发展意味着经济增长,"赶超"先进。于是国家政权总是优先考虑赶上先进国,而发展经济成为他们首先考虑的问题,而把扩大内部平等,实现社会公正放在次要的位置,然而,问题是社会和个人往往更注重社会公正。

如果我们把考察的目光往前推,公元1500年前后发生的三件大事,即"新大陆的发现"、"文艺复兴"和"宗教改革",则构成了现代与中世纪之间的时代分水岭。如果说,从传统社会到现代社会的主要转变是从共同体到个人、从身份到契约、从农业社会到工业社会、从特殊主义到普遍主义②的话;那么,从现代社会到后现代社会的主要转变则是从工业社会到信息社会、从生产型经济到消费型经济、从物的绝对匮乏到物的相对匮乏。

现代世界体系的一个突出特征就是它是一个多元化社会。主张由国家去保留国境内创造的剩余的论据是:资本主义世界经济架构运作的核心,是不平等的交换流动,而唯有具备动员力的国家有能力抗逆这现代性的"洪流"或"漩涡"。这个论点极有说服力,获得广泛的支持,不过它也有非常消极的一面:国家动员需要决策者,那就是占据主要政治及官僚职位的人。这些人形成一个小集团,在优先考虑发展/赶上还是平等这些问题的抉择上,有直接利害关系。

---

① 参见赵京华:《政治秩序的重组与东亚现代性问题:以二战前后日本"近代的超克"论为例》,载钱永祥:《普遍与特殊的辩证:政治思想的探掘》,台湾"中央研究院"人文社会科学研究中心2012年版,第91页。

② 借用帕森斯的话来说,现代化就是一个逐步摆脱地方主义和特殊主义,走向普遍主义的历史过程,对于中国而言就是一个"入流"的过程,2001年中国加入世界贸易组织,是中国迈出的关键一步。

很明显,经济上的私利会把他们推向"发展主义"的目标,结果是人民大众往往在中时段来说顶多保持原状,甚至境况会恶化。发展是指路明灯抑或是幻象?"以发展促平等"之路恐怕是幻想,而"以公正促发展"和"以平等促发展"可能是可行的。在实现现代化过程中应把"平等"置于优先位置。在西方政治思想的传统中,平等是一个古老且基础性的议题。但是"平等"概念真正成为一项独立且强大的核心政治理念,主要是从近代,尤其是18世纪以后才逐渐在西欧首先确立。可以说,从18世纪开始,平等不再只是哲学家笔下的论述,更逐渐成为针对大众的诉求。"平等的主张,必然呈现一种二元的结构:一方面,主张平等,需要肯定所有适用者的道德平等;另一方面,主张平等,还需要根据这种道德层面的状态,判断在实际社会生活里,人应该受到什么样的待遇,才算满足了道德平等的要求。"[①]前者侧重于"内在的精神层面",后者侧重于"外在的物质层面"。归结到一处,就是平等尊重。与平等相对的是不平等,主要是差别待遇。希腊人至少在两个意义上肯定平等:一是法律之前的平等;二是公民地位的平等。后来,人"在一种作为人的意义上是平等"的观念逐渐确立。基督教强调所有人在"上帝里面"(原罪——消极平等)和"上帝面前"(救赎——积极平等)的平等。后来,平等的范围逐渐扩大。18世纪以降,民族主义的勃兴与公民身份的发达,构成了强大的动力,原先道德和政治平等理念的主导地位,终于开始在制度、社会层面逐渐取得完整、具体的形貌。

欧美强权于19世纪末建立起来的全球霸权,使得对非西方国家而言,融入这一单一秩序似乎成为无法逃避的现实。后冷战时代,历史没有终结,冲突仍将继续。衰落大国与崛起大国之间如何相处,仍然是一个迫切而现实的问题。分工的"双重效应"表现为:分工既是历史发展的动力,也是社会不平等的根源。还需要进一步深入研究的深层理论问题:资本逻辑与国际分工、中国现代性与人类文明新样式、中国特色社会主义与世界分工体系、资本空间论与资本时间论、赶超发展模式反思、发展的政治哲学审视、共产主义作为一种制度、运动与信仰(理想)、家务劳动与性别分工、资本与劳动的分离与整合、劳动从属于资本、社会分工与身份再生产、分工与财富。全面地、辩证地审视劳动分工和社会分化,既看到其"破"的一面,又看到其"立"的一面;既认识到其消极、不利的负面影响,又注意开掘其积极、有力的正面效应;既看到分工的社会分

---

① 钱永祥:《动情的理性:政治哲学作为道德实践》,联经出版事业股份有限公司2014年版,第70~71页。

化效应,又看到分工的社会整合功能。现代社会正是在分化—整合的张力与矛盾中发展的,其鲜明的特质就在于"高度分化"与"高度整合",并把"整合"理解为"一种现代文明秩序的真正生成"。

一些国家和一些人"对发展以达至平等信心过大"。笔者认为他们需要认真考虑的是通过争取平等以达到发展,但这种平等主义不能是否定自我实现及社会多元化的。平等与自由并不互相排斥,而是密切相连、相映成辉。如果发展和平等两个目标分开,结果往往是两者皆落空。我们可以加快资本主义世界经济长期发展的步伐,这是资本家最害怕的。"发展综合症"——人口爆炸、生态危机、全球变暖、能源危机等。如今,人类面临人口过多、剥削过度、生产过剩、消费过高的世界阴影。当然在此过程中,一些有识之士对现代工业主义和资本主义的非人性、非道德性、非理性进行了深刻批判,对科技文明的工具理性与现代性进行了深刻反思。[①] 如果说中国特色社会主义理论体系是直面"中国问题"的理论创新,那么中国特色社会主义道路,本质上则是面向"中国问题"的实践创新。无论是理论创新还是实践创新都要求对"中国问题"进行深层关注。中国共产党的发展历程启示我们,理论上的成熟是政治上坚定的基础,理论上的与时俱进是行动上锐意进取的前提,理论的创新是实践创新的思想前提。只有在"理论创新"与"实践创新"良性互动的条件下,中国特色社会主义道路才能越走越宽广。同时,要加强中国话语的对外传播意识和能力,通过内容和形式一定程度的转换,用外国人能够听得懂、听得进的语言,讲好中国故事,介绍中国现实,解释中国原因,展示中国形象,从而使他们增加对中国的了解、理解和赞同,使中国理念在世界上得到更大传播,使中国形象在世界上更加亲和。

资本主义现代性在基本的意义上是一种运动、制度和价值观三个维度的统一。作为对资本主义、资本主义现代性的超越,社会主义、社会主义现代性同样是运动、制度和价值观的统一。"价值观是现代性的核心。"[②]毕竟,社会主义不是抽象理性的产物,它是具体的,不仅在时间上表现出历史的变化性,在空间上也表现出了多样性。"各国必须根据自己的条件建设社会主义。固

[①] 参见池田大作、狄尔鲍拉夫:《走向21世纪的人与哲学》,北京大学出版社1992年版;丹尼尔·贝尔:《资本主义文化矛盾》,生活·读书·新知三联书店1989年版。
[②] 吴向东:《重构现代性:当代社会主义价值观研究》,北京师范大学出版社2009年修订版,第7页。

定的模式是没有的,也不可能有。"①"科学的"社会主义与"伦理的"社会主义,前者的代表是考茨基、阿尔都塞等,后者的代表是伯恩斯坦等人。现代性是一个不断被建构的过程。在批判"资本主义现代性"过程中不断发现"社会主义现代性"。比较而言,"个人主义、功利主义、自由主义和理性主义构成资本主义的价值体系,也是资本主义现代性的核心。这一价值体系具有历史的合理性,同时它本身又潜藏着重大的缺陷:个人的僭越、理性的失衡、普遍主义的意识形态幻象"②。因此,"对资本主义价值观的批判和超越、对传统价值观的批判和超越、对市场经济价值观的批判和超越构成社会主义价值观当代建构的三重维度"③。

所谓"现代性",指的是发生在价值观、经济和政治制度中的全面而深刻的社会变革,是一场从共同体到社会、从身份到契约、从农业文明到工业文明、从特殊主义到普遍主义等等广阔领域中充满活力和开拓精神的"社会转型"。对于中国而言,由于其现代化过程起始原因上的"诱发"或"外发"性质,"中国现代性"一开始就具有马克思和恩格斯在《共产党宣言》中所指出的"使未开化和半开化的国家从属于文明的国家,使农民的民族从属于资产阶级的民族,使东方从属于西方"的中西对立的内在矛盾,从而构成了现代化过程中固有的多元性质。在这种特定的社会历史语境中,一个在现代性标尺上显得迟滞落后的古老东方民族,如何在西方强势的压力中寻求、开辟自身的现代文明途径,成为一百多年来中国现代性追寻的基调。中国要建构一个什么样的现代新文明,在建构过程中如何才能尽量规避西方资本主义现代化和现代性的种种弊端,成为中国近代以降革命家和思想家不得不深入思考的主要问题,因而对资本主义的批判,构成了各种现代方案的基本立足点。甚至可以说,对现代性的反思和批判本身构成了"中国现代性"思想的主旋律。因此,中国现代思想包含了对现代性的批判性反思。中国现代思想及其最为重要的思想家,都是以悖论式的方式展开他们寻求中国现代性的思想努力和社会实践的,是在批判西方现代性中展开的民族现代性的反思。各种文化如果欲形成相互了解的可能性,关键还在于,每种文化内在都必须有能力自我反思批判其幽暗面,也就是要有一种文化自觉。

---

① 《邓小平文选》(第3卷),人民出版社1993年版,第292页。
② 吴向东:《重构现代性:当代社会主义价值观研究》,北京师范大学出版社2009年版,第11页。
③ 吴向东:《重构现代性:当代社会主义价值观研究》,北京师范大学出版社2009年版,第12页。

第三节 共享发展：中国特色社会主义的价值基因

中国是世界上最大的发展中国家，因此，发展是党执政兴国的第一要务，也是党治国理政的关键所在。实际上，提出什么样的发展理念，选择什么样的发展模式，遵循什么样的发展规律，折射的是党和人民对世情、国情、社情和发展规律的认知程度。自党的十八届五中全会提出"创新、协调、绿色、开放、共享"五大新发展理念以来，一些人把五大新发展理念中的共享等同于均等、均分，这是对共享理念的曲解和误解。共享发展不仅是当代发展伦理的"中国表达"，更是当代中国为破解发展难题提供的"中国方案"，而且还是中国发展的"价值基因"。

"生存"和"发展"是人类社会自诞生以来就必须直面的两大难题。整体来看，经过新中国成立以来尤其是1978年改革开放以来40多年的快速发展，我国已经基本解决全民温饱问题，正致力于全面建成小康社会的发展目标。因此，我国现阶段整体上已处于"发展起来以后"的阶段。十八届五中全会提出"创新、协调、绿色、开放、共享"五大新发展理念，总结了40多年来我国改革开放和现代化建设的成功经验，吸取了世界上其他国家在发展进程中的经验教训，概括了世界历史力量转移的重要启示，揭示了经济社会发展的客观规律，鲜明地回答了"实现什么样的发展、怎样发展"这个根本问题。当前，深入研究习近平新时代中国特色社会主义思想是中国学者重要的学术任务。习近平新时代中国特色社会主义思想中的共享理念，主要任务在于解决社会公平正义问题。新时代深化对"共享"理念的认识，既是一个外延不断扩大的过程，更是一个内涵不断丰富并精细化的过程。

一、共享发展：当代发展伦理的"中国表达"

在中国由"大国"迈向"强国"的进程中，如何加快推进国家治理体系和治理能力现代化，为国家长治久安、社会和谐稳定、人民生活幸福提供制度保障，是摆在中国共产党面前的现实任务。立足于新阶段新形势新起点，党中央提出"创新、协调、绿色、开放、共享"五大新发展理念，并将"共享"作为中国社会发展的目标和归宿，要求将我国经济发展的物质文明成果和精神文明成果与全民共享。由此，"发展"与"共享"成为关系人民现实利益和民生福祉的重大现实问题。发展不够,人民生活无法富足;共享不足,人民生活无法和谐。可见,"发展"与"共享"是社会进步的车之两轮、鸟之两翼,缺一不可。它们分别关涉社会现代进程中的理性与价值两大维度,但无论是理性维度还是价值维度都必须辩证统一于发展实践当中。实际上,共享理念本身就蕴含在马克思构建的未来自由人联合体中,蕴含在从"我"迈向"我们"的伦理追求中。"由社会全体成员组成的共同联合体来共同地和有计划地利用生产力;把生产发展到能够满足所有人的需要的规模;结束牺牲一些人的利益来满足另一些人的需要的状况……所有人共同享受大家创造出来的福利,通过城乡的融合,使社会全体成员的才能得到全面发展。"[①]这是建立在生产力高度发达和物质极大充裕基础上个体的自由和解放,由于消灭了剥削和阶级对立,人们摒弃了彼此相互竞争和敌对的关系,限制和支配他人的物质和社会权力被彻底消除,每个人的自由发展依赖于他人的自由发展,自身的自由发展又为他人的自由发展创造条件,其最终结果是每个人在平等和谐的共同体中自由而全面的发展。

从社会发展的主体视角看,社会发展的最终目的就在于为人们创设良好的条件过一种有意义的幸福生活。因此,共享理念为发展注入了更多的人文关怀,它超越了传统唯GDP"见物不见人"的狭隘发展观,强调人自身的内在目的和价值,将经济增长视为实现幸福生活的外在工具,使经济社会发展最终落脚于人们实实在在的生活和真真切切的感受。"共享意识的历史脉络体现在当代具体的社会发展实践中,则吁求着共享发展理念的出场与实现。这一理念是对发展伦理所要面对的两大古老的哲学问题,即'什么是好的生活'与'我们应当如何生活'的深刻关切,是对其所要探讨的两大核心问题,即'如何取得发展'与'发展之后获取了什么利益'的当代回答。"[②]发展的目标在于实现人民幸福体面的生活,共享为这一目标提供了正确的伦理规范和价值导向,缺乏这一规范和导向,经济社会发展将以部分人的牺牲和被剥夺为代价,造成经济增长而民生滞后的局面,结果导致经济社会发展偏离正确的方向,社会主义偏离正确的道路。

共享发展是当代发展伦理的"中国表达"。共享发展理念体现着对人的尊严的伦理关怀,人的尊严作为发展伦理的逻辑起点和最高价值,也是共享发展理念应有的规范性目标。社会各成员都期盼过上尊严而体面的生活,经济社

[①] 《马克思恩格斯选集》(第1卷),人民出版社1995年版,第243页。
[②] 张彦、顾青青:《共享发展:当代发展伦理的中国表达》,《思想理论教育》2016年第7期。

会的发展要为实现人的尊严生活创造条件。在现实社会中,个体所能实现的有尊严的生活与其所获得的资源休戚相关,例如,充分的收入、教育、医疗、居所都是人实现尊严的必要条件。公共政策必须保障这些资源在各成员间平等分配,任何人无法获得足够的资源都应被视为必须消除的不正义情形,这就要求政府通过不断完善收入分配制度,调整收入分配格局,完善以税收、社会保障、转移支付等为主要手段的再分配调节机制,维护社会公平正义,使发展成果更多更公平地惠及全体人民,真正实现"发展依靠人民、发展为了人民、发展成果由人民共享"的中国特色社会主义发展观。

当然,获得足够和平等的物质资源仅仅是实现主体尊严的基本前提。人作为社会性的存在,其尊严是在和谐的人际交往和普遍联系中不断实现的。因此,享有共同发展的权利和机会,是获得与自我实现相关的尊严价值的必要手段。"从人的发展层面来看,全部社会成员享有平等的发展权利和发展机会是实现其发展的基本条件。"① 就此而论,社会的公平正义归根结底必须保障公民能够平等参与到社会生活中来,社会制度必须为社会成员营造一个"人人参与、人人尽力、人人共享"的社会环境,使公民作为社会关系的参与者充分享有"自我实现发展"和"参与发展决策"的基本能力。基于此,共享理念启示我们共享不仅仅是物质财富的共享,更是发展权利和发展机会的共享,比较而言,后者更重要。

二、共享发展:为破解发展难题提供的"中国方案"

发展是世界的主题,也是世界的难题。作为世界的主题,发展是世界各国面临的共同任务,如何在和平的环境下谋发展、在合作的前提下谋发展、在共赢的前提下谋发展,需要各国集思广益;作为世界的难题,世界各新兴国家都在探索破解发展瓶颈的本土方案,实现共建、共享、共赢,需要各国寻求"最大公约数"。

在中国由"大国"迈向"强国"进程中,如何为人类对更美好社会制度的探索提供"中国方案",是摆在中国共产党面前的现实任务。共享发展蕴含着"中国智慧",是针对发展难题提供的"中国方案"。

毛泽东曾经提出,"中国应当对于人类有较大的贡献"。中国特色社会主义的实践及其成就,证明了中国有条件有能力为探索以人为本的新型文明做

---

① 孟宪生、关凤利:《论共享发展的层次性及实现路径》,《思想理论教育导刊》2016 年第 8 期。

出贡献。当下中国所倡行的"创新、协调、绿色、开放、共享"的五大新发展理念,正是贯彻以人为本的有益探索,本质上是人类探索更美好社会制度的一种"中国方案",这对于人类开启新型的文明,是值得期待的。毫无疑问,中国在发展过程中要处理好中国与世界的关系,为此我们提出"一带一路"倡议。"一带一路"倡议是构建人类命运共同体的伟大探索和实践。虽然"一带一路"倡议来自中国,但成效惠及世界;"一带一路"倡议是伟大的构想,"一带一路"建设是伟大的事业。本来很多构想和实践应该是由美国或欧洲大国率先提出来,但是为什么首先由作为最大发展中国家的中国提出?这在一定程度上反映了中国作为负责任大国的价值追求。问题在于,我们不仅这样说,而且实实在在地做。2015年3月28日,习近平在博鳌亚洲论坛2015年年会上的主旨演讲中指出,"一带一路"建设秉持的是共商、共建、共享原则,不是封闭的,而是开放包容的;不是中国一家的"独奏",而是沿线国家的"合唱"。这充分向世界表明了中国构建人类命运共同体的信心和决心。

　　五大新发展理念是针对我国发展中的突出矛盾和问题提出来的,具有鲜明的"问题导向"和"问题意识"。具体而言,共享发展注重解决"社会公平正义"问题。在改革开放初期,中国整体上处于普遍贫困阶段,当时需要充分调动和释放全体成员的一切积极因素以解放和发展生产力,从而解决中国的生存难题。当前,中国已经告别当初物质短缺的阶段,时代的任务已从满足"生存性需要"转入满足"发展性需要"。此时,各种影响中国发展的不稳定不确定因素不断涌现,社会公平正义的问题也凸显出来,一个重要的原因是,"中国的社会发展明显滞后于经济发展,社会与经济之间出现了明显的不平衡不协调状况。其中的关键症结在于,社会公正问题已经成为一个影响中国社会经济发展全局、影响中国社会各个阶层的大问题"①。因此,可以说共享理念的提出不仅仅是党在社会发展客观规律下的顺势而为,也是破解中国现实发展困境问题倒逼的抉择。共享理念蕴含着公平正义的价值导向,它要求通过更有效的制度安排,为人们提供平等参与现代化进程的权利和机会,激励社会各成员能够"各尽其能";同时建立合理公正的分配制度,保障社会各成员能够"各得其所";还要建立完善社会保障和福利机制,协调和整合成员间的利益关系,保证社会各成员能够"和谐相处"。

---

① 吴忠民:《社会公正理论十二讲》,山东人民出版社2012年版,第3页。

三、共享发展：当代中国发展的"价值基因"

中国作为世界最大的发展中国家，发展依然是中国第一要务。中国发展不是无价值操守的漫游，而是"有价值原则的实践"。面对不断变化的发展环境、发展任务、发展条件，发展理念也必须与时俱进，用新理念引领新发展。当前，中国的根本问题还是发展问题。改革开放以来尤其是党的十八大以来，我们党对整体发展、平衡发展、协调发展和全面发展的认识不断深化，反映了我们党对经济社会发展规律认识的不断深化。新时代社会发展要再上新台阶，改善民生更要再上新台阶。立足于以人为本，发展的目的就是改善民生、增进人民福祉，通过国强带动民富。"共享发展理念蕴含了民生改善的普惠性伦理。"①当前，中国的顶层设计既要满足"生存性需求"的民生，也要满足"发展性需求"的民生。尤其是在全面建成小康社会的语境下，改善民生显得格外重要。以前我们把发展看作是硬道理，今后，我们也要把保障和改善民生看作是硬道理。中国坚持以人民为中心的发展方向，加强以保障和改善民生为重点的社会建设，不断增进人民福祉，促进人的全面发展，其根本目的是使人民群众在发展中有更多的获得感。具体而言，改善民生，要在学有所教、劳有所得、病有所医、老有所养、住有所居上持续取得新进展，不断实现好、维护好、发展好最广大人民根本利益，使发展成果更多更公平地惠及全体人民，在经济社会不断发展的基础上，朝着共同富裕方向稳步前进。

践行共享新发展理念，不仅是认识问题，也是能力问题。为此，要从完善和发展中国特色社会主义制度，推进国家治理体系和治理能力现代化的高度来认识共享。共享不能停留于对现存发展成果的共同占有，要将共建与共享辩证统一起来，"只有共建，才能共享，共建的过程也是共享的过程"②。失去共建的共享就是低水平、低层次的均等；失去共享的共建就是特权阶级的独占。共享还要求我们把"我"与"我们"、"大爱"与"公正"、能力与正义结合起来，这样才能营造"各尽其能、各得其所而又和谐相处"的局面。其实，人民对美好生活的向往、以人民为中心的发展理念、全面建成小康社会就是我们的奋斗目标，都蕴含着共享新发展理念。

---

① 韩喜平、孙贺：《共享发展理念的民生价值》，《红旗文稿》2016年第2期。
② 习近平：《习近平在省部级主要领导干部学习贯彻党的十八届五中全会精神专题研讨班上的讲话》，《人民日报》2016年5月10日。

四、走出"共享"是"均分"的认识误区

创新、协调、绿色、开放、共享的五大新发展理念是中国话语创新的重要成果。自从中央提出创新、协调、绿色、开放、共享的五大新发展理念后,一些人把共享等同于均等、均分,这是一个曲解和误解。我们认为,共享既是一个外延不断扩大的过程,更是一个内涵不断完善并精细化的过程。因此,在解决发展与共享难题时要把"低水平共享"与"高水平共享"区分开来。在尚未发展起来阶段,共享往往是均等分配,这其实是"低水平的共享";在发展起来阶段,我们要倡导"高水平的共享",这样才能体现社会主义的制度优势、政治优势和比较优势,也才能体现富人对穷人、强者对弱者的责任担当。实际上,在五大新发展理念语境下,"人人共享"不等于"人人都得到均等份"。因此,在理解和贯彻共享发展理念的时候,要把"大爱"与"公正"结合起来,这样才能使物尽其用、人尽其才,而又和谐相处。

第一,共享不等于均分:一种关于共享的新理解。"生存"和"发展"是自人类社会诞生以来就必须直面的两大难题。整体来看,我国已经基本解决全民温饱问题,正致力于全面建成小康社会的发展目标。因此,我国现阶段整体上已经从"生存型"社会进入"发展型"社会。立足新起点,党的十八届五中全会提出"创新、协调、绿色、开放、共享"五大发展理念,并将"共享"作为社会发展的目标和归宿,它要求将我国经济发展的物质文明成果和精神文明成果与全民共享,由此"发展"与"共享"成为关系人民现实利益和民生福祉的重大现实问题。发展不够,人民生活无法富足;共享不足,人民生活无法和谐。"发展"与"共享"是社会进步的车之两轮、鸟之两翼,缺一不可,它们分别关涉社会现代进程的理性与价值维度,但无论是理性维度还是价值维度都必须辩证统一于发展实践。由此,马克思所描绘的未来共产主义蓝图既是一个物质极大充裕的社会,同时也是一个自由人联合的共同体。在那里,每个人的自由发展是一切人的自由发展的条件,共同体成员联合生产,成果共享。

以自由看待发展,社会发展就其本性而言应是自由的发展,其目的是使社会各成员都能过上自己所珍视的生活,它关涉人性的最高价值——人的尊严。在现实社会中,个体所能实现的有尊严的生活与其所获得的资源和权利息息相关,例如,适足的收入、教育、医疗、居所都是人实现尊严的必要条件。从平等主义角度出发,公共政策必须保障这些资源在各成员间平等分配,任何人无法获得足够的资源都应被视为必须消除的不正义情形。但是,国家保障每个

公民享有获得体面居所的权利,并不代表国家应该提供每个人相同类型、同等面积的住所;同样的,国家给予每个公民同等的医疗服务资源,并不意味着国家应确保每个公民达到相同的寿命,简言之,"人人共享"不等于"人人都得到均等份","共同富裕"不等于"同等富裕"。公共政策的首要目标在于保障每个公民都享有"足够"的资源而非仅仅是"均等"的资源,这就要求政府通过不断完善收入分配制度,调整收入分配格局,完善以税收、社会保障、转移支付等为主要手段的再分配调节机制,维护社会公平正义,使发展成果更多更公平惠及全体人民。

第二,能力是共享的前提:一种关于达致共享的能力路径。只有共建,才能共享。为了使每个人都过上一种平等且有尊严的生活,既要"把蛋糕做大",又要"把蛋糕分好",可见,能力是共享的前提。努斯鲍姆通过"能力路径"为我们拟出了一份包含十项"核心能力"的可行能力清单:生命、身体健康、身体健全、感觉、想象和思考、情感、实践理性、归属、其他物种、娱乐和对外在环境的控制。这十项核心能力是保障人的最低生活限度、实现人性尊严所必须的前提条件。努斯鲍姆将这十项能力视为公民的基本权利,国家基本的政治结构必须保障公民这十项能力至少维持在最低程度的水平之上,并且不允许公共政策对清单中的能力进行权衡取舍,公民任何其中一项能力的缺失都表明一种基本正义的权益受到侵犯,只有十项能力都保持在一定水平之上,国家才能实现最低限度的社会正义。可见,能力底线的设定保障了人们获得必要的能力以实现一种有尊严的生活,并且这样的底线会随着社会发展不断提高。

能力底线设置本身就蕴含着平等的意蕴,任何公民的能力低于这一底线就应被视为社会不正义。由此,国家公共政策的目标在于改善底线之下人的能力缺失。只有人人都跨越了这一底线,其所追求的能力平等才是合理且有意义的,任何低于底线之下的平均都是虚妄的,因为它根本达不到人性尊严的基本要求,就此而论,"全面建成小康社会"就是当代中国人实现经济发展共享性和整体实现尊严的一种积极努力。我们应将"低水平共享"与"高水平共享"区分开来。在尚未发展起来阶段,任何"均等分配"的要求实现的最终结果只能是"低水平的共享"。在发展起来阶段,我们要倡导"高水平的共享",这样才能体现公平正义,也才能符合社会主义社会发展基本价值导向。习近平总书记的"兜底思维"便蕴含着这样的价值导向,它表明任何处于贫困线以下的个体都是国家社会保障体系的重点扶助对象,国家公共政策的核心目标在于通过教育、医疗等手段精准提升贫困者的能力,使其切实摆脱贫困处境,最后和社会其他成员一同跨入小康社会的门槛。

第三,共享是实质的平等:一种基于平等的正义。当代中国如何提高发展的共享性和可持续性?关键是落实共享发展理念。共享发展不能停留在口头上、止步于思想环节,而要体现在经济社会发展和人的协调发展各个方面和环节。在新发展理念下的共享发展,强调全民共享、全面共享、共建共享、渐进共享。例如,针对城乡发展的不平衡,要更加注重城乡基本公共服务均等化,要全面建成小康社会。全民共享强调的是共享的主体"一个都不能少";全面共享强调的是共享的内容的整体性和全面性;共建共享强调的是既要做中国发展的"积极参与者",又要成为中国发展的"真正受益者";渐进共享强调的是既要合理满足人民新需要,又要量力而行,注重共享的阶段性特征。

基于人的尊严的视角,社会平等不是每个人口袋里装有同等数额的钱币,而是作为公民能够平等参与到社会生活中来,其目标并非仅仅是消除经济上的分配不公,它更加关注公民作为社会关系的参与者是否充分享有"自我实践发展"和"参与个人行为决策"而免于"压迫"和"支配"的基本能力。因此,区别于一种原子化和静态的社会本体论,这基于平等的正义理论将社会视为各种关系和规范交织而成的结构,关注个人在这种社会结构中的行为和互动过程。共享将平等视为一种成员之间"关系"的平等而非仅仅是"资源"的平均分配。诚然,每个人作为具有尊严的个体都理应受到同等的尊重和承认,无论他是富人还是穷人、是强者还弱者。因此,公共政策不应该将弱势群体视为资源的受施者、他人关系的依附者,使其沦为社会的"二等公民"而受到侮辱和蔑视。对弱势群体的扶助必须以尊重他们价值判断的独立性以及对能动目标的自觉追求为底线。基于此,社会共享主要不在于资源的均分,而在于弱势群体核心能力的提升。同时,国家在保障公民享有最低限度的核心能力时,公民也有责任发挥主体的能动性充分利用这些可支配的能力而获得更高的个人成就,只有这样他们才能更加独立、平等地参与社会关系而获得自我认同和他人承认,进而过上有尊严的生活。

总之,社会主义市场经济与共享发展的社会价值观是兼容的,这使得社会成员充分考虑到个人的义务和社会责任而自觉超越狭隘的自私自利行为模式,而对他者表示出关切和同情,并努力帮助他们改善生活处境。一方面,个体的"社会正义感"需要一定的物质基础作为保障,因为,自私自利往往主要来源于自身的匮乏。实际上,个体只有享有一定的成就感、获得感和富足感,才更愿意将自己创造的成果与他人共享;另一方面,公民的"社会责任感"需要一个稳定和可期待的鼓励与信任机制,这就要求国家逐步建立以"权利公平、机会公平、规则公平"为主要内容的社会公平保障体系和加快完善体现"权利公平、机会公平、规则公平"的法律制度,努力营造出公平的社会环境和氛围,确保人人平等参与、人人自由发展的权利,这样才能逐步实现发展为了人民、发展依靠人民、发展成果由人民共享,最终形成"大众创新、万众创业"的新局面。

第四节　社会主义市场经济:中国特色社会主义的制度创新

社会主义与市场经济怎么结合?市场经济怎么与中国国有企业相结合?在社会主义市场经济条件下劳动与资本关系如何处理?平等与效率关系如何处理?这些问题都涉及中国特色社会主义的制度创新,在不同历史时期和不同发展阶段,社会主义与市场经济结合具有不同内涵。

现代性尽管具有其"刚性"的一面,但制度创新受制于人们对现代性的核心价值如自由、平等、公正的重新解释。原因在于,人不是制度的玩偶,制度本身乃是实现人类理想价值的一种设计,制度的设计与改进都体现了人类的能动性,尽管就某时某刻对特定的人而言,制度具有一定的先在性和宰制性,但这完全不妨碍制度的理性化与人性化特征。中国特色社会主义的制度创新主要体现在社会主义市场经济的提出及其建构。如果说中国在过去几十年中快速发展创造了"中国奇迹",那么这一奇迹无疑是建基于中国特色社会主义的制度创新,即自觉把市场经济与社会主义结合起来,建构社会主义市场经济体制。当然中国走向社会主义市场经济之路漫长而曲折。20世纪的中国有太多的事件阻滞现代化进程,比较大的事件有:军阀割据、日本的侵华、"文化大革命",直到1978年改革开放之后才大步迈向"中国式现代化",自觉建构"中国现代性"。经过40多年的改革开放,中国现代性建构取得长足进步。然而我们需要追问的是:"中国式现代化"的目标究竟是什么?一个基本共识是:"中国式现代化"的终极愿景,是将来要构造一个"中国现代性",即寻求一个中国"现代的文明秩序"。

当代是一个市场和经济主导的时代,人们的生存和发展都越来越受到市场经济的影响。值得注意的是,对于经济现象的研究,虽源远流长而历久弥新,但迄今为止,"经济"概念的意义,却不见得一清二楚。古汉语之"经济",乃"经国济世",即所谓今之"政治者也"。在近代西方,古典自由主义经济学家如亚当·斯密,既有"市场理性",又有"道德意识",可谓是从人文角度理解经济问题的典范。然而,经济学的哲学基础并不是自明的,也不是经济学自身塑造的,而是哲学和伦理学给予的。市场经济不仅是一种财富的创造与分配机制,更是一种公平正义的系统,就此而论,经济学本质上是"政治经济学"或"市场伦理学"。

市场经济作为人类历史社会经济形态的关键一环,从哲学的高度看,其本质就是"人与人的社会关系"通过"物与物的交换关系"来表现和实现,即哲学视野中的市场经济,表层是"物"的问题,深层却是"人"的问题。资本主义市场经济在世界近代史上的胜利,正因为它结合了人性中的利益、理性、能力和自利动机。实践证明,市场经济与资本运作不仅焕发了民众的潜能,为中国带来了勃勃生机与活力,而且也带来了中国经济的发展与物质财富的增长,甚至还引起了中国人的生存方式的可喜变化。1978年,中国特色社会主义的制度创新关键在于思想解放。理论上讲不清楚在实践中就会出现问题:党的领导与人民当家作主如何统一?科学发展观的以人为本与以经济建设为中心关系怎么处理?发展的阶段性目标与发展的目的性如何统一?社会主义与市场经济怎么结合?劳动与资本关系如何处理?平等与效率关系如何处理?市场经济怎么与中国国有企业相结合?这些难题的破解无疑需要思想解放。何谓思想?一般认为,思想如要具有形构社会的物质性力量,不外两种途径:一是能掌握人心;二是要化为制度。整个20世纪中国现代化的工作,基本上是在政治、经济、教育、军事等各个领域寻求新制度的建立,也即从事于"制度的现代化"。思想解放与中国发展双重强化,民主是思想解放的制度保障。当代中国科学与理性双重不足,并不是科学与理性过度的问题。意识形态靠说服力而不是靠强制力。理论滞后,问题叠加,时空压缩,造成中国发展问题的复杂性。

需要追问的是:市场经济的一般本质究竟是什么?对此基于不同视角可能见仁见智。有人从经济学的视角认为市场经济是资源配置的一种方式;有人从法学的视角认为市场经济是法制经济;有人从社会学视角指出市场经济是生产的社会化。这无疑都有一定的合理性,但不能完全揭示市场经济的一般本质。笔者以为,要揭示市场经济的一般本质,关键是要具有哲学的高度和深度,从历史唯物主义的视角切入。从这一高度看,市场经济的本质就是:"人与人的社会关系"通过"物与物的交换关系"来表现和实现,也就是说哲学视野中的市场经济,其表层是"物"的问题,其深层则是"人"的问题。市场经济条件下的能力竞争,必然加速人的自我觉醒,必将促进人的自由而全面发展。

市场经济既是一种资源配置方式，也是解放和开发人的能力的重要力量，还是人类自由而全面发展的重要舞台和平台。市场经济是以交换价值为目的的商品生产，其前提是商品分属不同的独立主体。因此，市场经济首先意味着使人从天然的血缘关系和宗法关系等人的依赖关系中解放出来，个人成为独立的经济主体，意味着对经济主体的自主地位和独立利益的自我确认和相互承认。如此一来，个人在市场经济中就获得了空前的能力发展与人格发展。个人选择的自由就成为个人主义与民主体制的动力。个人在利益最大化的追求和实现过程中，又必须遵循契约和交换自由的原则，以维护市场有效的竞争性。任何经济机制的运行都需要适当的道德基础，市场经济也不例外。"市场经济的道德基础应当是以中国传统道德原则——己所不欲，勿施于人为基点，以保护每个人产权为核心的一套行为准则或是非标准。"[①]可见，市场经济虽以竞争为基础，但规范的市场经济制度却是以道德诚信为前提的。

市场竞争，意味着对主体的主动性、创造性和活力的激发，因而极大提升了主体的能力，促进了主体的完善。当然，竞争可以是建设性的，也可能是破坏性的。市场竞争只是手段而非目的，如果任由"市场力量"发展，必然会导致垄断的产生，从而造成社会不公不义，因此"政府力量"某种程度的介入，实属必要。在亚当·斯密看来，财富的创造应是一种道德行为。原因在于，任何在市场上获得认同的产品或服务，同时也必须在道德上获得人们的认同。进言之，一国财富的创造不仅取决于社会分工、资本积累和对外贸易，而且还取决于人们高尚的商业道德和经济伦理。这也是亚当·斯密为什么在撰写了具有政治经济学理论体系奠基之作的《国民财富的性质和原因的探究》(1776)之前，他写下了被许多人所忽略的《道德情操论》(1759)的深意所在。《道德情操论》之所以给西方世界带来的影响更为深远，原因就在于它触及更为宏大的社会主题：公平与正义。

1992年10月中共十四大明确提出经济体制改革的目标是建立"社会主义市场经济体制"；1993年11月中共第十四届三中全会通过了《关于建立社会主义市场经济体制若干问题的决定》，确立了市场在"资源配置中的基础性作用"。过去，我们没有完全处理好政府与市场在资源配置中的关系，过于夸大政府在资源配置中的直接支配作用，没有让市场在资源配置中发挥决定性作用。这在一定程度上会导致市场缺乏创新活力。十八届三中全会的一个重

---

① 汪丁丁：《市场经济与道德基础》，上海人民出版社2007年版，第36页。

大突破,就是确定使市场在资源配置中起决定性作用。这一突破实际上是设定有边界的,即市场只限于在"资源配置"中起决定性作用,而不是在一切方面都具有决定性作用。我们必须充分依靠市场力量,激发社会创造的潜力。然而,在对"使市场在资源配置中起决定性作用"这一论断的理解中,一些人认为市场力量应在各个方面发挥决定性作用。这实际上就是让市场力量没有边界,可以越"资源配置"的位。对"使市场在资源配置中起决定性作用"这一论断的正确理解应当是:市场只能在资源配置中发挥决定性作用,而这既是为了增强市场活力,也是为了让政府在为市场提供公平竞争的环境和为社会提供公共服务方面发挥更好的作用。这里,政府力量不会因市场力量的增大而削弱,反而会在该发挥作用的领域和地方更加增强。

21世纪是能力主导的世纪,未来社会也是能力型社会,市场竞争本质上是能力竞争。在市场竞争中,就存在着一个"优胜劣汰"的过程,市场经济必然要淘汰下来一些人,这些人尽管也很努力。可以说,市场经济不同情弱者的眼泪,反而给强者以优厚的回报。在市场经济条件下,对人的能力的自由全面的发展日益看重,现代西方一些思想家针对市场经济出现的困境,明确主张把人的创造能力作为人的主导价值取向。随着知识经济的到来,越来越多的人看到并重视人的创新能力这一力量的作用和价值。"人力资源理论"、"管理创新论"和"企业精英论"等,就是对人的能力这一力量在时代发展中日趋显示其主导作用的反映[①]。21世纪是知识经济时代,即依靠科技和知识精英来不断发展的时代,这个时代所需要的是人的创新和发展的能力。现代西方发达国家的企业正在走向知识化,并日益注重人的聪明才智,调动人的智力因素,引导和发挥人的创造能力,因而,知识、技能和创新能力已成为最重要的生产要素。在知识经济时代,"人的使命还在于生活中的创造"[②]。社会历史发展证明:人的主体能力及其作用对当代社会发展的影响日益增大,每个人能力自由平等全面发展是人的全面发展的重要内容之一。

改革开放以来,我国以经济建设为中心,大力发展社会主义市场经济,生产力水平有了很大的提高,已成为世界第二大经济体,人民生活水平也有了很大的提高。当代中国正在建立的社会主义市场经济体制,就是要求解放和发

---

① 参见韩庆祥:《构建能力社会:21世纪中国人的发展图景》,广东教育出版社2003年版,第124页。

② 别尔嘉耶夫:《论人的使命》,张百春译,学林出版社2000年版,第302页。

展人的能力。如前所述,市场经济本质上是能力经济,市场竞争本质上就是能力竞争。在市场经济体制发展过程中,人的作用被日益提升,市场经济的发展要求市场主体能够不断地创新、变革自己的理念,为市场经济的进一步发展创造动力。反思我们确立的按劳分配和按生产要素分配的分配制度,其实质就是建立一种"各尽所能"的激励机制,个人的收益基本是按照他或者说是他的能力对社会所做的贡献来确定,其目的就是要实现各尽其能、各得其所而又和谐相处。在市场经济条件下,个人必须充分发挥其能力才能有立足之地,才能解决自己的生存和发展问题。当代社会力量在向能力转移这一趋势,要求我们把"能力本位"作为当代社会发展的核心文化价值理念,社会发展和人的发展应按能力本位的理念来运行和设计。

  当前我国深化经济体制改革的核心问题是处理好"政府"和"市场"的关系,必须更加尊重市场规律,更好发挥政府作用。所谓更加尊重市场规律,主要是尊重市场经济的价值规律、供求规律和竞争规律。市场经济对人才、时间和效率特别看重。市场经济倡导"时间就是金钱",这意味着"在经济活动步伐加快的时候,每一个单位时间便愈加值钱"。[①] 能力本位是市场经济得以建立起来的文化支柱和价值观基础。众所周知,市场经济首先被资本主义社会所发明和运用。我国建设社会主义市场经济,就是要充分利用市场的巨大力量来激发人的能力,从而使社会充满活力。现实生活中,改革开放与市场经济体制建设之所以遇到一些障碍,重要原因在于一些人的思想价值观念依然停留在旧体制的官本位范畴之内,在于这种官本位的文化价值观念与社会主义市场经济体制的内在本质要求存在着根本矛盾。社会主义市场经济在文化价值观念上的根本要求,是要确立"能力本位"的文化价值观。"能力本位"是社会主义市场经济的文化实质和核心,但在现实生活中,官本位的价值观仍支配着一些人的头脑。官本位是阻碍我国改革和社会主义市场经济体制建设的一种深层次的障碍。总之,中国现代化既是中国文明的转型,也是顺应世界历史力量转移趋向而注重发展市场经济而强调自主创新能力的结果。

  在我国社会主义市场经济条件下,公平效率在本质上是统一的,但也不排除两者一定时期一定程度上还存在着局部的暂时的矛盾。这主要是由于每个人的天赋、智力、能力及个人努力程度在客观上存在差别,在市场经济的激烈

[①] 阿尔文·托夫勒:《力量转移:临近21世纪时的知识、财富和暴力》,刘炳章等译,新华出版社1996年版,第267页。

竞争中，总会有一部分人成功，另一部分失败，相应的收入差距就会形成，必然就会造成富者愈富、贫者愈贫的情况。面对这一现实，无疑需要进行财富调节。通常，财富初次分配主要靠市场，二次分配主要靠政府，第三次分配主要靠社会慈善事业。"在社会主义市场经济条件下，分配公平不是单纯的效率优先原则，而是公平优先，兼顾效率的原则，是效率原则与差别原则的内在结合。"①从理论上说，财富生产和分配的基本逻辑应是公正。基于此，资本、知识、技术、管理参与财富分配，只有当它对财富创造真正有提高作用时才是正当的、合理的。因此，要建立社会主义市场经济体制，就必须实现由官本位的文化价值观念向能力本位的文化价值观的根本转变，这是最深层、最根本、最艰难的一种转变。然而如果不实现这种转变，或没有能力本位的价值观念作支撑，市场经济体制就根本建立不起来。毕竟，"国家的富强只有通过解放个人的活力和能力才能达到"。② 在当代中国历史发展、社会发展转型期，关键是"要形成与社会主义初级阶段基本经济制度相适应的思想观念和创业机制，营造鼓励人们干事业、支持人们干成事业的社会氛围，放手让一切劳动、知识、技术、管理和资本的活力竞相迸发，让一切创造社会财富的源泉充分涌流，以造福于人民"③。

市场经济是法制经济，它的运行需要完备的法制来规范和保障，但市场经济更是能力经济，它的运行更需要公平的能力竞争来实施和运作。市场经济内在要求确立能力本位的核心价值观，把人的能力发展和发挥提升到重要的地位上。历史发展证明：重视人的能力发展和发挥的国家，必是富有活力的国家，而轻视或忽视人的能力发展和发挥的国家，必是逐渐走向衰落的国家。在当代社会发展中就是要发掘14亿中国人的巨大潜能，开发并合理配置人力资源，培育自主创新能力。中国的发展目标是要在坚持社会主义核心价值观的同时，充分发挥市场经济和社会主义的双重优势，走出一条"强国"与"富民"的新路，最终实现中华民族的完全复兴和"中国梦"。

综上所述，中国特色社会主义的制度创新的关键是处理好"社会主义和市场经济结合"的问题。"法律是社会关系理性化的结晶，它取代伦理情感而成为判断社会行为的权威准则。非人格的法治取代基于个人人格魅力的人治，

---

① 贾中海、何春龙：《社会公平正义的三维视阈》，《北方论丛》2013年第2期。
② 本杰明·史华兹：《寻求富强：严复与西方》，叶凤美译，江苏人民出版社2005年版，第79页。
③ 江泽民：《全面建设小康社会开创中国特色社会主义事业新局面》，人民出版社2002年版，第16页。

构成现代性的鲜明特质。"①现代社会发展的逻辑是,市场经济要求法治,法治要求民主。当代中国现实的问题是如何为社会主义市场经济注入更大活力、建构更稳定的秩序、开辟更广阔的空间。中国道路是市场法则与财产权逻辑的统一。当然,规制资本逻辑和现代性法则也是中国特色社会主义道路的历史使命。"在当代中国的大地上确立现代意义上的财产权的法律表述体系,从而为在社会主义条件下利用资本逻辑创造财富开辟了巨大的社会空间。"②总之,如何使社会主义市场经济更加成熟、更加定型,还需要不断地进行中国特色社会主义制度创新。

第五节 建构面向"中国问题"的历史唯物主义理论话语体系:中国特色社会主义文化创新

当代中国,需要根据中国现实和人类社会发展趋势,从未来的视角来研究"中国问题"。如果要续写历史唯物主义理论体系的新篇章,那么无疑就要全面发展21世纪马克思主义、当代中国马克思主义。当代中国历史唯物主义建构一个重要方面就是建构面向"中国问题"的历史唯物主义理论话语体系。当代中国马克思主义者的历史使命就是:一方面,要立足历史唯物主义来探寻"中国问题"的破解之道和"中国崛起"的世界历史意义;另一方面,要通过对"中国问题"的思考来发展和深化历史唯物主义,推进马克思主义的中国化,对历史唯物主义给予"中国表达",为破解"人类问题"提供"中国方案"、贡献"中国智慧"。

经过长期努力,如今中国发展站到了新的历史起点上,中国特色社会主义进入了新时代,中华民族迎来了从站起来、富起来到强起来的伟大飞跃,全面建成小康社会进入决胜阶段,我们正在向实现社会主义现代化强国迈进。当代中国共产党人正在团结带领全国人民努力接续完成实现现代化和民族复兴的时代课题。为了更好地完成这一时代课题,需要借助于理论的力量和思想的力量。如果说理论的力量,来自对问题的精准把握,那么思想的力量,则来

---

① 成思危:《虚拟经济论丛》,民主与建设出版社2003年版。
② 刘敬东、张玲玲:《马克思世界历史理论:中国道路的一个解释框架》,《江苏行政学院学报》2012年第4期。

自对现实的深入思考和精准阐明。行动的自觉,来自对理论与思想的科学把握。历史唯物主义的生命力不仅应该在理论上表现出来,也应该在实践中表现出来。毕竟,历史唯物主义不仅是"解释世界"的一种方法与理论,更主要的是一种"改变世界"的实践活动。当前,历史唯物主义研究再度成为学界研究和讨论的热点,这对于全面发展21世纪马克思主义、当代中国马克思主义具有积极意义,也有助于深化对历史唯物主义性质和主题的理解,还有助于深化对"西方现代性"的反思和"中国现代性建构"的认识。其实,真正的马克思主义者,不仅要把问题凝练为思想,而且还要把思想转化为行动。在新时代新起点,深化对历史唯物主义性质和主题的认识一个重要方面就是推进历史唯物主义的中国化。笔者认为,在21世纪中国最有可能在国际理论舞台上占据重要地位的,也许是面向"中国问题"的"真正中国化的马克思主义",这无疑需要在普遍性与特殊性中保持必要的张力。

一、中国特色社会主义与当代中国历史唯物主义建构

历史唯物主义是马克思主义的历史观和世界观,作为一种历史观,它强调人类社会发展的基本规律和人的主体地位与主体作用,作为一种世界观,它的研究对象是现实的人生存与发展的现实生活世界,关注人的生存境遇及其发展命运,强调自然界的优先性和人与自然的规律、人与社会的规范的辩证统一。在当前,中国社会历史进步的主体作用、中国经济发展的环境约束条件、中国经济社会发展的主体性条件,中国道路的世界历史意义,都需要在历史唯物主义视阈下重新考量。就此而论,历史唯物主义构成中国特色社会主义的理论底色。然而,我们不能仅仅消极地停留于对历史唯物主义的辩护立场之中,而是要积极推进历史唯物主义的时代化、中国化和大众化。历史唯物主义并没有结束真理,而是开辟了通向真理的道路。实践昭示我们:只有立足当代中国实际,坚持马克思主义基本原理同当代中国具体实际相结合,才能真正彰显历史唯物主义的巨大真理威力和强大生命力,也才能推进中国特色社会主义实践的发展;只有立足当代时代新潮流,把握世界发展大势,充分吸收人类文明一切有益成果,才能更好地运用历史唯物主义观察时代、解读时代、阐明时代、引领时代,才能全面发展21世纪马克思主义、当代中国马克思主义,从而引领中国特色社会主义道路越走越开阔。

首先,应该看到世界的新变化。如今,人类正处在大变革、大调整时期,随着资本主义机制自身演变的复杂性,随着全球化和逆全球化新的博弈,如何进

一步深入研究当代世界的新变化尤其是当代资本主义和中国特色社会主义的新变化,回应当代林林总总的西方资本主义批判理论,有必要重新理解和建构历史唯物主义,首先是激活历史唯物主义的创新与当代阐释力。而要激活历史唯物主义的创新与当代阐释力,就需要建构面向"中国问题"的历史唯物主义理论话语体系。如所周知,历史唯物主义是中国道路的理论依据之一。当前人类社会正处于一个历史分水岭和世界历史力量转移加速期,一方面我们曾经熟悉的历史坐标和时空观念正逐渐改变,另一方面新的历史趋势和时空观念正在逐渐显现。此时,中国开始走向"强起来"的新时代,中华民族显现出"伟大复兴"的新迹象。从世界历史来看,中国崛起是人类历史上最大范围、最快速的工业化、城镇化过程,其规模与速度都是史无前例的。随着世界历史力量转移,必然出现权力结构以及世界秩序重构的新契机。如今,广大非西方国家和新兴市场国家群体性崛起逐渐撼动西方主导的世界秩序,逐渐打破20世纪的一元现代性历史格局,多元现代性将成为21世纪的基本特征。

其次,经过长期努力,中国特色社会主义进入了新时代,这是我国发展新的历史方位。也应该看到,中国仍处于并长期处于社会主义初级阶段的基本国情没有变,中国作为世界上最大的发展中国家的国际地位没有变,中国经济社会发展每个阶段都呈现出新特征。当前,中国特色社会主义进入新时代。这一重大判断具有重要的理论意义和实践意义。科学认识和精准把握新时代离不开历史唯物主义的理论支撑和思想透视。从中国经济社会发展的维度看,新时代意味着近代以来久经磨难的中华民族迎来了从站起来、富起来到强起来的伟大飞跃,由"大国"迈向"强国"成为现实任务;从世界社会主义发展的维度看,新时代意味着科学社会主义在21世纪的中国焕发出强大生机活力,在世界上高高举起了社会主义伟大旗帜,"历史终结论"和"社会主义失败论"不攻自破;从人类文明发展的维度看,新时代意味着中国特色社会主义道路、理论、制度、文化不断发展,拓展了发展中国家走向现代化的途径,给世界上那些既希望加快发展又希望保持自身独立性的国家和民族提供了全新选择,为解决"人类问题"和"世界难题"提供了"中国方案"、贡献了"中国智慧"。正如习近平总书记所指出的:最后,还应该看到,实践的发展倒逼理论的创新。新时代有新特征和新要求,实践发展需要理论支撑和思想指引,我们要做好理论准备,"中国特色社会主义是改革开放以来党的全部理论和实践的主题,全党必须高举中国特色社会主义伟大旗帜,牢固树立中国特色社会主义道路自信、理论自信、制度自信、文化自信,确保党和国家事业始终沿着正确的方向胜利前进"①。

最后,在新的时代条件下,我们要进行伟大斗争、建设伟大工程、推进伟大事业、实现伟大梦想,仍然需要继续保持和发扬马克思主义政党与时俱进的理论品格,勇于推进实践基础上的理论创新。时代是思想之母,实践是理论之源。中国发展需要理论创新,中国道路需要学理支撑。当代中国人要为中国特色社会主义进入新时代做好理论准备和理论储备。"如果中国要成为一个强国、中国人要成为当代思想的同时代人,就必须重视理论建设和思想创造。"②近年来我们用马克思主义中国化的最新成果——"习近平新时代中国特色社会主义思想"指导中国实践,这使当今中国获得了强大的理论创造力、思想主动性和民族自信心。如今已经到了质的飞跃的关键期,到了全面建成小康社会和实现社会主义现代化"临门一脚"的时候,能否成功跨越"中等收入国家陷阱"、"塔西佗陷阱"和"修昔底德陷阱",关键是要确立并践行以人民为中心的发展理念。我们要基于"四个伟大"创新实践,对实现马克思主义中国化的新飞跃给出新理解,这无疑需要推进包括历史唯物主义中国化在内的马克思主义中国化。

总之,科学阐明中国特色社会主义与当代中国历史唯物主义建构之间的关系是当代中国学者的重大课题。当代中国历史唯物主义建构面临双重任务:其一是在理论上自觉对自由主义政治哲学进行理论批判,厘清马克思主义与自由主义的界限,建构"有思想深度的理论";其二是在实践中对自由、平等、正义、民主、精准扶贫、社会主义市场经济等作出具有马克思主义原则高度的回应,进行"有原则高度的实践"。"历史唯物主义既不是将历史看做是一个自在的生成过程,也不是一个毫无规定性的人的自主性生成,而是两者的'主客体的辩证法',这是一个'建构'的过程。"③这提醒我们,要警惕资本逻辑批判暗含的"同一性"与历史唯物主义"非同一性"之间的差异。与资本逻辑试图用"同一性"规制社会历史进程不同,历史唯物主义十分注重对"非同一性"保持开放态度,无论是马克思把"人类历史发展五阶段"仅限于西欧,还是后来对资本主义典型样态英国的剖析,抑或是晚年对"古代社会"和"东方社会"的理论

---

① 习近平:《习近平谈治国理政》(第2卷),外文出版社2017版,第59页。
② 韩庆祥、张艳涛:《论"四个伟大"》,《中国特色社会主义研究》2017年第4期。
③ 孙亮:《历史唯物主义对"中国问题"的三重建构意义》,《中国社会科学报》2010年9月30日。

研究,都表明,历史唯物主义尊重历史和文化的差异性,尊重各国根据具体国情选择和坚持符合自身国情的发展道路的权利。

二、中国问题与当代中国历史唯物主义建构

通常,重大现实问题必然是重大理论问题,而重大理论问题也必然是重大现实问题。当代中国需要的是"切中社会现实"和"中国问题"的历史唯物主义。在当代中国语境中,历史唯物主义与中国道路具有复杂的张力与互动,它不仅"形塑"了当代中国的"历史意识",而且"判定"了当代中国的"历史方位",还指明了当代中国的"发展方向",为中国现代性发展开辟了新道路[①]。当代中国道路探索过程中的重大现实问题的解释和解决,需要研究中国问题、提升中国经验、建构中国理论,进而推进历史唯物主义的中国化。

从思想史来看,对历史唯物主义的研究大体上有两类:一类是解释性的研究,它追求"是什么",另一类是规范性的研究,它追求"如何成为是",前者以理论研究为主,后者以现实问题研究为主。笔者认为,在当代中国"以现实问题为导向的学术理论研究"是值得倡导的。原因在于,面对时代、实践和现实生活层出不穷的新问题,我们的理论研究整体上相对滞后,"主义"研究有余而"问题"研究不足,"思辨"研究有余而"实证"研究不足,"他者"(西方)研究有余而"自我"(中国)研究不足。这使得我们要么有理讲不出,要么讲了没人听。而要深入理解"中国问题"的特殊性和复杂性,在理论高度给予令人信服的哲学阐明,就需要推进当代中国历史唯物主义建构,这也是马克思主义中国化的题中应有之意。

如果说坚持马克思主义关键是坚持马克思主义的立场、观点和方法,那么发展和创新马克思主义主要就是坚持发展创新马克思主义的立场、观点和方法。"马克思主义理论对当今社会的重大意义不仅在于其对资本主义制度全面彻底的揭露,还在于其辩证唯物主义和历史唯物主义的研究方法对当今社会同样适用。[②]"如今,中国特色社会主义与历史唯物主义的中国化,中国现代性与人类新文明形态的开启,这些问题都需要我们在中国问题与当代中国历史唯物主义建构中进行深入研究。在当代,思考和解决"中国问题"也就是在

---

① 张艳涛:《历史唯物主义视域下的"中国现代性"建构》,《哲学研究》2015年第6期。
② 特里·伊格尔顿:《马克思为什么是对的》,李杨、任文科、郑义译,新星出版社2011年版,中文版出版前言。

思考和破解"世界性难题"。尤其是在中国成为世界第二大经济体之后,这一特征更加显著。在中国整体转型升级的关键期,在中国由"大国"迈向"强国"途中,站在新的历史起点上,我们要激活历史唯物主义的思想资源,从历史中汲取营养,为中国实践创新与理论创新标注出历史方位。

过去40多年,中国把握住了发展机遇,中国改革开放取得历史性成就,奠定了中国崛起的物质和观念基础。当前中国日益走近世界舞台中央,正走在由"大国"迈向"强国"的关键期。此时,中国要采取积极参与的综合战略,提升中国国际话语权和文化软实力。其实,一个国家的战略机遇期由主客观两方面的条件共同促成,战略机遇期要求在客观上要"等待时机",而主观上则要"争取创造条件"和"有所作为"。21世纪头一二十年,对中国而言是必须紧紧抓住并且可以大有作为的重要战略机遇期。所谓战略机遇期,"即在国内外环境得到正确把握的情况下,能够为一个国家的长远经济社会发展提供良好的条件,对其历史命运产生全局性、长远性、决定性的特定历史时期"。[①] 中国共产党团结带领中国人民,用几十年的时间走完发达国家几百年走过的发展历程,中华民族迎来了从站起来、富起来到强起来的伟大飞跃。

资本逻辑批判与当代历史唯物主义建构具有内在关联。在中国发展的结构性转型升级过程中,资本逻辑与公平正义是必须直面的问题。资本逻辑是指资本自身增值、追求利润最大化、唯利是图和不断扩张的本性。可见,资本逻辑与人的逻辑一定程度上是矛盾的。在当代中国语境中,"资本逻辑批判"与"公平正义维护"是同一问题的不同方面,维护和促进公平正义是历史唯物主义题中应有之义。从理论上说,深入研究资本逻辑批判与当代历史唯物主义建构问题,有助于揭示社会公平正义的"规范性基础";从实践上讲,深入研究资本逻辑批判与当代历史唯物主义建构问题,有利于用基于公平正义的全面改革凝聚社会共识,进而提升国家治理体系和治理能力现代化水平,促进社会主义现代化强国和中华民族伟大复兴的历史进程。

在中国语境中的历史唯物主义研究中,历史唯心主义(黑格尔)和历史唯物主义(马克思)的二元历史观框架结构,基本构成了我们研究和探讨历史唯物主义的主要理论背景。顾准先生称本来面目的黑格尔为"唯理主义的唯心主义",称马克思的辩证唯物主义为"唯理主义的唯物主义",并明确指出二者

[①] 门洪华:《关于中国大战略的理性思考》,《战略与管理》2014年第3期。

在"唯理主义"上的同构性具有启发性。① 实际上,"历史唯物主义既包括对历史过程的本质的认识,即我们通常说的历史本体论问题;也包括我们如何认识历史,即历史认识论、历史方法论和历史价值论问题。二者在历史唯物主义中是统一的,不存在对立的问题"②。因此,深刻理解历史唯物主义的理论本质,既有助于深化理解"中国特色社会主义道路"的理论意义与实践价值,也有助于破解"中国问题"。

三、中国现代性与当代中国历史唯物主义建构

历史唯物主义是现代性的产物,因此,要想把握历史唯物主义,必须全面理解现代性。现代性是马克思研究的主题之一,"马克思与现代性之间具有互文性"③。马克思对于启蒙方案所产生的19世纪的现代文明有深刻的洞悉。在马克思看来,现代文明是由资本主义的现代性所建构的。

在当代中国,既然现代化和现代性被设定为中国发展目标,那么就要探寻实现现代化和现代性的具体路径。中国的现代性建构必须正视中国社会现状。从中国社会发展的阶段性特征看,在经过四十多年快速发展后,中国经济步入新常态。在经济新常态下,中国经济发展面临的最大问题,其实主要是结构性问题和转型升级问题。如今,在整体上解决温饱问题以后,全面建成小康成为新目标。全面建成小康社会是在人民的获得感出现阶段性特征后提出的新目标,也是对人民主体地位的回归,突出强调的是中国共产党执政的人本理念与人民立场,彰显了依靠人民创造历史伟业的理念。"作为社会主义国家,我国要走出一条社会主义市场经济的道路,题中之义便是始终坚持资本和资本主义的分离,即运用资本,但决不允许资本成为整个经济生活和社会生活的主导性力量。"④

现代性作为现代化的"质的规定性"——其本质规定和基本特征是主体性、理性和个体自由。虽然现代性具有一些基本特征(如主体性、理性和个体自由),但现代性并不是千篇一律的,它在不同的国家会有不同的表现。当代中国的马克思主义者要敢于"直面事情本身",说清楚讲明白中国特色社会主

---

① 《顾准文集》,中国市场出版社2007年版,第212~214、304页。
② 陈先达:《历史唯物主义的史学功能:论历史事实·历史现象·历史规律》,《中国社会科学》2011年第2期。
③ 黄瑞祺:《马学与现代性》,允晨文化实业股份有限公司2001年版,第17页。
④ 鲍金:《〈资本论〉的哲学新解读》,中国人民大学出版社2016年版,第321页。

义的实质何在？社会主义与市场经济怎么结合？劳动与资本关系如何处理？平等与效率关系如何处理？市场经济怎么与中国国有企业相结合？如果在理论上讲不清楚那么在实践中就会出现种种迷失和偏差。从总体上看，资本主义之所以是有问题的不仅在于"强资本弱劳动"的基本格局，而且还在于在那里"资本与劳动是恶性互动的"。如何在21世纪重构一种文明的"资本与劳动的关系"？值得深思！

建构面向"中国问题"的历史唯物主义理论话语体系，一个重要方面是科学揭示"经济的政治性质"和"政治的经济内涵"。至关重要的是：当代中国马克思主义者能否用一种发展了的马克思主义即中国化的马克思主义在理论上解释清楚：当代中国为什么要走"中国特色社会主义道路"？（核心是社会主义与中国的结合问题）；为什么要建构"社会主义市场经济"？（核心是社会主义与市场经济的结合问题）；为什么要"使市场在资源配置中起决定性作用"？（核心是政府和市场的功能定位及其边界划定问题）；为什么要建设"中国特色社会主义现代化"？（核心是社会主义制度的比较优势和中国现代性建构问题）。同时，当代中国要在实践中不断提升自由、平等、公正、人权的社会主义品质。具体而言，在人和物的关系中，通过"创新、协调、绿色、开放、共享"新发展理念进一步解放和发展社会生产力是关键；在人和人的关系中，进一步做好体现公平正义的利益分配，进而解决思想分化是关键；在人与自身精神世界的关系中，凝心聚力是关键；在国家、市场、社会和公民个人的关系中，通过协调推进"四个全面"战略布局和"五位一体"总体布局进而建构现代秩序是关键。

从"资本逻辑"走向"人的逻辑"。当代中国特色社会主义，既不完全同于马克思经典的社会主义，也不同于苏联的社会主义，而具有自身特色。就此而论，中国特色社会主义既不是"翻版"，更不是"再版"，而是"新版"。之所以说是新版，就在于中国开辟出了一条有中国特色的社会主义道路。中国道路彰显了中国共产党和中国人民的"主体性"和"首创精神"，引导社会发展从"资本逻辑"走向"人的逻辑"。"现代中国的发展方向，核心是构建一种超越资本主义的'新现代性'。"[1]这种新现代性可初步概括为"中国现代性"，它是"历史唯物主义中国化"与"中国理论建构"的统一。在中国语境中，历史唯物主义的基本原则如"经济基础决定上层建筑"依然要遵循，但是要有新的表述——"以经济建设为中心"，毕竟在中国经济发展依然占据主导地位。"我们必须关注世

---

[1] 郗戈：《历史唯物主义中国化与中国现代性建构》，《江海学刊》2012年第1期。

界发展中的经济发展问题。只有如此,历史唯物主义切中当代社会现实的思想魅力才能豁然呈现出来。"①

辩证地看待和对待市场的力量和资本的力量。重构公共性离不开市场经济和公民社会,前者通过市场交换体系滋生出公共性,后者通过公共生活滋养着公共性。从经济、政治和文化观念与意识形态上看,现代西方是以"市场经济"、"民主政治"和"个人本位"为主导的。不仅如此,当代西方这种"三位一体"的结构依然居于主导地位,因此"中国道路"如何走,如何修正或超越西方的"市场经济"、"民主政治"和"个人本位"的理论困境与实践困境就成为当代中国发展躲不过、绕不开的重大现实问题。中国建成富强民主文明和谐美丽的社会主义现代化强国和实现社会主义现代化,中国建设现代社会和实现人的现代化,都离不开市场的力量和资本的力量。因此,不能把市场和资本妖魔化。对资本逻辑、市场经济、技术文明的批判性分析与实践驾驭是成功建设中国特色社会主义的关键所在。

建构面向"中国问题"的历史唯物主义理论话语体系的一个重要突破口则是建构中国特色社会主义政治经济学。科学社会主义不能建立在"哲学论证"基础上,而应建立在"政治经济学批判"基础上。这就需要回归马克思主义政治经济学之路。马克思开辟的政治经济学道路的核心问题是:从工具理性和价值理性相统一的视角,对国民经济学进行批判,对经济问题进行哲学分析,从而提出经济问题政治解决的方案。历史唯物主义揭示了资本逻辑的秘密和现代性的谜底。资本逻辑所支配的经济发展必然导致"环境悖论"——先污染后治理、边污染边治理、污染物外移,"两极悖论"——一极是财富的积累,一极是贫困的积累,"主奴悖论"——一些人成为财富和权力的主人,一些人沦为财富和权力的奴隶,"存在悖论"——一些人身与心的分离,一些人灵与肉相分离,这"四大悖论"是资本主义社会所无法完全克服和解决的。"中国特色的社会主义必须以国家政权支配资本逻辑,通过行政权力和国有资本去调控和引导资本"②,才能最终避免上述悖论。笔者认为,当前应从"新型文明开启"的高度来看待中国现代性与当代中国历史唯物主义建构问题。社会主义要创造一种"高于"和"优于"资本主义文明新的文明形态,就必须在人与自然的关系上全面超越"环境悖论"、在人与人的社会关系上全面超越"两极悖论"、在人与

---

① 陈立新:《面向当代中国问题的历史唯物主义》,《中国社会科学报》2014年5月1日。
② 王庆丰:《历史唯物主义与中国问题》,《天津社会科学》2011年第4期。

他人的主体间关系上全面超越"主奴悖论"、在人与自我意识关系上全面超越"存在悖论"。只有在上述四个方面进行全面的革命性变革,才可能开启一种新文明形态。中国学者要有理有据地论证"中国现代性"的内在机制。正如一些有识之士所指出的,在论证中国"新文明类型"的过程中要实质性地突破域外所谓"例外主义"的质疑,此种例外主义常常表现为"中国特色"。当代中国学者要恰如其分地阐明"中国道路"的世界历史意义。实际上,"中国道路"所蕴含的中国现代性固然有其一定的普适性和世界性,但如果过分地放大了这种普适性和世界性,即使以"和平主义"和"文明崛起"为标识或核心,仍可能引起世界对"中国崛起"的担心与恐惧。

综上所述,在当代中国建构面向"中国问题"的历史唯物主义理论话语体系,离不开对中国社会现实的深入解剖和解析,如果我们的学者依然囿于学院和书斋,不深入到中国广大农村和工厂,不深入接触中国广大的农民、农民工、工人和市民,那么我们就不可能真正理解和把握"中国问题",也就不可能"切中中国社会现实",更不可能真正建构起面向"中国问题"的历史唯物主义理论话语体系。反思中国马克思主义研究一定时期内的"人的逻辑"缺失,一个重要原因是偏离马克思开辟的道路,对占中国人口绝大多数的工人、农民、农民工和市民的生存境遇和发展命运关注和研究得不够,这也是被边缘化的重要原因之一。毕竟,"理论在一个国家实现的程度,总是决定于理论满足这个国家的需要的程度"①。中国崛起,绝不仅仅是国力的强盛和民族的复兴,最根本的乃是人民的福祉,即 14 亿多中国人的尊严、权利、福利、利益和能力能够得到更大的增进和维护,在国内建立起令人羡慕的和谐的国民关系,在国外成为令人尊敬的现代文明国家。一句话,中国不仅要成为"强国"和"富国",更要成为"令人尊敬"和"令人向往"的国家。

---

① 《马克思恩格斯选集》(第 1 卷),人民出版社 1995 年版,第 11 页。

本章小结　增强中国特色社会主义的道路自信、理论自信、制度自信、文化自信

中国特色社会主义道路、中国特色社会主义理论体系、中国特色社会主义制度和中国特色社会主义文化,这四个维度构成了对于中国经验的一个比较完整的概括。[①] 坚定中国特色社会主义的道路自信、理论自信、制度自信、文化自信,关键是"不忘本来""吸收外来""着眼将来"。中国百年的现代化历程,不能说不是曲折重重,"有限度地容忍某些资本主义因素,是现阶段中国历史发展的必然趋势。追求纯而又纯的欧式社会主义,在中国具有空想性质"[②]。

中国现代之建构,"中国问题之解决,既有赖于吸取和借鉴西方文化的优秀遗产和先进的管理经验、科学技术,同时又需要充分挖掘本民族之优秀文化传统,提振民族精神"[③],也就是说要增强对中国特色社会主义的道路自信、理论自信、制度自信和文化自信。应该认识到,现代化道路是多样的,现代性模式是多种的,现代社会是多元的,任何基于历史文化特点和国际形势的现代化追求都是值得肯定的。实现什么样的发展?怎样发展?事关中国前途和命运。

20世纪全球化境遇下的外部压迫,使中国的现代化革命具有社会主义性质,这也是历史必然性的结果和反映。实际上,中国特色社会主义道路的建立并不是一帆风顺的,它经历了曲折的历程并且伴随着中华民族的复兴过程。经过几代中国人的努力,中国特色社会主义道路才得以建立、发展和完善。

中国特色社会主义理论体系,科学阐明了中国特色社会主义的思想路线、发展道路、发展阶段、根本任务、发展动力、发展战略、依靠力量、国际战略、领导力量等重大现实问题。中国特色社会主义理论体系的精髓是解放思想、实事求是,解放思想、实事求是是马克思主义思想路线的本质要求,是中国特色社会主义理论体系的精髓。关键是把马克思主义普遍真理和我国具体实际结合起来,走自己的路,发展中国特色社会主义。解放思想是发展中国特色社会

---

① 胡锦涛:《坚定不移沿着中国特色社会主义道路前进,为全面建成小康社会而奋斗:在中国共产党第十八次全国代表大会上的报告》,人民出版社2012年版,第16页。
② 许明:《西方马克思主义与中国的现代性问题》,《学术月刊》2006年第10期。
③ 张琳:《马克思主义的中国化与中国的现代性建构》,《马克思主义与现实》2012年第6期。

主义的一大法宝,与时俱进是马克思主义的理论品质,求真务实是党的思想路线的核心。这一理论丰富和发展了马克思主义。因此,不应拘泥于马克思的个别论断,而应该更多地关注马克思在分析问题时体现出来的基本立场、基本观点和基本方法论,创造性地运用马克思主义的观点和方法,更好地破解"中国问题"。毕竟,历史是一种客观存在,我们需要找寻出理论创新与实践创新的内在关联,以便更好地理解历史,把握现在,开辟未来。

如果说中国特色社会主义理论体系是直面"中国问题"的理论创新,那么中国特色社会主义道路,本质上则是面向"中国问题"的实践创新。实践发展永无止境,认识真理永无止境,理论创新永无止境。用发展着的马克思主义理论指导新的实践,内在要求理论创新。长期以来中国广大知识分子总天真地以为发达国家有一本"真经",把这本"经"取回来虔诚诵读,就可以使中国摆脱贫穷落后,实现现代化。然而,这样的"真经"并不存在。"中国的知识分子必须摆脱一味地去西天取经的思维定势,在政治、经济、社会、科学的各个领域,深入了解中国的历史,积极研究中国与其他发展中国家过去百多年来现代化探索的成功和失败的经验教训,以及当前国内国际社会的现实,创造性地构建出一套能够揭示中国现代化问题的本质、面临的限制和机遇的新的理论观点、思想体系。"[①]马克思主义,理论源泉是实践,发展依据是实践,检验标准也是实践。党和人民的实践是不断前进的,指导这种实践的理论也要不断创新。中国特色社会主义道路必将在党和人民的实践创新中不断拓展,中国特色社会主义制度必将在深化改革、扩大开放中不断完善。这一过程必将为理论创新开辟广阔的空间。

总之,中国道路、理论、制度、文化所构成的中国经验,不仅对中国有意义,而且对人类也有贡献。"中国经验"与"中国理论"能够多大程度上影响世界,中国在世界上能够获得多大的话语权,一定程度上取决于我们"地方性"的经验、知识与理论能够在多大程度上成为"全球性"的经验与理论。中国经验证明了人类社会不可能都完全按照一个模式、一条道路发展,中国发展应该也能够探索出一条新的发展道路。

---

① 林毅夫、玛雅:《中国发展模式及其理论体系构建》,《开放时代》2013年第5期。

第六章 "中国现代性"的双重意蕴：1978年以来的社会现代性与文化现代性

英国哲学家罗素1920年来华讲学之后写了一本书《中国问题》。在书中罗素指出：中国的问题很复杂，而"中国问题"应主要归结为经济、政治和文化相互关联的三个方面，其中文化问题最为重要，但当政者往往视金钱与权力为自身与国家的根本，而置文化于不顾。[①] 现代以来，经济系统日益金钱化，政治系统日益科层化，文化系统日益霸权化，社会系统日益结构化，生态系统日益脆弱化。这对中国现代性建构是重要挑战。当前，中国应从发展目标、价值导向、道德准则三个层面建构社会现代性和文化现代性，具体而言，国家层面推进富强、民主、文明、和谐；社会层面推进自由、平等、公正、法治；公民层面推进爱国、敬业、诚信、友善的认同与践行。

第一节 "公民社会"与"中国现代性"建构

随着市场经济的发展和政治民主化的推进，中国公民社会迅速崛起，并对中国的经济、政治、社会生活产生日益重大的影响。建构符合中国国情的公民社会不仅成为当代中国重要的理论课题和现实议题，而且已成为当代中国政治进步的重要推动力量。随着中国市场经济的发展和政治哲学的勃兴，公民社会逐渐成为当代中国哲学研究领域的新视阈。公民社会之所以走入哲学研究视阈，根本原因在于以市场经济蓬勃发展所引发的社会结构的根本性变化、政府和公民的关系模式的根本变化以及政治哲学的兴起。当代中国政治哲学的兴起固然与西方政治哲学的复兴有着千丝万缕的关联，但又有相当不同的背景。在中国，政治哲学的兴起首先是由市场经济发展所引发的。但中国的

---

① 罗素：《中国问题》，秦悦译，学林出版社1996年版，第1～2页。

第六章 "中国现代性"的双重意蕴：1978 年以来的社会现代性与文化现代性

市场经济又与西方的市场经济有很大不同，因而中国所面临的问题更复杂，这也就给当代中国政治哲学研究提出了更为艰难的理论任务。

一、政治哲学视阈下公民社会内涵界定的多重维度

如所周知，西方语境下公民社会概念是西方经济社会长期发展的产物，具有特定的历史文化内涵。因此，对西方流行的公民社会理论，必须批判地借鉴，而不能生搬硬套。在中国语境下，公民社会无疑是个舶来词，它译自英语词汇"civil society"，早期学者也有将其译为"文明社会"、"市民社会"、"民间社会"或"公民社会"。翻译的各异，微妙的差别，折射出译者致思取向的不同。一般而言，"文明社会"特指与自然状态相对应而不是与政治国家相对应的实体社会；"市民社会"来源于马克思主义经典著作的中文译名，使用最为流行，但这一术语在传统语境中略带贬义色彩；"民间社会"凸显的是与政府相抗争的色彩；"公民社会"则是一个褒义的称谓，强调公民对社会政治生活的参与和对国家权力的监督与制衡，年轻学者大多对公民社会情有独钟。笔者认为，公民社会内涵可以从经济、政治和文化三个维度来把握。

1. 经济之维。公民社会的经济之维凸显的是经济活动的契约性质，承载的是活力、自立功能。随着经济的转轨和社会的转型，必须重新界定国家、社会、个人之间的关系，给予三方合理的角色定位，以期在三者良性互动中实现社会的良性发展。与中国"政治型经济"有所不同，西方政治一个显著的特征就是"经济型政治"，即在西方一切政治活动大都是围绕经济活动而展开，这对于理解西方公民社会的经济蕴涵具有决定意义。在西方，以市场经济所塑造的经济结构和以公民社会所培育出的社会结构两者相辅相成，共同推动从"领域合一"走向"领域分离"。所谓"领域分离"主要包括市民社会与政治国家的分离，私人领域与公共领域的分离，独立个人与共同体的分离。现代化过程实质上是领域不断分离的过程：无论是从农业社会向工业社会的变迁，还是从自然经济向商品经济的过渡，抑或是从计划经济向市场经济的转型，本质上都是一种经济、政治、文化和社会四大活动领域之间的结构关系从"领域合一"到"领域分离"的过程。在近代西方，典型的"市民社会"主要是指"资产阶级社会"，这是一个社会成员通过竞争来满足个人需要的体系。这一体系的主要载体就是市场经济。市场经济的积极意义主要在于：一方面使人的能力观念、理性观念、契约观念、法治观念和独立观念得到张扬与认同；另一方面培育出公民的独立人格、利益诉求、权利诉求、民主诉求和公正诉求。可见，公民社会是

市场经济的产物,反过来,公民社会的形成又有助于市场经济的健康发展。

2. 政治之维。公民社会的政治之维凸显的是政治权力的契约性质,承载的是解放、分离功能。近代公民社会不是泛指与国家相对的实体社会,而是特指与自然状态相对的政治国家。政治国家和市民社会的分离是社会进步的重要标志。在康德看来:"大自然迫使人类去加以解决的最大问题,就是建立起一个普遍法治的市民社会。"①但究竟什么是市民社会?黑格尔在《法哲学原理》中指出,"市民社会是在现代世界中形成的介于家庭和国家之间特殊的社会组织形式。具体的、特殊的个人和维护其特殊利益的自治性团体,是构成市民社会及其活动的两大基本要素"。②黑格尔在西方哲学史上首次明确从概念上把市民社会从政治国家中剥离出来,完成了市民社会与政治国家在理论上由"合一"到"分离"的历史过程。与黑格尔认为"国家决定市民社会"不同,马克思则认为,"市民社会决定国家"。在马克思那里,市民社会被视为是"一切私人利益关系的总和"或"生产关系的总和"以及政治国家基于其上的"社会经济基础"或"社会经济结构"。马克思所言的"市民社会"概念大体有三个层次:一是作为历史贯通"基础"的经济基础、经济结构或生产关系的总和即市民社会;二是作为特殊历史的近代资产阶级的市民社会;三是作为不存在政治权利的未来市民社会。公民社会虽然并不是人类的理想社会形态,它在某种意义上仍然是一个异化和物化了的世界,但对中国而言,却是未来社会发展的方向之一。众所周知,黑格尔对中国的政治哲学做出了严厉的批判,在黑格尔看来,中国文化只是属于"儿童期",而在政治上的表现则是,"只有一个人是自由的,而这种自由是毫无限制的"。其实,黑格尔的批评并非全无道理。正如牟宗三所承认,黑格尔的确指出了中国传统政治思想的基本问题:"中国只有普遍性原则,而无个体性原则"③。中国政治现代性建构过程中欠缺的不是"政治资本",而是"社会资本",而后者才是民主政治落实的条件。

3. 文化之维。公民社会的文化之维凸显的是人权、法治的契约性质,承载的是协商、认同功能。"大自然迫使人类去加以解决的最大问题,就是建立起一个普遍法治的公民社会。"④现代意义公民社会的积极意义就在于内在要求政治国家要使公民在这个国家中有可能找到越来越多的发展机会和个人尊

---

① 康德:《历史理性批判文集》,何兆武译,商务印书馆1990年版,第8页。
② 黑格尔:《法哲学原理》,范扬、张企泰译,商务印书馆1982年版,第125~197页。
③ 牟宗三:《历史哲学》,人生出版社1962年版,第68页。
④ 康德:《历史理性批判文集》,何兆武译,商务印书馆1990年版,第8页。

严,凸显的是文化蕴涵。公民社会的发展,既有力地促进了人从身份到契约的变迁,极大地改造了传统的社会层级结构,更主要的是推动了纵向的权力结构向横向的权力结构转变,由人治向法治转变,由臣民社会向公民社会转变。这一系列转变共同交织成公民社会的文化之维。公民社会建构离不开公民文化。公民文化主要包括:作为参与市场经济前提条件的企业文化;作为参与民主秩序前提条件的契约文化;作为参与自由精神讨论的协商文化;作为现代社会相互影响的日常文化。公民社会的文化意蕴突出体现为对人权的尊重,这些权利主要包括平等、自由、安全、财产以及对人的独立个性的尊重。然而在中国,"少数握有权柄的精英与无权无势的民众之间的这种截然分明的界限,是传统中国政治的一个明显特征。与此相应的是全社会的权威等级结构,它构造了尊卑关系的复杂网络。用普通的社会术语来说,这一权威结构与政治和经济的其他因素相结合,产生了比较复杂的社会分层体系"[1]。这一分层体系进而滋生出"重国家轻社会"的政治传统。公民社会的文化意蕴是指,个人的自由权利视阈下的文明公民、社会权利视阈下的社会公民、政治国家视阈下的政治公民。

综上所述,公民社会具有多重意蕴,它是介于政治国家领域和经济领域之间的非营利性、公益性的公民自治组织,作为新生的社会系统,它呈现为一个以市场经济为基础,以协商民主为中轴,以契约为纽带的,各种利益并存、各方独立性与个性共生的多元化差异领域,并与政治国家、经济领域共同构成新的社会结构整体。[2] 多元化其实不仅不可避免,而且更是中国社会进步的标志。

二、契约论的当代复兴与公民社会的理性建构

契约论思想在西方作为一个古老的观念,有着悠久的历史。在近代西方一些思想家均为契约论者。无论是霍布斯基于保存生命的假设,还是维护自由的洛克,甚至渴望平等的卢梭,无不闪烁着契约思想的灵光。他们的契约思想曾在西方历史上起过启蒙作用,但后来时过境迁,契约论让位于功利主义。在当代,罗尔斯重举契约论旗帜,使契约理念深入人心。比较而言,契约论代表了一种政治上的激进主义,而功利主义则表征着一种经济上的实惠思想。

---

[1] 詹姆斯·R.汤森、布兰特利·沃马克:《中国政治》,董方等译,江苏人民出版社2003年版,第26页。
[2] 李劲:《公民社会与社会层级结构重塑》,《中共天津市委党校学报》2007年第4期。

在资本主义体制确立后,功利主义取契约论而代之具有一定的必然性。契约观念在西方有一个演变过程,历史地形成了四种契约概念:"第一,作为经济法律概念的契约,这主要见之于罗马法;第二作为宗教神学概念的契约,这主要见之于《圣经》;第三,作为社会政治概念的契约,这主要见之于中世纪末的反暴君派理论家和近代霍布斯、洛克、卢梭等人的著作,其更早的发展还可以见之于古希腊罗马思想家;第四,作为道德哲学概念的契约,这主要见之于罗尔斯,而康德则可以说是其先驱。"[1]总之,契约论大体经历了从"统治契约论"到"社会契约论"演进的历程,前者注重的是公民对国家和市民社会的义务,后者强调的是公民对于国家和市民社会的权利,义务与权利的分野,折射出契约论思想研究重心的迁移。

在政治哲学视阈,基于"国家起源于契约"的假设和"主权在民"的原则,契约论确立了人民向政府"授权"的基本思想。因此,在西方人的观念里,权利、义务、合法性的基础均是契约,社会和国家乃是基于契约而产生的,在人们达成契约之前,就是所谓"自然状态"。由此,契约论被看成是限制政府权力和为反抗的权利而辩护的理论依据。西方政治哲学的重要贡献之一就是权利的发现,由于权利的引入,人们发明了限制与制衡权力的种种制度安排。在此之前要对抗权力只能使用权力,奉行的是"用野心对抗野心"。无疑,政治国家作为"必要之恶",需要公民社会的制约,这内在要求推进政治的民主化进程。

契约论的实质在于强调与重申个人及其权利的优先性。社会、国家及权力都是为了个人而存在的,并不是反过来个人为了社会、国家及权力而存在。在契约论者看来,权利与义务具有对等性,一切义务都必须被认为是自愿承担的。社会契约是卢梭关于人从"自然状态"过渡到"市民状态"的相互关系的理论假设。按照这一假设,人民最初生活在"自然状态"中,在这种状态下,人人都是平等的。私有财产和不平等的占有关系的发展决定了人们从"自然状态"向"市民状态"的过渡,并导致以社会契约为基础的国家的形成。然而,政治上的不平等进一步发展破坏了这种社会契约,导致新的自然状态的形成。能够消除这一自然状态的,据说是以某种新的社会契约为基础的理性国家。[2] 社会契约所要解决的根本问题是:要找出一种把人们结合起来的形式,把分散的个人的力量整合为一种整体的共同的力量,来捍卫和保障每个结合者的人身

---

[1] 何怀宏:《契约伦理与社会正义》,中国人民大学出版社1993年版,第12页。
[2] 参见《马克思恩格斯全集》(第3卷),人民出版社2002年版,第698页。

第六章 "中国现代性"的双重意蕴：1978年以来的社会现代性与文化现代性

和财产，并且同时又要使每一个与全体联合的个人只不过是在服从自己，仍然像以往一样自由，既要结成社会又要保持自由。这与人对人的依赖的弱化与人的相对独立个性的确立相一致。其实，社会进步的共同之处就是家族依附的逐渐消解以及代之而起的个人义务的增长。个人不断地取代了家族成为法律所考虑的单位。正如亚当·斯密所言："不论是谁，不论他要与旁人作任何买卖，他首先就要这样建议：请给我以我所要的东西吧，同时你也可以获得你所要的东西，这句话是交易的通义。"①

契约论在当代复活具有内在的理论逻辑和现实基础，其深厚的哲学基础在于"理性重建之合法性"。迄今为止，所有社会进步的运动，都是一个"从身份到契约"②的运动。但是，中国传统社会却是身份层级制，"身份决定一切"。在中国传统社会中，身份是由个人所处的外在社会关系决定的，具有"命定""前定"之性质，虽然有时个人之努力也有改变身份的可能，但这样的机会不仅是偶然的、个别的，而且其本身也是由专制集权体制严格约束和决定的。"身份是人的坐标，至少就中国传统社会说，身份坐标的纵轴是等级制，横轴是宗法制，一经一纬，决定了每个人的社会定位。"③可见，在"身份社会"，个人的能力和素质常常起不到多大的作用。

就世界范围而言，古代社会是典型的"身份社会"，近代以来社会发展趋向是"契约社会"，现代社会则是以市场经济为基础、以契约关系为纽带的法治社会和能力社会。现代社会进步突出表现为由"身份"到"契约"的运动过程，它主要是通过市场经济来完成的，其主要成果是社会关系的契约化。契约是市场经济发展的产物，契约关系是市场经济社会的基本关系，而成熟的市场经济则是一种普遍化的契约经济，在契约关系调控下容易形成契约化的社会秩序。马克思充分肯定从"身份社会"到"契约社会"是历史性的进步，但同时也深刻指出取代封建主义人身依附关系的资本主义契约关系并没有真正实现人的自由与平等。"传统中国的政治伦理坚持从道义上赢得政治权威并通过捍卫道德学说来表现这种权威，这对中国政治的运作是个根本的因素。由于缺乏对政府权力的制度上的制衡，那用什么来阻止权力的滥用并保证政府将真正为社会服务？儒家意识形态提供了答案：好人，而不是制度化的限制，才是好政

---

① 康芒斯：《制度经济学》（上册），商务印书馆1994年版，第194页。
② 梅因：《古代法》，沈景一译，商务印书馆1957年版，第97页。
③ 孙慕天：《从身份到契约》，《民主与科学》2006年第2期。

府的保证。……中国的传统依靠为官者的个人素质,而不是依靠规则或体制结构。"① 可见,当代中国契约精神的彰显是一个未竟的任务,完成这一任务必须处理好三种基本关系:政府与市场的关系;政府与公民社会的关系;政府自身内部的根本关系。其中,权力与权利的关系是最核心的,它直接关涉到权力获得的方式、权力获得的根据、权力行使的方式和权力行使的方向四个根本问题。

三、改造中国传统社会层级结构,建构符合中国国情的公民社会

传统社会层级结构的"世俗基础"是自给自足的自然经济。在自然经济条件下,人对自然和人对人的双重依赖,限制了人的发展,人的活动范围非常狭小,人与人之间的交往也非常有限,社会关系比较贫乏,在这里无论个人还是社会,都不能想象会有自由而充分的发展。与此相应,人的需要也比较贫乏,主要是人的生命需要,即获得最基本的物质生活资料。因此,小富即安、知足常乐、清心寡欲成为支配人的思想和行为的主导社会心理。与此不同,市场经济则是直接以交换价值为目的的生产,其前提是商品分属不同的个人。因此,市场经济首先意味着使个人从天然的血缘关系和宗法关系等"人的依赖"关系中解放出来,个人成为独立的经济主体,意味着对经济主体的自主地位和独立利益的自我确认和相互承认。个人有了支配自己财产的权利,也就可能拿自己的财产去经营,去冒险。由于"个人的收获与个人的活动直接相关,利益主体由共同体转化为个人,这就大大地激发了个人的积极性和创造性。正是单个人追求个人功利的活动,构成了资本主义商品经济社会的主旋律"。② 个人在市场经济中获得了空前的能力发展与人格发育。个人在利益最大化的追求和实现过程中,又必须遵循契约自愿和交换自由的原则,以期维护市场有效的竞争性。这一过程,意味着打破人格依赖的等级关系,把人置于平等地位,因而使人们获得了彼此平等的权利和自由意志。波普尔在《开放社会及其敌人》一书中基于工具理性和个人权利的视角,对现代社会的本质作过深刻的描述,他把那些由终极关怀、文化、人际关系、感情交流组成的有机体称为"封闭社会",而切断个人有机联系的社会才是"开放社会",从"封闭社会"向"开放社

---

① 詹姆斯·R.汤森、布兰特利·沃马克:《中国政治》,董方等译,江苏人民出版社2003年版,第32页。
② 吕世荣、周宏:《唯物史观的返本开新》,人民出版社2006年版,第196页。

会"的转型是当代中国正在经历的最深刻的社会变革。自由竞争,意味着对主体的主动性、创造性和活力的激发,因而在一定程度上提升了主体的能力,促进了独立人格的发育。当然,在市场经济把人从人的依赖中解放的时候也容易把人推向物化生存之境地,这是社会主义市场经济应当避免的。

1978年改革开放以来,中国出现利益分化、利益重组以及利益代表的重构,使公民社会与中国发展相契合,但把西方语境中的公民社会分析框架直接援引到中国,可能会出现不适用的现象。正如有学者指出的:"建构适应于时代的马克思主义政治哲学的第一步,就是恢复马克思主义哲学所原本包含的政治哲学之维。从理想性和现实性两个维度推进当代中国政治哲学的发展无疑是合理路径。"[1]可见,探寻符合中国国情的公民社会建构路径,既是理论任务,更是实践要求。

鉴于自文艺复兴以来,西方文化的主旋律主要是解放人和开发人,而中国传统文化侧重于管制人和束缚人。当代中国建构公民社会,培育独立个人、独立人格仍是一项未竟的事业。因此,中国公民社会的建构不能亦步亦趋地步西方国家之后尘,而要在借鉴西方经验教训之基础上,立足中国现实国情,直面"中国问题"走自己的路。当代中国问题,从政治哲学视角看,主要是社会活力与社会和谐问题。社会领域存在的主要问题,其中之一就是公民社会不成熟。而这又与自上而下的金字塔式的传统"社会层级结构"[2]密切相关。一个相对独立的公民社会的兴起,是中国社会整体进步的重要表现,它不仅有助于推进中国政治文明的进程,而且有助于社会主义市场经济的健康发展,更有助于提升政府的执政力与公信力。

历史地看,中国走向民主与法治,就必须改造传统社会层级结构,建构符合中国国情的公民社会。所谓改造社会层级结构,就是把自上而下的金字塔式的社会层级结构,转变为由市场、政府和公民社会构成的三维制衡的社会结

---

[1] 参见陈晏清等:《政治哲学的复兴与当代中国马克思主义政治哲学的建构》,《第六届马克思哲学论坛论文集》,2006年南开大学。

[2] 所谓"社会层级结构",原指在传统社会的政治国家领域中依据权力至上与权力大小形成的权力层级结构,后延伸为经济、社会和文化领域根据人和人之权力大小、地位高低而建立的层级关系结构。因而一定意义上可以说,它本质上是一种权力层级、地位层级和身份层级。参见韩庆祥:《社会层级结构与以人为本:一种政治哲学的分析》,《中共中央党校学报》2007年第1期;《社会层级结构理论与中国和谐文化建设》,《科学社会主义》2007年第3期;《看待改革问题不能固守体制决定论》,《江南论坛》2007年第6期;《体制问题的背后是社会层级结构》,《人民论坛》2007年第7期。

构;把注重上下纵向权力控制、但对权力缺乏制衡的集权型社会结构,转变成注重"市场—政府—公民社会"三种力量横向沟通、相互制衡的分权型社会结构;把政府权力一种力量分化为"市场—政府—公民社会"三种相辅相成的力量。这种三维制衡的社会结构既是当代中国社会历史发展的必然,也是分析和解决"中国问题"的关键。当然不能神化公民社会框架的解释效力,在中国语境中,"市民社会与国家框架只能是若干解释模式中的一种,应当与阶级分析框架解释模式相结合"①。中国公民社会的培育必须立足中国现实国情。中国传统社会是以血缘关系为纽带的宗法等级制度的社会。"国家之外无社会",公民社会一直被政治国家所湮没,一个相对独立的公民社会的产生是近代中国历史发展的产物。正如有学者正确指出的:"中国公民社会是一种典型的政府主导型的公民社会,具有明显的官民双重性,它对政府的依赖要高于西方,而自主性则低于西方社会。"②可见,在中国,国家和政府是促进公民社会发展的关键因素。

现实地看,随着改革开放的深化,社会分化日益凸显,区域不平衡加剧。"中国现代转型时期所遇到的基本社会问题与障碍,则是人性这一双刃剑的负面的结果;也就是说,在人们追逐自己的利益的同时,虽然增加了社会的财富,但竞争的结果,在效率提高的同时,也带来了贫富差距拉大的后果。"③在改革走过了"动员参与期""利益分化期""诉求表达期"走到今天"整合凝聚期"的现实境遇下,如何有效整合凝聚各种力量为中国的现代化建设服务,是摆在我们面前的现实任务。值得注意的是,形式主义、官僚主义、享乐主义和奢靡之风的问题,已严重影响了党和政府在人民群众中的良好形象,严重败坏了社会风气,严重影响了全面建成小康社会和实现伟大中国梦的进程,必须拿出"壮士断腕"的勇气来解决。时下,政府的职能"缺位"与"越位"已成为关注的焦点。不可否认,政府职能的"缺位"与"越位"与公民社会不成熟、不健全有关,但最主要的则与自上而下的金字塔式的社会层级结构直接相关。为此,在公民社会研究过程中一定要走出国家与社会的二元对立和"民"反"官"的狭隘视野,在"政治解放"和"人类解放"更宏大的视阈中进行考量,充分重视制度的建设功能。其实,制度与人具有同构关系:"制度好可以使坏人无法任意横行,制度

---

① 邓正来:《关于"国家与市民社会"框架的反思与批判》,《吉林大学社会科学学报》2006 年第 5 期。
② 俞可平:《中国公民社会:概念、分类与制度环境》,《中国社会科学》2006 年第 1 期。
③ 陈嘉明:《人性、人性化与中国的现代性》,《厦门大学学报(哲学社会科学版)》2008 年第 4 期。

不好可以使好人无法充分做好事,甚至会走向反面。"①

综上所述,"社会层级结构"理论不仅是"中国问题"独特而有效的分析框架,②必将也成为解决"中国问题"的关键。因为现代"公民社会"的"建构"同时就是对传统"臣民社会"的"解构",只有通过建构成熟的公民社会,中国才能真正走出"臣民社会"的阴影,才能开辟政治解放的新时代。

第二节 "环境正义"与"中国现代性"建构

环境正义提出的现实背景是环境权利与义务之间的失衡乃至"双重标准",对己坚持"权利论的环境正义论",对人坚持"义务论的环境正义论"。中国作为当今世界上最大的发展中国家,正在努力追赶发达国家、追求现代化、追寻现代性。后发展中国家在面对环境问题时,需要从权利与义务、时间与空间双重向度考量环境正义,发挥"后发优势",强化环境责任,提升环保水平,实施绿色发展、循环发展、低碳发展,推动整个社会走上生产发展、生活富裕、生态良好的生态文明发展之路。中国发展决不能以牺牲人的生命为代价,决不能以牺牲生态环境为代价,牺牲人的生命为代价取得的是"人民不满意的发展",牺牲生态环境取得的经济发展是"得不偿失的",人的生命一旦失去不可挽回,生态环境一旦遭到破坏极难恢复,而且"牺牲人的生命"、"破坏生态环境"和"不实现环境正义",也很难跻身于"世界文明大国"之列。

在社会发展过程中,正义备受瞩目。学术语言"正义"若用大众语言表述即"公道"。正义概念在当代的诠释中,以"平等"在物质层面和精神层面的分配为较多的重点。公平正义是社会主义和谐社会的重要维度。探索构建一种适于当代中国的社会正义理论,不仅具有重要的理论价值,而且对于解决伴随改革开放实践的各种社会问题具有深刻的现实意义。中国崛起和中华民族伟大复兴,表象上是中国重新回到世界文明的中心,本质上则意味着中国成为世界和平的缔造者和维护者,成为公平正义的拥护者、实践者和捍卫者。"当前,

---

① 《邓小平文选》(第2卷),人民出版社1993年版,第333页。
② 参见汪业周:《社会层级结构:当代中国政治哲学的基本论域》,《江海学刊》2007年第3期;汪业周、韩璞庚:《关于社会层级结构的一般理论:对当代中国政治分析框架的哲学探索》,《福建论坛(人文社会科学版)》,2007年版第11期。

一个迫切需要调整的任务是,适时地转变现代性的首选价值,将以国家富强的目标转变为以社会正义为目标,建立一个公平正义的现代性社会。"①

毫无疑问,正义问题是一个世界性的难题,它不仅关涉人文社会科学的合理性之根基,而且是整个人类政治实践和交往理性的前提条件。正义问题是一个古老而常新的问题,从柏拉图、亚里士多德到罗尔斯、诺奇克,再到弗雷泽、霍耐特等大家,一直围绕正义问题争论不休。柏拉图在《理想国》中把正义视为政治秩序的首要品质。20世纪70年代罗尔斯《正义论》的发表,标志以正义理论为代表的公平正义价值标准的提出,从此开启了从理论上建构社会公正论的序幕。罗尔斯认为:"所有社会价值——自由和机会、收入和财富、自尊的基础——都要平等地分配,除非对其中的一种价值的一种不平等的分配合乎每一个人的利益。"②也就是说,对于社会和经济的不平等,应使其符合社会中处境最不利的成员得到最大利益。罗氏希望透过"社会再分配"或"补偿机制",使社会成员尤其是弱势成员能取得较平等的地位,从而实现正义。笔者认为,正义就是权利与义务的一致即"得其应得"或"不得其不应得",不正义就是权利与义务的失衡即"得其不应得"或"不得其应得",政府的职责在于促进和实现社会的公平正义。正是面对"环境非正义"的现实境遇,"环境正义"才应运而生并成为时代的强音。环境正义要求人类在面临环境风险时,正确处理环境权利和义务的关系,以实现公平正义的价值目标,进而促进经济、环境和社会的可持续发展。中国在建构现代性过程中如何实现环境正义?基于不同视角,会有不同选择和结论。本文基于发展中国家的视角,来审视环境正义与中国现代性关系,试图揭示环境正义与中国现代性之间的内在关联。

一、环境正义提出的现实背景:环境权利与义务之间的失衡

环境正义思想源于美国民权运动,它是用公平正义价值观念来破解环境伦理问题的一种努力。20世纪90年代,当代环境伦理由于缺乏对现实的关照而陷入发展困境,对环境正义中的一些现实问题显得无能为力。与此同时,由于环境权利与义务失衡引起的"环境不正义"问题也日益突出,由此引发了一场声势浩大、影响深远的"环境正义运动"。

发端于欧美国家的"环境正义运动"实际上是一种抗议"环境不正义"、追

---

① 陈嘉明:《社会首选价值问题论析》,《中共中央党校学报》2012年第2期。
② 约翰·罗尔斯:《正义论》,何怀宏等译,中国社会科学出版社1988年版,第5、56、58页。

求"环境正义"的民权运动。所谓"环境不正义"即环境风险的不公正分配的状态,往往是由于阶层、族群、贫富、区域等因素而产生不公正的待遇。例如垃圾处理场、高污染工厂、核电厂等不成比例地建在低收入、落后地区、弱势族群占多数的地区。可见,环境正义与社会的、阶层的、种族的、经济的正义紧密联系在一起,它涉及由人的生存空间和发展空间带来的社会问题,触及环境问题中的阶层利益及其利益博弈关系。其实,环境资源的不公正分配远比经济财富的两极分化更为可怕,因为它意味着弱势群体基本生存环境权益的损失或丧失,可能引发激烈的社会冲突,从根本上动摇社会稳定的基础。

正是由于"环境正义运动"的推动,1991年美国"第一次全国有色人种环境领导高峰会"提出了17条环境正义原则,其中包括"环境正义要求公共政策必须以给予所有人民尊重和正义为基础,不得有任何形式的歧视和偏见""环境正义要求全体人民享有作为平等的伙伴参与各个级别的决策的权利,这些决策包括需求和评估"最关键的两条,前者彰显了环境政策以不歧视方式的实施程度,后者彰显了公众对环境决策的影响程度。笔者认为,环境正义的核心问题是环境权利与义务关系。如果环境权利与义务关系失衡,就是"环境不正义";如果环境权利与义务关系平衡,就是"环境正义"。因此,实现环境正义应遵循"污染者支付、受害者获赔、最大限度修复"的原则,从而实现环境权利与义务相对平衡。在21世纪,"环境正义"应被视为一项基本民权,得到观念上的普遍认同,"环境非正义"应受到舆论的普遍谴责,这一切都有赖于人们环境正义意识的普遍觉醒。

无疑,现代社会是"风险社会"。现代风险理论认为"风险"是现代性所固有的。由此,风险评估和风险管理便应运而生。面对环境风险,关键是加强风险管控,妥善处理环境权利与义务的关系。以污染物为例,污染转移往往使弱势群体成为环境灾害的主要承载者。当前,因环境问题导致的"群体性事件"日益增多,这也从另一个侧面表明环境正义的缺失。"为环境正义而斗争"成为环境受害者的必然选择。而要避免环境正义诉求的暴力化,相关的制度安排就必须满足理性、公平和民主三项原则的要求。通过理性沟通,达成基本共识,通过公平对待,实现公正待遇,通过民主决策,实现环境正义。如今,环境问题中"承认非正义"日益凸现。法兰克福学派阿克塞尔·霍耐特(Axel Honneth)认为,"为承认而斗争是社会冲突的道德语法","承认理论的正义构想所显示的社会不公的体验,总是与公认的合理的承认没有得到认可有关"[①]。因此,在环境正义问题中坚持一致、非歧视的标准至关重要。

值得注意的是,一些发达国家在"环境正义"上实行"双重标准",对己,基于"权利论的环境正义论",对人,基于"义务论的环境正义论"。例如,他们在国内往往能够较好地履行环境正义义务,控制污染,对本国人民负责,而在国外,则往往极力逃避环境规范,污染他国环境,危害他国人民(发达国家把高污染企业转移到发展中国家就是明证),这可概括为"严于律己,宽以待人"。不仅如此,发达国家还把自己关于环境正义的理解强加于发展中国家,迫使广大发展中国家接受西方较为严格的关于环境正义的定义、理论、标准和模式,而他们自己却不严格遵守,也不去追问这些定义、理论、标准和模式是否具有合法性和公平正义,这可概括为"宽于待己,严以律人"。历史地看,由于发展阶段不同、发展程度各异、发展价值取向的差异,造成发达国家与发展中国家关于环境正义的不同理解,这本是自然现象。现实地看,发展中国家的经济状况、文化传统、价值观念、社会心理等内在决定了它有适合自己发展阶段的环境正义理论,发展中国家在现代化进程中要在人类共同利益的观照下提出实现环境正义的形式,这种形式具有适应发展中国家发展的特质,这也是可以理解的。因此,解决全球环境正义问题,需要世界各国加强理解与沟通,加强交流与合作,减少误解与摩擦,降低对抗与宰制。比如世界共同关注的全球变暖问题,如何完成一个后《京都议定书》和后《巴黎协定》的新协议。这个"游戏规则"过去是西欧主导。美国长期抗拒整个构想,不愿接受任何一个全球性的强制的减少温室气体排放的协议,不愿履行全球环境正义责任。然而欧洲在设计"游戏规则"时,其实在很多方面还是以自己利益作为优先考虑的。实现环境正义,关键是重新建立一个公平、公正、包容、有序的国际新秩序。笔者认为,中国作为后发展中国家,绝不能走西方发达国家"先污染后治理"、"边污染边治理"和"污染物外移"的老路,也不能走"落后—发展—资源需求—环境崩溃"的绝路,而要探索出一条具有中国特色的环境保护和生态文明建设的新路。

这条新路在哪里?逻辑起点也许就在普遍(公共)与特殊(个人)之关系的平衡。本来,"我为人人"("为别人")和"人人为我"("为自己")就是同一件事,

---

[①] 阿克塞尔·霍耐特:《承认与正义:多元正义理论纲要》,胡大平、陈良斌译,《学海》2009年第3期。

第六章 "中国现代性"的双重意蕴：1978年以来的社会现代性与文化现代性

但在现代却彼此分离、相互矛盾了。虽然"个体理性"在环境正义问题上具有重要性，但一旦涉及公共问题，"个体理性"的局限性就暴露无遗。就知识而言，"个人"是知识的主体，所以能看到"什么是好的"，"公共"则不是知识主体，所以看不到"什么是好的"。就"欲求"而论，"公共"欲求"善"，而"个人"则不欲求"善"。例如，一个城市需要建一个垃圾场，如此才能保持城市的整洁和卫生，这是"公共"所欲求的。但是垃圾场究竟建在哪里才适合，却是"公共"所不知道。反之，"个人"都知道哪里适合建垃圾场，但是没有一个人会说："我家适合建垃圾场"。这恰如卢梭在《社会契约论》中所揭示的："个人看到什么是好的，但是拒绝它；公共欲求好的东西，但是看不到它。两者同样需要导引。"①（何兆武的译文是："个人看得到幸福却又不要它；公众在愿望着幸福却又看不见它。两者都同等地需要指导。"）可见，要实现环境正义，除了健全的"个体理性"之外，还需要健全的"公共理性"②。

二、中国转型发展之环境正义诉求：建设"资源节约型"和"环境友好型"社会

发展也许是最被中国人崇拜的词语之一，"发展"这个词，容易给人一种印象，以为中国的发展是一帆风顺的，其实如果我们回顾一下，就知道中国发展是充满危机、困境、曲折的。中国在发展过程中遭遇到的危机、困境、曲折笔者理解为有益的"抗体"，这有助于提升中国发展的"免疫力"。对于中国而言，"和平发展"是基础，"合作发展"是过程，"和谐发展"是目标。从世界历史的高度看，在从"农业文明"向"工业文明"再向"后工业文明"转变的过程中，社会发展有一个由"物力"经由"财富"向"能力"转移的"力量转移"过程。从这一认识出发，中国"转型发展"应契合"力量转移"的发展趋势，注重通过顺应和引领"力量转移"加快发展模式转型。应看到，"力量转移"是经济社会发展的客观规律，中国应善于把握"力量转移"的新契机。

中国在改革开放后提出"发展是硬道理"，但"硬发展没有道理"。诚然，在全球经济发展格局中，中国依然是一个"追赶者"。这一定位决定了中国在很

---

① 卢梭：《社会契约论》，何兆武译，商务印书馆1963年版，第83页（译文有修正）。
② 在思想史上，黑格尔使理性从康德基于"绝对一元化"社会的假设意义上的"个体理性"（强调个人的"道德自律"）转变为非个体的、整体性的理性（强调历史的"绝对精神"），后来罗尔斯基于"理性多元论"的社会现实，明确提出"公共理性"（强调社会"重叠共识"）。参见陈嘉明：《个体理性与公共理性》，《哲学研究》2008年第6期。

长一段时期内主要还是围绕"经济发展"推进工业化、城镇化和农业现代化进程。当前,中国整体上正处于"工业化中后期"和"城镇化快速发展期",西方发达国家三百年间逐步出现的环境问题在当代中国集中显现,呈现"时空压缩"特征,环境总体恶化的趋势尚未根本改变,环境压力还在增大,经济发展的环境污染代价持续上升,一些地区污染物排放严重超过环境容量,突发环境事件频发,因此必须增强环境正义意识。反思中国环境正义问题根源之一就在于中国现代化进程中的"发展主义"和"利润至上主义"的价值取向,有些地方政府追求"政绩",企业追逐"利润",权力(官)与资本(商)的联盟使"环境正义"很难实现。那是否说明中国"转型发展"过程中就不能实现"环境正义"了呢? 当然不是。其实中国近年来城市居民维权也有成功的案例,例如2007年厦门的"PX事件"和2009年广州番禺垃圾焚烧发电厂项目抗议事件的成功,两地政府有效应对环境事件,开始出现了"官民良性互动的新型社会治理模式"。环境资源作为一种"公共物品",政府、企业、环保组织和个人都应具备各尽其能、各得其所而又和谐相处的正义品格,这必然要把生态文明建设推向中国发展前台。

建设生态文明,核心是建设"两型社会",即建设"资源节约型"和"环境友好型"社会。从中国改革开放的历程来看,发展实践在总体上经历了从"重物轻人"到"以人为本"的转变。改革开放初期主要是满足"生存性需求"即主要解决单一的"温饱"问题,当时突出强调"物",各项工作都围绕经济建设进行,这具有一定的历史必然性。很长一段时期,我国不少地方主要是以"物"的方式来实现经济增长,这种重物轻人的发展模式,必然表现为重积累轻消费、重生产轻民生、重短期效应轻长远发展、重经济指标轻幸福指数。其结果是:经济增长速度上去了,但一些人的收入未相应增加;经济总量上去了,一些群众的幸福感和满意度却下来了;在取得物质文明建设辉煌成果的同时,人与自然之间、人与社会之间、人与他人之间的关系却日益紧张。再不下决心解决这些问题,一些拥护改革发展的人就会成为进一步改革发展的阻力。当前及今后主要是满足"发展性需求"即主要解决多样化的"需求"问题,从满足"生存性需求"到满足"发展性需求"进程中,必然提出环境正义问题。如今,公平与效率越来越具有同等重要的地位和意义,公平正义也越来越成为中国特色社会主义的基本价值。

随着中国转型发展的加快,"经济发展"与"环境正义"的矛盾加剧。从西方国家的发展经验看,在现代化进程中,经济发展与环境正义之间的矛盾将会

第六章 "中国现代性"的双重意蕴：1978年以来的社会现代性与文化现代性

越来越尖锐。西方现代性同样面临发展困境，大量生产、大量消费、大量浪费的生产方式、消费方式和生活方式是造成发展困境的主因。中国作为后发展国家必须摆脱这一模式，寻求全面、协调和可持续的发展新模式。作为世界第二大经济体，中国发展早已不仅仅是中国自己的事情：中国发展与世界经济浪潮息息相连，中国现代化与人类文明进程息息相关，中国崛起与世界力量平衡息息相通。当前，一种建立在互联网和新材料、新能源相结合基础上的第三次工业革命即将来临，它以"制造业数字化"为核心，将使全球技术要素和市场要素配置方式发生革命性变化。在第三次工业革命面前，中国与发达国家站在同一起跑线上，如果转型发展，完全可以迎头赶上，甚至后来居上，反之，则可能陷入发展困境、越抛越远。当前中国必须通过进一步扩大对外开放，深度参与并融入新一轮世界科技革命和产业革命，把握世界"力量转移"战略机遇期，更好更快地发展自己。

当前，以矿物燃料为基础、以汽车为中心、以一次性物品为基本消费样态的消费模式已弊端丛生。反思当前人类面临的全球性金融危机，其工业本质是以化石燃料和相关技术为基础的第二次工业革命逐渐式微，已无力继续支撑世界经济的快速发展。第三次工业革命则是摆脱经济危机的可能出路。从未来的趋向看，美国著名未来学家杰里米·里夫金（Jeremy Rifkin）在其新著《第三次工业革命》一书中预言：一种建立在互联网和新能源相结合基础上的新经济即将到来。所谓"第三次工业革命"其本质是目前新兴的可再生能源技术和互联网等新通信技术的出现、使用和不断融合后，将会对人类生产方式和生活方式产生深刻影响。反思人类历史上数次工业革命都是在新通信技术和新能源系统结合之际发生的。例如，第一次工业革命发轫于蒸汽机技术带动印刷技术发展，从而产生了"大众传媒"；第二次工业革命肇始于电力通信技术和石油燃料内燃机技术的结合，从而产生了"数字化生存"；而今天，第三次工业革命正由于互联网技术和新型绿色能源的结合而风生水起，极可能孕育着"智能化生存"的新时代。可见，人类历史上发生主导"力量转移"在其产生条件上通常有三个共同之处：一是能源使用方式发生变革；二是管理能源系统的新信息手段的革新；三是新经济模式出现和人的生存方式的变迁。这为"资源节约型"和"环境友好型"社会建设提供了新契机。

总之，"分配正义"是"环境正义"的基本的维度。为此，我们应正视由于贫富差距所导致的在环境权利与义务之间的不公正分配。其实，所有的环境非正义大都是环境的权利与义务不公正分配的结果。环境非正义是中国"转型发展"过程中突出的一种社会矛盾,这一矛盾加重了中国"转型发展"的"成本"与"代价"。大量的环境非正义产生了高昂的社会成本,制约了中国发展的水平与质量,也违背了以人为本的科学发展观和创新、协调、绿色、开放、共享五大新发展理念,必须下大力气解决。因此,建设生态文明已成为中国可持续发展的必然选择,建设"资源节约型"和"环境友好型"社会已成为中国转型发展的环境正义之基本诉求。

三、环境正义与中国现代性建构:发展中国家的环境正义之路

中国在建构现代性过程中如何实现环境正义?如何在发展工业文明的同时建设生态文明?中国应该如何推进第三次工业革命助力中国的"转型发展"?这些问题是作为发展中国家的中国必须回答的现实问题。

对于中国发展而言,生态文明建设并不是"远在天边",而是"近在眼前",具有现实性和迫切性。面对日益严峻的形势,一定要站在中国特色社会主义全面发展和中华民族永续发展的高度,增强生态危机意识,充分认识将生态文明建设提到如此高度的重要性和紧迫性,不断提升发展的质量和效益。建设生态文明,是关系人民福祉、关乎民族未来的长远大计。实际上,生态文明绝不是一个空洞而抽象的概念,而是具有历史与现实的针对性。生态文明建设的根本任务是调整人类文明的发展方向,减损工业文明的扩张性品格所带来的各种矛盾和冲突,最终实现人与自然、人与社会、人与他人、人与自我的和谐。和谐蕴含着正义,正义是和谐的条件,和谐是正义的结果。当前,中国发展的生态环境约束日益增强,人的生存环境日益恶化,环境正义日益缺失。其实"人民并不满意的增长"很重要一个方面,就是我们的一些"增长"和"发展"导致了生存环境的恶化,造成了环境非正义,人们的生产、生活和生命受到了威胁。因此,建设生态文明,形成节约能源资源和保护生态环境的产业结构、增长方式、消费模式已成为中国发展的方向。当然,建设生态文明绝不是否定工业文明,而是强调先进的工业文明必须实现人与自然的和谐,使人们在享有现代物质文明成果的同时,又能保持和享有良好的生态文明成果。为了实现环境正义,中国特色社会主义生态文明建设要学会"生态修复"的"加法",做好"节能降耗"的"减法",探索"生态经济"的"乘法",摸索"生态综合治理"的"除法",从而实现经济发展与生态文明的比翼齐飞。中国现代性建构的核心就是创新,即在发展道路、发展模式、发展取向上都试图走出一条新路来。

对于世界发展而论,生态文明建设同样具有紧迫性。当前全球生态问题

日益严重。一方面,正是发达国家的以往发展对生态造成了最严重的破坏,因而对生态平衡日益关注;另一方面,一些发展中国家正在步发达国家之后尘,在实现现代化的过程中造成更严重的环境污染。因此,对生态的强调可能成为加剧发达国家与发展中国家、富人和穷人冲突的又一个因素。当前,"资本逻辑"仍是环境问题的关键,其深层原因在于"资本逻辑"主导的大量生产、大量消费、大量浪费的逻辑导致一系列危机——生产过剩导致经济危机,超前过度消费导致金融危机和政府财政危机,大量废弃导致环境危机。反思马克思和恩格斯生态观的理论贡献就在于,它既超越"人类中心主义",又超越"自然中心主义",它强调辩证唯物主义、历史唯物主义、资本逻辑批判之间的系统性,因此,全面掌握马克思主义资本逻辑批判思想具有极为重要的现实意义,既是破解"富人"与"穷人"之间矛盾,又是解决"强者"与"弱者"之间冲突的一条可能之路。

如何在实现环境正义过程中维护和提升政府的公信力?关键是政府要把经济的发展、生活水平的提高和实现环境正义统一起来,制定公正的环境规划与战略。党的十八大报告立足战略高度,从四个方面对"生态文明建设"进行了总体部署:(1)空间上,坚持"优化"优先,优化国土空间开发格局;(2)机制上,坚持"节约"优先,全面促进资源节约;(3)体制上,坚持"保护"优先,加大对自然生态系统和环境保护的力度;(4)制度上,坚持"恢复"优先,加强生态文明制度建设。政府根据资源环境承载能力、现有开发密度和发展潜力,将国土空间划分为"优化开发"、"重点开发"、"限制开发"和"禁止开发"四类主体功能区,按照主体功能定位来规范空间开发秩序,最终实现公共服务的空间相对均等和区域均衡发展。其目的就是促进生产空间集约高效、生活空间宜居适度、生态空间山清水秀,给自然留下更多修复空间,给农业留下更多良田,给子孙后代留下天蓝、地绿、水净的美好家园。党的十九大报告立足建设美丽中国的高度,提出加快生态文明体制改革新要求。具体是:(1)推进绿色发展;(2)着力解决突出环境问题;(3)加大生态系统保护力度;(4)改革生态环境监管体制。其目的是牢固树立社会主义生态文明观,推动形成人与自然和谐发展现代化建设新格局。

在现实中,发达国家与发展中国家在环境权利与义务之间是不平等、不公正的。那么,在此境遇下如何实现生产发展、生活富裕、生态文明?关键是实现"环境风险的公正分配"。这一问题又分为"历时态的环境风险的公正分配"和"共时态环境风险的公正分配",前者主要是指"代际正义",后者主要是指

"代内正义"。无论是"代际正义"还是"代内正义"都奠基于可持续发展理念。因为"可持续发展是既满足当代人的需要,又不对后代人满足其需要的能力构成危害的发展"①。"代内正义"和"代际正义"各有特点又相互关联,"代内正义"是"代际正义"的前提,"代际正义"是"代内正义"的延伸。没有"代内正义","代际正义"无从谈起,没有"代际正义",正义便不具彻底性和持续性。就代际而言,正义不允许一代人通过直接消耗的方式而损害子孙后代的利益;就代内而论,正义不允许一些人通过直接消耗的方式而损害另一些人的利益。在全球性环境问题日渐突出形势下,中国作为大国应积极行使发展中国家的环境权利,自觉履行环境义务,肩负起全球环境治理和环境正义实现的相应责任,中国的发展应对全球环境正义做出更大贡献。

总之,人类的历史已经为后人累积了丰富的"经验教训","后发优势"就是要充分利用这些"经验教训"。在环境正义上,中国倡导权利均等、义务均衡、责任公担、利益共享。其实,环境正义不是一个纯粹的理论问题,更是一个实践问题。作为实践问题,环境正义重在落实。对于中国特色社会主义现代化建设而言,实现环境正义不仅是经济发展问题,更是政治优势和制度优势问题。

第三节 "文化强国"与"中国现代性"建构

文化是一种重要力量。文化最大的功能是丰富和拓展人的精神世界。文化的本质是"人化",是人的主体性本质力量的对象化,如果说物质文化是人的活动"做什么"的结果,制度文化意味着人的活动"怎么做",观念文化则是解决人的活动"为什么做"的问题。要支撑起一个强大的现代化国家,除了经济、制度、军事、科技、教育等力量之外,还需要先进的、强有力的文化力量。"所有的文化都不是整体的,而是众声喧哗的;不是一贯或纯粹的,而是混杂的;不是静止的,而是动态的。"②当前,经济的人文性和文化性日益增强(如泰国着力发展"文化创意产业"),这需要深入思考经济与文化的关系。从哲学高度看,文

---

① 世界环境与发展委员会:《我们共同的未来》,王之佳等译,吉林人民出版社1997年版,第52页。
② 蔡英文:《从文明冲突到全球化时代跨文化理解的可能性》,载钱永祥:《普遍与特殊的辩证:政治思想的探掘》,台湾"中央研究院"人文社会科学研究中心2012年版,第65页。

化具有两重属性,文化既具有经济上的"文化产业化"的向度,也具有人文上的"文化的人化"的向度。比较而言,前者是侧重于追求"经济效益"的"文化产业",后者是侧重于追求"社会效益"的"文化事业";文化作为一种"产业"强调的是"竞争力",而文化作为一种"事业",强调的是"凝聚力"。在现阶段,我们应在"经济效益"与"社会效益"的平衡中保持必要的张力,而不能一厢情愿地片面追求某一方面。

第一,文化的产业化:文化发展的"经济向度"。文化的经济向度早已有之,只不过在资本主义和市场经济条件下得到突出强调和快速发展。无疑,当今时代,经济的文化含量日益提高,文化的经济功能也日益增强,文化已成为国家软实力和核心竞争力的重要组成部分之一。因此,应认真对待文化的产业化。文化的产业化是与文化的商品化和大众化相伴而生的。"大众文化"作为20世纪的时代产物,成为文化的主导趋向。文化的产业化主要就是文化的商品化。随着科技的进步,市场经济成为一种席卷世界的力量和潮流,商品成为一种"普照的光"投射到世界各个角落,市场化、商业化和都市化成为时代的新的重要表征,因此之故,"文化霸权"[①]也成为时代的新问题。如今,文化工业中的技术通过祛除掉社会劳动和社会系统这两种逻辑之间的区别,基本实现了生产的标准化和大众化。在此境遇下,传统古典的、高雅的文化受到猛烈冲击,而以文化工业生产为基本特征、以市民大众为主要消费对象、以现代传播媒介为基本手段的"大众文化"则充斥着现代世界。这种"文化"引导人们只关注当下,引诱人们放弃对终极意义的求索,也因此催生出一些"富"而不"贵"之人。实际上,现代化绝不仅仅是物质生活的现代化,更主要的是人的精神生活与思维方式的现代化。文化工业对消费者的影响是通过娱乐确立起来的。文化与娱乐的联姻不仅导致了文化的大众化和俗世化,同时也不可避免地产生娱乐知识化的社会效应。

第二,文化的人化:文化发展的"人文向度"。文化本身是为人生意义和人生价值提供解释的系统和坐标,帮助人们应付生存困境的一种努力的结晶。实际上,"文化"既作用于"人","人"也反作用于"文化";一定的"文化"既形塑了一定的"人",反过来,一定的"人"又造就了一定的"文化"。这就是"文化"与

[①] 如今,西方拥有绝对的文化霸权,比如美国生产了全世界广播节目总量的65%,电视节目总量的70%,电影总量的80%。因此,如果中国不强化道路自信、理论自信、制度自信和文化自信,西方文化和价值观就会影响和改变中国发展道路。

"人"的辩证互动关系。文化作为历史地凝结成的稳定的生存方式和生活方式必然要"以文化人"。文化作为历史地凝结成的稳定的人的生存方式和生活方式,其核心是"价值取向"和"思维方式",这种"价值取向"和"思维方式"长期积淀下来形成文化传统,逐渐就会固化于人的精神世界,从而形成一定的社会心理、社会性格和人格类型,这种社会心理、社会性格和人格类型进而会直接影响着甚至时时隐性决定着人的选择活动。如果承认文化是稳定的生存方式和生活方式,那么它就很难在短时间内完全彻底地改变。因此,文化社会心理对人的影响具有长期性、内在性和隐蔽性。抽象地讲,人是文化的人,同时人也是文化创新的主体。因此,人应对自身的所作所为承担责任。《周易》中就有"以文化人"的古训。"以文化人"的价值向度是"人性化"。现实地看,文化本质上不是与政治、经济、科学、技术或其他具体对象并列的一个具体的对象,它基本上属于人类超自然的人之创造物,是历史的积淀的人的本质的对象化,主要意指文明成果中那些历经社会变迁和历史沉浮而难以泯灭的稳定的深层的无形的东西,可见,文化彰显的是自然与社会、传统与现代、历史与现实的连续性。就此而论,文化高于政治和经济,因为文化中蕴含着科学精神和人本价值。也许,这才是文化的重要价值所在。

第三,文化强国是"人文向度"和"经济向度"的统一,二者相辅相成,相映成辉,合则双赢,离则两伤。如果我们把文化比作"催化剂",那么文化领域作为"意义的领域",它的主要功能是从根本上关注一些根本性和深层次问题。就此而言,文化使人更有力量,使人更坚定地信仰,使人更有品位。如今,人们已逐渐认识到,仅凭科学与技术并不能给人类的生活带来幸福和尊严。只有科学与人文的融合才能共同提升人的幸福与人的尊严。科学技术的发展,固然膨胀了人的自我意识,扩大了人的自由范围,增强了人对自然的控制,但毕竟没有使人成为"超人",反而使一部分人成为"非人"(人的物化)。由此可见,文化发展需要在自由与平等、需求与欲求、效益与福利之间保持张力。因为只有"文化事业"繁荣了,才能有"文化产业"的持续发展。归根结底,文化事业是"根",文化产业是"叶",根深才能叶茂,否则就是无本之木;文化事业是"源",文化产业是"流",源远才能流长,否则就是无源之水;文化事业是"实",文化产业是"名","实至"才能"名归",否则就是"名不副实"。总而言之,"文化事业"是"文化产业"的根基和归宿,因为它从更根本层面上影响着国民素质,引领着社会风尚,形塑着政治信仰,甚至决定着国家命运。

综上所述,笔者认为,中国在现代化进程中之所以适时提出"文化大发展

第六章 "中国现代性"的双重意蕴：1978年以来的社会现代性与文化现代性

大繁荣"和"文化强国"的命题，实际上既看到了在当今世界经济发展过程中文化要素日益凸显，文化日益成为国际竞争重要的"软实力"①，同时又看到了在中国经济社会快速发展过程中，广大国民的精神世界和社会心理、社会性格和人格类型还不完全适应"中国崛起"和"民族复兴"的现实需要。因为，一个民族，只有在文化上在精神上体现出比物质和资本更强大的力量，才能造就更大的文明进步；一个国家，只有经济发展体现出更多文化的品格，才能真正赢得世界的认可与尊重。基于此，当前中国的文化大发展和大繁荣应注重"文化产业"与"文化事业"的协调发展，提倡高尚的人文精神与求实的科学精神，树立人性化的伦理维度和实事求是的科学思维方式，让文化真正成为人民大众的一种生活态度、休闲方式和生存方式，进而塑造和谐健康的社会心理和社会性格，引领中国经济社会的科学发展、和谐发展与可持续发展。

"中国现代性"建构过程中如何引导国人"富而不傲、富而不淫"，而且"富而好礼、富而好义"，这的确是个现实的问题。这也是坚守中国传统儒家文化的"富贵不能淫，贫贱不能移，威武不能屈"之本真精神。关键是在全社会都认同并自觉遵循"礼义廉耻"②。《周易》中就有"以文化人"的古训。这表明中国人很早就明白：以文化人，方能凝聚力量；以人化文，才能与时俱进。文化作为历史地凝结成的稳定的生存方式，其功能在于传播知识、表达感情、弘扬道德、提升境界。无论是西方文化还是东方文化都面临一个共同的问题，即都需要在借鉴各种有益文化因素过程中不断地向前发展。原因在于，在世界历史境遇下，一个民族的文化建设也必须置于世界文化格局之中来考虑，按照这一要求，民族文化建设不仅是要主动融入世界文化大潮，更重要的是要突出本土文化的承继、超越和创新，没有承继、超越和创新就不会有民族文化的发展。应看到，经济全球化的背后是不同文化的交锋、交流与交融，是不同思想的激荡与扬弃，是不同文明的竞争与共存。从历史进化的角度看，交融、扬弃、共存是大趋势，一个民族、一个国家总是在坚持自我特质的同时，向其他民族、其他国家吸收异质文化的养分，从而发展壮大。

---

① "软实力"(Soft Power)概念是美国政治学家约瑟夫·奈(Joseph S. Nye)在20世纪90年代最早提出的，指的是一个民族文化由核心价值引申出来的文化吸引力、政治价值观吸引力以及由此形成的塑造国际规则和决定国际政治议题的能力，即一种通过文化与意识形态的感召力而吸引他国人民的能力。之所以称作"软"实力，旨在说明，这种价值体系发挥作用靠的是自身的文化魅力和吸引力，而不是靠军事、经济强制力。

② 礼，规规矩矩的态度；义，正正当当的行为；廉，清清白白的辨别；耻，切切实实的觉悟。

在我国五千多年的文明发展历程中，中华文化曾几度领先于世界，但到了近代[①]，逐渐落后了。1949年新中国成立以来尤其是1978年改革开放以来，中国通过"以经济建设为中心"改革开放战略，实现了经济腾飞、国力跃升，但文化发展的现状与经济社会发展、中国的国际地位和国际影响力却不相称。当今时代，经济的文化含量日益提高，文化的经济功能越来越强，"文化生产力"已成为国家文化软实力和核心竞争力的重要组成部分。随着中国特色社会主义事业新局面的不断拓展，当前，推动文化大发展大繁荣具备了许多有利条件，但也面临一系列新情况新问题：社会主义建设过程中存在的物质文明与精神文明发展不协调问题逐渐暴露出来；文化发展同经济社会发展和人民日益增长的精神文化需求还不完全适应。

文化的形成是一个长期积累的过程，"文化强国"不是一句口号，不是一场运动，而是一种生活态度，一种精神追求。以文化育人，要使文化真正走进大众的内心，让人们在欣赏与享受中自我升华。一方面要进一步加大投入力度，为文化发展提供人力、物力和财力保障；另一方面，对待文化的投入与产出不能简单化，即不能完全用经济指标去衡量文化的产业属性，不能片面追求文化的"经济效益"，而应重视文化的育人功能，更加重视文化的"社会效益"。

以文化人，需要内化于心、外化于行的坚守与坚持，其关键是提升人的素质。为此要从教育入手，不断创新文化传承创新的方式，丰富文化传播的内容，把先进的文化理念融入人们的思想。当然，文化也具有娱乐的作用，具有知史鉴今的作用，具有传播交流的作用，但最为根本的是潜移默化、提升人的素质、改变人的精神面貌，就此而论，文化的最大作用是育人。中国之所以是一个文明古国，就是因为通过文化教育让人们传承了传统美德。中国共产党之所以能够带领人民群众取得革命、建设、改革的胜利，很重要的一个原因就是传承了历史文化，传播了先进文化。以文化人是我们发展和繁荣文化的重要任务。以文化人，发挥文化的教化、激励、引导作用，带领中国人民由文化自觉、文化自信走向文化自强。任何民族文化的生命力、延续力都有赖于其自身不断创新、丰富和发展。文化创新是文化建设、改革和发展的灵魂。以文化

[①] 在中国"近代史"和"现代史"的分期上有不同意见。过去是以五四运动为中国近代与现代的分界线。后来一些学者则主张以1949年中华人民共和国成立为分界线，把整个民主革命时期称为中国近代史。参见胡绳：《从鸦片战争到五四运动》（上册），人民出版社1981年版，第1页。

第六章 "中国现代性"的双重意蕴：1978年以来的社会现代性与文化现代性

人,要加快培养造就高素质文化人才队伍。推动社会主义文化大发展大繁荣,队伍是基础,人才是关键。应当清醒地认识到,当前我国文化人才队伍总体状况与建设社会主义文化强国的时代要求还不相适应。为此要逐步形成尊重劳动、尊重知识、尊重人才、尊重创造、鼓励创新、宽容失败的良好氛围,努力营造良好宽松的文化人才发展环境,为各类文化人才提供施展才干的广阔天地。同时还应针对各类人才的不同特点和成长规律,最大限度地调动各层次广大文化工作者的积极性、主动性、创造性,自觉为社会主义文化建设贡献聪明才智。

文化强国的表层是"文化现代性与中国结构转型",而深层则是"文化自主性与中国现代文明秩序之构建"。文化现代性的主要手段是教化,即对人的再教育,以文化人。在新保守主义者看来,文化现代性已失去了规范意义。与此不同,哈贝马斯则认为,"文化现代性所持有的尊严在于韦伯所说的价值领域的分化。但是,随着价值领域的分化,否定力量在肯定与否定之间亮明立场的能力,不会受到损害,反而会得到加强。因为,这样我们就可以按照它们自身的逻辑来处理和阐明真理问题、正义问题以及趣味问题"[①]。如今,出现了人的精神世界紧张和贫瘠化现象,为此,必须加快现代文化建设。现代文化的内涵是现代知识、现代观念、现代制度,包括现代科学技术、现代生产方式、现代生活方式、现代艺术方式等等。笔者认为,现代文化应该多点文化趣味,多点人文气,少点市侩气,少点低级趣味,一句话,能够真正丰富人的精神世界。

泰勒对"现代性的非文化论"的剖析与批判是很有识见的,这也启发我们在进行"中国现代性"建构过程中应高度重视文化问题。实际上,文化问题恰恰是中国百余年的现代化,乃至20世纪非西方国家和社会的现代化,所触碰到的最根本问题之一。非西方国家和社会的现代化过程,从来就不是"文化中立"的。这是民族文化与西方启蒙价值的碰撞,民族文化自愿或不自愿地、自主或不自主地都会作出回应。只有在极端的例子中,民族文化会自觉地完全拒绝或全盘接受西方的启蒙价值,当然,这在经验上也是不可能的,而在多数的情况中,民族文化,特别是有深厚底蕴的民族文化,总是作"选择性接受",且必然会"适应性改造",也因此出现了多元性的"文化转型",从而为"多元的现代性"奠定理论基础。总之,在中国现代性构建过程中,"文化转型"是无法缺位的,问题只在于中国传统文化在文化转型中的自主性的高低与多少,仅此而

[①] 尤尔根·哈贝马斯:《现代性的哲学话语》,曹卫东等译,译林出版社2004年版,第130页。

已。中国现代性,或中国现代文明秩序的构建,必然是一个"文化转型"的过程,在全球化境遇中,如何加强中国文化转型的自主能力和建构中国现代文明的选择的自主地位？关键是要增强文化自信、文化自觉、文化自强。这不仅要对五四新文化运动反思,也要对西方现代性反思。五四新文化运动倡导的科学、民主以及树立个体主体性的张扬,应该批判地承继,但其中"全盘西化""打倒孔家店"的偏激观点则必须扬弃,更当对中华文化中人文主义的精神价值作新的"重新估值"。西方现代性的"工具理性"思维及其黑暗面也必须批判,但启蒙方案中有普世性的价值应该接受。总之,中国现代的新文明不是在文化沙漠上构建的,它必然是以传统文化和西方文化中的优秀元素作为构建的思想资源。在此意义上,中国现代的新文明将必然是中西文化的"创造性的转化"(由"传统的"转化到"现代的",由"西方的"转化到"中国的")与"转化性创造"及其二者之交融。文化自觉是费孝通先生首先提出的。"各美其美""美人之美""美美与共""天下大同"这四句话、十六个字是其对文化自觉理念所作的高度概括。所谓文化自觉,意思是生活在既定文化中的人对其文化有自知之明,明白它的来历、形成的过程、所具有的特色和它发展的趋向。自知之明是为了加强对文化转型的自主能力,取得决定适应新环境、新时代文化选择的自主地位。[①] "文化自觉只是指生活在一定文化中的人对其文化有'自知之明',明白它的来历、形成过程、所具有的特色和它的发展趋向,不带任何'文化回归'的意思,不是要'复旧',同时也不主张'全盘西化'或'全盘他化'。自知之明是为了加强对文化转型的自主能力,取得决定适应新环境、新时代对文化选择的自主地位。文化自觉是一个艰巨的过程,首先要认识自己的文化,理解所接触到的多种文化,才有条件在这个正在形成中的多元文化的世界里确立自己的位置,经过自主的适应,和其他文化一起,取长补短,共同建立一个共同认可的基本秩序,和一套与各种文化能和平共处、各抒所长、联手发展的共处条件。"[②]

总之,中华民族的伟大复兴必然伴随着中华文化的繁荣兴盛,中国的和谐发展也必须借助于中国人高度的文化自觉、文化自信和文化自强。为此,我们要切实把社会主义核心价值观自觉融入国民教育、精神文明建设和党的建设的全过程,着力发展面向现代化、面向世界、面向未来的,民族的科学的大众的

---

① 参见费孝通:《费孝通论文化与文化自觉》,群言出版社2005年版,出版前言。
② 费孝通:《论人类学与文化自觉》,华夏出版社2004年版,第248页。

社会主义文化,努力建设社会主义文化强国。只有如此,中华民族才能真正屹立在世界民族之林。

本章小结 "中国现代性"开启"一种新的文明形态"

中国现代性建构之过程应理解为"中国的现代文明秩序建构"之过程。中国现代化的目的决不止于"富国强兵"与"强国富民",而应是一个"现代的文明秩序"。中西方现代化初期均面临"立人""立国"问题,但在中西方却有着不同的含义:在西方是要把人的个性、自主性、对利益的追逐从宗教的压迫下解放出来,确立利己主义的合理性,个人对自然的主体性。这些对中国都重要,但在中国立"个人主义之人"与立"独立富强之国"是统一在一起的,"即在个人主义的张扬背后是爱国主义的拳拳之心。这种中国特色的现代性诉求是西方的现代化运动所不曾具有的"①。由于西欧和美国是现代性的"先进者",因此向西欧学习是自然且必然的。自19世纪末以来,中国向欧美学习,逐步地输入一些西方"现代的"技术、制度与价值观念。但到了20世纪后半叶,中国与亚洲其他社会,都普遍出现了向民族文化认同的声音(如1935年左右中国国内的文化本位主义的大争论)。奈斯比特(J. Naisbitt)在《亚洲大趋势》中指出,亚洲在现代化中的成功,增强了亚洲人对亚洲的自信。值得注意的是亚洲在现代化上普遍取得成功之际,恰也是新一波全球化成为大趋势之时,显然,全球化与"全球的现代化"是有一定的关联的,当全球的经济一元化成为世界趋同的力量时,却出现全球的"文化多元性"的发展态势。中国目前还没有完全实现现代化,无法真正"超克"(超越克服)现代性。

全球化和地方性的相互转化的关系,致使"中国问题"在相当大的程度上成为"世界问题"的微观缩影和内在一环。经济全球化引发了文化全球化的激烈讨论,文化全球化的核心问题就是前面所说"全球性问题"。基本上,原来一个以"时间"为向度的"现代性问题",在全球化脉络里,已转为一个以"空间"为向度的"全球性问题"。现代性问题涉及传统与现代二者之关系,全球性问题涉及的则是全球与地方(本地)二者的关系。美国《纽约时报》专栏作家弗理曼(T. Friedman)写了一本书《世界是平的》。他说,互联网等新的信息科技,产

---

① 金惠敏:《尼采与中国的现代性》,《文艺研究》2000年第6期。

生全球化的新的趋平化时代。在这趋平的世界平台上,虽然有将世界的多元文化同质化的潜能,但他相信,它有更大的潜能促发文化的"差异性"与"多元性",故他用"地方的全球化"(Globalization of the local)一词来说明此一现象。他说,今日全球化的新的趋平化的阶段,并不意味会有更多的美国化,而是多元的地方(民族)文化会越来越全球化。在"全球化"的论辩中,学者几乎有一共识,即在经济全球化趋势下,在文化上,出现的却是全球的多元性,并且认为"文化的多元主义"应为"全球性"的构成原则。在经济全球化的大趋势下,文化全球化却走上多元性的论述,在一个世界范围的经验研究中得到了强有力的支持。全球的多元现代性,不止是一种理论思维,并且正成为一个经验现象。无疑,这对中国现代性的构建来说,不是一个可能性问题,而是一个如何实践的问题。

"单向度是从一种产品说教变成一种生活方式;其思想和行为模式的攻击性在于,对精神价值的排斥;把一切存在都还原为单面的操作主义或行为主义的解释符号。"[1] "宏大叙事"是用以解构前现代的社会格局并给予现代世界以合法性的工具。在利奥塔看来,"宏大叙事"表征的是:以一种固定不变的逻辑(公理)、普遍有效的原则(普世)来解释世界,以此衡量一切的价值观念和思想体系的标准。"宏大叙事"在近代的发端,"需要四个方面的学术及实践资源:(1)西方历史编纂学中长久盛行的一种叙述历史的方法论传统;(2)由文艺复兴时期形成的一种追求完整的、有中心、有头尾的艺术情节叙事模式;(3)近代西方形而上学主体性哲学注重反思性、总体性和普遍性的思辨形式;(4)以先进生产力为牵引的近代工业革命的历史实践过程所引发的社会变迁逻辑的叙事要求"[2]。马克思主义认为,一切社会变迁和政治变革的终极原因,不应当到人们的头脑中,到人们对永恒的真理和正义的日益增进的认识中去寻找,而应当到生产方式和交换方式的变更中去寻找。

"普遍性"与"特殊性"是中国现代性建构绕不开的问题。"如果当代中国的问题事实上已经变成现代性文化自身内部的问题,那么问题的核心即在于避免陷入自身特殊性的陷阱之中,勇于面对这个已经内在于我们自身的现代

---

[1] 张雄:《现代性逻辑预设:关于三种路径的探讨》,载吴晓明、邹诗鹏:《全球化背景下的现代性问题》,重庆出版社2009年版,第15页。

[2] 张雄:《现代性逻辑预设:关于三种路径的探讨》,载吴晓明、邹诗鹏:《全球化背景下的现代性问题》,重庆出版社2009年版,第15页。

第六章 "中国现代性"的双重意蕴:1978年以来的社会现代性与文化现代性

性,提出我们自己的解释与对未来的愿景。"①也就是说在现代性问题的研究上,我们应"自作主张"。"从康德起,现代性即不再是建立在一个与过去相互比较的问题,而是植根于对自身关系的质问之中。问题的焦点并不是在于何者为新,而是何谓'当下',不是对应于深厚悠久的传统,而是相较于完全不透明的'现在'。由此,有关现代性的问题甚至就是现代性问题的本身,从哲学的视野探究问题化之过程中的'当下',其目的并不在于去发掘现代性的概念,而是将现代性作为'问题'对待。所以福柯认为与其将现代性看作是一个历史的阶段,不如视为是一种态度,一种对于当下关系的模式。"②如今,情感与理智的冲突、现实与价值的背离常常在现代性问题中展现。在一些西方中心主义者眼里,现代化的真正动力被视为是来自西方,第三世界的国家可以反对,但却无法拒绝,可以模仿,但却不能创新。整个世界正将朝向一个既定的方向前进,而西方则代表这个发展的最高与最完美的阶段。事情果真如此吗?今天的知识分子并没有完全丧失对时代的敏感,他们清楚地知道自己的现实处境与精神困境,也强烈地渴望走出困境,人文精神的讨论及其种种回应,就体现了当代知识者的努力,体现了他们对精神价值的近乎本能的向往和追求。这必然能激发那些愿意自救者的勇气和理性,使他们更深入地透视当前的文化现实,也更深入地透视自己。

"中国现代性"与"西方现代性"的差别不仅是"道路"的差别,而且还是"形态"的差别。在现代化过程中,中国和西方一样,都要经历从"前资本主义社会"形态向"资本主义社会"形态的转变。但是在实现转变的方式和内容上,中国与西方有所不同:西方的转变是从其自身传统的生产方式中生长出来的,而中国的现代化是在东西方文化的碰撞中逐渐展开的,西方现代性表现为一个理性选择的过程,而"中国现代性"是以文化为中介,表现为文化选择和创造性转化的过程。具体而言主要表现在现代民主的五个维度上:

1. 经济民主:建构透明财政,追求税收法定。从收支两方面落实"主权在民"的民主原则,防止政府任意敛财(收)和随意花钱(支)。其实,民主执政与依法征税有内在关联,任何实行民主宪政的国家的政府,都不可能随意征税。

---

① 于治中:《现代性的悖论与开展:汪晖的思想视界》,载华东师范大学中国现代思想文化研究所:《现代性的中国视域》(思想与文化第八辑),华东师范大学出版社2008年版,第2页。
② 于治中:《现代性的悖论与开展:汪晖的思想视界》,载华东师范大学中国现代思想文化研究所:《现代性的中国视域》(思想与文化第八辑),华东师范大学出版社2008年版,第9页。

生产方式与分配方式,要市场,但不要市场社会。市场竞争不会自然带来社会公平公正。在经济民主过程中,国家资本、民间资本、外来资本之间的关系如何处理?有很多人认为民主主要是选举权和公民社会的问题,而政府的征税权和财政支出要受民意和民主选举出来的代表实质性制约的形式才更为根本。尊不尊重人效果大不一样:"做人"与"做牛"。"领导把我当人看,我把自己当牛看,累死也心甘",这就是公平出效率;"领导把我当牛看,我把自己当人看,说什么也不给你好好干",这就是不公平不出效率。

2. 政治民主:建构有限政府,注重公共服务。如今,世情、国情、党情和民情都发生了深刻变化,对执政党提出严峻挑战。"人民群众最痛恨腐败现象,腐败是我们党面临的最大威胁。"[1]对于中国共产党而言,如何处理好民主与民生、民主与法治、维稳与维权、腐败与特权等问题(党建的"制度"要求)事关中国大局,影响中国未来。中国不能走西方宪政民主之路,但无疑应吸取其有益成分,走有中国特色的政治文明之路。

第一,遵循规律,发挥"政治优势",用科学理论武装全党,科学执政。科学执政的前提和基础是遵循共产党执政规律,遵循社会主义建设规律,遵循人类社会发展规律,以科学的思想、科学的制度和科学的方法领导中国特色社会主义建设事业。如今,世情、国情、党情和民情的深刻变化,都要求党自觉以改革创新精神全面提高党的建设科学化水平,把"党的领导""人民当家作主""依法治国"[2]三者统一起来,这无疑需要极大的政治勇气和政治智慧。在当代民主政治语境下,执政党的执政活动作为一种政治活动,要遵循规律,按规律办事。在执政过程中,对规律掌握得好、运用得当,可以得到较好的执政效果;而如果掌握不好,运用不当,则可能犯严重错误。

办好中国的事情,关键在党,关键在人。在中国,如果党坚强有力,党同人民保持血肉联系,国家就繁荣稳定,人民就幸福安康,反之,如果党涣散虚弱,脱离人民群众,迷信盛行,僵化保守,国家就动荡不安,人民就遭殃受罪。新形势下,党面临的执政考验、改革开放考验、市场经济考验、外部环境考验是长期的、复杂的、严峻的,精神懈怠危险、能力不足危险、脱离群众危险、消极腐败危险更加尖锐地摆在全党面前。其实"四大考验"和"四大危险"是全面提高党的

---

[1] 习近平:《决胜全面建成小康社会 夺取新时代中国特色社会主义伟大胜利:在中国共产党第十九次全国代表大会上的报告》,人民出版社2017年版,第66~67页。
[2] "法治"不是政府用法律治理社会,或者用法律治理老百姓,而是选民用宪法和法律制约政府。

建设科学化水平的现实境遇。只有加强党建的科学化水平,党才不容易出现"四大危险",也才能经得起"四大考验"。

我们认为,当代中国共产党应围绕"权力的来源"、"权力的行使方式"、"权力的行使方向"和"权力的行使效果"来科学执政。(1)从权力的来源看,主要是自觉加强党的执政能力建设,主要凭能力获得权力。在当代中国,现代意义上的政治权威主要来自民主、公共性、公正和执政能力。(2)从权力的行使方式看,主要是自觉加强公共服务意识,主要围绕公共性行使权力,关键是政府把该管的管好,不该管的尽早放手。当代中国,党领导下的国家与政府部门属于公共部门,行使的权力属于公共权力,配置与动用的资源属于公共资源,权力意志属于公共意志,代表与维护的利益是广大人民群众的公共利益,其服务行为属于公共服务,其目的是通过整合与凝聚,并配置与运用好公共资源,实现各种合法利益集团的共生共进,最后建立起和谐的社会秩序。这无疑需要提升服务意识和服务能力。服务群众既需要"本钱"、还需要"本领","本钱"就是自身过硬,有好的思想境界,带好头、作表率,"本领"就是加强学习、提高能力,练就服务群众的真本事。(3)从权力行使的方向看,主要是围绕民生方向来行使权力。当代中国的政治活动也涉及公共权力与公民权利的关系,但其本质应是主权在民、执政为民、发展惠民。(4)从权力行使的效果看,主要是围绕"三个有利于"来展开。在当代中国,党的执政不能为了自己的特殊利益(党除了工人阶级和最广大人民群众的利益,没有自己的特殊利益。党在任何时候都把群众利益放在第一位,同群众同甘共苦,保护最密切的联系,坚持权为民所用,情为民所系、利为民所谋,不允许任何党员脱离群众,凌驾于群众之上①)和少部分人利益,而要看"是否有利于发展社会主义社会的生产力,是否有利于增强社会主义国家的综合国力,是否有利于提高人民的生活水平"②。离开"三个有利于",执政效果是没办法做出客观公正评价的。

在全球民主语境下,执政是要讲科学的,需要科学推进党的自身改革。执政党的自身改革,不仅关系党自身,而且关涉到党对权力的运用,以及运用权力所要达到的目标。在此情形下,党的自身改革与其他各方面的改革相互影响,彼此促进,共同构成中国政治现代性的重要内容:一方面,党的自身改革成为其他各种改革的动力;另一方面,在党之外的各种改革也推动着党的改革。

---

① 《中国共产党章程》,人民出版社2017年版,第19~20页。
② 《邓小平文选》(第3卷),人民出版社1993年版,第372页。

最后,党内与党外的改革潮流汇集到一处,必然要把加强党建的科学化水平和加强党的执政能力建设推到历史和时代的前台。

第二,尊重民意,发挥"制度优势",用科学制度规范权力,民主执政。科学执政关键是中国共产党是"让人民做主",而不是"替人民做主"。民主执政的本质,就是坚持为人民执政,靠人民执政,支持和保证人民当家作主,坚持和完善人民民主专政,坚持和完善民主集中制,以党内民主带动人民民主,发展和壮大最广泛的爱国主义统一战线。关于改革开放以来中国政治发展其实可以从不同视角加以解释和理解,"先进性"视角便是其中之一。从"先进性"角度进行分析,衡量一个执政党是否具有先进性很重要的一个方面就是看它能否用科学的理论武装自己并用科学的发展观引领国家发展。落实到中国共产党主要是看"是否代表中国先进生产力的发展要求,是否代表中国先进文化的前进方向,是否代表中国最广大人民的根本利益"。中国共产党先进性的诉求,体现在党和国家政治生活的方方面面,具有鲜明的时代特征,有力地增强了执政的合法性和有效性。历史经验表明:一个执政党不管它资格多老,执政时间多长,过去多么辉煌,如果不能始终站在时代前列,不能始终保持先进性,就不能真正赢得人民的拥护,就会丧失政权。办好中国的事情,关键在党,而加强党的建设核心是加强党建的科学化水平。保持和发展马克思主义政党的先进性,这是决定党和国家前途和命运的大事。中国共产党作为一个有9000多万党员、领导14亿人民从"大国"走向"强国"的执政党,如何在国内外形势深刻变化的历史进程中始终走在时代前列?如何在建设中国特色社会主义历史进程中始终成为坚强的领导核心?这对提高党的建设科学化水平提出了新的更高要求。十八大报告顺应形势的新发展、事业的新开拓和人民的新期待,提出"要以改革创新精神全面推进党的建设新的伟大工程,全面提高党的建设科学化水平"。这一定会使其在历史上留下响亮的声音、坚实的足迹和深远的影响。

第三,遵守宪法和法律,发挥"组织优势",用科学方法治理全党,依法执政。依法执政,就是坚持依法治国,遵守"党在法下"原则,不断推进国家经济、政治、文化和社会生活的法制化与规范化水平。科学执政和民主执政都需要发挥党的"组织优势"。十八大报告指出,"党领导人民制定宪法和法律,党必须在宪法和法律范围内活动。任何组织或者个人都不得有超越宪法和法律的特权,绝不允许以言代法、以权压法、徇私枉法"。打铁还需自身硬,治国必先治好党。"显规则"不落实,"潜规则"就有市场。加强党建的科学化水平,提升

第六章 "中国现代性"的双重意蕴：1978年以来的社会现代性与文化现代性

党和政府的公信力是重要方面。阳光是最好的防腐剂,制度是最好的约束性。如何让权力在阳光下运行？关键是要把权力关进制度的笼子。执政党自身权力不受制约不仅直接危害社会公正,而且危及党的生存。因此,全党要牢牢把握加强党的执政能力建设、先进性和纯洁性建设这条主线,建设学习型、服务型、创新型的马克思主义执政党。坚持依法治国这个党领导人民治理国家的基本方略,最广泛地动员和组织人民依法管理国家事务和社会事务、管理经济和文化事业、积极投身社会主义现代化建设,更好保障人民权益,更好保证人民当家作主,同时也增强自身执政的合法性(legitimacy,也称正当性)。一方面,深入推进简政放权,建设职能科学、结构优化、廉洁高效、人民满意的服务型政府。推动政府职能向创造良好发展环境、提供优质公共服务、维护社会公平正义转变。另一方面,党的各级领导干部和党员要带头守法,做出表率,引领风尚。党的各级领导干部和党员看到了问题,就要切实批评与自我批评以便及时改正,不能对上级批评放"礼炮",对同级批评放"哑炮",对自己批评放"空炮"。为此要抓好道德建设这个基础,教育引导党员、干部模范践行社会主义核心价值观,做社会主义核心价值观的示范者、诚信风尚的引领者、公平正义的维护者,以实际行动彰显共产党人的人格力量。当前要更加注重发挥法治在国家治理和社会管理中的重要作用,维护国家法制统一、尊严、权威,保证人民依法享有广泛权利和自由。

总之,"政治优势"、"制度优势"和"组织优势"是决定中国革命、改革和建设成功的重要因素。科学执政、民主执政、依法执政是党的建设的科学化的重要目标,为此需要进一步提高党科学执政、民主执政、依法执政水平。在新起点新征程上,我们党要充分把自身的"政治优势""制度优势""组织优势"转化为"人才优势"和"科学发展的优势",科学执政、民主执政、依法执政。唯有如此,才能实现团结带领中国人民全面建成小康社会、推进社会主义现代化、实现中华民族伟大复兴和"中国梦"的历史重任。

3. 文化民主:注重思想解放,追求自主创新。在中国现代性建构过程中一定要注重文化软实力建设和文化创新,要重视大众媒体的社会监督与社会引领功能①,建构中国特色社会主义现代性的价值体系。当前,应重视文化建设,丰富人民精神世界,增强人民精神力量,满足人民精神需求。这内在要求

---

① 中国出现的"民间刊物"、"独立制片人"及其"文化产品"值得关注,这或许是除了政府另一种推进"中国现代性"建构的不可忽视的重要力量。

哲学成为"大众哲学""希望哲学"和"心灵哲学"。

中国的现代化不同于当年西欧以资本原始积累和对工人血腥压榨为条件的现代化模式,但又借鉴了西方现代化的最根本要素之一,即市场经济,并由此而使经济社会获得了快速发展。我们既积极加入现代化和经济全球化进程,又坚持在共产党的领导下、在社会主义的体制中展开,使之更好地造福于社会和人民。

在中国现代语境下建构"文化-政治哲学"。就学者的学术研究而言,大体可分"技术性学术"与"人文性学术"。笔者认为,哲学的功能主要在于为社会发展提供核心理念。如何建设中国特色、中国风格、中国气派的人文社会科学,学术界和出版界应该有所担当。毋庸置疑,在当下中国哲学没能享有其应有的地位,因而也没能承担起其应有的责任和发挥其应有的功效,反而处于"不在场""失语""边缘化"的尴尬境地。但无论如何,当代中国发展需要哲学,当代中国人需要哲学。新哲学应具有民族的形式、科学的内容和大众的方向,同时应具有包容性、宽容性和涵容性。新哲学必须是"顶天立地"的:所谓"顶天"就是指具有理想性,所谓"立地"就是指具有现实性。理想与现实交互作用表现为曲折的发展过程,正是二者之间的"落差"推动着哲学的发展与实践的前进,历史发展规律与人性发展要求的相一致,个人的自我价值与社会价值的统一。

当今中国学术一个最大的问题恐怕就是"浮躁",所谓"浮"就是根基不牢,所谓"躁"就是坐不住板凳。毋庸讳言,如今,虽然哲学研究看似繁荣,实质上原创性成果却是凤毛麟角。对此,高清海曾指出:"我们并不缺乏哲学理论,更不缺少哲学知识,我们有许多哲学方面的专门家、学问家乃至理论家,但出了多少能够表征我们时代精神、堪称真知灼见的哲学思想?我们有太多的有理论而无思想的文章和书籍!"[①]实际上,哲学家这一称谓意味着把自己的一生变成思考,把思考变成自己的生存方式。学术创新本质上是指学术研究要创造出新的东西:或发明出新范式和新方法,或孕育出新思想和新见解,或发掘出新材料和新证据,一言蔽之,就是要创造新知。

4. 社会民主:建构公民社会,追求公平正义。改革开放40多年来,我国在经济发展和社会进步等方面取得了引人注目的成就,但不容回避的是一些深层次社会问题也亟待解决,公平正义问题就是其中之一。公平正义问题是

[①] 转引自孙正聿:《哲学通论》,辽宁人民出版社1998年版,第2~3页。

当今社会的一个普遍性问题,它不仅关涉政治合理性的根基,而且是整个人类政治实践和交往理性的前提条件。

如今,公平正义问题已成为全社会普遍关注的焦点。从公正的视角看待发展,不难发现,公正应为社会发展的首要价值。研究社会民主和社会公正问题,对于促进中国经济发展的转型升级、公平正义的转向和发展观的价值转型,对于培育国人现代公正观、能力意识和人本理念都具有现实意义。公平正义是现代文明秩序的重要价值支撑。就此而言,"中国的现代性应当坚持以人为本,以人性化为目标,形成一种与西方的理性化不同的现代性特征"[1]。维持社会活力与公平正义,需要警惕政治精英与经济精英的联盟,权力与资本的勾结。推行的"大部门制"改革方案,就是表明我国政府在转变职能的道路上的决心,这将着眼于科学发展、保障和改善民生的改革,实现政府组织机构及人员编制向科学化、规范化、法制化的根本转变,减轻行政成本给群众造成的负担,把公共财政增收更多地用到民生上去。大部制的改革正是说明国家权力在逐渐从市场中收缩,公民社会活动的领域逐步扩大。不过正如吉登斯所说,"政府的结构调整应当遵循'以最小的代价获取最大的收益'的生态学原则,这不应当简单地理解为精简裁员,而应当理解为提高政府机构的工作效率"[2]。中国现代性进程中的市场化改革应警惕权贵资本主义,切实使社会公正得以维护,社会失范得以控制,社会美德得以弘扬。

随着中国的发展,一些社会不公平、不公正问题日渐突出,概括起来主要有贫富差距过大、教育、医疗、住房等问题,这些问题如果不能妥善解决,势必影响和谐社会建设和小康社会全面建成。其实,妥善解决民生问题是和谐社会建设的应有之义,也是全面建成小康社会的关键。从社会主义的本质特征看,社会主义是以公平、公正为基本价值的社会制度。这种公平和公正性最根本的是体现在社会能给每个社会成员发挥自己的才能提供机会和平台、管理和服务。一方面,在同样的环境和条件下,因能力的不同而创造了不同的财富,形成了富裕程度的差别,从而形成了不同层次的"消费"和"享受",应引导大众不应仇富,而应把精力放到提高个人竞争力、努力赶超先进上来。另一方面,要使先富者认识到,个人能力的形成和财富的创造是与整个社会相联系的,离开社会和他人,既不可能具备致富能力,也不可能创造财富。因此,要有

---

[1] 陈嘉明:《人性、人性化与中国的现代性》,《厦门大学学报(哲学社会科学版)》2008年第4期。
[2] 安东尼·吉登斯:《第三条道路》,北京大学出版社2000年版,第78页。

公益心、公德心和回报社会的热情。只有当社会各阶层、各群体的人们普遍形成了这样的观念，人与人之间的和谐相处才会有扎实的社会根基。美国经济学家奥肯提出"一个好的社会必须在平等与效率之间寻求正确的权衡"的观点，认为"经济讲效率，社会讲公平"。经济学中的"帕累托最优"意味着若无他人之贫困，决无一己之富有，这实际上暗含着"富人"对"穷人"天然的责任。如果说经济效率是社会福利达到最大化的必要条件，那么公平原则就是社会福利达到最大化的充分条件。

当然，由于种种因素的作用和影响，人的能力总是有差异的，人的机遇（机会）也是不尽相同的，即使人们尽到了自己的能力，其创造的社会财富还是会存在差别。这就需要在"共同富裕"和"差别富裕"中保持张力，真正形成全体人民各尽其能、各得其所而又和谐相处的局面，唯有如此，中国特色社会主义道路才能越走越宽广。那么如何在"共同富裕"与"差别富裕"之间保持张力？这里可以借用景天魁提出的"作为公正的发展"概念，它包括两层含义：其一，公正是一种发展。这种发展"承认和实现合理的适当的差别、符合并满足绝大多数人的利益、有利于促进绝大多数人（原则上是全体社会成员）的生活改善和能力提高"。① 没有差别，就会造成激励不足，但差别过大，无休止地、无节制地扩大差别，又会导致矛盾丛生，使经济发展受阻，甚至导致社会崩溃。其二，发展也是一种公正，即作为公正的发展是以社会公正作为目的、动力和模式的发展。

总之，公平正义是社会主义社会的首要价值，因此探索构建一种适于当代中国的社会正义理论，引导国家、社会和个人走向以公平正义为核心的创新驱动发展之路，不仅具有重要的理论价值，而且具有重要的现实意义。

5. 生态民主：建构伙伴关系，追求共荣共生。如何按照伙伴关系的原则重建人与自然、人与他人、人与自我的关系是人类走出生态危机、信任危机和认同危机的可能出路。西方现代性建立在以资源无限供应为假设的基础上，以高消费为基本特征，以破坏生态环境、损害人文价值为后果的经济增长方式必然不可持续。大量生产—大量消费—大量浪费的生产方式、消费方式和生活方式是造成人类生存环境恶化的主因。中国现代性必须摆脱这一模式，确立全面、协调和可持续的发展模式。正如量子物理学及其测不准原理根本不是否定微观客体的客观实在性，而是说明微观客体具有与宏观客体不同的特

---

① 景天魁：《作为公正的发展》，《社会科学战线》2003年第6期。

性,它启示我们在认识自然界时必须把主体对自然界的作用考虑进去,要从主客体关系的视角重新认识人与自然的关系。

中国特色社会主义在生态文明建设方面具有怎样的"后发优势"或"制度优势"? 建设生态文明,事关人民福祉和中国永续发展。中国贯彻落实科学发展观和五大新发展理念,必须深度挖掘蕴藏在"主义"中的"制度优势"和"生态潜力"。党的十八大报告将生态文明建设提高到国家长远发展核心战略的高度,提出要把生态文明建设放在突出地位,大力推进生态文明建设,建设社会主义生态文明,建设美丽中国。这是我们党在总结实践经验、反思现实困境的基础上提出的先进执政理念,具有重大而深远的历史意义和现实价值。十八大报告立足战略高度主要从四个方面对"生态文明建设"进行了总体部署:(1)空间上,坚持优化优先,优化国土空间开发格局;(2)机制上,坚持节约优先,全面促进资源节约;(3)体制上,坚持保护优先,加大自然生态系统和环境保护力度;(4)制度上,坚持恢复优先,加强生态文明制度建设。对于中国特色社会主义而言,生态文明建设不仅是经济发展问题,而且也是政治(主义)优势问题。要深刻理解和切实落实生态文明战略部署,应着重把握以下三点:

第一,立足马克思主义生态学的战略制高点,充分认识生态文明建设的重要性和紧迫性。马克思主义生态学的战略制高点就是"资本主义批判"。马克思一生最重要的著作《资本论》正是对资本主义及其现代文明最深刻的时代诊断。在马克思看来,资本主义生产方式、生活方式和消费方式是造成"人与自然"以及"人与人"关系紧张问题的"总根源"。资本主义对于人的"外在自然"和"内在自然"的戕害,造成"人与自然"以及"人与人"关系的双重伤害,其根源就在于资本主义的"大量生产""大量消费""大量浪费"的逻辑。"生产过剩"导致经济危机,"超前过度消费"导致金融危机和政府财政危机,"大量废弃"导致环境危机和生态灾难。马克思和恩格斯生态观的贡献就在于既超越"人类中心主义",又克服"自然中心主义",是基于辩证唯物主义、历史唯物主义和资本主义批判之间的辩证性和系统性,对资本主义进行批判性的掌握。十八大报告强调抓住重要战略机遇期,强调坚持以人为本、全面协调可持续发展,强调生态文明建设,其根本目的是努力形成中国特色社会主义事业"五位一体"的总体布局,建设美丽中国,实现中华民族永续发展。

第二,立足"审美—主体性",全面把握生态文明建设的总体要求。从哲学视角看,人与自然主要有三种关系样态:一是基于"劳动—主体性",人是主体,自然是客体,这是"人类中心主义"样态;二是基于"交往—主体性",自然是主体,人是客体,这是"自然中心主义"样态;三是基于"审美—主体性",人既是主体又是客体,自然既是客体又是主体,这是"人与自然的伙伴关系"样态。我们认为,当代中国进行生态文明建设应努力建构"人与自然的伙伴关系"。正如十八大报告所提出的,要"坚持节约优先、保护优先、自然恢复为主的方针,着力推进绿色发展、循环发展、低碳发展"。我们必须树立尊重自然、顺应自然、保护自然的生态文明理念,把生态文明建设放在突出地位,融入经济建设、政治建设、文化建设、社会建设各方面和全过程,努力建设美丽中国,实现中华民族永续发展。坚持节约资源和保护环境的基本国策,坚持节约优先、保护优先、自然恢复为主的方针,着力推进绿色发展、循环发展、低碳发展,形成节约资源和保护环境的空间格局、产业结构、生产方式、生活方式,从源头上扭转生态环境恶化趋势,为人民创造良好生产生活环境,为全球生态安全做出贡献。

第三,立足"第三次工业革命"力量转移的新趋向,切实加强生态文明建设的制度保证。当前,在人类迈进"第三次工业革命"的门槛之时,中国转型发展更应注重生态文明建设,紧紧抓住转型升级发展的历史机遇,争取在"第三次工业革命"中有所作为,形成"先发优势",正如美国经济学家杰里米·里夫金所指出的:"传统的系统思维与整体观念,有助于中国理解、融入和推进第三次工业革命。"[①]在里夫金看来,人类将在18世纪60年代以珍妮纺纱机和蒸汽机等为主要标志的"第一次工业革命"和20世纪初以汽车大规模装配为标志的"第二次工业革命"之后,正日益进入以"智能制造"、"绿色能源"和"数字服务"三者相互融合为主要标志的"第三次工业革命"新时代。第一次工业革命发源于英国,使19世纪的世界发生了翻天覆地的变化,第二次工业革命发源于美国,为20世纪的人们开创了新世界。第三次工业革命将从哪里开始?它必将在21世纪从根本上改变人们的生产方式、生活方式和工作方式。保护生态环境必须依靠制度。要按照建设美丽中国的目标要求,加快建立生态文明制度,健全国土空间开发、资源节约、生态环境保护的体制机制。应看到,一个涵盖14亿人的现代化,在人类历史上是没有的,中国这条路走好了,不仅造福中国人民,对世界也是一大贡献。

---

① [美]杰里米·里夫金:《第三次工业革命:传统文化精神大有可为》,《社会科学报》2013年4月4日。

第七章 人类文明视野下的"中国现代性"建构：2012年以来国家治理体系与治理能力现代化

第一节 "中国现代性"建构与国家治理体系和治理能力现代化

中国实现现代化和现代性建构内在要求推进国家治理体系和治理能力现代化。推进国家治理体系和治理能力现代化，其实质是建设"现代国家"和"现代社会"，核心是养成"现代个人"（引导国民树立文明观念、争当文明公民、展示文明形象），在国内建构起和谐的国民关系，在国际树立令人尊敬和令人向往的国家形象。14亿中国人的现代化，是人类现代化发展史上的奇迹，不仅改变中国面貌，而且影响世界格局，为世界实现现代化开辟新的道路、提供新的选择，打破了发展中国家对西方国家现代化的"路径依赖"。

世界怎么了？世界向何处去？我们中国应该怎么办？面对这些"世界之问"，中国道路、中国理论、中国话语、中国方案和中国智慧不能缺场。无疑，世界历史力量转移背景下的中国崛起是一个重大世界历史事件，这一事件不仅影响到人们对资本主义文明的反思和对社会主义建设的评价，而且加速了人类文明新形态的开启。改革开放以来，中国成功开辟了中国特色社会主义道路，中国道路告诉世界，"治理一个国家，推动一个国家实现现代化，并不只有西方制度模式这一条道，各国完全可以走出自己的道路来"。卢梭在《忏悔录》中曾指出："我已看出一切都归源于政治，而且，无论我们作什么样的解释，一个民族的面貌完全是由它的政府的性质决定的。"[①]虽然近代以来有多次追求现代化，但直到1949年中华人民共和国成立，中国才真正开启了实现现代化的历程。中国用几十年时间走完了发达国家几百年走过的工业化历程，在实

---

① 转引自王子今：《权力的黑光》，陕西人民出版社2006年版，第1页。

现现代化的道路上迅跑,中国共产党和中国人民使诸多不可能成为了可能。改革开放以来,中国共产党带领中国人民创造了人类历史上的三大奇迹——实现了一个大国经济持续稳定的"增长奇迹",实现了全球最大规模贫困人口的"脱贫奇迹",实现了充满生机活力的中国特色社会主义国家的"发展奇迹"。

从国家顶层设计来看,从20世纪50年代起,中国共产党明确提出实现"四个现代化"的目标,改革开放后为了实现社会主义现代化,作出了"三步走"的战略安排,在此基础上又提出"两个一百年"奋斗目标。如今我们以全面建成小康社会为新起点全面建设社会主义现代化,中国现代化的程度从较低层次向较高层次跃升,现代化的范围从部分领域部分地区向全方位覆盖,现代化的性质从物质层面向精神层面、人的素质层面延伸[①]。

当今世界正经历百年未有之大变局,我国正处于实现中华民族伟大复兴关键时期。顺应时代潮流,适应我国社会主要矛盾变化,统揽伟大斗争、伟大工程、伟大事业、伟大梦想,不断满足人民对美好生活的新期待,战胜前进道路上的各种风险挑战,必须在坚持和完善中国特色社会主义制度、推进国家治理体系和治理能力现代化上下更大功夫。这首先要把权力关到制度的笼子中。权力在日常语境中常备受非议,原因之一就是,一些权力背离其基本价值,成为谋取个人私利满足个人私欲的工具,一些权力成为破坏社会公平正义的负能量。如何克服权力的异化?这是一个世界性的难题。党的十八届三中全会通过的《中共中央关于全面深化改革若干重大问题决定》提出,"全面深化改革的总目标是完善和发展中国特色社会主义制度,推进国家治理体系和治理能力现代化"。这对于中国的政治发展和政治文明建设来说,都具有重大的理论意义和现实意义。推进国家治理体系和治理能力的现代化,既是对我国在现代化进程新的发展阶段所面临的各种严峻挑战的主动回应,也是使权力始终成为推动发展、服务人民、造福社会的正能量,更是树立政府公信力和权威性的新契机。

2019年10月,党的十九届四中全会通过的《中共中央关于坚持和完善中国特色社会主义制度 推进国家治理体系和治理能力现代化若干重大问题的决定》,科学阐明了要坚持和完善的重大制度和基本原则,又全面部署了推进制度建设的重大任务和重大举措。中国特色社会主义制度是党和人民在长期实践探索中形成的科学制度体系,我国国家治理一切工作和活动都依照中国

---

① 同心:《论新时代》,《求是》2019年第1期。

第七章 人类文明视野下的"中国现代性"建构：2012年以来国家治理体系与治理能力现代化

特色社会主义制度展开，我国国家治理体系和治理能力是中国特色社会主义制度及其执行能力的集中体现。新中国成立70多年取得的历史性成就充分证明，中国特色社会主义制度是当代中国发展进步的根本保障。中国特色社会主义制度和国家治理体系是以马克思主义为指导、植根中国大地、具有深厚中华文化根基、深得人民拥护的制度和治理体系，是具有强大生命力和巨大优越性的制度和治理体系，是能够持续推动拥有14亿人口大国进步和发展、确保拥有5000多年文明史的中华民族实现"两个一百年"奋斗目标进而实现伟大复兴的制度和治理体系。实践充分表明，我国国家制度和国家治理体系具有多方面的显著优势，这些显著优势，是我们坚定中国特色社会主义道路自信、理论自信、制度自信、文化自信的基本依据。由于中国特色社会主义制度的原创性和开创性，一开始就受到理论界的广泛关注。特别是随着中国特色社会主义实践不断走向成功，创造了"中国奇迹"，便进一步吸引了学术界对中国特色社会主义制度"人民至上"价值逻辑的关注。人民是共和国的坚实根基，人民是我们执政的最大底气。依靠人民的支持和信任，"与人民心心相印、与人民同甘共苦、与人民团结奋斗"，我们书写了无愧于时代、无愧于人民、无愧于历史的业绩。只要我们有创造历史的激情，有实现梦想的能力，有续写奇迹的信心，亿万人民撸起袖子加油干，一定能把我们的人民共和国建设得更加繁荣富强。

当前世界正处于大发展、大变革和大调整时期，全球化进程、世界经济格局、国际权力格局、全球治理体系及治理规则、人类文明及交往模式都在发生富有历史意义的巨大变化。如何把国家的制度优势转化为国家治理效能？治理的本源的含义是"做事的方法、方式和途径以及对治国理政能力的强化"[①]。国家治理体系和治理能力现代化是一个系统工程。

制度优势是一个国家最大的优势，制度竞争是国家间最根本的竞争，制度现代化是现代国家的核心竞争力。当前世界正在经历百年未有之大变局，中国要真正建成社会主义现代化强国，必须把国家制度和国家治理体系提升到战略高度，全面提高国家的制度竞争力。因为，制度先进是最根本的先进，制度落后是最大的落后。在人类文明视野下，中国特色社会主义具有明显的制度优势和比较优势，把制度优势和比较优势有效转化为国家治理效能，是中国共产党团结带领中国人民开辟中国道路、创造中国奇迹的关键密码。

---

① 王绍光：《治理研究：正本清源》，《开放时代》2018年第2期。

当前中国发展处于近代以来最好的发展时期,国际社会越来越多地把目光投向中国、聚焦中国。党的十九届四中全会立足于"新时代""大变局",审议通过了《中共中央关于坚持和完善中国特色社会主义制度、推进国家治理体系和治理能力现代化若干重大问题的决定》(以下简称《决定》),从发展全局和战略高度出发,第一次系统总结概括了我国国家制度和国家治理体系的十三个"显著优势",科学阐明了中国特色社会主义制度的优越性,明确了坚持根本制度的必然性,阐明了创新和增强国家制度和治理体系的必要性,明确了把制度优势转化为国家治理效能的重要性。我们必须认识到在国家的发展过程中,低层次是经济竞争,中层次是社会结构和社会心理竞争,高层次则是制度竞争和文明竞争。当前,推进国家治理体系和治理能力现代化必须要提升制度执行能力,把制度优势转化为国家治理效能,为有效应对"新时代""大变局"提供制度和治理支撑。

首先要奠定制度基础,通过科学理论厘清制度优势与国家治理效能之间的辩证关系,科学阐明"中国之制"与"中国之治"的关系。《决定》从新时代、新视野、新高度出发深刻回答了"坚持和巩固什么、完善和发展什么"这一重大现实问题。《决定》指出:"中国特色社会主义制度是党和人民在长期探索中形成的科学制度体系,我国国家治理一切工作和活动都依照中国特色社会主义制度展开,我国国家治理体系和治理能力是中国特色社会主义制度及其执行能力的集中体现。"这充分表明了中国特色社会主义制度的科学性、根本性和重要性,制度是国家治理的前提和保障,国家治理是制度的集中体现。必须坚定不移地坚持中国特色社会主义制度,由此才能保障国家治理充分发挥应有作用;必须坚定不移地发展中国特色社会主义制度,由此才能推进国家治理体系迈向现代化;必须坚定不移地发挥中国特色社会主义制度的优越性,由此才能把制度优势更好、更快地转化为国家治理效能。无论是全面深化改革还是建设社会主义现代化强国,无论是实现中华民族伟大复兴还是推动构建人类命运共同体,都要以中国特色社会主义制度为出发点和着眼点,以制度优势推进国家治理效能发挥,又要以国家治理体系和治理能力的现代化保障制度优势。

其次要坚定制度自信,通过实践探索和改革创新不断增强制度优势进而提升国家治理效能,有效应对"新时代""大变局"背景下的一系列风险和挑战,用"中国之治"助推中华民族伟大复兴。《决定》指出:"当今世界正经历百年未有之大变局,我国正处于实现中华民族伟大复兴关键时期。顺应时代潮流,适应我国社会主要矛盾变化,统揽伟大斗争、伟大工程、伟大事业、伟大梦想,不

第七章 人类文明视野下的"中国现代性"建构：2012年以来国家治理体系与治理能力现代化

断满足人民对美好生活新期待，战胜前进道路上的各种风险挑战，必须在坚持和完善中国特色社会主义制度、推进国家治理体系和治理能力现代化上下更大功夫。"新中国成立以来尤其是改革开放以来，中国经济社会发展实现历史性飞跃，归根结底在于开辟了中国特色社会主义道路。正是这一"中国道路"产生"中国奇迹"，实现"中国之治"。在新时代，把制度优势转化为国家治理效能，必须坚定制度自信，充分认识中国特色社会主义制度的优越性，全面总结中国特色社会主义制度带来的巨大成就，坚定信心发展中国特色社会主义制度。在推进制度自信的基础上，党的十九届四中全会从推进国家治理体系和治理能力现代化的维度对国家制度、国家治理效能做出了新的战略规划："到我们党成立一百年时，在各方面制度更加成熟更加定型上取得明显成效；到二〇三五年，各方面制度更加完善，基本实现国家治理体系和治理能力现代化；到新中国成立一百年时，全面实现国家治理体系和治理能力现代化，使中国特色社会主义制度更加巩固、优越性充分展现。"①这一战略规划是与党的十九大关于社会主义现代化建设"两个一百年"的目标高度统一的，更是习近平新时代中国特色社会主义思想的又一重大理论成果。把制度优势转化为国家治理效能，需要在制度自信的基础上，通过实践创新发展国家制度，推进国家治理体系和治理能力现代化。

最后要坚持党的领导，中国共产党的领导是中国特色社会主义最本质特征和最大优势。党的十九届四中全会指出：坚持和完善中国特色社会主义制度、推进国家治理体系和治理能力现代化，是全党的一项重大战略任务。习近平总书记强调："新时代改革开放具有许多新的内涵和特点，其中很重要的一点就是制度建设分量更重，改革更多面对的是深层次体制机制问题，对改革顶层设计的要求更高。"这是中国共产党执政70多年来对如何推进制度建设和提高治理效能的经验总结，更是党在新时代对如何全面深化改革保障国家稳定健康发展提出的自我要求。从"没有共产党就没有新中国"到"中国共产党带领人民奔小康"再到"中国共产党同中国人民一同为实现民族伟大复兴而奋斗"，70多年来道路多艰，然而中国共产党的初心和使命从未改变，也正因此，中国共产党才能赢得人民的信任，开创"中国之治"新境界。我们必须深刻认识到，中国共产党的领导是中国特色社会主义最本质的特征和最大优势，只有

---

① 《中共中央关于坚持和完善中国特色社会主义制度 推进国家治理体系和治理能力现代化若干重大问题的决定》，人民出版社2019年版，第5~6页。

坚持党的全面领导,才能将中国特色社会主义制度的优势转化为国家治理效能,才能最终实现国家治理体系和治理能力现代化的总目标。

总之,"中国之治"的历史出场有其历史必然性。中国人民创造了经济快速发展和社会长期稳定的伟大奇迹,未来还将为实现中国梦而持续奋斗。在全面深化改革的新阶段,习近平总书记指出:"改什么、怎么改必须是以是否符合完善和发展中国特色社会主义制度、推进国家治理体系和治理能力现代化的总目标为根本尺度,该改的、能改的我们坚决改,不该改的、不能改的坚决不改。"在新时代,全面深化改革的总目标是完善和发展中国特色社会主义制度、推进国家治理体系和治理能力现代化。更为重要的是要将国家制度和国家治理联系起来,这就要求要把制度优势转化为国家治理效能,在转化的过程中,要明确制度的根本性、基础性和决定性作用,以制度优势驱动国家治理效能的提高,从而实现国家治理体系和治理能力现代化这一战略性目标的实现,用"中国之制"推动"中国之治",以"中国之治"造福中国人民。

中国是一个大国,决不能在根本问题上出现颠覆性错误,一旦出现就无法挽回、无法弥补。我们的立场是胆子要大、步子要稳,既要大胆探索、勇于开拓,也要稳妥审慎、三思而后行。我们要坚持改革开放正确方向,勇于啃硬骨头,敢于涉险滩,敢于向积存多年的顽瘴痼疾开刀,切实做到改革不停顿、开放不止步。教育和引导国人更加全面客观地认识当代中国看待外部世界;讲清楚每个国家和民族的历史传统、文化积淀、基本国情不同,其发展道路必然有着自己的特色;讲清楚中华文化积淀着中华民族最深沉的精神追求,是中华民族生生不息、发展壮大的丰厚滋养;讲清楚中华优秀传统文化是中华民族的突出优势,是我们最深厚的文化软实力;讲清楚中国特色社会主义植根于中华文化沃土、反映中国人民意愿、适应中国和时代发展进步要求,有着深厚历史渊源和广泛现实基础。着力打造融通中外的新概念新范畴新表述,讲好中国故事,传播好中国声音。自1978年中国实行改革开放以来,中国道路及其成功的实践日益受到全世界的广泛关注。如何全面深入揭示中国道路的世界贡献,阐释其世界意义,就成为国内外学者研究的热点问题。中国的发展离不开世界,世界的发展也离不开中国。中国发展不仅决定中国命运,而且必将深刻影响世界格局。在全球化时代,中国发展要抓住世界机遇。反思改革开放以来中国快速发展的关键在于抓住世界机遇,乘上了全球化的快车,使中国快速崛起。中国发展的"现实逻辑"是肇始于1978年改革开放以来中国的整体转型升级,这是决定中国前途和命运的结构性变革,现代化加速了这一整体转型

第七章 人类文明视野下的"中国现代性"建构：2012 年以来国家治理体系与治理能力现代化

升级，反过来，中国的整体转型升级也为世界提供新机遇。

当前，全面深化改革已进入攻坚期和深水期，要释放更多的制度红利，关键在于坚持和完善中国特色社会主义制度，推进国家治理体系和治理能力现代化，以制度优势和治理优势有效应对"新时代"和"大变局"，推进中国的整体转型升级。市场方面的转型升级主要是从"物质驱动"到"创新驱动"，使"市场在资源配置中起决定性作用"；政府方面的转型升级主要是从"人员管制型"到"公共服务型"，推进"国家治理体系和治理能力现代化"；民生方面的转型升级主要是从"生存性需求"满足到"发展性需求"的满足，提高"人民的生活品质"；文化方面的转型主要是从片面注重"物质力量"到更加注重"思想力量"，克服"资本的冷漠、权力的傲慢、利益集团的阻碍和思想的懈怠"。习近平总书记强调，党坚强有力，党同人民保持血肉联系，国家就繁荣稳定，人民就幸福安康。回顾我们党的历史，正是因为一以贯之重视加强自身建设，我们党才团结带领人民夺取了新民主主义革命的胜利，取得了社会主义建设和改革开放伟大事业的辉煌成就。

第一，中国快速发展离不开不断提升的国家治理体系和强大的现代治理能力。国家治理体系和治理能力是一个国家制度和制度执行能力的集中体现。在世界多极化和经济全球化并行发展的历史境遇下，中国如何建设现代国家？面对这一根本性问题，以习近平总书记为核心的新一届中央领导集体提出了"提升国家治理体系和治理能力现代化"命题，这一命题切中"中国现实"与"中国问题"，其本质和核心是增强国家、社会与个人的现代性特质。提升国家治理体系和治理能力现代化是决定国家前途命运的根本性、全局性、战略性问题，有助于对内提升国家与社会、国家与个人、社会与个人的和谐度，对外提升国家的竞争力。成为现代国家是大国崛起的必要条件，也是中国国家建设的重要目标。就必要条件来看，中国只有成为现代国家，在国家治理体系和治理能力等方面呈现更多的现代性特质，才能真正支撑起中国大国崛起；从重要目标来看，中国的国家发展就是要建设富强、民主、文明、和谐的现代化国家，促进公平正义、增进人民福祉成为现实任务。为了准备好这些必要条件和实现重要目标，当前要处理好中国与世界的关系，积极参与全球治理和公共产品供给，提高中国在全球治理中的制度性话语权，从而为中国发展创造一个和平稳定的外部环境。

第二，中国快速发展为世界创造新机遇。中国影响力的上升是由诸多因素共同促成的，其中一个重要因素就是中国成功的改革开放。改革开放 40 多年来,中国的快速发展不仅以前所未有的速度惠及本国人民,更以前所未有的深度关照全球利益。40多年来中国为世界经济增长提供"中国动力"、为各国人民福祉提供"中国创造"、为国际合作共赢提供"中国方案"、为全球治理变革提供"中国智慧"、为人类文明进步提供"中国价值"。新时代我国经济发展的特征,就是由高速增长阶段转向高质量发展阶段。虽然我们取得"历史性成就"、发生"历史性变革"、产生"历史性影响",但是中国依然是世界上最大的发展中国家,中国特色社会主义依然处于社会主义初级阶段,因此发展依然是中国第一要务。

第三,中国快速发展为全球治理提供更多优质公共产品与公共服务。当代中国发展紧紧围绕"完善和发展中国特色社会主义制度"这一根本目标,积极推进国家治理体系和治理能力现代化,这无疑需要正确处理国家、市场、社会、公民个人之间的关系。在当代中国,国家、社会、个人之间的关系正在调整与优化,"强国家、弱社会、弱个人"的社会管理模式正在转变为国家、社会、个人协调发展的治理模式。当前,中国人的发展位于从"生存性需求"走向"发展性需求"的途中,在新的历史起点上,中国改革发展既要注重公平正义,也要注重大国责任。发展起来的中国如何为亚洲乃至为世界和平发展做出新贡献,提供更多公共产品,承担更多责任,值得深入研究。美国哥伦比亚大学教授约瑟夫·斯蒂格利茨说,传统的全球经济治理体系在提供公共产品方面存在明显不足,其中一个突出表现就是,由于融资规模的限制和条件的约束,在向发展中国家基础设施、基础工业建设等提供支持方面作用有限。针对这一情况,中国倡导成立亚洲基础设施投资银行,重点支持基础设施建设,一方面可以输出国内基础设施建设经验,另一方面也可以帮助"一带一路"相关国家建设基础设施,促进亚洲区域互联互通和经济一体化进程。

新时代人民群众的需要已经从"物质文化需要"转变为"美好生活需要","落后的社会生产"转变为"不平衡不充分的发展"。创造美好生活,就要解决"快速发展"留下的问题,破除"发展起来之后"的烦恼,迈过"进一步发展"绕不开的坎。新时代的中国,正经历成长的风雨,正是在风雨中不断推进国家治理体系和治理能力现代化。

第二节 "中国现代性"建构与中国共产党的自我革命

中国共产党的自我革命不是一个可以忽视或轻视的小问题,而是一个牵头抓总的大课题,越是在中国发展的关键期,越要重视中国现代建构与中国共产党自我革命问题。总体上看,中国共产党自我革命是客观世界与主观世界的辩证统一、社会革命与自我革命的辩证统一、是"打铁"与"自身硬"的辩证统一。历史地看,中国共产党具有强烈的问题意识,在推进中国革命、建设和改革历史进程中始终具有鲜明的问题导向,始终具有清醒的自我革命的意识和能力。现实地看,中国现代性建构和实现现代化并引领现代化必须把中国共产党建设得更加坚强有力,而要把中国共产党建设得更加坚强有力,必须从主体做起,推进自我革命,并以此推进国家治理体系和治理能力现代化。从制度文明和国家治理体系和治理能力现代化层面研究中国共产党自我革命思想,进一步提炼中国共产党自我革命思想的文明性、优越性和比较优势,揭示中国共产党人独特的世界观、人民观、人生观和价值观。从中国现代性建构视角深入研究中国共产党自我革命思想的科学内涵和时代价值,有助于深化对中国共产党的领导是中国特色社会主义制度最本质特征、是中国最大政治优势的学理研究,有助于深化对习近平新时代中国特色社会主义思想和党的十九届四中全会精神的学理研究,也有助于深化对共产党执政规律、社会主义建设规律、人类社会发展规律和党自我革命规律的学理研究。

一、"中国现代性"建构的目标:推动中国由"大国"迈向"强国"

阐明"中国现代性"建构的目标,关键是从制度文明和治理能力的角度揭示中国由"大国"迈向"强国"的发展逻辑。1949年中华人民共和国成立,结束了中华民族百年来被宰割的屈辱历史,中国人民从此"站起来"了。1978年改革开放以后,我们党带领全国各族人民成功开辟了中国特色社会主义道路,形成了中国特色社会主义理论体系,确立了中国特色社会主义制度,培育了中国特色社会主义文化,从"一穷二白"的落后面貌跃升为世界第二大经济体,实现了从"站起来"到"富起来"的历史性转变。2012年党的十八大以后,我们逐渐走近世界舞台的中央,要实现由大国向强国的历史性转变,要实现从"站起来"到"富起来"再到"强起来"的伟大飞跃,就必须加强和改进中国共产党治国理政的能力和水平。从制度建设的视角看,中国特色社会主义制度不断完善和发展,制度体系、制度构架越来越定型和成熟,离不开中国共产党的引领。

从社会主要矛盾发展演进来划分。党的十八大以后,以习近平同志为核心的党中央,主要是完成由"大国"成为"强国"的历史任务,其社会主要矛盾已发生变化。改革开放以来中国发展的现实逻辑,即中国特色社会主义在实践上不断实现"整体转型升级"。1978年以来,我国开始实行"结构转型",现在还一直处在转型进程中。经过一段时期的发展,我国成为世界第二大经济体。这意味着中国已经进入了邓小平所说的"发展起来以后"时期。"发展起来以后",我国社会进入了以力量转移、利益博弈、思想多元为推动的"整体转型升级"。当前,中国正处在"整体转型升级"新的历史起点上:在价值理念上,由过去一些地方在具体实践中以物为本走向现在基于共建共治共享的以人民为中心;在奋斗目标上,由实现"三步走"战略走向实现"两个一百年"奋斗目标和实现中华民族伟大复兴的中国梦;在生产力上,由"要素驱动、投资规模驱动"走向更加注重"创新驱动";在生产关系上,由"让一部分人先富起来"走向更加注重"共同富裕"和"使全体人民共享发展成果";在国家权力运作方式上,由"国家主导"体制走向在中国共产党领导下更加注重"推进国家治理体系和治理能力现代化";在意识形态上,由注重打破"思想僵化"走向更加注重解决"思想分化";在社会发展水平上,由注重重点突破非均衡发展走向更加注重全面协调可持续发展;在对外开放和国际战略上,由"回应挑战"走向更加注重"积极作为、合作共赢、提升国际话语权";在国际地位上,由"大国"走向"强国";在治国理政方略上,由相对"摸着石头过河"走向更注重顶层设计的"四个全面"战略布局和"五位一体"总体布局。中国所实现的整体转型升级及其历史性飞跃,意味着社会主义在中国焕发出强大生机活力并不断开辟发展新境界,意味着中国特色社会主义拓展了发展中国家走向现代化的途径,为解决人类问题贡献了中国智慧、提供了中国方案。

党的十八大以来,以习近平同志为核心的党中央接过历史的接力棒,回答时代新要求,顺应人民新期待,开启伟大新征程,以全新的视野深化了对共产党执政规律、社会主义建设规律、人类社会发展规律和中国共产党自我革命规律的认识,形成了习近平新时代中国特色社会主义思想,引领中国特色社会主义进入新时代。

在党的十九大报告中,习近平总书记指出:"人民是历史的创造者,是决定党和国家前途命运的根本力量。"习近平总书记做出这一论断,一方面,是由于

第七章　人类文明视野下的"中国现代性"建构：2012年以来国家治理体系与治理能力现代化

中国共产党自成立之日起就是以马克思主义理论为指导思想的政党，自1921年建党以来，中国共产党始终作为中国工人阶级的先锋队，作为中国人民和中华民族的先锋队，将为人民服务镌刻于党章当中。另一方面，中国共产党在长期的历史实践中始终与人民风雨同舟、生死与共，广大人民群众正是党的力量源泉与执政基础。回顾近代以来中国的历史，在艰难的革命时期，中国共产党与人民携手抵抗侵略，从"星星之火"成长为"燎原之势"最终取得了革命的胜利，建立人民当家作主的新中国。在艰苦的建设时期，中国共产党与人民同心协力建设社会主义，从"一穷二白"到制度探索。在攻坚克难的改革开放时期，中国共产党与人民凝心聚力实践"改革开放"，从"东方大国"迈向"世界强国"，走出了"中国道路"，创造了"中国奇迹"，实现了"中国之治"。

二、强国必须强党：建设现代化强国要求把党建设得更加坚强有力

当前，中国正在由"大国"迈向"强国"的途中，此时强国必须强党。办好中国的事情，关键在党。中国共产党的领导是中国特色社会主义最本质的特征，是中国特色社会主义制度的最大优势。首先我们应认识到：当代中国发展不是"自然发展"和"自发发展"，而是在中国共产党领导下有规划的"自觉发展"过程。自从2010年我国成为世界第二大经济体尤其是中国特色社会主义进入新时代之后，我国总体上步入了"发展起来"时期，中国处在由"大国"迈向"强国"的关键时期。我们解决了许多长期想解决而没有解决的难题、办成了许多过去想办而没有办成的大事，当代中国共产党人正在团结带领全国人民努力接续完成实现现代化和民族复兴的时代课题，此时必须把中国共产党建设成坚强有力的强大政党，确保党在世界形势深刻变化的历史进程中始终走在时代前列，在应对国内外各种风险和考验的历史进程中始终成为全国人民的主心骨，在坚持和发展中国特色社会主义的历史进程中始终成为坚强有力的领导核心。

打铁还须需自身硬，打铁必须自身硬。作为打铁的主要领导者，我们党必须自身要硬，否则，既攻不了坚，也克不了难，而且还会陷入被动境地。读懂中国共产党，也就读懂了新时代。党是领导一切的，办好中国的事情，关键在党。中国共产党的历史就是不断地深刻认识和判断中国社会主要矛盾，团结带领中国人民战胜一切困难，不断解决中国社会主要矛盾，创造出很多人间奇迹，从胜利走向胜利的历史。

历史地看，勇于自我革命是中国共产党的独特品质，是中国共产党的最大

优势,是中国共产党领导人民实现中华民族伟大复兴的动力和源泉;现实地看,中国特色社会主义进入新时代,以党的自我革命推进伟大社会革命,需要增强自我革命意识,涵养自我革命力量,把握自我革命规律;用未来的眼光看,中国共产党只有更加自觉地勇于进行自我革命,才能把自己建设成世界上最强大的政党,也才能更好地推进中国现代化事业。

在2017年2月13日召开的省部级主要领导干部学习贯彻十八届六中全会精神专题研讨班开班式上,习近平总书记指出:"勇于自我革命,是我们党最鲜明的品格,也是我们党最大的优势。"2017年10月18日,党的十九大报告将党的十八届三中全会提出的"完善和发展中国特色社会主义制度、推进国家治理体系和治理能力现代化"命题调整为"坚持和完善中国特色社会主义制度,不断推进国家治理体系和治理能力现代化",并将其作为新时代中国特色社会主义思想的重要内容,作为新时代坚持和发展中国特色社会主义的基本方略之一。通过这场自我革命,中国共产党重新规定了自己的现代化和现代性。党的十九届三中全会指出:"我们党要更好领导人民进行伟大斗争、建设伟大工程、推进伟大事业、实现伟大梦想,必须加快推进国家治理体系和治理能力现代化,努力形成更加成熟更加定型的中国特色社会主义制度。这是摆在我们党面前的一项重大任务。"党的十九届四中全会精神集中体现在"坚持和完善中国特色社会主义制度、推进国家治理体系和治理能力现代化"、"中国特色社会主义制度是人类制度文明史上的伟大创造"、"中国共产党的领导是中国特色社会主义制度的最大优势"、"突出坚持和完善支撑中国特色社会主义制度的根本制度、基本制度、重要制度"、"在法治轨道上推进国家治理体系和治理能力现代化"五个核心命题之中。总之,中国共产党领导人民有效治国理政必须自觉推进自我革命,在自我革命和社会革命统一中践行党的初心和使命。

在人类文明视野下,中国特色社会主义具有明显的制度优势和比较优势,把制度优势和比较优势有效转化为国家治理效能,是中国共产党团结带领中国人民开辟中国道路、创造中国奇迹、展示中国力量的关键密码。当前世界正在经历百年未有之大变局,中国要真正建成社会主义现代化强国,必须在中国共产党坚强有力的领导下把国家治理体系和治理能力提升到战略高度,全面提高国家的制度竞争力和推进党的先进性建设。因为,制度先进是最根本的先进,制度落后是最大的落后。当前,在中国共产党领导下推进国家治理体系和治理能力现代化必须要提升制度执行能力,把制度优势转化为国家治理效能,在党中央的集中统一领导下坚持"全国一盘棋",为有效应对"新时代""大变局"提供制度和治理支撑。通过科学厘清中国共产党自我革命与国家治理体系和治理能力之间的辩证关系,科学阐明"中国之制"与"中国之治"的关系。通过党的自我革命不断增强制度优势进而提升国家治理效能,以有效应对"新时代""大变局"背景下的一系列风险和挑战。中国共产党自我革命是中国进入新时代必须着力研究的现实课题。在不同文化语境中,"革命"的概念和理论内涵具有不同所指。在西方思想史中,"革命"一词意指希腊城邦政治生活中发生的暴力性政治事件。在中国古代,"革命"一词最初意指一种改朝换代的手段。近代以来,中国共产党话语中的"革命"概念来源于马克思主义,在基于历史唯物主义和辩证唯物主义基础上,意指属于进步阶级发起并领导的、合乎客观(历史)规律的实践活动,包括哲学革命、社会革命、经济革命、政治革命等。在中国特色社会主义制度体系中,中国共产党具有领导党和执政党的双重性质和地位,既要善于领导,又要善于执政,关键是围绕提升党的能力和水平,勇于进行自我革命。正确把握党的领导的制度优势,必须深入探索中国共产党的执政规律、领导规律和自我革命规律。

中国共产党勇于自我革命、从严管党治党的鲜明品格,源于马克思主义政党的政治属性,根植于党的初心和使命。近百年来,中国共产党始终保持着自我革命的精神,敢于刀刃向内,同一切影响党的先进性、弱化党的纯洁性的问题作斗争,使党能够一次次转危为安,从小到大,由弱到强,带领中国人民从胜利走向胜利。中国共产党自我革命是自我反思、自我批判、自我超越的内在批判性行为;中国共产党自我革命是"革"主观世界与"革"客观世界相统一的社会革命,是把主体作为特殊客体进行革命;中国共产党自我革命是规定其内在的现代性,推动国家的现代化发展和中国对国际社会的贡献。

总之,中国共产党自我革命是中国提升国家治理体系和治理能力现代化的关键一环,蕴含总体性、整体性、结构性、复杂性的中国共产党自我革命需要马克思主义立场、观点和方法的滋养。中国共产党既是推进国家治理体系和治理能力现代化的主体,同时也是实现国家治理体系和治理能力现代化的主要对象,其自我革命具有"剧作者"和"剧中人"的双重属性,本质上是自我觉醒、勇于担当、内在克服。中国共产党自我革命彰显了中国共产党作为执政主体的阶级意识和主体意识,是对西方发达国家在资本逻辑宰制意义上的自我革命的超越,核心是超越阶级利益与社会利益的对立、眼前利益与最终目标的对立。中国共产党自我革命致力于推动实现自身的执政现代性,目的在于推动国家治理现代化,带领中国人民实现人的现代化,开创中国特色社会主义现代化道路,并为世界上其他社会主义国家的治理现代化、发展现代化、执政党自身现代化建设和人的现代化提供中国经验、贡献中国智慧。我们只有有理有据地讲清楚"四个选择",讲透"四个伟大",才能真正树立"四个意识"、坚定"四个自信";我们只有讲清讲透"中国共产党为什么能、马克思主义为什么行、中国特色社会主义为什么好",才能使民众牢固树立共产主义远大理想和中国特色社会主义共同理想。

三、大党成为强党的逻辑：在社会革命与自我革命的统一中践行初心和使命

在21世纪把我们的伟大事业全面推向前进,关键在于加强和改进党的建设。全面加强和改进党的建设,确保党始终成为中国特色社会主义的坚强领导核心,这是一项伟大工程。在当代世界风云变幻的条件下,在当代中国改革开放和现代化建设的伟大变革中,我们党肩负着历史责任、政治责任和使命责任,为此要有自我革命的意识和能力。

党的十八大以来,以习近平同志为核心的党中央接过历史的"接力棒",高举中国特色社会主义伟大旗帜,围绕"全面深化改革发展稳定"的总问题,围绕国家强盛和民族复兴、社会和谐和长治久安,人民幸福和生活更加美好的总任务,围绕世界观、人生观、价值观这一"总开关",强调党员干部"为民务实清廉"的价值追求,以对党、对人民、对民族高度负责的精神,真抓实干、奋发有为,汇聚起实现中华民族伟大复兴的强大力量,带领全党全军全国各族人民开创了党和国家事业发展的新局面。习近平总书记在十九届中央政治局第十五次集体学习时强调:全党必须始终不忘初心牢记使命,在新时代把党的自我革命推向深入。唯有不忘初心,方能赢得人心,这是中国共产党战胜一个又一个困难、取得一个又一个胜利的政治密码。党的力量来自人民,人民能使力量倍增。为此,我们必须旗帜鲜明地明确党执政的合理性、合法性来源于人民,党的根基在人民、血脉在人民、力量在人民。既然人民是党的执政之基、血脉之本、力量之源,党是最广大人民根本利益的忠实代表者、坚定维护者,那么,党必须集民智、聚民心、激民力,紧紧依靠人民推动改革、促进发展、实现稳定。党的性质和宗旨决定了党一切工作的出发点和落脚点都是为了人民。

从中国发展的"基本面"看,作为执政党的中国共产党面临"四大考验"和"四种危险",需要提升"四项能力",破除"四风问题"。从党面临的"四大考验"来看,不管是"长期执政的考验""改革开放的考验""市场经济的考验",还是

第七章 人类文明视野下的"中国现代性"建构：2012年以来国家治理体系与治理能力现代化

"外部环境的考验"，归根结底都是对执政干部队伍能力素质的考验。从党面临的"四种危险"来看，无论是"精神懈怠的危险""能力不足的危险""脱离群众的危险"，还是"消极腐败的危险"，归根结底都是执政干部队伍能力素质的危险。从需要破除的"四风问题"来看，无论是"官僚主义""形式主义""享乐主义"，还是"奢靡之风"，都是违背党的性质和宗旨的，归根结底都是对执政干部队伍不良风气的反映。在新形势下，我们党必须提升"依法执政的能力"、"科学执政的能力"、"民主执政的能力"和"自我革命的能力"。"四项能力"是应对和克服"四大考验"、"四种危险"和"四风问题"的根本。

从现实问题看，问题是时代的声音。十八大以来，新一届中央领导集体具有鲜明的"问题意识"和对党和国家前途命运"敢于担当"的精神，即敢于直面我们党面临的"精神懈怠、能力不足、脱离群众、消极腐败"四种危险，且以无所畏惧的勇气，首先把破解"四大危险"并使自身强硬作为治国理政的切入点和突破口。因为只有正视问题、分析问题、破解问题、改进不足，才能形成推动改革发展稳定的正能量，才能成为中国人民的主心骨，为实现国家富强、民族振兴、人民幸福提供思想动力和精神激励。习近平总书记指出，坚决反对腐败，防止党在长期执政条件下腐化变质，是我们必须抓好的重大政治任务。治国必先治党，治党务必从严，这是我们党保持和发展先进性的一条基本经验。我们党的最大政治优势是密切联系群众，党执政后的最大危险是脱离群众，党要跳出"历史周期律"，就必须始终以保持党同人民群众的血肉联系为核心加强党的先进性建设。保持和发展马克思主义政党的先进性，是决定党和中国前途和命运的大事。

从精神追求看，理想信念是共产党人精神上的"钙"，没有理想信念或理想信念不坚定，精神上就会"缺钙"，就会得"软骨病"，就会"软"和"脆"。可以说，精神上的"软骨病"是一些党员、干部出问题的"病灶"。我们党强调"'理想信念高于天'，就是精神变物质、物质变精神的辩证法"①。为了把坚硬的"铁"打好，党自身首先必须"硬"。于是，新一届中央领导集体针对"精神懈怠"，强调硬在本质，即在全党进行宗旨教育和理想信念教育。习近平总书记强调：理想信念是共产党人精神上的"钙"。还说，我们共产党人要解决好"为了谁、依靠谁、我是谁"的问题。其实质，就是要求共产党人时刻牢记党的本质，树立坚定的理想信念。如果"为人民服务"的本质与理想信念丧失了，我们党的一切工

---

① 习近平：《辩证唯物主义是中国共产党人的世界观和方法论》，《求是》2019年第1期。

作就根本"硬"不起来。如今,在体制转轨、社会转型、思想多样、利益多元、人们面临种种诱惑的时候,一些党员干部信念淡化、信仰迷失。确实有一些忘记远大理想而只顾眼前的功利主义式的党员和干部,认为理想是天上的"星",利益是地上的"灯",天上的"星"虽美好却遥不可及,只有地上的"灯"才是看得见摸得着的。现实生活中,一些党员、干部出这样那样的问题,说到底是信念淡化、信仰迷失的结果。十八大报告重提坚定理想信念,重提坚守共产党人的精神追求,寓意深刻。

中国共产党执政是中国特色社会主义最本质特征。习近平总书记强调:"守初心,就是要牢记全心全意为人民服务的根本宗旨,以坚定的理想信念坚守初心,牢记人民对美好生活的向往就是我们的奋斗目标;以真挚的人民情怀滋养初心,时刻不忘我们党来自人民、根植人民,人民群众的支持和拥护是我们胜利前进的不竭力量源泉;以牢固的公仆意识践行初心,永远铭记人民是共产党人的衣食父母,共产党人是人民的勤务员,永远不能脱离群众、轻视群众、漠视群众疾苦。"中国共产党治国理政成效的评价标准包含以下五个方面:人民拥护不拥护、人民赞成不赞成、人民高兴不高兴、人民答应不答应、人民满意不满意。对执政为民实践的评价、对治国理政成效的评价都必须将人民置于中心的位置中,倾听人民的声音,接受人民的监督,明确人民的需要,解决人民的问题,不断增强人民的获得感、幸福感、安全感。

中国共产党执政的最大底气是人民。"回顾党的历史,为什么我们党在那么弱小的情况下能够逐步发展壮大起来,在腥风血雨中能够一次次绝境重生,在攻坚克难中能够不断从胜利走向胜利,根本原因就在于不管是处于顺境还是逆境,我们党始终坚守为中国人民谋幸福、为中华民族谋复兴这个初心和使命,义无反顾向着这个目标前进,从而赢得了人民衷心拥护和坚定支持。"在新时代,我们要用"四个自信"保持战略定力,用"四个伟大"攻坚克难,确保党在世界形势深刻变化的历史进程中始终走在时代前列,在应对国内外各种风险和考验的历史进程中始终成为全国人民的主心骨,在坚持和发展中国特色社会主义的历史进程中始终成为坚强有力的领导核心。习近平总书记在党的十九大报告中指出:中华民族伟大复兴,绝不是轻轻松松、敲锣打鼓就能实现的。全党必须准备付出更为艰巨、更为艰苦的努力。实现强起来,就是要求全国各族人民团结奋斗、不断创造美好生活、实现全体人民共同富裕,就是全国各族人民要勠力同心、奋力实现中华民族伟大复兴。其实质,就是不忘初心,牢记使命。中国共产党人的初心和使命,就是为中国人民谋幸福,为中华民族谋复

第七章 人类文明视野下的"中国现代性"建构：2012年以来国家治理体系与治理能力现代化

兴。这个初心和使命是激励中国共产党人不断前进的根本动力。这表明，中国共产党是有追求的政党，是有使命的政党，是有担当的政党，是有战略眼光的政党。

如果说强国必然强党主要是解决思想认识问题，那么维护党中央权威和集中统一领导则主要是解决政治过硬问题；如果说提高政党治理和防范风险的能力主要是解决本领高强问题，那么应对"四大挑战"，克服"四种危险"主要解决精神状态问题；如果说注重制度建设主要是解决党的长期执政能力问题，那么注重思想建设则主要是解决现代心灵秩序建构问题。中国共产党自我革命的目标就是在伟大的社会革命与伟大的自我革命的统一中践行党的初心和使命，使党更加坚强有力、更加成熟稳健、更加具有现代性。

第一，人心就是力量。党的十八大以来，我们确立并践行"以人民为中心的价值取向"，坚持发展为了人民、发展依靠人民、发展成果由人民共享；我们坚决反对形式主义、官僚主义、享乐主义和奢靡之风，赢得了党心和民心。党的初心和使命是党的性质宗旨、理想信念、奋斗目标的集中体现，越是长期执政，越不能忘记党的初心使命，越不能丧失自我革命精神。在新时代，我们要自觉把党的自我革命推向深入，把党建设成为始终走在时代前列、人民衷心拥护、勇于自我革命、经得起各种风浪考验、朝气蓬勃的马克思主义执政党。

第二，人心是最大的政治。在新时代，习近平总书记提出"政之所兴在顺民心，政之所废在逆民心"，"人心是最大的政治，共识是奋进的动力"。从历史上看，不重视保持同人民群众的密切联系，是导致苏联解体的一个重要原因。全党同志一定要永远与人民同呼吸、共命运、心连心，永远把人民对美好生活的向往作为奋斗目标，以永不懈怠的精神状态和一往无前的奋斗姿态，继续朝着实现中华民族伟大复兴的宏伟目标奋勇前进。

第三，人心向背和力量对比决定事业成败。马克思和恩格斯在《共产党宣言》中曾指出："过去的一切运动都是少数人的，或者为少数人谋利益的运动。无产阶级的运动是绝大多数人的，为绝大多数人谋利益的独立的运动。"中国共产党一经成立，就始终站在最广大人民群众的立场上，始终为最广大人民群众谋利益，始终把为中国人民谋幸福、为中华民族谋复兴作为自己的初心和使命。有人请教毛泽东为什么能够打败蒋介石？毛泽东的回答是：共产党赢得了民心。唯有不忘初心，方能赢得人心。正是历史和人民选择了中国共产党，选择了马克思主义，选择了社会主义，选择了改革开放。我们党不能辜负人民的选择，就要为人民做实事。人民对美好生活的向往，就是我们党的奋目标。

总之,随着中国特色社会主义进入新时代,我们比历史上任何时期都更接近、更有信心和能力实现中华民族伟大复兴。过去已取得的成就是举世瞩目的,但是昨天的成功并不代表着今后能够永远成功,昨天的辉煌并不意味着可以永远辉煌。在世界百年未有之大变局境遇下,全球经济增长乏力,贸易保护主义和单边主义抬头,逆全球化和反全球化暗流涌动,在国内"四大考验""四种危险""四风问题"依然严峻,我们党唯有不忘初心,方能赢得人心,唯有赢得人心,方能立于不败之地。这既有助于推进中国特色社会主义更加成熟、更加完善,也有助于中国共产党通过更有效的治国理政不断赢得人民的信任和支持,从而进一步提升中国和中国共产党在世界上的良好形象。

第三节 人类文明视野下的中国特色社会主义与中国共产党

当今世界处于"百年未有之大变局",当前中国发展处于近代以来最好的发展时期,国际社会越来越多地把目光投向中国、聚焦中国。中国特色社会主义,既是当代中国的根本政治标识,也是今天中国人民的最大共识和共同理想。在人类文明视野下,中国特色社会主义具有明显的制度优势和比较优势,把制度优势和比较优势有效转化为国家治理效能,是中国共产党团结带领中国人民开辟中国道路、创造中国奇迹的关键密码。全面认识中国道路和中国奇迹,关键是在人类文明视野下全面认识中国特色社会主义与中国共产党,科学阐明中国特色社会主义为什么好,中国共产党为什么能。

一、中国特色社会主义为什么好

中国特色社会主义既是"中国特色"与"社会主义道路"的统一,也是"历史唯物主义中国化"与"中国理论建构"的统一。因此,中国要走的路,它决不是来自一个"成为他者",而是来自对形成自身的各种历史线索与条件——无论是正面的还是负面的加以掌握与提炼基础上的"道路自信"。

坚持和发展中国特色社会主义,是改革开放以来我们党全部理论和实践的鲜明主题,也是习近平新时代中国特色社会主义思想的核心和灵魂。"一个

第七章 人类文明视野下的"中国现代性"建构：2012年以来国家治理体系与治理能力现代化

国家实行什么样的主义，关键要看这个主义能否解决这个国家面临的历史性课题。"①面对有人把中国特色社会主义歪曲为"资本社会主义""国家资本主义""新官僚资本主义"等完全错误的做法，习近平总书记指出：中国特色社会主义是社会主义而不是其他什么主义，科学社会主义基本原则不能丢，丢了就不是社会主义。对照科学社会主义基本原则，中国特色社会主义既没有丢掉老祖宗，又别开生面；既不是僵化教条"照着讲"，也不是另起炉灶"另外讲"，更不是改旗易帜"反着讲"，而是继承发展"结合讲""接着讲""创新讲"，一脉相承，与时俱进，立足中国大地，践行和创新科学社会主义原则。

方向决定前途，道路决定命运。"我国成功走出了一条中国特色社会主义道路，实践证明我们的道路、理论体系、制度是成功的。"②"历史和现实都告诉我们，只有社会主义才能救中国，只有中国特色社会主义才能发展中国，这是历史的结论、人民的选择。"③"道路问题是关系党的事业兴衰成败第一位的问题，道路就是党的生命。"④如今，中国特色社会主义是中国最响亮的名字。习近平新时代中国特色社会主义思想总体上是回答"坚持和发展什么样的中国特色社会主义、怎样坚持和发展中国特色社会主义"这一根本问题的。中国特色社会主义绝不仅仅是一种物质力量，更是一种精神力量和文明力量，意味着一种新的制度文明之路的开辟。如何实现从传统到现代、从西方到中国的现代转换，成为中国特色社会主义建设的历史诉求与理论逻辑。5000年历史积淀、170余年奋起抗争、99年初心不改、71年新中国探索、42年改革开放共同铸就了中国特色社会主义从自觉到自信再到自强的发展历程。

坚定走中国特色社会主义改革之路。改革开放既是改变中国命运的"关键一招"，也是中国一次"伟大的变革"，它使中国逐渐赶上时代，进而引领时代。如果没有1978年我们党果断决定实行改革开放，并坚定不移推进改革开放，坚定不移把握改革开放的正确方向，中国特色社会主义中国就不可能有今天这样的大好局面，就可能困难重重，就可能遇到像苏联、东欧国家那样亡党亡国危机。可见，不改革，就是死路一条。

坚定走中国特色社会主义开放之路。创造"中国奇迹"，一条重要的经验就是始终坚持以开放促改革促发展，以对外开放的主动赢得经济发展的主动，

---

① 习近平：《关于坚持和发展中国特色社会主义的几个问题》，《求是》2019年第7期。
② 习近平：《习近平谈治国理政》，外文出版社2014年版，第161页。
③ 习近平：《关于坚持和发展中国特色社会主义的几个问题》，《求是》2019年第7期。
④ 习近平：《关于坚持和发展中国特色社会主义的几个问题》，《求是》2019年第7期。

赢得深化改革的主动,赢得国际竞争的主动。讲改革与开放相提并论,融为一个有机整体,作为决定党和国家前途命运的关键一招,贯穿于中国特色社会主义伟大实践全过程。不开放,也是死路一条。

坚定走中国特色社会主义和平发展之路。近代以来,随着资本主义生产方式的形成及其全球扩张,西方发达国家率先实现现代化,走到了时代前列,确立了在世界体系中的主导地位,成为了支配者;大多数落后国家则变成了发达国家的殖民地或半殖民地,成为被支配者,长期处于经济发展落后、人民生活贫困、社会动荡不安的困境之中。资本主义最大的弊端在于,以资本主义私有制为基础,以资本利润最大化为动机,奉行弱肉强食的丛林法则,一极是财富的积累(资本家),一极是贫困的积累(工人)。中国特色社会主义发展之路是实现国家繁荣富强的必由之路,是中国共产党和中国人民的伟大创举。它不仅摒弃了"国强必霸"的霸权主义逻辑,也解开了"依附论"的困惑。"中国和平发展成功的各项原因背后都有中华文明智慧的光芒,都是我们文明基因与现代精神的结合。"①

中国特色社会主义取得巨大成就。"世界上没有放之四海而皆准的发展道路和发展模式,也没有一成不变的发展道路和发展模式。"②"世界上没有放之四海而皆准的具体发展模式,也没有一成不变的发展道路。历史条件的多样性,决定了各国选择发展道路的多样性。"③实际上,世界上每个民族、每种文明,能认识它自身的潜力与条件,能走上它自己的路,而每一条路又无碍于和其他条路之间有学习、有参照、有对话。例如,"社会主义"之于"市场经济"不是"画蛇添足",而是"画龙点睛";"中国特色"之于"社会主义"不是多此一举,而是历史、文化使然;"中国道路"不是中国例外论或中国特殊论,而是中国对世界的贡献。

当前,要从制度与文明双重维度科学阐明中国特色社会主义的开拓性与文明性。"从人类文明发展史看,中国特色社会主义的发展道路、社会制度和理论体系,深刻揭示和彰显了人类文明发展的多样性,彻底解构了'西方中心论'构建的话语体系。"④中国道路是和平发展之路。中国坚持和平发展是党的十九大取得的最重大的理论创新、最重要的政治成果、最深远的历史贡献。

---

① 张维为:《和平是中国发展的最大特点》,《求是》2019年第5期。
② 习近平:《关于坚持和发展中国特色社会主义的几个问题》,《求是》2019年第7期。
③ 习近平:《习近平谈治国理政》,外文出版社2014年版,第29页。
④ 袁银传、马晓玲:《论中国特色社会主义的历史意义》,《湖湘论坛》2012年第2期。

第七章　人类文明视野下的"中国现代性"建构：2012年以来国家治理体系与治理能力现代化

我们不仅要让世界知道"舌尖上的中国"，还要让世界知道"发展中的中国""开放中的中国""为人类文明作贡献的中国"。随着中国特色社会主义进入新时代，"我国社会主要矛盾已经转化为人民日益增长的美好生活需要和不平衡不充分的发展之间的矛盾"[①]。解决好人民日益增长的美好生活需要和不平衡不充分的发展之间的矛盾这个社会主要矛盾，就要践行创新、协调、绿色、开放、共享的新发展理念，统筹推进"五位一体"总体布局、协调推进"四个全面"战略布局，推动高质量发展。从中国经济社会发展的维度看，"新时代"意味着近代以来久经磨难的中华民族迎来了从站起来、富起来到强起来的伟大飞跃，由"大国"迈向"强国"成为现实任务；从世界社会主义发展的维度看，"新时代"意味着社会主义在中国焕发出强大生机活力并不断开辟发展新境界，"历史终结论"和"社会主义失败论"不攻自破；从人类文明发展的维度看，"新时代"意味着中国特色社会主义拓展了发展中国家走向现代化的途径，为解决"人类问题"和"世界难题"提供了"中国方案"、贡献了"中国智慧"。中国致力于推进共同发展、共赢发展，中国的发展给世界和各国人民带来的是和平与繁荣。

新时代，中国坚持和平发展既是中国自身发展中历史与现实的统一，更是站在世界历史中，中国发展的经验总结；既是中国特色社会主义发展的指导思想、行动指南和基本遵循，更是用东方智慧和全球视野为世界贡献的中国方案。随着中国日益走近世界舞台中央，成为国际社会公认的世界和平的建设者、全球发展的贡献者、国际秩序的维护者。"大变局"的本质，是国际力量对比变化，也是国际主要行为体之间的力量对比发生重大变化，由此引发国际格局大洗牌、国际秩序大调整。近年来，国际力量对比发生了深刻变化，但世界秩序仍没有实质改变，广大发展中国家在全球治理中依然处于弱势地位，无法得到与其地位和能力相匹配的话语权。汉唐时期的中国属于"辉煌中国"，在古代，中国曾长期引领世界发展。近代以来尤其是1840年鸦片战争爆发以后，中国沦为被宰割、被侮辱的境地，近代中国沉沦为"没落中国"。由"辉煌中国"到"没落中国"，这种巨大的历史反差和心理落差，就转化为中国人坚定的民族性格与宏大的历史梦想——实现中华民族的伟大复兴和实现现代化。如今，这一历史必然性已转化为实现"两个一百年"目标和"中国梦"，这是中华民族和中国人重新主宰自己命运的一种积极努力。"现在，我们比历史上任何时

[①] 习近平：《决胜全面建成小康社会　夺取新时代中国特色社会主义伟大胜利：在中国共产党第十九次全国代表大会上的报告》，人民出版社2017年版，第11页。

期都更接近中华民族伟大复兴的目标,比历史上任何时期都更有信心、有能力实现这个目标。"正是在这个意义上,习近平总书记指出"道路决定命运,实现中国梦必须走中国道路"。

中国特色社会主义具有深远的思想价值。在西方大国崛起和发展的道路上,军事侵略、殖民掠夺、剥削压迫、霸权主义、强权政治如影随形,总体上看,暴力和战争是其主旋律。与西方漫长的穷兵黩武式的崛起道路不同,中国开辟了一条和平发展与和平崛起之路。中国道路不仅使中国发生了历史性的变革,取得了历史性的成就,呈现出蓬勃生机和光明前景,而且走出了西方"国强必霸"的传统发展模式窠臼,摆脱了对西方现代化道路的"路径依赖",为解决人类问题提供了中国智慧和中国方案,同时也为科学社会主义注入了新的生机和活力,具有世界历史意义。党的十八大以来,中国特色社会主义不断取得历史性成就,也使中国社会发生了历史性变革,中国特色社会主义进入了新的发展阶段。这是夺取中国特色社会主义伟大胜利的关键时期。这要求我们必须研究中国特色社会主义进入新的发展阶段所面临的主要矛盾、时代课题、工作重点、实践要求、战略布局和理论创新,真正实现从"站起来""富起来"再到"强起来"的历史性飞跃。中国发展之所以能取得引人注目的中国奇迹,关键是坚持社会主义制度,坚持中国共产党的领导,坚持走中国特色社会主义道路,坚持人民民主专政,坚持以人民为中心的发展思想。中国特色社会主义,既不完全等同于马克思和恩格斯经典的社会主义,也不等同于苏联的社会主义,而是具有自身特色。在理论上与实践中,中国特色社会主义要超越资本主义"强资本弱劳动"的格局,续写中华文明新篇章,关键是要创造一种高于和优于资本主义文明的新文明形态,就必须在人与自然的关系上、人与人的社会关系上、人与他人的主体间关系上、人与自我意识关系上进行革命性变革,建设美丽中国、平安中国、和谐中国、健康中国,从生态文明和制度文明的意义上为世界贡献一种新的文明形态,为人的自由全面发展开辟广阔空间。

马克思说,"问题是时代的格言,是表现时代自己内心状态的最实际的呼声"①。正是在分析解决"中国问题"的过程中,中国共产党人开辟了中国特色社会主义道路。中国特色社会主义道路的本质特征是面向"问题"的,它具有浓浓的"问题意识",凸显了面向"中国问题"的思维取向。1993 年 9 月 16 日邓

---

① 《马克思恩格斯全集》(第 1 卷),人民出版社 1995 年版,第 203 页。

第七章 人类文明视野下的"中国现代性"建构：2012年以来国家治理体系与治理能力现代化

小平同弟弟邓垦谈话时指出："发展以后的问题不比不发展时少。"①对此，我们要有清醒的认识。

中国特色社会主义是围绕破解中国发展的重大现实问题而展开的：什么是社会主义、怎样建设社会主义；建设什么样的党、怎样建设党；实现什么样的发展、怎样实现发展；坚持和发展什么样的中国特色社会主义、怎样坚持和发展中国特色社会主义。这四大基本问题不是从书本和伟人言论中产生的，而是来自我们对中国社会主义的"历史方位"、"主要矛盾"和"人民期待"的把握，是在改革开放和社会主义现代化建设实践的基础上且在解决基本问题的过程中提升出来的。这些课题体现着时代精神，表达着时代的声音，都是中国特色社会主义在推进中国现代化进程中必须给以着重解答的，不解答这些课题，中国社会主义现代化建设就无法推进。

在全球视野下，中国特色社会主义是对人类文明成果具有充分吸纳能力基础上有原则高度的实践。在建设社会主义的问题上强调中国特色，首先是为了纠正对"苏联模式"的照搬，同时也意味着不照搬任何外国现代化模式。无论是在经济上，还是在政治上或别的方面，无论是美国模式、日本模式，还是瑞典模式或别的模式，都不能照搬，而应坚持实事求是，一切从中国的客观实际出发。这是中国特色社会主义的一个根本立场。如果说过去我们比较注重从"一般到特殊"的路向来看待中国特色社会主义的开创，那么今天，我们还应注重从"特殊到一般"的路向来看待中国特色社会主义的时代意义和世界意义。过去，我们对社会主义理解的一条重要教训，就是以唯书、唯上的思维看待社会主义，从马克思、恩格斯所设想的社会主义理论和"苏联模式"社会主义出发来看待中国的社会主义，认为中国可以跑步进入共产主义。结果多注重生产关系领域的革命，没有把大力发展社会生产力看作中国社会主义建设的首要根本任务，犯了跨越历史阶段的错误。

高举中国特色社会主义伟大旗帜，是总结新中国成立70多年的历史经验，尤其是改革开放40多年的基本经验得出的必然结论。贫穷不是社会主义，发展太慢也不是社会主义。生产力的高度发展是社会主义社会的绝对必须的物质基础，否则，社会主义不仅是一种不切实际的空想，而且会导致贫穷的普遍化，人们之间会为争夺必需品而展开争斗。如果没有生产力的巨大增长和高度发展，"那就只会有贫穷、极端贫困的普遍化；而在极端贫困的情况

---

① 冷溶、汪作玲：《邓小平年谱(1975—1997)》(下卷)，中央文献出版社2004年版，第1364页。

下,必须重新开始争取必需品的斗争,全部陈腐污浊的东西又会死灰复燃"①。

"历史终结论"提出者福山也在反思:"客观事实证明,西方自由民主可能并非人类历史进化的终点。随着中国崛起,所谓'历史终结论'有待进一步推敲和完善,人类思想宝库需为中国传统留有一席之地。"②经过长期努力,中国特色社会主义进入新时代,这是中国发展新的历史方位。中国特色社会主义进入新时代,"意味着近代以来久经磨难的中华民族迎来了从站起来、富起来到强起来的伟大飞跃,迎来了实现中华民族伟大复兴的光明前景;意味着科学社会主义在二十一世纪的中国焕发出强大生机活力,在世界上高高举起了中国特色社会主义伟大旗帜;意味着中国特色社会主义道路、理论、制度、文化不断发展,拓展了发展中国家走向现代化的途径,给世界上那些既希望加快发展又希望保持自身独立性的国家和民族提供了全新选择,为解决人类问题贡献了中国智慧和中国方案"③。

当前,应教育和引导国人更加全面客观地认识当代中国看待外部世界:讲清楚每个国家和民族的历史传统、文化积淀、基本国情不同,其发展道路必然有着自己的特色;讲清楚中华文化积淀着中华民族最深沉的精神追求,是中华民族生生不息、发展壮大的丰厚滋养;讲清楚中华优秀传统文化是中华民族的突出优势,是我们最深厚的文化软实力;讲清楚中国特色社会主义植根于中华文化沃土、反映中国人民意愿、适应中国和时代发展进步要求,有着深厚历史渊源和广泛现实基础。恩格斯说:"一切社会变迁和政治变革的终极原因,不应当到人们的头脑中,到人们对永恒的真理和正义的日益增进的认识中去寻找,而应当到生产方式和交换方式的变更中去寻找。"我们坚持理论联系实际,及时回答时代之问、人民之问,廓清困扰和束缚实践发展的思想迷雾,不断推进马克思主义中国化时代化大众化,不断开辟马克思主义发展新境界。

总之,中国特色社会主义是科学社会主义理论逻辑和中国社会发展历史逻辑的辩证统一,是根植中国大地、反映中国人民意愿、加快推进社会主义现代化、实现中华民族伟大复兴的必由之路。只要我们坚定走自己的路、走中国特色社会主义道路、守正创新,就一定能够实现社会主义现代化,就一定能够

---

① 《马克思恩格斯选集》(第1卷),人民出版社1995年版,第86页。
② 《高擎真理的火把——记中国社科院世界社会主义研究中心》,《光明日报》2011年12月2日。
③ 习近平:《决胜全面建成小康社会 夺取新时代中国特色社会主义伟大胜利:在中国共产党第十九次全国代表大会上的报告》,人民出版社2017年版,第10页。

建构出"中国现代性"。

二、中国共产党为什么能

中国道路与中国共产党具有内在关联。可以说,没有中国共产党,就没有中国道路的开辟、坚持、发展和创新;没有中国共产党,就没有社会主义中国;没有中国共产党,就没有中国特色社会主义;没有中国共产党,就没有中华民族伟大复兴。近百年来,中国共产党在马克思主义的指导下团结带领中国人民找到了一条实现民族振兴、国家富强、人民幸福的中国道路,创造了中国奇迹。通过开辟中国道路和创造中国奇迹,中国共产党发现了自己的力量,中国人民和中华民族发现了自己的力量。

习近平总书记曾多次强调:"道路问题是关系党的事业兴衰成败第一位的问题,道路就是党的生命。"近代以降,中国社会经历了空前的民族灾难和前所未有的深刻变革,"中国向何处去"成为时代性的中心问题。围绕这一问题的破解,中华民族和中国人民进行了不屈不挠的探索,经过反复比较与不断实践,历史和人民最终选择了中国共产党、选择了马克思主义、选择了社会主义、选择了改革开放。党的十八大以来,在习近平新时代中国特色社会主义思想的指引下,中国走出了一条稳中求进、由高速度转向高质量发展的道路,实践已经表明这条道路是符合中国国情的"强国之道",我们要坚定地走下去。理解中国道路必须具有全球视野,只有在全球视野中才能真正理解中国道路的世界历史意义、社会主义现代化探索的超越意义和人类美好生活的选择意义。在中国,中国共产党是最高政治领导力量,中国共产党的领导是中国特色社会主义最本质的特征,是中国特色社会主义制度的最大优势。无论是从执政兴国还是从治国理政的角度看,中国共产党旗帜鲜明讲政治是中国共产党作为马克思主义政党的根本要求。在革命、建设、改革各个时期,中国共产党都高度重视党的政治建设,形成了讲政治的优良传统。中国共产党人在"判断标准"问题上的基本观点简要说就是:针对"两个凡是",提出了实践标准;针对抽象或扭曲的社会主义观,提出了生产力标准;针对抽象的"姓社姓资"争论,提出了"三个有利于标准";针对"物化生存"和"GDP至上",提出了"以人为本"的最高标准,以人为本是我们党的性质和根本宗旨的集中体现,是指引、评价、检验我们党一切执政活动的最高标准。在改革开放初期,我们中国的发展带有"摸着石头过河"的注重感性实践经验的特点。经过40多年的发展,我们积累了不少发展经验。今天,中国共产党站在治国理政的一个新的历史起点上,即把经验提升为科学,对当代中国发展做出了科学的理性的"顶层设计",以"顶层设计"的科学理论来治国理政,引领当代中国发展。

在世情国情党情发生深刻变化的背景下,中国共产党必须解决好如何掌好权、用好权这一问题,以应对来自主观能力和客观需求两个方面的挑战。从世情看,世界面临百年未有之大变局,处于大发展大变革大调整时期,中国进入强起来的发展阶段,日益走近世界舞台中央。世界对中国的关注,从未像今天这样广泛、深刻、聚焦;中国对世界的影响,也从未像今天这样全面、深刻、长远。从国情看,我国社会生产力水平显著提高,今年将全面建成小康社会,社会主要矛盾发生重大变化,人民对美好生活的需要日益广泛、更加全面,发展不平衡和不充分成为满足人民美好生活需要的主要制约因素。从党情来看,我们党的理论创新实现了新飞跃,党的执政方式和执政方略进行了重大创新,党推动发展的理念和方式发生了重大转变。我们党肩负起新的历史使命,需要进行具有许多新的历史特点的伟大斗争。

历史地看,能力原则蕴含着现代政治文明,它是现代政治文明的基础与核心:能力原则首先要求由人治(权大于法、情大于理、"关系"大于能力、依附大于自立)走向法治(注重法理权威、制度程序、能力业绩和自主自立);其次要求由权力政治走向权利政治(由官本走向民本,由注重权力因素走向注重非权力因素;凭能力和业绩赢得人民的认同和支持;能力原则支持民主);第三是要求由特权政治走向公权政治(反对以权谋私,领导干部应具有驾驭公共权力谋公共利益的能力);第四是要求由管制政治走向治理政治(由凭权力管制人走向注重提高领导干部与民众平等对话、协调合作的能力)。

总之,世界潮流,浩浩荡荡,顺之者昌,逆之者亡。中国发展改变的不只是世界体系的"物质力量结构",还会带来"世界精神结构"的变革和创新。随着中国特色社会主义不断发展,中国特色社会主义制度将不断成熟与完善,中国制度的优越性和比较优势将进一步彰显,中国道路必将越走越宽广,中国道路对世界的影响也必将越来越大。这就是中国道路自信、理论自信、制度自信、文化自信的根据所在。

第四节　中国特色社会主义进入新时代的世界历史意义

当前,世界面临和平赤字、发展赤字、治理赤字、信任赤字四大困境。在世界秩序大变革时期,中国特色社会主义进入新时代不仅具有重大的政治意义、理论意义和实践意义,而且具有深远的世界历史意义。这种世界历史意义主要体现在:中国由"大国"迈向"强国",对世界和平与发展具有重要贡献;科学社会主义在21世纪的中国焕发出强大生机活力,对世界社会主义发展实践具有重要贡献;中国"和平崛起"和"文明崛起",对人类现代化道路的拓展和世界文明的共存具有重要贡献,为解决世界面临的和平赤字、发展赤字、治理赤字、信任赤字问题提供了"中国方案",贡献了"中国智慧"。

只有把中国特色社会主义置于中华民族发展、世界社会主义发展和世界历史发展进程之中,才能充分彰显其世界历史意义。"我们看世界,不能被乱花迷眼,也不能被浮云遮眼,而要端起历史规律的望远镜去细心观望。"[①]习近平总书记在党的十九大报告中指出,经过长期努力,中国特色社会主义进入了新时代。这个新时代是党中央在科学把握历史发展规律,立足当下和展望未来的基础上对我国社会主义现代化建设所处历史方位做出的科学判定。首先,这个新时代是中华民族发展的新时代。经过接续努力,中华民族实现了从"站起来""富起来"到"强起来"的历史性跨越,开启了中国由"大国"迈向"强国"的新征程。其次,这个新时代是世界社会主义发展的新时代。科学社会主义在中国焕发出的强大生机活力是世界社会主义发展实践的重要成就,中国特色社会主义无疑是一个新典范。最后,这个新时代是世界历史的新时代。中国的"和平崛起"和"文明崛起"是中国特色社会主义道路、理论、制度、文化不断发展成熟的结果,拓宽了人类现代化道路,给世界上那些希望加快发展和保持自身独立性兼得的国家和民族提供了新选择,为解决人类问题贡献了中国智慧和中国方案。

一、中国由"大国"迈向"强国":为世界和平与发展做出重要贡献

在21世纪,和平与发展依然是世界主题。如何有效破解影响世界和平与

[①] 习近平:《习近平谈治国理政》(第2卷),外文出版社2017年版,第442页。

发展的"和平赤字"和"发展赤字"是一个重大现实问题。中国特色社会主义进入新时代,既是对接续奋进的中国特色社会主义建设成果的肯定,也标志着中国开启了由"大国"迈向"强国"的新征程,这对世界和平与发展具有重要贡献。陈学明指出,"中国特色社会主义道路有两个关键词,这就是'和平发展'与'和谐世界'"①。实现中国由"大国"迈向"强国"的中国特色社会主义道路内在包含着推动世界和平与发展的价值追求。"和平发展"既是中国的"强国之道",又以其结果推动"和谐世界"的建设。就此而论,中国特色社会主义道路既是一条中国"和平发展"的复兴之路,也是一条世界和平与发展的现实路径。

历史地看,中国"和平发展"道路奠基于以"和平"为基调的中华文明。中华文明历来崇尚"和而不同""以和为贵"的理念,追求"天人合一"的和谐状态。这种文化理想与价值追求,深刻影响中华民族的交往行为,潜移默化为中国人处理人与人之间、民族与民族之间、国家与国家之间关系的交往原则。从古代丝绸之路到郑和下西洋,即使中国古代国力强盛之时,中华民族依旧以"海纳百川"的胸怀开展和平型国家交往,从未以侵略他国的形式谋求自身发展。即使近代遭受百余年侵略,中国依然坚持"己所不欲,勿施于人",依然坚持和平共处五项基本原则,依然坚持和平发展、合作共赢。

在由"大国"迈向"强国"的历史进程中,"和平发展"体现在中国的强大主要是自身的积累,绝不依靠强权政治,牺牲他国利益而谋求自身发展。自新中国成立至今,中国对外政策内涵的不断丰富是中国和平强大的重要体现。以毛泽东同志为主要代表的中国共产党人制定了独立自主的和平外交政策,主张开展以"和平共处五项基本原则"为基础的国际外交。以邓小平同志为主要代表的中国共产党人,在坚持独立自主不变的基础上,实现改革开放的基本国策,提出"应当把发展问题提到全人类的高度来认识,要从这个高度去观察问题和解决问题"②,创造性总结出"和平与发展"的时代主题。以江泽民同志为主要代表的中国共产党人面对非传统安全威胁冲击,提出实现世界各国互信、互利、平等、协作的新安全观。以胡锦涛同志为主要代表的中国共产党人高举和平、发展、合作、共赢的旗帜,对内建设和谐社会,对外建构和谐世界。党的十八大以来,面对复杂的国内国际形势,以习近平同志为主要代表的中国共产党人统筹国内国际两个大局,坚持独立自主的和平外交方针,坚定不移走和平

---

① 陈学明:《中国道路为世界贡献了什么》,天津人民出版社2017年版,第87页。
② 《邓小平文选》(第3卷),人民出版社1993年版,第282页。

第七章 人类文明视野下的"中国现代性"建构：2012年以来国家治理体系与治理能力现代化

发展道路，开创了中国和平发展新境界。习近平指出："我们呼吁，各国人民同心协力，构建人类命运共同体，建设持久和平、普遍安全、共同繁荣、开放包容、清洁美丽的世界。"[①]中国由"大国"迈向"强国"，既在发展过程中坚持和平与发展理念，又在发展过程中承担越来越多的国际责任，以"负责任大国"定位自身，打破西方的"中国威胁论"和"中国崩溃论"，用"中国力量"推动世界和平与发展迈向更高阶段，实现"和谐世界"的美好愿景。

现实地看，对现代人类发展面临的和平问题、发展问题的创新性解决，是中国对世界和平与发展做出的最直接贡献。当今世界正处在大发展大变革时期，中国处于"强起来"的新时代。世界多极化、经济全球化、文化多样化继续深入发展，"地球村"态势不断丰富，新一轮科技革命和产业革命方兴未艾。各国交往联系日益密切，全球命运休戚与共，推动和平的力量不断增加，推动发展的力量不断增长。与此同时，逆全球化、反全球化、保护主义、民粹主义日益抬头，恐怖主义、难民危机、霸权主义等威胁世界和平发展的因素依然存在，人类正处在传统与非传统挑战层出不穷的新时代。面对现实，中国秉承"文明大国"和"负责任大国"使命：对内，"中国解决了13亿多人口的温饱问题，让7亿多人口摆脱贫困"[②]；对外，"1950年至2016年，中国累计对外提供援款4000多亿元人民币"[③]，积极响应联合国号召，参加国际维和行动，注重和平外交，同多个国家和区域组织建立了形式多样的外交关系。逐渐"强起来"的中国积极倡导共建"一带一路"，发起创办亚洲基础设施投资银行，设立丝路基金，举办首届"一带一路"国际合作高峰论坛、亚太经合组织领导人非正式会议、金砖国家领导人厦门会晤等，积极倡导构建人类命运共同体，推动全球治理新格局的建构。"强起来"的中国国际影响力、感召力、塑造力不断提升，以实际行动推动国际交流合作，为世界和平与发展做出新贡献。

用未来的眼光看，在价值追求上，中国和平发展过程中对"和谐世界"这一世界和谐、共同发展理念的追求，使其逐渐具有世界意义。从"人类命运共同体"理念到"共商、共建、共享"原则纳入联合国决议，拥有14亿人口的中国对反对霸权主义、强权政治，维护世界和平与发展的"和谐世界"发展理念的追求与践行，不仅在实践中成为推动世界和平与发展的中坚力量，而且必将最大化

---

① 习近平：《决胜全面建成小康社会 夺取新时代中国特色社会主义伟大胜利——在中国共产党第十九次全国代表大会的报告》，人民出版社2017年版，第58〜59页。
② 习近平：《习近平谈治国理政》（第2卷），外文出版社2017年版，第546页。
③ 习近平：《习近平谈治国理政》（第2卷），外文出版社2017年版，第546页。

实现这一理念的"全球效用"。经过长期努力,中国特色社会主义进入新时代,中华民族开启了从"站起来""富起来"到"强起来"的新征程。新时代,中国人民追求和平与发展的信念从未动摇。中国"始终做世界和平的建设者、全球发展的贡献者、国际秩序的维护者"[①]。中国积极推动构建人类命运共同体,就是要发挥好负责任大国的作用,推动新时代中国发展成果转化为"中国声音"和"中国力量",不断为人类和平发展做出中国贡献而积极努力。

二、科学社会主义在中国焕发出强大生机活力:为世界社会主义实践做出重要贡献

十八大以来,经过长期努力,中国特色社会主义进入新时代,这是科学社会主义的理论逻辑和中国社会发展的历史逻辑在中国特色社会主义建设中的辩证统一,彰显了科学社会主义在中国取得的实践成就。科学社会主义在当代中国焕发出的强大生机活力,体现在新时代中华民族站在实现强起来新的历史起点上,中国特色社会主义站在具有独立自主性的新历史起点上,中国现代化站在为世界贡献中国智慧的新历史起点上。"三个历史起点"意味着中国特色社会主义道路和现代化模式对世界社会主义实践具有重要贡献。

第一,中华民族站在实现强起来的新历史起点上。这一历史定位意味着强起来的社会主义中国作为世界社会主义国家的重要组成部分,带领世界社会主义运动走出低潮,成为整个世界社会主义运动的"擎天柱"。东欧剧变、苏联解体后,世界社会主义运动遭受空前挫折,一时间,社会主义"历史终结论"甚嚣尘上。在此之际,中国共产党坚持和发展中国特色社会主义道路,逐步实现民族崛起。十八大后的五年,党和国家事业取得了历史性成就,中国整体转型升级,生产力、生产关系、经济基础、上层建筑均发生了历史性变革。这些成就是全方位的、开创性的,这些变革是深层次的、根本性的。具体而言,中国的经济实力、科技实力、国防实力、综合国力进入世界前列,中国的国际地位得到前所未有的提升,党的面貌、国家的面貌、人民的面貌、军队的面貌、中华民族的面貌发生了前所未有的变化,"两个前所未有"使中华民族以崭新的姿态屹立于世界民族之林。"强起来"的中国在振兴中华民族的同时也振兴了世界社会主义运动。

[①] 习近平:《决胜全面建成小康社会 夺取新时代中国特色社会主义伟大胜利——在中国共产党第十九次全国代表大会的报告》,人民出版社2017年版,第25页。

第七章 人类文明视野下的"中国现代性"建构:2012年以来国家治理体系与治理能力现代化

第二,中国特色社会主义站在具有独立自主性的新历史起点上。中国特色社会主义既不是"翻版",更不是"再版",而是"新版"。之所以说是"新版",就在于中国开辟出了一条中国特色社会主义道路。中国道路彰显了中国共产党和中国人民的"首创精神",拓宽了世界社会主义运动实践模式。对比传统社会主义模式,中国特色社会主义道路是对传统社会主义模式的扬弃和超越。这种扬弃和超越主要体现在中国特色社会主义摒弃传统社会主义模式的僵化经济体制、轻视人民物质文化需要等问题,同时继承了传统社会主义模式中社会主义改造和社会主义建设的积极因素,建立符合中国国情的政治民主制度、社会主义市场经济体制等。新时代,中国特色社会主义建设围绕"以人民为中心",以我国社会主要矛盾的变化为出发点,进一步解放生产力和发展生产力,用中国成就彰显中国道路自信。中国特色社会主义道路的成功启迪和激励世界社会主义国家探索符合自身发展的道路,走出传统社会主义发展模式的固化思维,打破现代西方发展模式的包围,推动世界社会主义运动实践模式的多样化。

第三,中国现代化站在为世界贡献中国智慧的新历史起点上。中国现代化之路有特色,但不特殊,它拓宽了具有共性问题的广大发展中国家走向现代化的路径,推动整个世界社会主义运动实践和现代化进程。实现现代化是中国近代以来的梦想之一,也是中华民族伟大复兴的必由之路。现代化作为中国"未竟的事业"、现代性作为中国"追求的价值目标之一",对于中国发展、中国社会和中国人影响深远。如今,中国现代化站在为世界贡献中国智慧新的历史起点上,超越"苏联模式"和"西方模式",注重"内生自主成长"。党的十九大把"习近平新时代中国特色社会主义思想"写入党章并确立为行动指南,为建设社会主义现代化强国提供了科学指引。现代化是党的十九大报告中的一个十分重要的"关键词",包括"建设现代化经济体系""国防和军队现代化""发展面向现代化、面向世界、面向未来的,民族的科学的大众的社会主义文化""推动新型工业化、信息化、城镇化、农业现代化同步发展""加快教育现代化""全面建设社会主义现代化强国"。新时代,面对现代化进程中的共性问题,中国共产党立足新变化提出未来中国现代化事业的发展策略和前进目标。在此意义上,社会主义中国的现代化途径对世界社会主义国家现代化进程更加具有普遍性意义。此外,新时代,中国不断取得新的全方位的现代化成就,不断靠近世界舞台中心,不断向世界彰显中国的现代化成就,用事实证明中国现代化路径的世界价值,为世界现代化发展贡献新时代中国智慧。

172年前,马克思和恩格斯在《共产党宣言》中写道:"资产阶级在它的不到一百年的阶级统治中所创造的生产力,比过去一切世代创造的全部生产力还要多,还要大。"① 中国特色社会主义的伟大成就让整个世界看到科学社会主义的强大生机活力;中国特色社会主义日新月异的巨大变化,让世界社会主义国家坚信社会主义取代资本主义是人类社会发展的必然趋势,世界社会主义运动实践的前途是光明的。在 21 世纪,科学社会主义的原则依然闪耀真理的光辉,指引人类社会进步的总趋势,推动人类沿着这一方向发展。

三、中国"和平崛起"和"文明崛起":为人类文明做出重要贡献

中国特色社会主义进入新时代,这是中国和中华民族发展新的历史方位,我们立足这一历史方位谋划中国社会主义现代化的时间表和路线图。对中国特色社会主义新的历史定位,要求坚定中国特色社会主义道路、理论、制度、文化自信,进而探寻中国"和平崛起"和"文明崛起"的世界意义。

探寻中国"和平崛起"和"文明崛起"的世界意义,必须着眼整个人类文明发展历史。正如习近平总书记强调中华文明要能够为人类提供正确精神指引,"要围绕我国和世界发展面临的重大问题,着力提出能够体现中国立场、中国智慧、中国价值的理念、主张、方案。我们不仅要让世界知道'舌尖上的中国',还要让世界知道'学术中的中国'、'理论中的中国'、'哲学社会科学中的中国',让世界知道'发展中的中国'、'开放中的中国'、'为人类文明作贡献的中国'"②。新时代,中国"和平崛起"和"文明崛起"的世界意义主要体现在中国现代化的发展对人类现代化道路的拓展,体现在中华文明融入世界文明之林的和谐共存,体现在中华民族胸怀世界,用东方智慧和全球视野为人类问题的解决贡献中国方案。

首先,中国的"和平崛起"打破西方文明主导的现代化模式,提供了一条和平发展的现代化之路。近代以来,整个世界的发展主要以西方文明为主导,本质上是"西方中心论"和"西方文明论"。不可否认,西方文明在推动世界发展的同时,也蕴含着"对抗""利己""霸权""扩张"的基因。西方文明是造成当今世界发展赤字、和平赤字、治理赤字的深层文化原因。在现代化进程中,以英美国家为代表的西方资本主义国家率先走上现代化道路,开辟出带有西方文

---

① 马克思、恩格斯:《共产党宣言》,人民出版社 2014 年版,第 32 页。
② 习近平:《习近平谈治国理政》(第 2 卷),外文出版社 2017 年版,第 340 页。

明烙印的现代化之路。不同于西方具有殖民掠夺性质的现代化之路,中国的现代化道路是一条不搞争霸,倡导合作共赢的"和平崛起"之路。首先,就自身发展结果而言,中国在实践中处理好改革与发展的关系,既维护了社会稳定,又使人民生活水平提高,以促进共同富裕为目标,对内实现和谐稳定发展。其次,在走向世界中心进程中,中国一直将和平共处五项基本原则作为对外交往的基本准则,和平渐进走向世界中心。新时代,面对世界变革发展的调整期,中国将承担世界使命,在发展中坚持维护世界和平,与各国人民同心协力,为人类共同事业而奋斗。在此基础上,对中国"和平崛起"的经验总结,拓宽了人类现代化道路,为人类现代化发展提供了一条新路径。

其次,中国"文明崛起"意味着中华文明超越文明的时空界限和自身维度,利用"文明"方式在世界文明之林占有一席之地,为人类文明共存提供中国方案。张维为在《中国超越》一书中指出中国的崛起"给世界带来的可能是新一轮的'千年未有之大变局'"①的"文明型国家"的崛起。超强的历史文化底蕴和独创的文明发展逻辑是中国"文明崛起"的双翼。习近平指出:"历史和现实都表明,一个抛弃了或者背叛了自己历史文化的民族,不仅不可能发展起来,而且很可能上演一场历史悲剧。"②文明需要传承,中华文明的历史传承和当代发展是中国"文明崛起"的强有力支撑。在此基础之上,中国"文明型"崛起一是在文明交流中处理好自身文明保存与世界文明共存的关系,在融入世界文明之林中坚持中华文明的主体性,兼容并蓄;二是突出崛起方式的"文明性",在崛起中处理好"本国利益"与"世界利益"的关系,在发展中平衡"利义"关系;三是文明崛起结果体现在每一位社会成员身上,不仅是"文明型国家"的崛起,更是"文明型"国人的塑造。党的十九大报告中强调,在中国走近世界舞台中央途中,中国"要尊重世界文明多样性,以文明交流超越文明隔阂、文明互鉴超越文明冲突、文明共存超越文明优越"③。"文明崛起"的中国要在世界历史发展历时态与共时态的统一中,推动人类文明共存,美美与共。中国的"和平崛起"和"文明崛起"向世界回答在中国这样落后的社会主义初级阶段国家中如何和平、文明地推进现代化进程,为世界上那些既希望加快发展又希望保持自身独立性的国家和民族提供了新选择,切实推动世界文明的多样性共存。

---

① 张维为:《中国超越》,上海人民出版社2016年版,第3页。
② 习近平:《习近平谈治国理政》(第2卷),外文出版社2017年版,第339页。
③ 习近平:《决胜全面建成小康社会 夺取新时代中国特色社会主义伟大胜利——在中国共产党第十九次全国代表大会的报告》,人民出版社2017年版,第59页。

最后，从人类文明史看，中国和平崛起打破西方文明发展神话，为人类文明发展问题的解决提供中国方案，推动整个人类文明发展进程。有学者将人类文明面临的挑战分为"'三大矛盾的加剧'：一是人与人之间越来越不平等……二是人与自然之间的冲突越来越严重……三是人的各种需求之间越来越不平衡……"[①]。这三大矛盾实质是如何处理人与人之间关系、人与自然之间关系与人和需求之间的关系。其中，人与人之间的不平等建立在现代化进程中，西方文明的"掠夺"特质之上，表现为物质上资源的争夺和精神上以自我为中心；人与自然之间冲突的关键点在人如何开发利用自然；人的需求之间的矛盾聚焦于人逐渐成为"单向度的"生产机器和消费机器，物质需求与精神需求未能达到平衡与匹配。从人类历史的视角看，中国"和平崛起"和"文明崛起"的世界意义在于为人类"三大矛盾"的解决贡献中国智慧和中国方案。具体而言，中国14亿多人口摆脱温饱问题本身即是人类问题的重要一环。中国解决好自身问题就是对世界做出巨大贡献；中国注重可持续发展，践行创新、协调、绿色、开放、共享新发展理念，建设创新型国家、全面建成小康社会、建设美丽中国、深化改革开放、实现共同富裕；中国特色社会主义进入新时代，我国社会基本矛盾变为人民日益增长的美好生活需要和不平衡不充分的发展之间的矛盾，更加注重提高人的物质生活水平和内在精神需求，促进人的全面发展，这种发展模式对世界问题的解决具有启发性。

总之，在新时代，在中国由"大国"迈向"强国"途中，中国在国际事务中更加有所作为，积极履行大国责任，坚定维护世界和平与发展，倡导建构人类命运共同体；在新时代，科学社会主义新的强大活力再次证明社会主义的光明前途，为世界社会主义发展实践贡献成功经验；在新时代，中国的"和平崛起"和"文明崛起"，为世界开辟独具特色的中国现代化模式，为解决人类问题贡献中国智慧和中国方案，开创人类文明发展新范式；在新时代，中国要做全球治理的积极参与者，用"四个自信"保持战略定力，用"四个伟大"攻坚克难，夺取新时代中国特色社会主义伟大胜利，为实现中华民族伟大复兴和为世界和平贡献更多更大"中国力量"。

---

① 陈学明：《中国道路为世界贡献了什么》，天津人民出版社2017年版，第90～91页。

第七章 人类文明视野下的"中国现代性"建构：2012年以来国家治理体系与治理能力现代化

第五节　全球视野中的中国道路与中国奇迹

当代世界发展最突出的事实或最显著的特征，莫过于全球化、科技革命和中国崛起，其中尤以中国崛起最为引人注目。近百年来，中国共产党在马克思主义的指导下团结带领中国人民找到了一条适合中国国情的中国道路，创造了中国奇迹。通过开辟中国道路和创造中国奇迹，中国共产党发现了自己的力量，中国人民和中华民族发现了自己的力量。在全球化时代，中国学者要牢牢掌握阐明中国道路、解读中国奇迹的话语权。要用中国道路阐明中国奇迹，中国道路是破解中国奇迹的关键密码；要用中国理论阐释中国道路，中国道路是中国理论的前提和基础；要用中国话语表达中国理论，中国道路是中国话语的支撑。从全球视野看，中国道路蕴含着自身文明的基因与历史逻辑，蕴含着丰富的世界历史意义和人类共同价值，蕴含着丰富的中国主体性和中国精神。中国道路源自中国，属于世界。

70多年来，从新中国成立到改革开放再到进入新时代，中国共产党在马克思主义的指导下团结带领中国人民找到了一条实现民族振兴、国家富强、人民幸福的中国道路，创造了中国奇迹。科学阐明新中国成立70多年来历史性变革内在逻辑的关键是聚焦中国道路和中国奇迹。中国道路是破解中国奇迹的关键密码。不同于世界上既有的其他道路和制度模式，中国道路是一条适合中国国情、符合中国人民愿望的发展道路。理解中国道路必须具有全球视野，只有在全球视野中才能真正理解中国道路的世界历史意义、社会主义现代化探索的超越意义和人类美好生活的选择意义。在21世纪，随着中国逐渐走近世界舞台的中央，为了在全球视野中更好地总结中国道路的经验，为了更好地引领中国与世界的未来发展，需要从学理上深入研究中国道路和中国奇迹，这有助于中国话语体系建构和中国话语权提升。当今世界处于"百年未有之大变局"，当前中国发展处于近代以来最好的发展时期，国际社会越来越多地把目光投向中国、聚焦中国。当代中国将发生什么变化，发展的中国将给世界带来什么影响，越来越成为国际社会广泛关注的问题。在21世纪，中国需要更多地了解世界，世界也需要更多地了解中国。全球视野中的中国道路和中国奇迹已成为重大课题。为此，中国学界应聚焦中国道路和中国奇迹，深化对中国道路和中国奇迹的学理研究。"熟知非真知。"①中国道路的科学内涵是什么？中国道路的历史逻辑是什么？中国道路的文明意蕴何在？这些问题都需要进行深入思考与精深研究，以引导人们从感性直观和知性经验走向理性自觉和文化自信。

一、中国从哪里来：中国道路蕴含着自身文明的基因与历史逻辑

道路，既是途径，也是方向，无论途径还是方向，道路均指向通达，在此意义上，道路是历史规律性与主体选择性的统一。对于中国而言，道路问题是关系党和国家事业兴衰成败第一位的问题，更是中华民族发展前途命运的决定因素。理解中国道路关键是要充分理解中国道路所蕴含的文明基因与历史逻辑。

近代以降，围绕"中国向何处去"这一根本问题的破解，中国人经过反复比较，最终选择了中国共产党、选择了马克思主义、选择了社会主义、选择了改革开放。"十月革命"一声炮响，给中国送来了马克思列宁主义，中国先进分子从马克思列宁主义的科学真理中看到了解决中国问题的出路，中国革命的面貌为之一新，从这时起"近代世界历史上那种看不起中国人，看不起中国文化的时代应当完结了"。② 在马克思列宁主义同中国工人运动的结合过程中，1921年中国共产党应运而生，从此，"中国人民谋求民族独立、人民解放和国家富强、人民幸福就有了主心骨，中国人民就从精神上就由被动转为主动"。③ 我们党团结带领人民找到了一条农村包围城市、武装夺取政权的中国革命道路，进行了28年浴血奋战，完成了新民主主义革命，1949年建立了中华人民共和国，实现了中国从几千年封建专制向人民民主的伟大飞跃。中华人民共和国的成立，"中国取得了一个资格：人们不敢轻视我们"。④ 后来，改革开放使中

---

① "熟知"与"真知"有别。一般说来，熟知的东西所以不是真正知道了的东西，正因为它是熟知的。有一种最习以为常的自欺欺人的事情，就是在认识的时候先假定某种东西是已经熟知了的，因而就这样地不去管它了。这样的知识，既不知道它是怎么来的，因而无论怎样说来说去，都不能离开原地前进一步。"熟知"只是对于眼前事物熟视无睹，未加深思。见黑格尔：《小逻辑》，贺麟译，商务印书馆1980年版，第37页注①。或参见黑格尔：《精神现象学》（上卷），贺麟、王玖兴译，商务印书馆1979年版，序言，第20页。
② 《毛泽东选集》（第4卷），人民出版社1991年版，第1516页。
③ 习近平：《决胜全面建成小康社会 夺取新时代中国特色社会主义伟大胜利——在中国共产党第十九次全国代表大会上的报告》，人民出版社2017年版，第13页。
④ 《邓小平文选》（第3卷），人民出版社1993年版，第289页。

第七章 人类文明视野下的"中国现代性"建构:2012年以来国家治理体系与治理能力现代化

国大踏步赶上时代。如今正成功带领中国人民迈向"两个一百年"奋斗目标和实现中华民族伟大复兴"中国梦"的历史新征程。改革开放以来我们取得一切成绩和进步的根本原因,归结起来就是:把马克思主义进一步中国化,开辟了中国特色社会主义道路,形成了中国特色社会主义理论体系,确立了中国特色社会主义制度,发展了中国特色社会主义文化。"中国特色社会主义道路,是实现我国社会主义现代化的必由之路,是创造人民美好生活的必由之路。"[①] 后发展中国家不能亦步亦趋地重走西方发达国家现代化的一般路径,而要超越西方现代化道路,开辟现代化新路,开启人类文明新样态。

道路决定命运。习近平多次强调"道路问题是关系党的事业兴衰成败第一位的问题,道路就是党的生命"[②]。无论如何,"新民主主义革命的胜利成果决不能丢失,社会主义革命和建设的成就决不能否定,改革开放和社会主义现代化建设的方向决不能动摇。这是党和人民在当今世界安身立命、风雨前行的资格。中国近代以来的全部历史告诉我们,中国的事情必须按照中国的特点、中国的实际来办,这是解决中国所有问题的正确之道"[③]。因此,我们要更加自觉地坚定"四个自信",既不走封闭僵化的老路,也不走改旗易帜的邪路,始终坚持和发展中国特色社会主义道路。中国特色社会主义道路本质上是面对中国问题的实践创新,它要求我们面对新问题时,探究新思路、总结新方法、形成新理论,这样的道路才是真正能够解决中国问题并引领中国走向国家富强、民族振兴、人民幸福之路。我们要牢牢把握为中国人民谋幸福,为中华民族谋复兴的初心和使命不动摇,不为任何风险所惧,不被任何干扰所惑,善于驾驭和利用矛盾,准确把握主次矛盾,始终掌握应对变局的主动权。党的十八大以来,在习近平新时代中国特色社会主义思想的指引下,中国走出了一条稳中求进、由高速度转向高质量发展的道路,实践已经表明这条道路是符合中国国情的"强国之道",我们要坚定地走下去。

当前,中国特色社会主义进入新时代,这一重大判断具有重要的理论意义和实践意义。科学认识和精准把握新时代离不开历史唯物主义的理论支撑和思想透视。从中国经济社会发展的维度看,新时代意味着近代以来久经磨难的中华民族迎来了从站起来、富起来到强起来的伟大飞跃,由"大国"迈向"强

---

① 习近平:《习近平谈治国理政》,外文出版社2014年版,第9页。
② 习近平:《习近平谈治国理政》,外文出版社2014年版,第21页。
③ 习近平:《习近平谈治国理政》(第2卷),外文出版社2017年版,第13页。

国"成为现实任务；从世界社会主义发展的维度看，新时代意味着科学社会主义在21世纪的中国焕发出强大生机活力，在世界上高高举起了社会主义伟大旗帜，"历史终结论"和"社会主义失败论"不攻自破；从人类文明发展的维度看，新时代意味着中国特色社会主义道路、理论、制度、文化不断发展，拓展了发展中国家走向现代化的途径，给世界上那些既希望加快发展又希望保持自身独立性的国家和民族提供了全新选择。

道路决定方向。中国人走自己的路，建设有中国特色的社会主义这是伟大的创举。一方面，马克思和恩格斯并没有为社会主义国家提供一套完整的国家建设和发展的具体方案。因此，中国只能"摸着石头过河"，在实践中探索和总结出一条适合中国发展的特色道路。但是，中国的发展要具有科学性和可持续性，就需要一种带有根本性、全局性、稳定性和持续性的"顶层设计"。不仅要大胆实验、大胆突破，还要统筹考虑、全面论证和科学决策，将"摸着石头过河"和"加强顶层设计"结合起来；另一方面，自改革开放至今，中国逐步实现了经济领域的转型，即从传统计划经济转向社会主义市场经济。随着中国改革进入攻坚期，这就要求我们深入到社会结构的核心，统筹改革发展稳定三者关系。随着中国现代化进程的推进，中国必定会进入整体的转型升级期："中国整体转型升级涉及经济社会发展方式、国家治理方式和社会治理方式等诸多方面。从秩序建构的视角看，中国整体转型发展既要建立起现代国家治理秩序，又要建立起现代市场经济秩序，还要建构起现代社会治理秩序，更要建立现代心灵秩序。"①中国道路为走出人与自然冲突的生态危机、人与物冲突的人文危机、人与人冲突的道德危机、人的心灵冲突的精神危机和文明之间冲突的价值危机提供了一种新的选择。

二、中国到哪里去：中国道路蕴含着丰富的世界历史意义和人类价值

举什么旗、走什么路，这是决定一个国家和民族前途命运的重大问题。当前西方主导的世界秩序正在走向终结，非西方国家更多地参与到全球治理中来。人类正处在"文明范式转换"即创造一种新文明的历史进程之中，各国人民形成了你中有我、我中有你的命运共同体。因此需要从文明论的高度重新

---

① 韩庆祥、张艳涛：《当代中国的整体转型与力量转移》，《毛泽东邓小平理论研究》2016年第1期。

第七章 人类文明视野下的"中国现代性"建构：2012 年以来国家治理体系与治理能力现代化

思考：人类命运共同体构建何以可能？"为了塑造一个反映我们共同目标和价值观的美好未来，共识至关重要。"①

中国道路源自中国，属于世界。邓小平创造性地提出了"一国两制，统一中国"的构想。如何调整两岸社会规范系统，使之共生共存于一个中国的框架之中，这也是构建"一个文明多种制度"的题中应有之义。"一国两制"既是一个"伟大的创造"，也是一个"伟大的妥协"，它既能维持中国统一，又对地方差异给予足够的尊重。这种思维与民族国家的思维完全不同，它源自中国悠久的文明史，如果囿于民族国家思维是提不出"一国两制"构想的。无独有偶，习近平创造性地提出了"构建人类命运共同体"的伟大构想，倡导各国要树立命运共同体意识，客观上也要求各国在寻求自身发展时要兼顾别国发展，最终让每个国家的发展都能同其他国家的发展形成良性互动效应。

目前，西方最致命的毛病在于对自身和中国都没有科学理解，其思维方式存在重大问题。西方的思维方式认为"西方是具有普世性的，终有一天世界上所有人都应该、必须且必然变得和我们差不多，这就是说世界上只有一种现代性，这就是西方的现代性"②。这种"居高临下"和"定于一尊"的思维方式是有害的，它使得西方人不能真正理解西方文明与其他文明的不同之处、独到之处。正因如此，西方始终没有真正理解中国与西方存在巨大差异，其结果是西方一再曲解、误解、误判中国。实际上，中国不仅是民族国家，更是文明国家。因此，只有从中国既是文明国家又是民族国家这一角度去看中国，才能真正理解中国的不同之处，也才能真正理解中国道路蕴含着丰富的世界历史意义和人类价值。实际上，中国和西方对普世性的理解不同：中国的普世性是一种"留守型的普世性"，认为自己是中央王国，是天朝，是文明的终极形式；西方的普世性则是一种"扩张型的普世性"，认为要按照西方的面貌改造世界。其结果是：西方高度强调军事实力，强调以力压人；中国高度重视文化实力，强调以文化人。英国剑桥大学高级研究员马丁·雅克指出："西方不能继续自以为是天下第一、固步自封，而是要跳出长期以来习以为常的世界，学会在新形势下生活。"③可见，傲慢和偏见是文明交流互鉴的最大障碍。我们认为，中国道路破除了"西方现代化道路的唯一性""西方多党制的唯一性""西方价值的普世

---

① 克劳斯·施瓦布：《第四次工业革命》，李菁译，中信出版社 2016 年版，前言第 5 页。
② 马丁·雅克：《中国将成为怎样的全球性大国》，《澎湃新闻》2019 年 4 月 24 日。
③ 马丁·雅克：《中国将成为怎样的全球性大国》，《澎湃新闻》2019 年 4 月 24 日。

性",进而揭示了现代化道路的非唯一性、西方多党制的非唯一性、西方价值的非普世性。

当前,世界经济复苏乏力,南北差距、贫富差距远未消失,贸易保护主义抬头、逆全球化和反全球化暗流涌动,如何推进开放、包容、普惠、平衡、共赢的新经济全球化成为现实挑战。在21世纪,社会正发生着快速的剧变,而在社会、科技及文化等许多要素都同时转变的情况下,"我们不只是在过渡,更是在转型;我们创造的不仅仅是一个新社会,而至少是一个崭新文明的开始"①。在新旧文明的交汇期,我们要分辨出哪些变化是工业文明的延伸,哪些是在迎接新文明的到来。如所周知,第一次工业革命和蒸汽机的发明密切相关,始于18世纪晚期(大约从1760年延续至1840年)英国纺织业的机械化,实现了大规模生产;第二次工业革命发轫于19世纪末20世纪初的美国,主要是电能和生产线的广泛应用,实现了电气化生产;第三次工业革命肇始于20世纪60年代,以计算机的诞生为标志,实现了自动化生产;第四次工业革命,始于20世纪末和21世纪初,以新能源和物联网的连接为标志,将实现定制化生产。第四次工业革命要求每个人既是有能力的个体,又是可以合作形成合力凭能力回报给社会的整体,这是互联网时代个人的主要特质,此时更强调"创新""互联""共存",更注重"协作""互动""共享"。在一定程度上,"第四次工业革命的最终走向从根本上取决于我们充分挖掘其潜力的能力"。② 由于历史原因,中国错过了第一次工业革命,赶上了第二次工业革命和第三次工业革命的尾声,中国在第四次工业革命中应扮演什么样的角色?发挥怎样的作用?值得期待!

当今世界正处于大发展大变革大调整时期,世界历史主导"力量转移"已成为人们理解和把握21世纪世界发展趋向的重要坐标。从大的历史尺度看,暴力、财富和知识三种力量在人类发展过程中,同时并存,共同作用,但比重、影响和价值排序不同。总的看来,力量转移的趋向是由"暴力主导"到"资本主导"再到"创新能力主导",力量的这种转移,既是科学技术广泛应用的必然结果,也是人类社会发展的必然趋势。中国发展要把握"力量转移"趋向,发掘每个人的创新潜能,提升社会自主创新能力,建设创新型国家。中国提出的"实施创新驱动战略",充分反映了"力量转移"的大趋势。以中国为代表的新兴力

---

① 阿尔文·托夫勒、海蒂·托夫勒:《再造新文明》,白裕承译,中信出版社2006年版,第17页。
② 克劳斯·施瓦布:《第四次工业革命》,李菁译,中信出版社2016年版,第116页。

量,通过自身发展、联合自强,实现和平崛起和文明崛起,将对世界秩序产生深远影响。当前,在世界向何处去的关键十字路口,中国为世界注入了巨大的稳定性和确定性,发挥了国际形势稳定锚、世界增长发动机、和平发展正能量、全球治理新动力的积极作用。"一带一路"建设决不仅仅具有经济发展意义,而且可能给全球治理模式带来巨大变革。

总之,在全球视野下,我们要科学阐明中国道路蕴含着丰富的世界历史意义和文明价值,并在此基础上建构中国话语体系和提升中国话语权。

三、中国如何实现自己的目标:中国道路蕴含着丰富的中国主体性和中国精神

正是在中国共产党坚强有力的领导下,中国发展创造了举世瞩目的中国奇迹,中国奇迹归根结底源于中国共产党团结带领中国人民开辟了一条基于自身国情、适合自身发展阶段、解决中国问题、具有自身特色的现代化道路,这条道路不仅促成了中华民族的伟大觉醒,而且使中国逐渐走上一条摆脱西方列强压迫的自主自立自强的发展道路。就此而论,中国道路蕴含着丰富的中国主体性和中国精神,中国奇迹彰显着中国人民的首创精神和中国共产党的"主心骨"作用。中国已经独立自主地走出一条独特的发展道路,这条道路高效管用,体现了中国人民的自主性和主体性。对此,我们要坚定对中国道路、中国理论、中国制度、中国文化的自信。中国精神就是中国主体性觉醒在精神层面的凝练和表达。中国道路,彰显了伟大创造精神、伟大奋斗精神、伟大团结精神、伟大梦想精神。就此而论,"全面建成小康社会"、"基本实现现代化"、"建成现代化强国"和"实现中华民族伟大复兴中国梦"的提出,是过去中国发展逐渐掌握世界历史"力量转移"趋向进而掌握自身发展命运而日益自信的表现。我们要理直气壮讲清楚:中国共产党为什么"能"?马克思主义为什么"行"?中国特色社会主义为什么"好"?

中国共产党为什么能?首先应当明确,如果离开中国共产党坚强有力的领导,就没有中国道路,更不会有中国奇迹。没有中国共产党坚强有力的领导,民族复兴必然是空想。如果说社会主义市场经济是中国特色在经济上的体现,那么中国共产党的领导则是中国特色在政治上的体现。因此要想理解和把握中国道路和中国奇迹的关键密码,关键是研究好中国共产党。中国共产党在理论和实践中不断取得突破,才成功开辟和拓展了中国特色社会主义道路,使当代中国和中华民族展现出光明前景。

如何认识中国特色社会主义？毫无疑问，中国特色社会主义是人类文明的重大成果。道路决定前途。从"走俄国人的路"到"走自己的路"这是伟大的历史觉醒，从此中国人精神上从被动转为主动。中国道路逐渐超越苏联模式和西方模式，既不走苏联的老路，也不走西方的老路，而要开辟新路，从而中国道路具有内生自主成长的特性。"源自德国经俄国到达中国的社会主义探索，仍然承担着矫正、改造现代资本主义文明，创建更高更好的新文明的使命。"①改革开放既是改变中国命运的"关键一招"，也是中国一次"伟大的变革"，它使中国逐渐赶上时代、进而引领时代。从"跟跑"到"并跑"再到"领跑"这是伟大的历史赶超。在道路问题上，生搬硬套、削足适履不仅是不可能的，而且是十分有害的。"历史和现实都告诉我们，只有社会主义才能救中国，只有中国特色社会主义才能发展中国，这是历史的结论、人民的选择。"②中国共产党是中国道路的领航者，无论是"站起来之路"和"富起来之路"，还是"强起来之路"，都需要中国共产党坚强有力的领导和领航。

如何看待中国崛起？1949年新中国成立尤其是1978年改革开放以来，中国崛起是人类历史上最大规模、最快速的工业化。如何把中国"发展优势"转化为"话语优势"？近百年来，中国学者在不知不觉中养成了这样的习惯：在发表自己的观点之前，先看看西方人怎么说的，久而久之，也便丧失了自己的观点。要改变中国理论在西方理论面前的失语状态，关键是基于中国道路进行中国理论建构并以此树立当代中国学人的理论自信和文化自信。当代中国学人首先应该理解和把握自己所生活的时代。在21世纪，面对世界"百年未有之大变局"，各国道路、制度、理念的竞争和博弈日趋激烈。中国之治和世界之乱形成强烈对比，凸显出中国治理的成效。"尽管世界上随处可见中国制造的产品，但缺少被世界广泛接受的中国学术话语；尽管我们进行了鲜活的实践创造、积累了丰富的理论创造资源，但一些人仍然盲从甚至照搬西方理论和学术话语，削中国实践之足、适西方理论之履，等等。"③中国处于"经济大国""话语小国"的尴尬境地。"言必称西方"的局面必须改变。实际上，"在解读中国实践、构建中国理论上，我们应该最有发言权"④。为此，中国学者要出精品力

---

① 刘森林：《物与无：物化逻辑与虚无主义》，江苏人民出版社2013年版，第57页。
② 习近平：《关于坚持和发展中国特色社会主义的几个问题》，《求是》2019年第8期。
③ 中共中央党校中国特色社会主义理论体系研究中心：《增强理论自觉和理论自信用中国话语体系解读中国道路》，《求是》2012年第14期。
④ 习近平：《习近平谈治国理政》（第2卷），外文出版社2017年版，第346页。

第七章 人类文明视野下的"中国现代性"建构：2012年以来国家治理体系与治理能力现代化

作，勇于推进实践创新基础上的理论创新，为建构"理论中的中国"和"思想中的中国"献计出力。

当前，在中国展开的工业化和现代化过程，其规模和速度都史无前例。2010年我国已是世界第二大经济体，现在要追求的新目标是大而强。"由于现代文明本质上是一种源自西方的资本主义文明，更由于这种文明在全球扩张的过程中已经不可避免地遇到了自身的界限，所以中国要想拥有自己的未来，决不能走全面融入'现代文明'的全盘西化之路，而必须在学习、消化、吸收现代文明积极成果的基础上，创造一种不同于现代文明且优于现代文明的新型文明。"①当代中国人要正确看待国际化，不能把国际化与西化对应、把国际化与中国化对立。实际上，国际化不等于西化，国际化也不是与中国化相对立的。因循守旧只能更加落后，关起门来只能自绝于人类文明发展大道，崇洋媚外只会丧失中国主体性和民族尊严。在21世纪，以美国为核心的单极体系式微，资本主义全球化陷入困境，以西方为中心的世界日益没落。西方不能阻止中国崛起，中国崛起既是中国主体性觉醒的必然结果，也是世界历史力量转移的必然结果。中国经济转型成就令世界瞩目：2015年时，中国GDP在全球总量中的占比超过15%，如今已经达到16%～17%。中国进入工业化、后工业化阶段，需要一种新的愿景与发展模式，这种愿景和发展模式要有效超越西方现代化和工业化的主要弊端，开启一种"文明崛起"和"贡献型崛起"新的文明形态。

当代中国人如何走出学徒心态走向自我主张，告别他信建立自信？当前，中华民族前无古人的伟大实践正在开辟出一个伟大时代，在伟大时代做一个能思的和批判的主体至关重要。毕竟，人的现代化是现代化的核心与关键。"人们自己创造自己的历史，但是他们并不是随心所欲地创造，并不是在他们自己选定的条件下创造，而是在直接碰到的、既定的、从过去承继下来的条件下创造。"②过去，通过中国道路和中国奇迹，中国共产党发现了自己的力量，中国人民和中华民族发现了自己的力量。"中国人民和中华民族从斗争实践中懂得，中国社会发展，中华民族振兴，中国人民幸福，必须依靠自己的英勇奋斗来实现，没有人会恩赐给我们一个光明的中国。"③未来，我们要继续坚持中

---

① 余在海、江永霞：《从现代文明的本质界限来看中国道路的历史必然性》，《天津社会科学》2019年第2期。
② 《马克思恩格斯选集》（第1卷），人民出版社1995年版，第585页。
③ 习近平：《在纪念五四运动100周年大会上的讲话》，《人民日报》2019年4月30日。

国共产党的领导,坚持人民的主体地位,前者是中国特色和政治优势,后者是社会主义本质和制度优势。

面对西方的话语霸权和理论强势、面对西方对中国道路的曲解和质疑,我们要牢牢掌握阐明中国道路的话语权。"物质力量只能用物质力量来摧毁"①,同理,话语力量也只能用话语力量来摧毁,理论力量也只能用理论力量来摧毁,精神力量也只能用精神力量来摧毁。要摧毁西方对中国道路的误读,关键要靠我们自己对中国道路的正读,我们只有正确解释中国道路才能有效地应对西方对中国道路的误读。现实地看,"中国的发展是世界的机遇,中国是经济全球化的受益者,更是贡献者"②。"文明因交流而多彩,文明因互鉴而丰富。文明交流互鉴,是推动人类文明进步和世界和平发展的重要动力。"③中国道路不仅改变中国,而且深刻改变世界。"我们的改革不仅在中国,而且在世界范围内也是一种试验,我们相信会成功。如果成功了,可以对世界上的社会主义事业和不发达国家的发展提供某些经验。"④就此而论,中国道路具有开创性、启发性、示范性,承载着扬弃资本主义文明、开启人类新文明的历史使命。

在全球化时代和世界力量转移加速期,中国道路和中国奇迹导致一些西方理论正在被质疑,一种新版的马克思主义理论正在颠覆西方的传统理论。21世纪是中国崛起的世纪,中国崛起必然伴随着中华文化的繁荣兴盛,中国崛起也必须要借助于中国人高度的文化自觉、文化自信和文化自强。历史地看,中国道路和中国奇迹是中国共产党和中国人民在奋斗实践中创造的。"中国的学术界理论界正在摆脱对西方话语的路径依赖,不断增强建构中国话语体系的集体自觉。"⑤我们坚信,中国道路必将越走越宽广,坚强有力的中国共产党和伟大的中国人民必将创造越来越多、越来越大的中国奇迹!

---

① 《马克思恩格斯选集》(第1卷),人民出版社1995年版,第9页。
② 习近平:《习近平谈治国理政》(第2卷),外文出版社2017年版,第484页。
③ 习近平:《文明交流互鉴是推动人类文明进步和世界和平发展的重要动力》,《求是》2019年第9期。
④ 《邓小平文选》(第3卷),人民出版社1993年版,第135页。
⑤ 何毅亭:《中华民族伟大复兴与中国话语的崛起》,《学习时报》2019年9月27日。

第七章 人类文明视野下的"中国现代性"建构：2012年以来国家治理体系与治理能力现代化

第六节 人类文明视野下高技术与高情感的协调发展

高技术与高情感协调发展是人类社会发展面临的重大现实问题。高技术与高情感失衡问题是现代社会与人性相冲突的重要后果之一。从现代化的视角看，人的心理现代化的核心是一种"精神现象"，作为一种"精神现象"，人的心理现代化的主要特征就是用高情感驾驭高技术进而实现高技术与高情感的协调发展。在以科学技术为核心的现代文明发展语境下，技术理性宰制人的情感世界，导致技术异化、情感危机和精神贫乏。西方学者在批判技术的救赎之路上走向虚无主义，不能给技术异化问题以现实出路。马克思的实践观正确把握了人类社会发展和人的自由全面发展的独特本质，把人的逻辑和物的逻辑统一起来，为高技术与高情感的协调发展指明方向。在当代中国，社会主义现代化建设的目标之一就是实现高技术与高情感的协调一致。如果要真正实现这一目标，只能借助于一场伟大的社会革命和心理革命，大幅提高"个人情商"、"社会情商"和"国家情商"，以便更好地驾驭高技术。

回顾人类发展史，技术进步不仅促进了生产力的发展，而且也对人类社会结构、思维方式、情感表达产生了深远影响。在21世纪，高技术与高情感相平衡的时代呼求日趋迫切。推进技术进步和开发人类潜能是今日人类面临的两大挑战。高技术与高情感相协调的原则所内在要求的，正是古希腊的理想——"平衡辩证法"——的现代表达，一些有识之士早已关注此一问题。1982年约翰·奈斯比特在其著作《大趋势——改变我们生活的十个新方向》中提出"高技术与高情感相平衡（High Tech/High Touch）"的命题，他指出"每一种新技术被引进社会，人类社会必然会产生一种要加以平衡的反应，也就是说要产生一种高情感，否则新技术就会遭到排斥"[①]。人作为喜爱交往的存在物，按其本性必然要发展到注重交换、交往和交流的历史阶段。可见，高技术必然会引起高情感，而高情感，又必然会引起人们对相聚在一起的需要。在高技术化时代，高技术激发人的潜能发展出一套人性化的情感系统，对技术的非人性方面加以矫正或补偿，其结果就是人类发展了新的潜能。奈斯比特

[①] 约翰·奈斯比特：《大趋势——改变我们生活的十个新方向》，梅艳译，中国社会科学出版社1984年版，第38页。

强调现代社会正从强迫性技术向高技术与高情感相平衡转向，技术发展越高级，对这种平衡的要求越强烈。为了更精准理解这一转向，不仅需要一种"高技术文化"，更需要在技术和人文协调基础上建构"高技术高情感"社会。我们认为，高技术与高情感相协调问题的理论研究是21世纪学术研究的一个重要理论生长点。在21世纪迫切需要进行一场与"科技革命"相适应的"社会革命"、"情感革命"和"心理革命"。

一、高技术与高情感协调发展：人类社会发展面临的重大现实问题

通常，高技术和高情感是相对于低技术和低情感而言，具有新的时代特征。高情感不是泛指人区别于动物的高级情感，而是特指现代人适应高技术社会需要的高情感。高技术与高情感协调问题只有在现代社会语境下才具有切实的意义。高技术与高情感的协调发展问题不仅是现代社会发展的一个现实问题，更是人类文明转型发展面临的重大问题。

历史地看，技术和情感之间存在着互相推动的动力关系。在人类精神世界的认知、情感、意志三个向度中，知性代表人类精神活动的纯客观实在，体现在人认识世界的活动之中，意志代表人类精神活动的纯主观意愿，体现自然和人在精神内部的对立，而情感是连接主观世界和客观世界的桥梁，体现自然和人在精神内部的统一。心理学对情感的定义是"人对客观事物是否满足人的需要而产生的态度体验，是人对客观世界的一种特殊的反映形式"。[①] 技术的发明创造不仅能够满足人的物质需要，解决人的基本生存问题，还能够不断地催生并满足人探索的需要、交往的需要、享受的需要、发展的需要、自我实现的需要等多方面的精神需要，促进人的情感的丰富和人的需要的提升。现实地看，人的需要又是多层次和发展性的，当人满足了一种需要之后，就会产生新的更高的需要，正是人的需要从根本上构成了技术发展的深层动因。技术发明作为一种人的创造性活动，离不开情感的参与。从钻木取火、石器制造到大机器生产、人工智能都离不开人类的情感活动。人类的生存、享受和发展须臾离不开技术，在基本生存的需要获得满足之后，人类的情感生活必然要丰富起来，政治、文学、艺术、宗教才等得以繁荣，社会形态才会由低级向高级演进，人类才能更进步更文明。

按照唯物史观，一定的情感状态与一定的技术发展水平相对应，并随着技

---

① 桂世权：《心理学》，西南交通大学出版社2000年版，第182页。

第七章　人类文明视野下的"中国现代性"建构：2012年以来国家治理体系与治理能力现代化

术的发展而变化。在渔猎时代，人类敬畏并顺从自然，人与人之间彼此缺乏安全感，人的情感被大自然所奴役。此时，对自然的崇拜、恐惧等情感成为人类精神活动的主要内容。原始的宗教、艺术和政治等均以本真情感为内涵和限度。私有制产生之后，人的情感变得细腻、专注和复杂，人类在长期的情感纠纷和利益冲突下，"需要有一种表面上凌驾于社会之上的力量，这种力量应当缓和冲突，把冲突保持在'秩序'的范围以内"。[①] 于是私人权力让渡成为公共权力，人在克己复礼中维护了长久的"普遍利益"。这时的情感不再以本真为内涵，而是渗透了理性和意志，催生出"温情理性"。例如农业时代的价值观讲究禁欲、节欲、导欲，倡导知足常乐、随遇而安、敬天敬祖。人们试图在低生产力和低需求之间保持平衡，毫无疑问，这种平衡是以牺牲个性、情感和欲望为代价的，是"情感的原始丰富"，也是人与自然之间的消极平衡。此时"人类面临的自然压力和风险无法通过技术手段克服，于是人类内在世界的主体是自然和人类的结合体，即'神'，不仅拥有自然的力量，而且还表现出对人类的博爱的情感联系"[②]。这时候人的情感世界是自然力量人格化的摹本，人总是求助神明达到情感的满足，人不敢肯定自身。然而，"人是唯一能自寻烦恼的动物，能够感到被逐出乐园的动物。人是唯一发现自己的生存问题的动物，他不得不解决这一生存问题，这是他无法逃避的。他不能退回到与自然和谐相处的史前状态；他必须进而发展自己的理智，直到他成为自然及自身的主人"。[③]

到了工业时代，人的情感世界的演变与科技革命的发展紧密地结合在一起。在科技的加持下，生产力发展发生了质变，传统等级制的瓦解也带动了精神领域的革命。一方面人的精神关注的重点开始从抽象思辨转向实证研究，致使自然科学成为最具优势的学科，科学精神开始占据人类精神的主导位置；另一方面在人文主义、启蒙思潮和宗教改革的冲击下，人开始正视自身，高扬理性的解放、个性的解放和人性的解放。这样在这种情况下，"人类非常关注技术的实用性，关注运用逻辑演绎和数理分析等理性方法去认识、驾驭自然界的可能性，这就是所谓'技术理性'"[④]。在历史的演化中，技术理性逐步占据人类文化的中心地位并且宰制人的情感，随着人的情感逐渐从宗教、礼教、道

---

① 《马克思恩格斯选集》（第4卷），人民出版社2012年版，第187页。
② 陈凡、徐旭：《后人类时代的技术情感及其伦理反思》，《系统科学学报》2020年第1期。
③ 埃里希·弗罗姆：《健全的社会》，欧阳谦译，中国文联出版公司1988年版，第22页。
④ 张成岗：《技术、理性与现代性评判》，《自然辩证法研究》2004年第8期。

德、习俗的束缚当中解放出来,理性与情感的冲突也日趋激烈,此时,情感的内涵和表达方式均发生了深刻变化。人的情感世界从"自在自然"下解放出来发展成为注重"人化自然"阶段。与此相应,人的情感开始追逐"人化自然",并且在"人化自然"中得到确证,结果人的情感世界的丰富性减少而清晰度大增。在信息化时代,人们的情感生活越来越依赖于网络技术,人们抽象地建立起自己的情感生活,产生了虚拟情感和情感泛化,稀释了丰富的人性和人的情感世界,结果造成情感失落和精神贫乏。如今,主客体之间的交往被高度中介化了,情感相对地脱离身体和现实生活。人成为简单接受和处理信息的机器,缺乏内向的精神向度。随着崇高的逐渐失落,"人诗意地栖居"状态也逐渐丧失,时代发展呼唤高技术与高情感的平衡与协调。

诚然,高技术与高情感的不协调不平衡发展是常态,协调发展和平衡发展是例外。通常,高技术与高情感的发展变化具有非同步性,即情感的发展往往会落后于技术的发展,技术的发展会对情感发展提出新的更高要求。综观技术与情感匹配主要有四种样态:低技术低情感、低技术高情感、高技术低情感、高技术高情感。现阶段的高技术是20世纪60年代以来以信息技术、生物技术、新材料技术、新能源技术、人工智能技术等为代表的高技术。"人工智能作为人工塑造物,其有成为潜在社会主体的能力。一方面它将突破人性的局限性,将适用一种更为简单粗暴的社会运作方式,以使得文明社会重新野蛮化;另一方面,技术发展将塑造出作为绝对强者的人工智能系统,而它也可能造成新的社会失衡。"① 与现阶段高技术适应的高情感是人类精神生活高度发达的产物,它扬弃了动物性的粗糙和野蛮、人性的物化和异化,是在实践中不断丰富和发展的人性的本真状态。

技术与情感在当前人类社会表现出不平衡不协调的发展状态:过度膨胀的物化意识和技术理性导致的高技术低情感。这种低情感表现在人自身上就是人主体性地位的丧失,人的精神的贫乏,人性的原始完满性遭到破坏;表现在人与人之间就是人的情感交流中介化、疏离化和功利化,真诚和信任成为社会稀缺资源;表现在人与社会之间就是"个人自由有余而社会团结不足",人的情感生活高度秩序化,情感生活广度宽度增加而深度降低;表现在人与自然之间就是人与自然关系恶化,自然失去诗意的光辉成为人掠夺的对象。高技术和高情感发展的不平衡是近代以来技术理性的膨胀和僭越的必然结果,与现

---

① 赵汀阳:《人工智能提出了什么哲学问题?》,《文化纵横》2020年第1期。

代化和现代性密切相关。因此,中国在追寻现代化和建构"中国现代性"的历史进程中,应高度重视此一问题。习近平总书记在党的十九大报告中指出:"加强社会心理服务体系建设,培育自尊自信、理性平和、积极向上的社会心态。"①这是中国破解高技术与高情感发展不平衡问题的"中国方案"。

二、现代社会发展面临的两大难题:技术理性的僭越与人的情感危机

现代人应深思:我们的生活方式及其奋斗目标是否走向了歧途?诚然,人不能只靠面包生活,同样,人也不能只靠技术生活,人是技术的主人,技术充其量只是人过上美好生活的手段和工具。认清技术的本质需要有深刻的自我意识。笛卡儿对自我意识的寻求作了"我思故我在"的回答。"笛卡儿的回答只是强调作为思维活动主体的'我',而没有看到表现在感情过程和创造行动中的'我'。"②

其实,在不同时代,科学技术呈现的方式差别很大:古代技术主要以"手技"方式呈现,此时人与人的关系处于"人的依赖"阶段;近代技术主要以"物技"方式呈现,此时人与人的关系处于"物的依赖"阶段;现代技术主要以"脑技"方式呈现,此时人与人的关系处于"知识依赖"或"技术依赖"阶段。值得反思的是,技术的发展与进步,并未使人与技术的关系更加和谐,反而一定程度上导致技术的"异化"和人的"物化",技术日益成为操控人的"座架",抹杀了人所具有的多样性和社会性,使人沦为社会机器上的一个零件,结果造成了人的尊严和情感意义的丧失。在现代社会,人的"物化问题"已成为"结构性问题",它构成了种种现代人生存深层次的情感危机和"现代性困境",也是"现代性焦虑"和人的精神危机的主要动因。值得注意的是,"现代性焦虑"在文明转型期和社会转型期得以凸显和强化,已成为不可忽视的公共性问题。现代文明前景如何?我们认为,在一定意义上取决于能否实现高技术与高情感的协调发展。在反思西方现代性和建构"中国现代性"的过程中,我们要切实矫正马克斯·韦伯所揭示的"专家们没有灵魂、纵欲者没有心肝"之弊端,就必须实现高技术与高情感的协调发展。

---

① 习近平:《决胜全面建成小康社会 夺取新时代中国特色社会主义伟大胜利:在中国共产党第十九次全国代表大会上的报告》,人民出版社2017年版,第49页。
② 埃里希·弗罗姆:《健全的社会》,欧阳谦译,中国文联出版公司1988年版,第60页。

1. 技术理性的僭越

技术理性的产生是科学技术发展和理性自身演变相互作用的必然结果。启蒙运动确立了理性的崇高地位，科学技术的发展使得理性内部发生结构性裂变和失衡，技术理性成为理性的主流形态。"西方文明受到了古希腊社会创造的理性思维之新力量与新技术的巨大恩惠。"①在现代性运动进程中，技术理性不断膨胀，一方面造成了人类和大自然的关系处于"征服—报复"恶性状态中，人类中心主义导致无休止地向大自然索取，超出了大自然的承受能力，破坏了人类赖以生存的基础；另一方面技术理性取代人类中心地位而成为支配和控制人的力量，原本作为人类手段和工具的技术变成了人类追求的目的，技术理性以其巨大的力量实现了对人类的全面奴役和控制，结果导致技术理性对自身功能的僭越。虽然人类凭借技术的力量给自己带来了物质上短暂的满足，但是人类精神自由却由于技术理性的僭越而被忽视、被遗忘，人类生活在一个高技术却不自由的世界。原本为人类服务的技术站在了人类的对立面，技术变得敌视人了，呈现出技术异化的现状。

西方学者海德格尔从人本主义立场出发批判技术理性的片面发展对人的生存造成的严重后果。他认为现代技术是一种"促逼"意义上的技术，而不是"产出""创生"意义上的技术。在技术社会中人被异化了，"人变成了被用于高级目的的材料"。人不是一个纯粹的持存物，而是成为另一个目的的手段而存在，人自身的价值和意义也只有在这个意义上才被展露。"当人在研究和观察自然之际，把自然当作表象来追踪时，他已经为一种解蔽方式所占用了，这种解蔽方式促逼着人，要求人把自然当作一个研究对象来进攻，直到对象也消失于持存物的无对象性中。"②技术的本质居于集置之中，集置促逼着人，使人以订造的方式把现实当作持存物来解蔽。人普遍地成为"技术人员"参与到技术的摆置当中，彻底沦为技术世界维持自身存在及再生产的环节。所以海德格尔认为现代人处于"无根"的状态中，人们看不到存在的意义，人们或迷失、或彷徨、或恐慌，为了弥补这种空虚感，人们追求高技术—高消耗—高消费—高技术的虚假物质满足链条之中，人类的家园已丧失，人的精神世界日益萎缩，人类变得"无家可归"了。海德格尔在形而上学的高度追问技术的本质，但在

---

① 伯纳德·巴伯：《科学与社会秩序》，顾昕译，生活·读书·新知三联书店1991年版，第47页。
② 马丁·海德格尔：《演讲与论文集》，孙周兴译，生活·读书·新知三联书店2005年版，第20页。

破解技术异化问题的时候却出现理论上的软化,他认为借助于"沉思"人们可以从技术的统治中解放出来,回归人的生活世界,他还倡导人要诗意地栖居大地,在思辨中完成了对技术的追问,这条路是行不通的。

法兰克福学派从人的解放角度对技术主义和技术异化现象进行严厉的社会批判和文化批判,其积极成果主要体现在弗洛姆、马尔库塞和哈贝马斯的相关论述中。弗洛姆深刻地指出技术的发展并没有给人带来快乐,人并没有主宰自己的生活,反而成为"官僚机器的齿轮",变成一架"没有思想、没有情感的机器"。马尔库塞揭示了技术成为社会控制和社会团结的新的、更有效的、更令人愉快的形式。技术的合理性已经变成政治的合理性。"社会控制的现行形式在新的意义上是技术的形式。"[1]后工业社会的"病态"在于人已经成为一个只有物质生活而没有精神生活的"单向度的人",结果造成了一个以技术社会成就为基础的更高阶段对人全面的奴役和人的尊严的丧失。在哈贝马斯看来,晚期资本主义和科学技术的联姻使涉及人与自然关系的工具行为合理化,而主体之间的交往行为越来越不合理化,交往行为被吸收到工具行为之中,必然造成主体间的矛盾和冲突。在科学技术成为第一生产力的语境下,统治者试图将政治问题转变为技术问题,于是科学技术就成为意识形态,执行意识形态的功能。概括起来,法兰克福学派对技术批判的突出特色是将科学技术作为一种新的意识形态加以批判,这具有现实意义和理论合理性,但他们提出的解决方案却是设想一个统治隐退、自然获得"安抚"、创造性工作和游戏的社会,结果把人类带向了一个虚无的未来。

与此不同,马克思对技术异化的批判是从资本逻辑和劳动异化的生存论分析入手的,聚焦于从人类文明的高度正确把握科学技术的社会作用。他指出"技术的胜利,似乎是以道德的败坏为代价换来的。随着人类愈益控制自然,个人却似乎愈益成为别人的奴隶或自身的卑劣行为的奴隶。甚至科学的纯洁光辉仿佛也只能在愚昧无知的黑暗背景上闪耀。我们的一切发明和进步,似乎结果是使物质力量成为有智慧的生命,而人的生命则化为愚钝的物质力量"[2]。科学技术"有时表现为异己的、敌对的和统治的权力"[3]。技术在资本主义生产方式下,同人的自由和解放是相对立的。工人在大机器生产条件

---

[1] 马尔库塞:《单向度的人:发达工业社会意识形态研究》,刘继译,上海译文出版社2008年版,第9页。
[2] 《马克思恩格斯选集》(第1卷),人民出版社1995年版,第775页。
[3] 《马克思恩格斯文集》(第8卷),人民出版社2009年版,第358页。

下，获得的不是幸福，而是不幸；不是促进人的身心健康发展，而是使工人身心备受折磨、精神备受摧残；不是技术助力工人摆脱贫困，而是使工人陷入阶级性贫困和制度性贫困。在马克思看来，资本主义生产方式是导致技术异化和人受奴役的根源，技术问题的背后是物化和资本的问题。"只有资本主义生产方式才第一次使自然科学为直接的生产过程服务，同时，生产的发展反过来又从理论上征服自然提供了手段。科学获得的使命是：成为生产财富的手段，成为致富的手段。"[①]技术的异化是资本家无限制追逐剩余价值的必然结果，而不是科学技术本身的问题。只要科学技术服膺于为资本增殖服务，科技异化就必然产生。鉴于资本主义自身所束缚的生产力是克服资本主义的客观前提，马克思试图用合理的社会制度保障科学技术的正确运用，始终以人的发展为原则，坚持科学技术要为人类社会的健康发展服务，让科技为人类造福。所以要解决技术异化问题最根本是要消灭资本主义制度，建立更文明更和谐更进步的社会主义制度。

2. 人的情感危机

在科技革命浪潮的冲击下，技术理性侵占社会结构的方方面面，在扩大人的自由的同时也在限制人的自由。人在一种量的计算性和可操作性上塑造自我，技术成为衡量人的价值的主要标准，人的其他发展属性要么被压抑、要么被泯灭。正如拉普所说的："由于技术是日常生活的一个组成部分，因此它必然影响人的思想感情。"[②]如果说在工匠技术阶段，这种影响还是现存社会和文化的一部分，那么在如今，技术手段和科学方法使一切活动目标得到了最大的效益，所以追求更先进的技术必然成为一条规范。在科技进步的感召下，人们开始从技术理性的高度重新审视人的精神生活。文艺复兴要求正视人的本能、欲望、情感，高扬人的理性精神，人性的发展却在技术的挟持下以物质压制精神而扭曲。与之相对应，人的情感世界呈现理性化、物化、浅层化、趋同化、功利化等病态特征。

科技革命打破了在农业文明基础上形成的以自然的平衡为范式的文明结构。人类利用技术征服了自然，使自然成为纯粹的客体和对象，传统情感世界的自然基础遭到毁灭。技术将神话、巫术、宗教、道德和古典艺术等进行理性清除，对世界的神秘性和非理性进行祛魅，导致了人的情感世界发生嬗变。人

---

① 《马克思恩格斯文集》（第8卷），人民出版社2009年版，第356~357页。
② F.拉普：《技术哲学导论》，刘武等译，辽宁科学技术出版社1986年版，第48页。

第七章 人类文明视野下的"中国现代性"建构：2012年以来国家治理体系与治理能力现代化

与人的情感由自然血缘关系为纽带的情感转向以社会规范为纽带的情感，人与社会的情感由人依赖社会转向人追求独立，人与自然的情感由崇尚和谐转为走向对立。科技革命建构了技术理性为基础的社会生活和精神世界，"这种秩序化的社会结构剥夺人的情感。在这种社会结构中，技术代替了人的感受，它把个人存在导向枯燥沉闷、了无意义的状态，它使人们，尤其是年轻一代，获得非人化的体验"①。在数字化、机械化、信息化的现代社会，人为了适应社会和追求所谓的成功将自己的情感纳入理性轨道。情感理性化一方面造成了人的情感减少了原始的冲动，提高了"情商"；另一方面造成了技术理性渗透情感，作为主观世界的情感越来越客观化、外在化。以理性来把握情感，情感就成为理性的对象，人的情感就变成了抽象的理性联系，缺乏整体性。"一切都受到了最无情的批判；一切都必须在理性的法庭面前为自己的存在作辩护或者放弃存在的权利。思维着的知性成了衡量一切的唯一尺度。"②人的情感在技术理性的统治下日益程序化、形式化、单向度化，情感失去了自然本真的天性。

现阶段随着人逐渐摆脱了对人的依赖性，在物的依赖基础上建立起人的相对独立性，人的情欲泛滥而情感萎缩成为必须直面的问题。高技术社会使生产和交往都成为纯技术性活动，人与物和人与人的直接深度的交往减少，浅层的定向间接交往越来越多，情感交流高度中介化、间接化。这有利于远距离的情感交流，却使近距离情感交流变得疏离化，生活中充满了"陌生的熟悉人"。技术社会中社会价值和社会感情容易遭到普遍的质疑，而个人的感情和个人价值得以重视，与生存性需求相关联的情感要求相对减少，而与发展性需求相关联的情感要求增多。"从满足'生存性需求'到满足'发展性需求'进程中，必然提出精神世界和人的尊严问题。"③技术的发展从消费层面满足了人的情感世界丰富的要求，人被外界刺激诱导产生虚假的需求和消费，从而产生虚假的情感和情感的物化，人的心理和社会心态也发生变化，更注重的是及时行乐。情感的物化使情感变成达到目的的工具和手段，正如海德尔格所揭示的人与人的工具性关系。一方面，"我"把"他人"当成工具，另一方面，"他人"也把"我"当成他的工具。功利化的技术性情感泛滥，真善美的情感被物质夷

---

① 罗洛·梅：《爱与意志》，冯川译，国际文化出版社1987年版，第69页。
② 《马克思恩格斯选集》（第3卷），人民出版社2012年版，第391页。
③ 张艳涛、郭晓月：《论广义虚拟经济视阈中人的心理特征》，《广义虚拟经济研究》2014年第2期。

平,物欲横流正冲击人类的情感世界。消费主义文化倡导并践行"大量生产、大量消费、大量废弃",其结果是消费变挥霍司空见惯、消费变浪费习以为常。我们认为,树立理性健康的消费观念,这既是个人生命追求的价值所在,也是现代人应有的内在涵养。实际上,人性,只有在"非常时期"才能充分地暴露其真相,特别是在我们这个"后真相"时代。

我们可以模仿马克思说:哲学家只是不同地批判了技术,而问题是,技术改变了世界。技术创造出强大的物质文明和精神文明,但现代人的活动却趋于标准化、同质化。现代人类生活的民族性、区域性、人文性的特点越来越少,所有事物千篇一律,如城市建设、住房建设、景点建设、厂房建设等,相似的物质文化生活必然导致相似的精神文化生活。技术的发展催生了如电视、电脑、手机、网络等新兴的精神文化样式,既带来了精神生活的趋同化,也带来了情感的同质化,人与人在"相互依存"的情况下又"彼此疏远"。高技术时代如何彰显人的主体性,这是时代性难题。科学技术是社会发展和进步的重要动力。然而,社会发展和进步总是会付出一定代价的,并且往往通过付出一定代价来为自己开辟道路,这是社会发展的一条规律,问题是要把发展的代价限制在最小限度。

在网络信息时代,治国理政更加复杂,科学技术的地位和作用日益提升。自从1919年新文化运动以来,科学就成为中国人梦寐以求的先进理念之一,中国人试图借助于科学技术,快速赶超西方发达国家。1923年的科玄论争,争论的实质不是要不要学习和引进西方科学的问题,而在于是否把西方科学当作一种信仰来引进的问题。其实"依法治国"、"以德治国",最终还是要借助于科技手段。根本原因在于,科学技术是推动时代发展的重要动力。如果说资本主义社会得以立足的原则就是物对人的统治,那么高技术低情感社会的主导原则是技术对人的统治。哈耶克在《通往奴役之路》中,从一个自由主义者的立场批判了把科学技术当作解决一切技术和社会问题的思维习惯。但至今仍有一些人对科学技术盲目崇拜,提倡"科技专家治国论",看不到科学技术充分发挥作用需要合理的制度保障和情感保障。

三、如何走出失衡困境:在实践基础上实现高技术与高情感的协调一致

如果说高技术就是力量,那么高情感才是方向。大多数研究者都注重技术对人的积极影响,而较少反思技术的负面效应。在高技术的时代,需要关注

第七章　人类文明视野下的"中国现代性"建构：2012年以来国家治理体系与治理能力现代化

人的情感世界，需要培育理性平和的高情感的现代人。西方哲学和社会传统强调理性和情感二分，理性在近代被褊狭化为技术理性，这一传统一直延续到现代，以至于现代社会的"现代性"理解成为"理性"，"现代化"理解为"理性化"，心灵问题被理解为纯粹的"心智"问题，人本身的问题被忽视了。宗教的回潮、邪教的盛行、迷信的泛滥就是对技术理性统治的消极反弹。"人与世界的关系，不只是认识关系，人不只是认识的主体；人与世界的关系，还是情感交流关系。科学世界与情感世界应当是统一的，知性的人和情感的人也应当是统一的。"[①]我们的观点是：现代人既要与自然成为一体而又不淹没在自然中，又要与技术成为一体而又不淹没在技术中，实现高技术与高情感的协调发展。在21世纪，"健全的个人"一定是"智商"和"情商"都高的人，"健全的社会"一定是"高技术高情感"社会、"健全的国家"一定是"强国"与"强民"统一的国家。

未来学家奈斯比特揭示了现代人心理取向变迁的大趋势是开始了"向高技术与高情感相平衡的转变"和"从非此即彼的选择到多种多样的选择"的发展。在一个充满不确定性的高风险时代，人与技术的匹配至关重要，归根结底，高技术需要人的高智商和高情商来匹配。新技术带来新风险，对此要做好应对之策。现代社会尽管财富在增长，但是制度性贫困依然存在。如何携手消除贫困，实现共同发展？这是一个时代性难题。就人类收入与技能匹配而言，出现"低技能、低收入"与"高技能、高收入"两个极端，这种不断拉大的"财富差距"加剧了阶级与阶级、阶层与阶层、人与人的紧张关系。如今，科学技术已成为社会结构的重要组成部分，"科学—技术—产业"的链条已成为推进经济发展和社会进步的主要动力。实际上，社会心理和社会性格的形成不能归结为一种单一原因，因为它起源于社会存在和社会诸要素的相互作用。

从精神层面看，科学精神和人文精神是统一的，人文精神具有科学因子，科学精神具有人文因子，科学技术改变物质世界的过程同时就是人的精神世界对物质进行能动的作用过程。从历史上看，科学技术和人文主义是相伴而生的，在文艺复兴和启蒙运动中发挥了重要作用。科学技术和人文主义扩张了人类文化的发展空间，二者的分离造成了现代文化的深刻矛盾，并对人的精神世界产生深远影响。技术理性的僭越和统治导致人文危机和情感世界的萎缩，也制约了科学技术的发展。科学和人文的统一，高技术与高情感的统一，也就是人文化的高科技与理性化的高情感相互融合和协调一致，是人类社会

---

① 蒙培元：《理性与情感》，中国人民大学出版社2009年版，第12~13页。

发展的理想出路。在第四次工业革命境遇下,如何防止技术失控和数字化风险?有两点应明确:第一,技术由人类创造;第二,技术要为人类服务。技术的唯一价值就是解放人并为人的自由全面发展服务。高技术只能作为高情商个人和高情商社会的仆人,而不是主人。我们必须这样来管理高技术社会,强调它的经济活动的工具性,使它服从于促进人的自由全面发展的目的。"马克思的社会主义思想核心就是主张,人及其感情和理智的力量是文化发展的目标所在,物(即资本)必须服务于生命(劳动),生命决不可以服从死的东西。"①

问题是:高技术与高情感如何统一?马克思在这个问题上给了我们深刻的启迪。他在《关于费尔巴哈的提纲》中指出:"从前的一切唯物主义(包括费尔巴哈的唯物主义)的主要缺点是:对对象、现实、感性,只是从客体的或直观的形式去理解,而不是把它们当作感性的人的活动,当作实践去理解,不是从主体方面去理解。因此,结果竟是这样,和唯物主义相反,唯心主义却发展了能动的方面,但只是抽象地发展了。"②这句话可以理解为以前的自然科学对对象、现实、感性只是从客体的或者直观的形式去理解,没有把技术活动当作是"感性"的人的活动,从主体方面去理解。结果就是人的活动和人的情感都抽象地发展了。造成这种后果的原因在于以往的自然科学不了解人的实践活动的人学意蕴,实践不仅是人能动地改造客观世界的对象性活动,也是使技术与情感、科技与人文统一的关键。马克思曾经批判了那种传统的、脱离了人的实践活动的、抽象的自然科学态度,"说生活还有别的什么基础,科学还有别的什么基础——这根本就是谎言"③。一方面,人从事自然科学活动的时候并不是一个单纯的机器零件,而是一个有血有肉有感情的现实的个人,"到处都是人的足迹";另一方面,自然科学通过技术实践改变了人的存在方式和情感世界,技术成为自然科学和人的科学之间的中介,科学技术不能敌视人。在马克思看来,"自然科学往后将包括人的科学,正像关于人的科学包括自然科学一样:这将是一门科学"④。马克思并不是要取消人的科学和自然科学的差别,而是强调把自然科学和人的科学、人文精神和科学精神分离开是错误的。虽然自然科学和人的科学之间存在着差异,但是前者关乎事实,后者关乎价值,两者统一于人的实践活动之中。

---

① 埃里希·弗罗姆:《健全的社会》,欧阳谦译,中国文联出版公司1988年版,第281页。
② 《马克思恩格斯文集》(第1卷),人民出版社2009年版,第499页。
③ 《马克思恩格斯文集》(第1卷),人民出版社2009年版,第193页。
④ 《马克思恩格斯文集》(第1卷),人民出版社2009年版,第194页。

第七章 人类文明视野下的"中国现代性"建构：2012年以来国家治理体系与治理能力现代化

在当今中国，高技术与高情感统一的现实基础是社会主义现代化建设。我们说社会主义制度具有显著优势，这一显著优势也必然要反映到合理处理技术与情感的关系中。"社会主义制度的优越性表现在它的文化、科学技术水平应该比资本主义发展得更快、更先进，这才称得起社会主义，称得起先进的社会制度。"①当前，我国社会主要矛盾是人民日益增长的美好生活需要和不平衡不充分的发展之间的矛盾，而要解决好两者之间的矛盾，满足人民日益增长的美好生活需要，实现既平衡发展又充分发展，除了需要高技术的支持，还必须要激发14亿中国人的社会主义现代化建设激情。毕竟，情感的力量、信仰的力量、精神的力量在一定条件下也会转化为强大的物质力量。正所谓，人民有信仰，国家有力量，民族有希望。

党的十九大报告从加快建设创新型国家的高度提出："要瞄准世界科技前沿，强化基础研究，实现前瞻性基础研究、引领性原创成果重大突破。加强应用基础研究，拓展实施国家重大科技项目，突出关键共性技术、前沿引领技术、现代工程技术、颠覆性技术创新，为建设科技强国、质量强国、航天强国、网络强国、交通强国、数字中国、智慧社会提供有力支撑。"②在中国现代化强国建设进程中，高技术和高情感协调发展至关重要，两者的分离和对立将给现代化建设造成"见物不见人"和"人的精神危机"等严重后果。片面注重技术提升，必然导致技术理性泛滥，导致人性物化，情感异化；反之，片面重视情感表达，脱离技术理性极度发挥人文精神，与非理性主义联姻，从理性之外寻找个人生存的哲学依据，人们的精神生活将会淹没在神秘主义和信仰主义之中。我们认为，只有将高科技与高情感在现代化的价值导向中协调起来，中国社会才会稳健地向前发展。中国在追求现代化的过程中，不仅要有"质"和"量"的思维和意识，更要有"度"的思维和意识。"度"的存在经验告诉人们，任何停顿、静止，将使均衡、和谐、稳定僵化而走向生存的破裂和消亡。"度"是无过无不及，掌握分寸，恰到好处。③可见，在现代化进程中，建构现代心理结构和心灵秩序是多么重要。

---

① 邓小平：1977年9月14日会见日本新自由俱乐部访华团时的谈话，《邓小平年谱（1975—1997）》（上），中央文献出版社2004年版，第200页。
② 习近平：《决胜全面建成小康社会 夺取新时代中国特色社会主义伟大胜利——在中国共产党第十九次全国代表大会上的报告》，人民出版社2017年版，第31页。
③ 李泽厚：《实用理性与乐感文化》，生活·读书·新知三联书店2008年版，第38页。

本章小结　现代文明新秩序建构与中国话语权提升

中国发展需要在历史逻辑、现实逻辑和未来逻辑的整体理解和把握中重新定位。现代文明新秩序建构是中国现代化的重要目标。中国实现现代化的核心是现代秩序建构,进而增强中国在开辟新文明方面的影响力和中国作为现代文明国家的吸引力。在中国建设社会主义现代化强国的历史进程中,全面提升中国在"现代文明新秩序"建构中的能力和水平,不仅可以实现中国的现代整体转型与长治久安,而且可以提升中国在全球治理中的话语权并营造良好的中国形象,从而为中国崛起和中华民族伟大复兴创设良好的内外部条件。

中国在力量转移、霸权衰退和平衡转换的世界格局中应起何种作用?此一问题需要进行深入细致的学理研究。我们认为,应该从"现代文明新秩序"建构的高度看待中国发展及其成就。中国发展是世界历史性事件,这一世界历史性事件不仅深刻改变了中国的面貌,而且已经并正在深刻影响世界力量格局与全球治理格局。经过40多年快速发展,中国发展需要在历史逻辑、现实逻辑和未来逻辑的整体理解和把握中重新定位。概括起来,中国发展的历史逻辑已转化为实现"两个一百年"目标和"中国梦",这一目标和梦想归根结底是要在中国建构起"现代文明秩序"。只有在"现代文明秩序"建构中发挥建设性作用才能真正提升中国的国际地位和中国的国际话语权,从而使中国真正"强起来"。

一、中国发展的历史逻辑及其世界历史意义

当代中国的发展定位奠基于中国的历史逻辑之中,只有深刻把握中国发展从何处来,才能切实理解中国发展的世界历史意义和未来走向。

古代中国属于"辉煌中国",曾长期引领世界发展。近代中国积贫积弱,如今,这一历史逻辑已转化为实现"两个一百年"目标和"中国梦",这是中国人和中华民族重新主宰自己命运的一种体现。"现在,我们比历史上任何时期都更接近中华民族伟大复兴的目标,比历史上任何时期都更有信心、有能力实现这

第七章 人类文明视野下的"中国现代性"建构：2012年以来国家治理体系与治理能力现代化

个目标。"①此时一定要凝心聚力，写好中华民族伟大复兴这篇大文章。

中国实现现代化的一个重要方面是建构"现代文明新秩序"。所谓"建构现代文明新秩序"就是"要在注重研究人类社会历史发展的一般规律、社会主义发展规律、党的执政规律和当代中国发展规律的前提下，基于公正的理念、规则和制度，有组织地、整体有序地推进各项改革"②。这就要求我们协调推进中国综合国力的提升。"一个国家的外部崛起，实际上是它内部力量的一个外延。"③一个国家只有在现代文明秩序健全完善的条件下，才可称其为强国，才能屹立于世界民族之林。基于这一理解和认识，我们认为，当代中国发展的关键是从国家、社会和个人三个层面建构现代文明秩序，从而实现国家长治久安、社会安定和谐、个人充满自信。

首先，建立现代市场经济秩序是中国经济发展方式转型升级的需要。现代市场经济秩序是一个国家实现现代化不可或缺的条件。中国从传统计划经济向现代市场经济的转型是现代世界经济史上的重大事件，不仅改变中国，而且影响世界。我们认为，规范的市场经济是一种有效的资源配置方式。作为一种有效的资源配置方式，市场经济只在经济领域资源配置中起决定性作用，而不能泛化成"市场社会"；作为一种解放人和开发人的重要力量，市场经济有助于人的自主性和主体性的确立与成熟。1978年开启的改革开放尤其是1992年社会主义市场经济方向的选择是一场"伟大的变革"，深刻改变了中国社会发展的动力机制、平衡机制和治理机制。当前，立足新时代，我们亟待积极地扬弃现代资本主义文明，自觉转变经济发展方式，建立和完善现代经济市场秩序，其关键是在统筹社会主义与市场经济关系基础上，"建构既有活力又具和谐的经济社会发展的动力机制、平衡机制和治理机制"④。唯有如此，才能保证中国经济迈向高质量发展新阶段。

其次，建立现代国家治理秩序是解决改革进入攻坚期深水区所遇到的实际问题的需要。改革开放以来，中国政府带领民众集中力量办大事，取得了辉煌成就，但随着发展的深化，政府主导的一些弊端也逐渐显现。从国家治理角

---

① 习近平：《习近平谈治国理政》，外文出版社2014年版，第35～36页。
② 韩庆祥、张健、张艳涛：《中国特色社会主义基本原理：中国话语体系》，社2015年版，第302页。
③ 郑永年：《中国改革三步走》，东方出版社2012年版，第187页。
④ 韩庆祥、张健：《破解难题—建构秩序—唱响中国：简析新一届中央领导集体治国方略》，《毛泽东邓小平理论研究》2015年第2期。

度看,主要是人治有余而法治不足,自上而下有余而自下而上不足,行政干预有余而自主创新不足,这些问题已成为我国进一步深化改革的阻碍。当前要以更大决心和力度全面深化改革,通过简政放权,使市场在资源配置中发挥决定性作用。政府的简政放权,根本上是由现代化的"一般规律"所要求的,因为现代化的主旋律就是"领域分离"。中国追寻现代化的目的就是建构"现代文明新秩序"。"中国人对于'中国道路'的探索,其根本宗旨也许正在于为人类的未来探索一种新的可能性——基于'中国现代性'之上的'中国经验',极有可能开辟'一种新的现代性文明形态'。"①

最后,建立现代心灵秩序是丰富中国人精神世界和精神生活的需要。研究和关注中国人精神世界是时代的呼声,也是实现马克思主义关于人的自由全面发展的内在要求,更是中国健康和谐发展的题中应有之意。在当代中国,当我们为国家富强和民族复兴而奋起追赶先进的物质文明、努力实现现代化的历史进程中,我们真切地感到了一些人原有的精神家园正在逐渐荒芜,一些人精神追求出现混乱和迷惘,一些人出现价值迷失和认同危机,一些人出现精神懈怠、精神空虚甚至精神迷失。因此,为了更好地实现中国由大国迈向强国、实现中华民族的伟大复兴,必须高度关注中国人的精神世界,必须努力建设中华民族共有的精神家园。当人们的温饱问题基本解决之后而整体上进入小康生活水平时,必然要提出重视和改善精神生活的诉求。如何基于需求和供给的分析框架"精准"满足这些诉求就成为中国健康和谐发展的关键。问题在于,一些人偏重于对工具理性的追逐而忽略了对价值理性的追求,一些人偏重对物的占有而忽视对心的滋养,一些人注重对生理需求的满足而不注重对精神需求的满足,其结果出现"物化的社会"和"单向度的人"。可见,建构现代心灵秩序是丰富中国人精神世界和精神生活的现实需要。

总之,中国的发展离不开世界,世界的发展也离不开中国。中国发展要合理把握世界历史力量转移趋向,在此过程中寻求中国的"强国之道",同时中国发展要给世界创造机遇,提供"中国方案"和"中国智慧"。毕竟中国发展不仅决定中国命运,而且深刻影响世界格局。

二、中国发展的现实逻辑及其世界机遇

中国发展的现实逻辑肇始于加速实现现代化尤其是 1978 年改革开放以

---

① 张艳涛:《历史唯物主义视域下的"中国现代性"建构》,《哲学研究》2015 年第 6 期。

第七章 人类文明视野下的"中国现代性"建构:2012年以来国家治理体系与治理能力现代化

来中国的整体转型升级,这是决定中国前途和命运的伟大变革。改革开放和现代化加速了中国的整体转型升级,反过来,中国的整体转型升级也为世界提供了新机遇。

第一,中国快速发展离不开现代国家治理体系和治理能力的提升。中国提出第五个现代化——提升国家治理体系和治理能力的现代化,其本质和核心是增强国家、社会与个人的现代特质。提升国家治理体系和治理能力现代化是决定国家前途命运的根本性、全局性、战略性问题,有助于对内提升国家与社会、国家与个人、社会与个人的和谐度,对外提升国家的竞争力。中国发展的近期目标是全面建成小康社会,中期目标是基本实现现代化和建成社会主义现代化强国,远期目标是实现中华民族伟大复兴中国梦。为了实现这些重要目标,当前要处理好中国与世界的关系,从而为中国发展创造一个和平稳定的外部环境。

第二,中国快速发展为世界创造新机遇。"作为一个经济和人口大国,中国也要承担与自身地位相适应的责任,这种责任体现在对内和对外两个方面:对内就是发展经济,摆脱贫困,改善民生,增进福祉,让国民享受到改革发展与现代化的成果,这也是对人类社会的一个巨大贡献。"① 当前,中国发展和世界发展都在转型升级途中,发展中的问题和难题会层出不穷。中国为全球经济治理作出的巨大贡献就是提供了丰富的发展经验,其中一条重要经验就是,中国发展既坚持发展的连续性和阶段性目标,又注重发展的引领性和超越性目标。过去"欠发展"时期的"三步走"战略——"温饱"-"小康"-"基本现代化",今天"发展起来"时期的"两步走"战略——以2020年"全面建成小康社会"为起点,奋斗十五年"基本实现现代化",再奋斗十五年"建成现代化强国"均体现了这一特征。

第三,中国快速发展为全球治理提供更多优质公共产品与公共服务。当代中国发展不仅坚持"以人民为中心"的发展理念,而且还为世界提供更多优质公共产品与公共服务。当前,中国人的发展从"生存性需求"走向"发展性需求"的途中,在新的历史起点上,中国改革发展既要注重公平正义,也要注重大国责任。发展起来的中国如何为亚洲乃至为世界和平发展做出新贡献,提供更多公共产品,承担更多责任,值得深入研究。问题是现有的全球经济治理体系在向发展中国家提供公共产品方面存在明显不足。针对这一情况,中国倡

---

① 金灿荣等:《和平发展:大国的责任》,中国人民大学出版社2014年版,第8页。

导成立亚洲基础设施投资银行,重点支持基础设施建设,一方面可以输出中国国内基础设施建设经验,另一方面也可以帮助"一带一路"相关国家建设基础设施,促进亚洲区域互联互通和经济一体化进程。

在21世纪,问题和挑战倒逼中国"整体转型升级",而中国"整体转型升级"必须借助于高质量发展才能实现。因此,中国发展要增强发展的包容性与内生动力,减少发展的盲目性和代价阵痛。在全球化时代,中国发展要把握世界大势和抓住世界机遇。反思改革开放以来中国快速发展的关键在于抓住世界机遇,乘上了全球化的快车,使中国快速崛起。从总体上看,改革开放以来,中国实现了跨越式发展,但发展也面临"时空压缩"的问题。可以说,中国用四十年的时间,基本走完了西方现代化国家两三百年时间所走过的发展历程,中国发展的这种"时空压缩"效应使我国"整体转型升级"的任务更为复杂和艰巨。具体而言,经济上,我们面临从粗放型经济增长方式向集约型增长方式的转变;政治上,我们要从全能型政府向服务型政府转变;文化上,我们要加强精神文明建设,丰富当代中国人的精神世界;生态上,我们要改善日益恶化的环境,走可持续发展之路。

总之,当代中国面临"整体转型升级"的严峻挑战,但也具有"整体转型升级"的历史机遇。只有有效应对这些严峻挑战,精准把握这些历史机遇,才能顺利实现中国的"整体转型升级"。值得注意的是,中国这种"整体转型升级"带有总体性、结构性和整体性特征,这是此前中国发展所不具有的新特征。

三、中国发展的未来逻辑及其世界新秩序建构

中国发展的未来逻辑奠基于中国的历史逻辑和现实逻辑之中,只有深刻把握中国发展的历史逻辑和现实逻辑,才能真正把握当代中国发展的未来走向。

现代化的实质和核心是秩序建构。如今,世界秩序建构走到一个新的十字路口,旧秩序处于松动和崩解过程之中,新秩序尚未建立和确立,这为中国发挥建设性作用提供了新契机。如今,在世界力量转移加速期,中国要走参与式全球治理之路。我们认为,只有靠对历史规律的深刻把握,靠对人民需求的精准满足,才能不断提升中国在全球治理中的制度性话语权。

秩序是人类社会发展最基本的要素。人类只有一个地球,各国共处一个世界。每到"世界历史"中的全球性时刻,人类向何处去、世界往哪儿走的问题,就会摆在世人面前。围绕世界秩序构建和全球治理规则的制定,各国斗争

第七章 人类文明视野下的"中国现代性"建构：2012年以来国家治理体系与治理能力现代化

与合作并存。基辛格在《世界秩序》中表达了他对"世界秩序"的看法，他认为，构建世界秩序要有两个支点：一是价值和原则，二是权力和利益。"一种肯定个人尊严和参与式治理、遵照一致同意的规则开展国际合作的世界秩序不失为一条出路，也是激励我们的动力。"①虽然我们关注经济因素，但文化因素在更深远的范围和程度上发挥核心作用。从文化上讲，美国可能会从自由主义的价值观中退缩。美国试图用双边协议取代多边协议，逐渐走向保护主义，仔细分析美国政策方向变化背后的总体意图是"美国优先"，试图为美国公民带来更好的结果。一句话，美国人的思维方式是"我们从中得到什么好处？"。

实际上，秩序也可以理解为治理体系，就此而论"世界秩序"也可以理解为"国际治理体系"。从这个角度看，世界是有一定秩序的，具体表现在联合国宪章和联合国整套架构上。如今，中国积极推动世界秩序朝着更加公正合理的方向发展。比如，在"一带一路"建设中，我国坚持共商、共建、共享原则。共商，就是各国平等协商、通力合作，积极商讨全球治理的方案；共建，就是参与治理的各国发挥自身优势，各尽所能，为实现全球治理目标而努力；共享，就是各参与方平等地享有全球治理的成果。共商共建共享是实现全球治理，促进全球治理体系与治理能力现代化的重要环节，这是全球治理中的"中国理念"。

党的十八大以来，我国创造性地提出构建互利共赢的新型国际关系。这既是对《联合国宪章》宗旨、原则的继承和弘扬，更是对传统国际关系理论的发展和创新。我国倡导构建人类命运共同体，提出构建"不冲突、不对抗，相互尊重，合作共赢"的中美新型大国关系，努力走出一条平等互信、包容互鉴、合作共赢的新路，强调坚持和积极践行正确的义利观。关键是"妥善处理中国作为'现秩序维护者'和'新秩序推动者'的辩证统一关系"②。巴黎气候变化大会达成全面、均衡、有力度和有约束力的2020年后气候变化协议，其中"共同但有区别的责任"为全球气候治理提供了"中国方案"、贡献了"中国智慧"，既表达出中国作为负责任大国的应有担当，又从实际出发，照顾到广大发展中国家的现实处境。可见，"在实践创新中提升我国国际话语权，不仅要讲好中国故事，而且要做出中国贡献；不仅要宣示中国理念，而且要拿出中国方案；不仅要以理服人，而且要以行感人"③。

---

① 亨利·基辛格：《世界秩序》，胡利平、林华、曹爱菊译，中信出版社2015年版，第487页。
② 王鸿刚：《中国的"国际秩序观"是什么》，《世界知识》2015年第18期。
③ 孟祥青、王啸：《在参与全球治理中提升国际话语权》，《人民日报》2015年10月15日。

中国积极参与世界治理，目的是获得与自身贡献和能力相匹配的权力。中国在全球治理中要转变角色，由过去的接受者、融入者转变为制度的建设者、治理的参与者。如今，建构更加公平合理的全球治理新秩序成为现实任务。"在国际经济治理中增强话语权，实现从国际规则的适应者和遵循者向制定者和引领者的角色转换。"①当然，中国参与全球治理不应局限于宏观上的经济、政治领域，中国应该同时注重中观、微观层面规则、制度的制定。今后，网络治理、深海治理、极地治理、空天治理等将成为中国参与国际规则制定的新领域。中国在创新全球治理模式方面不断探索，力图使全球治理更加公平合理。"通过内外兼修而构建起既能引领中国全面建成小康社会，又能有效适应和成功引领全球治理变局的中国治理体系，发展出真正'治国、平天下'的能力，既是中国和平崛起的必要条件，也是中华民族伟大复兴的重要标志。"②

公正合理的全球治理秩序既是人类文明整体进步的必要条件，也是世界和平发展的重要保障。当前全球治理中的规则、机制和制度大都是在以美国为首的西方发达国家主导下制定的，因此发达国家在全球治理中拥有主导权。今后在全球治理的过程中，尤其需要注意参与国的平等地位和共同利益，促进决策程序、过程及目标的民主化，使国际新秩序的建立符合公平、公正与合理的要求。习近平指出："中国将坚定维护以联合国为核心的国际体系，坚定维护以联合国宪章宗旨和原则为基石的国际关系准则，坚定维护联合国权威和地位，坚定维护联合国在国际事务中的核心作用。"③这表明，中国的发展将为世界的和平与发展贡献更多力量。在 21 世纪，中国应同其他发展中国家一道，为全球治理体系的现代化，为建立公平、合理、有序的世界新秩序而贡献力量。

综上，中国实现现代化的核心是对内建构现代文明秩序和推进国家治理体系和治理能力现代化，对外提升中国在开辟新文明方面的影响力和中国作为现代文明国家的吸引力，这是中国结合本国国情，统筹国内国际两个大局得出的结论。

---

① 甄炳禧、李晓玉：《未来五年外部经济环境与中国对外开放新思路》，《国际问题研究》2015年第 3 期。
② 欧阳康：《全球治理变局与中国治理能力的时代性提升》，《光明日报》2015 年 12 月 9 日。
③ 习近平：《习近平谈治国理政》（第 2 卷），外文出版社 2017 年版，第 547 页。

四、把中国"发展优势"和"制度优势"转化为"话语优势"

在全球化时代我们要基于"中国道路"建构出一套具有内在逻辑的科学的"中国话语体系"。当前,应立足全球化进程的高度,对内扩大中国话语的认同感和影响力,对外在讲好"中国故事"、传播好"中国声音"、阐释好"中国特色"中提高中国的国际话语权。

全球视野下中国话语体系建构与中国话语权提升已经成为当代中国迫切的理论任务和实践需要。当前,全球化进程中话语交流、话语交锋和话语交融成为新常态。此时,我们必须从战略层面重视中国话语体系建构与中国话语权提升,以有效应对西方的话语霸权。

关于话语对人的影响,西方学界已有一定的涉及,较为典型的理论及其核心要点包括:现代语言之父索绪尔将"语言"与"言语"区分、将"能指"与"所指"分离,其提出的"结构主义语言学"为我们提供了重要的分析工具;1922年李普曼提出的"强大效果论",认为语言通过大众媒介对人的观念能够产生深刻的、直接的,甚至决定性影响;1952年美国语言学家哈里斯提出"话语分析"概念,将话语置于"语境"来考察;20世纪50年代奥斯汀提出的"言语行为理论",改变了人们对于话语原有的看法,将话语与改变世界的实践联系在了一起,促进了"语用学"的发展;20世纪60年代产生于美国的"社会语言学"从社会视角理解语言行为,探索语言与社会主体和社会各领域的关系;20世纪70年代产生于英国的"批判语言学"认为语言不只是社会过程和结构的反映,它同时也建构了社会过程和结构;1972年麦库姆斯提出的"议程设置"理论,认为话语虽然不能决定人们"怎样想",但是却能决定人们"想什么";1980年诺伊曼提出的"积累效果理论"认为话语对人的影响是可以逐渐积累的;1999年萨义德在《东方学》一书中批判了西方强势话语以学术为名,展开对东方世界的话语殖民,他提出的"东方主义""殖民话语"等概念为我们解构西方话语霸权提供了新视角。这些理论深化了话语对人的影响的研究,但这些理论也都有其历史局限性,连西方学界都彼此争论不休。

马克思的"阶级斗争理论"、葛兰西的"领导权理论"、福柯的"话语权理论"、哈贝马斯的"协商民主理论"、布迪厄的"语言象征性权力观"、鲍德里亚的"镜像理论"、罗兰·巴特的"泛符号化理论"等都为话语权研究奠定了基础。马克思的"阶级斗争理论"从历史唯物主义视角揭示了权力的本质,认为经济上占统治地位的阶级必然成为政治上的统治阶级,而政治权力的直接来源则是阶级斗争,是阶级斗争中各种政治力量较量的实际结果;葛兰西的"领导权理论"从宏观视角揭示了统治阶级借助"话语的建构"实现霸权意识形态,丰富和发展了马克思的阶级斗争理论;福柯的"话语权理论"将权力与话语嫁接,提出"话语即权力"的论断,从权力视角审视话语背后的意义以及由意义编织的网络,揭示了话语在秩序建构中的作用;哈贝马斯的"协商民主理论"阐明了语言如何具备以"共识"和"合作"而非"强制"或"操纵"的方式来协调公共利益;布迪厄的"语言象征性权力观"不仅为我们研究西方霸权话语体系提供了理论启示,而且其"游戏语言""符号资本""市场语言"等概念还启发我们在全球化时代国际话语权博弈的新思路。

话语与权力互为依托,话语因传播而得以表达,权力的实现得益于意义的阐释,意义又因传播而得以赋权。庞中英在《国际关系中的软力量及其他》(《战略与管理》1997年第2期)较早提出传播中国价值观和文化等软实力问题;张国祚在《提升我国文化软实力的战略思考》(《红旗文稿》2011年第4期)一文中对我国文化软实力的现状进行了深入剖析,列举了我国文化软实力建设取得的成绩,分析了面临的挑战,并提出宏观对策建议。上述研究具有启发与借鉴价值。

目前国内已有多所高校成立话语研究中心,开展中国话语研究。胡正荣在《精准传播是提升国际传播效果的关键》(《中国社会科学报》2014年9月17日)一文中指出,中国国际传播要从一元转向多元化、从单向度的宣教变为双向度的沟通,从"撒胡椒面"式的传播转为精准传播;2014年施旭在英国帕尔格雷夫·麦克米伦出版社出版 Chinese Discourse Studies,第一次系统地向国际学界展示中国话语研究体系,在问题意识上,聚焦中国发展。关于中国话语权研究集中体现在如何理解中国发展与意识形态建设关系上。在新闻传播学领域,吴瑛在《中国话语权生产机制研究:基于西方舆论对外交部新闻发言人引用的实证分析》(上海交通大学出版社2014年版)一书中指出,中国已成为一个大国,但还未成为一个强国,中国人缺乏自信,一个重要原因是我们对中国话语权及其生产机制研究得还不够。在国际关系领域,张志洲在《提升学术话语权与中国的话语体系构建》(《红旗文稿》2012年第13期)一文中提出,"通过理论创新和学术创新来提升中国的学术话语权,从国家战略的高度构建中国的话语体系,使关于不同具体问题的话语表述能被广泛接受和认同,是构建中国话语体系的突破口"。

在马克思主义领域,韩庆祥在《中国话语体系的八个层次》(《社会科学战线》2015年第3期)中指出,中国特色社会主义话语体系是由一系列具有内在逻辑关系要素构成的系统,包括话语基础、话语核心、话语体系、话语方式、话语自信、话语传播、话语权和话语创新等八个层面;韩震在《寻找和构建"真诚"的中国话语》(《对外传播》2015年第7期)中指出,用"中国话语"表达中国自己、以生活话语打动"他者"心扉、找寻话语原创的基础和动力、表达具有世界意义的话语和用外语讲述中国话语五个方面进行论述,指出表达中国文化的话语方式,必须反映中国特色社会主义的伟大实践;陈曙光在《中国话语与话语中国》(《教学与研究》2015年第10期)中指出,"中国话语"本质上是中国道路的理论表达,中国经验的理论提升,中国理论的话语呈现,归根到底是现代性的中国版本。这些研究具有启发意义。

总之,在全球化时代,用什么样的方式表达中国话语、表述中国思想、表明中国声音、表现中国智慧,已成为现实课题。为此,要从政治话语、学术话语、大众话语和世界话语四个层面全面推进中国话语的世界表达,多管齐下讲清"中国道路"、讲透"中国文化"、讲好"中国故事"、讲出"中国精神",把中国"发展优势"和"制度优势"转化为"话语优势"。

结语　历史唯物主义视阈"中国现代性"之建构

在当代中国,"历史唯物主义"与"中国现代性"具有复杂的关联,它不仅"形塑"了当代中国人的"历史意识",而且"判定"了当代中国的"历史方位",还指明了中国的"发展方向"。当前,发展和创新马克思主义哲学关键是要在"中国现代性"生成与建构是过程中推进"历史唯物主义中国化"。"现代性在中国的生成与建构是与马克思主义中国化的历史联系在一起的;中国现代性的建构也历史地确定了马克思主义中国化的起点、任务与方向。"①中国现代化进程中一些重大现实问题的解释和解决,需要在普遍性与特殊性、现代性与民族性的统一中,深化"历史唯物主义中国化",建构"中国现代性",这可能孕育着"一种现代文明的新类型"。

当前,历史唯物主义研究再度成为研究和讨论的热点,这对于马克思主义哲学的发展和创新具有积极意义,有助于深化对马克思主义哲学和历史唯物主义的理解,有助于深化对"西方现代性"和"中国现代性"的理解。从本质上说,马克思主义的特色之一是一种关于社会历史发展的理论和实践。但问题是,马克思主义的特色之处同时也是马克思主义最具争议的地方。思想史研究表明,当人们对特定的社会问题进行思考的早期阶段,必然具有很大的争议,但随着思考和研究的深入,会出现越来越多的共识。历史唯物主义自诞生以来,围绕它的理论本质的争论就从未停止过,曾出现过种种"解读"与"重建"。对历史唯物主义的解释和重建是法兰克福学派理论研究的一个重要课题。"法兰克福学派的主要思想家都自觉或不自觉地将'历史唯物主义'当作其'社会批判理论'的同义语,把社会批判理论看作对历史唯物主义的解释或'重建'的理论形态。因此,法兰克福学派的'新马克思主义'历史观也就是他们对历史唯物主义的解释和'重建'。"②在现时代,人的物化与个性化张扬似

---

① 张琳:《马克思主义的中国化与中国的现代性建构》,《马克思主义与现实》2012年第6期。
② 陈振明:《法兰克福学派与科学技术哲学》,中国人民大学出版社1992年版,第210页。

乎使时代精神不得不蛰伏在怀疑主义、非理性主义和虚无主义的阴影中。于是,历史唯物主义成为后现代对于宏大叙事怀疑的主要牺牲品之一。当前,关于生产方式进步的一切目的论信念,关于经济基础与政治上层建筑之间关系的一切本质主义观念,关于历史发展的一切基础主义观念,均不同程度地遭到质疑。可见,重新认识历史唯物主义,使社会历史意识回归历史性和物质性具有现实意义。我们认为,"对于现时代人类的精神生活而言,作为科学的理论与希望的哲学,历史唯物主义将依然具有巨大的信念引导价值"①。

一、历史唯物主义中国化与当代"中国历史方位"之判定:社会主义的"初级阶段"

在新时期新起点,深化对历史唯物主义的性质和主题的认识一个重要方面就是推进历史唯物主义的中国化。历史唯物主义是马克思主义的历史观和世界观,作为一种历史观,它强调人类社会发展的基本规律和人的主体地位,作为一种世界观,它强调"自然界的优先性""人与自然的规律性""人与社会的规范性"的统一。

第一,有必要考察一下历史唯物主义在马克思主义经典作家那里的使用情况及其思想主题。恩格斯晚年开始使用"历史唯物主义"概念。1890年8月5日,恩格斯在致康·施米特的信中提出"历史唯物主义"的术语,用来批评当时的德国青年不热心于艰苦的研究工作,而只是把历史唯物主义当作套语,来掩饰自己历史知识的贫乏②。后来恩格斯在1892年在《社会主义从空想到科学的发展》的导言中也使用了"历史唯物主义"术语,恩格斯说"本书所捍卫的是我们称之为'历史唯物主义'的东西"③。再后来1893年,恩格斯在致友人的信中又探讨了"历史唯物主义的起源"问题。④ 虽然马克思并没有使用"历史唯物主义"概念,但马克思却在《政治经济学批判序言》中关于历史唯物主义作过经典表述:"人们在自己生活的社会生产中发生一定的、必然的、不以他们的意志为转移的关系,即同他们的物质生产力的一定发展阶段相适应的生产关系。这些生产关系的总和构成社会的经济结构,即有法律的和政治的上层建筑竖立其上并有一定的社会意识形式与之相适应的现实基础。物质生活的

---

① 庞立生:《历史唯物主义的引导价值》,《哲学研究》2012年第2期。
② 参见《马克思恩格斯选集》(第4卷),人民出版社1995年版,第692页。
③ 《马克思恩格斯选集》(第3卷),人民出版社1995年版,第698页。
④ 参见《马克思恩格斯选集》(第4卷),人民出版社1995年版,第721页。

生产方式制约着整个社会生活、政治生活和精神生活过程。不是人们的意识决定人们的存在,相反,是人们的社会存在决定人们的意识。社会的物质生产力发展到一定阶段,便同它们一直在其中活动的现存生产关系或财产关系(这只是生产关系的法律用语)发生矛盾。于是这些关系便由生产力的发展形式变成生产力的桎梏。那时社会革命的时代就到来了。随着经济基础的变更,全部庞大的上层建筑也或慢或快地发生变革。"①马克思历史唯物主义的理论贡献在于找到了历史的"现实基础",它从"直接生活的物质生产"出发来理解生产关系,并把生产力和生产关系理解为整个历史的基础。在马克思看来,政治经济学批判和科学社会主义必须以历史唯物主义为前提,即是说,它必须以社会关系的发展来解释人类发展的精神历史。关于马克思为什么是对的?在特里·伊格尔顿看来,重要原因在于:"马克思主义理论对当今社会的重大意义不仅在于其对资本主义制度全面彻底的揭露,还在于其辩证唯物主义和历史唯物主义的研究方法对当今社会同样适用"。②"但是不言自明的是,科学社会主义的发展还没有完结,我们不能停留在恩格斯和马克思的著作上,正如物种起源论我们不能认为是自英国生物学家的主要著作问世以后即已最后确定一样。"③历史唯物主义基本原理确立以后,接着必须继续对有关问题的细节进行研究、丰富和发挥。

第二,历史唯物主义与唯物史观的关系。在马克思的眼中,"历史"并非是"曾经发生过的事件",而是指隐藏在这些事件背后的某种特殊的轨迹,"历史"是重大事件发展进程意义上的"历史",而不是从古至今整个人类生存经历的重述。在他看来,我们目前为止所经历的都是"史前阶段"——也就是说一种压迫延续另一种压迫,一种剥削替代另一种剥削,一个阶级取代另一个阶级,而真正具有重大历史意义的行动将是从"必然王国"到"自由王国",将人带入"人的真正的历史"。总之,历史唯物主义是一种"历史哲学",而唯物史观是一种"科学的历史观",前者是对已经发生的事实进行哲学分析,具有意识形态性,后者是为了厘清事实,不具有意识形态性。

第三,历史唯物主义与辩证唯物主义的关系。历史唯物主义是辩证唯物

---

① 《马克思恩格斯选集》(第2卷),人民出版社1995年版,第32~33页。
② 特里·伊格尔顿:《马克思为什么是对的》,李杨、任文科、郑义译,新星出版社2011年版,中文版出版前言。
③ 普列汉诺夫:《社会主义与政治斗争》,载张光明:《普列汉诺夫文选》,人民出版社2010年版,第37页。

主义基本原理在社会历史领域的推广、应用和实现,是辩证唯物主义理论彻底化和社会历史化的重大成果。实际上,"推广论"具有一定的合理性,它首先确立辩证唯物主义的总原则,然后把辩证唯物主义贯彻到历史领域,用辩证唯物主义的原理去解释和说明社会现象,它既要求人们用"唯物"的观点和方法去解释历史,又要求用"辩证"的观点和方法去解释历史,从而科学地说明社会存在和社会意识的关系,使辩证唯物主义更加彻底。"历史唯物主义既包括对历史过程的本质的认识,即我们通常说的历史本体论问题;也包括我们如何认识历史,即历史认识论、历史方法论和历史价值论问题。二者在历史唯物主义中是统一的,不存在对立的问题。"①唯物主义历史观不是纯粹理论思辨的产物,它具有很强的现实针对性,是唯物论和辩证法的统一,为人类破解"历史之谜"提供了可能。马克思实现的哲学变革,就在于把唯物主义原则贯彻到底,即贯彻到社会历史领域,"深入到历史的本质性中去了",所以正如海德格尔所指出的,"马克思主义关于历史的观点比其余的历史学优越"②。之所以优越,关键在于马克思主义对社会历史的唯物且辩证的理解,从此,历史评价尺度从"道德优先"到"价值优先"。正如马克思阐明的,英国在印度造成社会革命完全是受极卑鄙的利益所驱使,而且谋取这些利益的方式也很愚蠢。"但是问题不在这里。问题在于,如果亚洲的社会状态没有一个根本的革命,人类能不能实现自己的命运?如果不能,那么,英国不管干了多少罪行,它造成这个革命毕竟是充当了历史的不自觉的工具。"③总之,历史唯物主义与辩证唯物主义并非是水火不容的,而是互补的关系。

第四,历史唯物主义与实践唯物主义的关系。实践唯物主义或历史唯物主义都是辩证唯物主义的"一种"形式或形态,而不是马克思主义的"整体"形态。辩证唯物主义并不与历史唯物主义和实践唯物主义相对立。正是由于辩证唯物主义贯彻到历史领域,才使马克思创立了历史唯物主义,进而使唯物主义自然观与唯物主义历史观统一起来。历史唯物主义的创立,又使马克思比同时代人站得更高,看得更远,分析得更透彻。实践唯物主义使历史唯物主义从"理论形态"向"实践形态"深化。马克思不奢谈"历史的意义",而只研究"历史中的意义"。马克思和黑格尔一样,视历史为主体追求自由的辩证过程,只

---

① 陈先达:《历史唯物主义的史学功能:论历史事实·历史现象·历史规律》,《中国社会科学》2011年第2期。
② 孙周兴:《海德格尔选集》(上卷),生活·读书·新知三联书店1996年版,第383页。
③ 《马克思恩格斯选集》(第1卷),人民出版社1995年版,第766页。

不过在马克思是"人的实践历程",在黑格尔则是"神的精神自传"。历史唯物主义揭示,历史是这样创造的,最终的结果总是从许多单个的意志的相互冲突中产生出来的,而其中每一个意志,又是由于许多特殊的生活条件,才成为它所成为的那样。这样就有无数互相交错的力量,有无数个力的平行四边形,由此就产生出一个合力,即历史结果,而这个结果又可以看作一个作为整体的、不自觉地和不自主地起着作用的力量的产物。可见,历史唯物主义是"实践的哲学",因此不能把"思想的明灯"囿于"知识分子"的书房里。马克思对纯粹"思辨"的哲学深恶痛绝,反对脱离科学分析和论证的"独立的哲学",而主张去"描述人们实践活动和实际发展过程"。历史唯物主义把哲学从"天国"拉回"人间",从此哲学更加关注社会历史问题、关心人的生存境遇、关怀人类的痛苦。

第五,历史唯物主义是"历史哲学"还是"历史科学"?关于马克思的历史唯物主义究竟是"实证科学"还是"哲学",学者们展开了激烈的争论①。这一争论反映了不同的"哲学观"和不同的"科学观"之间的差异。这场争论在一定程度上涉及如何理解马克思对于社会历史规律的描述,涉及如何理解马克思的社会历史研究方法以及马克思的社会历史研究的哲学性质。"从本质上来说,马克思所提出的历史唯物主义是一种历史哲学,是对黑格尔历史哲学的继承和发展。"②从哲学角度来看,一些社会主义国家在实践过程中出现的曲折,其主要原因是把马克思主义教条化了,是误解、曲解了马克思主义,是没有真正遵循社会历史规律,是没有真正做到实事求是,而这恰恰是违背历史唯物主义基本原理的。

二、历史唯物主义中国化与"中国现代性"之建构:中国现代性的"特殊性"

在中国语境下的历史唯物主义研究中,历史唯心主义(黑格尔的)和历史唯物主义(马克思的)的二元历史观框架结构,基本构成了我们探讨历史唯物

---

① 俞吾金:《历史唯物主义是哲学而不是实证科学——兼答段忠桥教授》,《学术月刊》2009年第10期;段忠桥:《历史唯物主义:"哲学"还是"真正的实证科学"——答俞吾金教授》,《学术月刊》2010年第2期;张廷国、梅景辉:《历史唯物主义是什么意义上的"实证科学"——由俞吾金教授与段忠桥教授之争所想到的》,《学术月刊》2010年第2期。
② 王晓升:《哲学或实证科学?——历史唯物主义理论性质热讨论之后的冷思考》,《哲学动态》2011年第6期。

主义的主要历史理论背景。历史唯物主义就是以最远的方式离它最近的一种理性主义的历史理论,它直接构成历史唯物主义的总体性背景。顾准称本来面目的黑格尔为"唯理主义的唯心主义",称马克思的辩证唯物主义为"唯理主义的唯物主义",并明确指出二者在"唯理主义"上的同构性具有启发性。① 深刻理解历史唯物主义的理论本质,有助于深刻理解"中国特色社会主义道路"的理论意义与实践价值。

如前所述,现代性是一个发轫于西方而席卷全球的进程,这一进程与资本主义内在相关。正如利奥塔所指出的:"资本主义是现代性的名称之一。"② 如今,全球化已把所有地方的问题世界化了,几乎任何一个地方性问题都不得不在"世界历史"中被思考和解决。由此,中国在现代化征途中如何破解"现代性问题",如何协调西方"现代性一般"与中国"现代性特殊"的历史落差?如何在历史唯物主义中国化的进程中推进"中国现代性"的建构?这些都需要深入理解中国现代性的"特殊性"。中国传统文化在一定程度上形塑了现代性的"地方性格",一定程度上决定了"中国现代性"之不同于"西方现代性"的特殊性。"中国现代性"的出现是"西方现代性"向全球扩散过程中的一个重要里程碑,它不仅证明了非西方社会也可能在不完全被西方化的情况下,毋宁说,在其原有的"传统文化的现代性转化"和外来的但与中国实际相结合的"马克思主义中国化"(主要是历史唯物主义的中国化)的背景下实现向现代性的转型。

历史唯物主义不仅是"解释世界"的一种方法与理论,更主要的是一种"改变世界"的实践活动。因此,"要准确地理解和把握历史唯物主义并对其进行合理的定位,就必须充分考虑到实现无产阶级和人类的解放作为马克思主义哲学的主题。在这一主题的指引下,马克思不仅实现了对资本主义的彻底批判,也丰富发展了历史唯物主义"③。历史唯物主义,本质上是"关于无产阶级解放的条件的学说"。实际上,马克思并非为建构一种历史哲学而创立历史唯物主义,而是为探寻无产阶级和全人类的彻底解放,科学论证无产阶级的历史使命的过程中逐渐形成历史唯物主义的,就此而论,历史唯物主义是关于人的解放的学说。历史唯物主义作为马克思的实践活动,贯通了理论与实践、理论与现实。"消除历史同现实的人的分离,消除唯物主义和历史的分离,消除历

---

① 《顾准文集》,中国市场出版社2007年版,第212~214、304页。
② 利奥塔:《后现代性与公正游戏:利奥塔访谈、书信录》,上海人民出版社1997年版,第147页。
③ 丰子义:《历史唯物主义与马克思主义哲学主题》,《中国社会科学》2012年第3期。

史与自然的对立,把历史与现实的人、自然结合起来,把历史纳入唯物主义的视野,使历史同唯物主义内在地结合起来,便成为马克思的伟大使命。"①

今天,"历史唯物主义的目的应该是认识新自由主义国家与它的思维映像之间的关系"。② 马克思视历史为人类的异化与异化的扬弃。在《1844年经济学哲学手稿》中,他揭示的是"劳动的异化"。在《德意志意识形态》中他却揭示社会分工与交易是人类的一种异化。在《资本论》中马克思则以"资本逻辑批判"、"商品拜物教"和"剥削"取代了异化。其实,无论是"社会有机体"思想,还是"社会经济形态的发展是一种自然历史过程",都是马克思分析历史问题的结构和过程。正如恩格斯所指出的:"这两个伟大的发现——唯物主义历史观和通过剩余价值揭开资本主义生产的秘密,都应当归功于马克思。"③由于这些发现,社会主义变成了科学,现在首先要做的是对这门科学的一切细节和联系作进一步的探讨。因为,社会主义自从成为科学以来,就要求人们把它当作科学看待,就是说,要求人们去研究它。马克思彻底改变了我们对人类历史的理解,这是连马克思主义最激烈的批评者也无法否认的事实。在历史唯物主义理论的思想发展中,也许马克思最卓越的贡献就是关于社会发展规律的认识。"我们自己创造着我们的历史,但是第一,我们是在十分确定的前提和条件下创造的,其中经济的前提和条件归根到底是决定性的。人的物质条件决定着他的生产方式和消费方式,这些反过来又规定着他的社会政治组织、他的实际生活,最终规定着他的思想感情方式。"对历史唯物主义普遍存在的误解之一就是把它解释成"经济决定论",似乎马克思认为对物质利益的追求是人的主要动机。实际上,"经济决定论"乃是资本主义思想中占统治地位的观点,因为资本主义一再强调人的劳动的主要刺激因素是金钱的奖励。"马克思关于经济的重要性思想不是心理学意义上的,即不是指主观意义上的经济动机的重要性;这一思想是社会学意义上的,即把经济发展视为文化发展的客观条件。"④

历史唯物主义是现代性的产物,因此,要把握历史唯物主义,必须深刻把

---

① 郝立新:《历史唯物主义的理论本质和发展形态》,《中国社会科学》2012年第3期。
② 乔恩·比利斯-默里:《吉尔·德勒兹:唯物主义:一个必须思考的课题》,乔亚译,载《当代马克思辞典》,社会科学文献出版社2011年版,第474页。
③ 《马克思恩格斯选集》(第3卷),人民出版社1995年版,第740页。
④ 埃里希·弗罗姆:《健全的社会》,欧阳谦译,中国文联出版公司1988年版,第264页。

握现代性。现代性是马克思研究的主题之一,"马克思与现代性之间具有互文性"①。马克思受启蒙影响至深,他追寻的人类解放的观念就是启蒙价值的核心,因此马克思也被视为"启蒙之子"。马克思对于启蒙方案所产生的19世纪的现代文明有深刻的洞见。在马克思看来,现代文明是由资本主义的现代性所建构的。因此,他在《共产党宣言》中,对资本主义的现代性,特别是它的生产力给予赞美,以致塔克认为马克思的《共产党宣言》可谓是现代化理论的宣言。"马克思是一位现代主义者,他看到资本主义社会之发展的成就,但他也看到资本主义现代性的缺失,他希望能用更完整与深刻的现代性来治疗资本主义的现代性。"②基于当时的历史条件,马克思不可能将"一般现代性"从资本主义现代性中剥离和提升出来,因为他所设想的社会主义社会是后资本主义的社会,因而也是后现代化的社会。马克思对资本主义现代性的分析和批判无疑有助于我们深化对现代性的理解。马克思哲学的基本主题之一是"现代性批判"。马克思透过哲学、政治经济学和科学社会主义来探索现代性的本质及其基本特征,逐渐形成了以"资本逻辑批判"为核心的现代性批判理论。"如何理解和看待马克思的遗产,特别是马克思的哲学遗产,关涉到中国的当代发展,也关涉到人类二十一世纪的行程。"③面对当前陷入危机的资本主义和西方现代性,重读马克思,继承马克思的思想遗产,发掘马克思主义基本理论中的本质力量成为新的时代需要。

在西方现代性模式背后存在着一些棘手的问题,这就是"在建立和维护现代民主政治的同时,如何确保现代社会的公平合理秩序;在确认西方现代社会文明和现代性模式的优先地位的同时,如何保证不同民族、国家和地区之间的平等对话和理解;在强调个人自由和权利绝对至上的同时,如何确保人际平等;在确认人类的自我目的性地位的同时,如何避免人类中心主义,节制人类对自然界的无限制的掠夺和破坏"。④如今,欧美的社会理论在基本架构和实证研究两个方面均已有极为丰富的积累。建构中国的社会理论,既不可能撇开这些积累,也不应仅限于译述和套用,而应带着"中国问题"进入"西方问题"再返回"中国问题"。也就是说,"让中国的现代性经验参与社会理论的修葺,

---

① 黄瑞祺:《马学与现代性》,允晨文化实业股份有限公司2001年版,第17页。
② 金耀基:《大学之理念》,生活·读书·新知三联书店2001年版,第163页。
③ 侯才:《马克思哲学的遗产》,黑龙江人民出版社2009年版,自序第1页。
④ 万俊人:《普世伦理及其方法问题》,《哲学研究》1998年第10期。

进而推进对困扰现代思想的现代性问题的把握"。① 面对西方现代的困境,马克思本着既"要对现存的一切进行无情的批判"的批判者立场,又要"在批判旧世界中发现新世界"的建构者立场,这无疑具有启发意义。

现代性可以从两个方面进行理解。"其一,现代性是一种历史状况,它与文艺复兴和启蒙运动的历史背景直接相关。相对于传统性或前现代性的农业经济、礼俗观念、专制统治及同质、僵化的社会结构与生活方式而言,现代性是祛蒙昧性与祛传统性的生活境况。其二,现代性是一种精神状态,它摒弃人类蒙昧、未开化的精神世界,相信人类理性的无限能量和拓展空间,崇尚人类社会永恒进步的价值理想。"② 实际上,"现代性蕴含了创造与毁灭、赢取与丧失、进步与退步等等的悖论,象征和表达了人类最深刻的社会冲突、人性本身的内在矛盾和人类生存实践的本性。由于现代性含有肯定与否定、积极与消极、发展与代价两个方面,对现代性的不同认知,就形成了不同的理论和思潮。现代主义强调现代性的肯定的、积极的方面,认同、肯定现代性及其矛盾。与此相反,反现代主义则强调现代性的否定的、消极的方面,试图克服和扬弃现代性的矛盾性。资本主义生产方式开启了现代化的进程,这使资本主义与现代性重叠与勾连在一起。然而,资本主义的现代性内在蕴含着创造与毁灭、赢取与丧失、发展与付出的尖锐对立"③。

现代性作为现代化的"质的规定性"——其本质规定和基本特征是主体性、理性和个体自由。在一定意义上可以说,"中国现代性"与"西方现代性"在一些基本层面上应该是相同、相似或相通的。例如,人们都要穿衣吃饭,但人们可以吃不同的饭、穿不同的衣,甚至可以用不同的方式来吃同样的饭、穿同样的衣。现代性的情形也大体如此。反思中西现代性的差异主要表现在中国与西方在文化上的差异。虽然现代性具有一些基本特征(如主体性、理性和个体自由),"但现代性并不是千篇一律的,它在不同的社会会有不同的表现"④。正是现代性的差异有助于推进社会和谐与世界和平,而这不仅需要中国发展观念的更新,更需要作为马克思主义哲学重要内容的历史唯物主义理论功能和理论角色的范式转型,即从"革命与解放范式"转换为"建设与和谐范式"。

---

① 刘小枫:《现代性社会理论》,上海三联书店1998年版,绪论第3~4页。
② 王建民:《现代性在中国:建构与反思》,《光明日报》2006年10月8日。
③ 侯才:《马克思哲学的遗产》,黑龙江人民出版社2009年版,第253页。
④ 夏光:《东亚现代性与西方现代性:从文化的视角看》,生活·读书·新知三联书店2005年版,第317页。

如前所述，现代化是复杂的、矛盾的、多元的、全球化的过程，会有很多不同的选择。马克思主义无论从理论上还是从实践上都成为其中的"一种"选择。对于资本主义片面追求发展而忽略了社会公平公正的弊端，马克思主义提出了最有力的批判，提出了保证社会公平公正的不同选择——社会主义。实际上，现在西方许多福利国家在保证社会公平和公正、保护妇女和劳工的权利方面都取得了长足的进步，这些都受到马克思主义的积极影响。现代马克思主义非常强调对人本身的关怀，强调人的价值观和精神文明建设。这种人道主义的马克思主义或富有人文精神的马克思主义，是现代西方马克思主义的主流。对西方知识界影响巨大。西方的马克思主义研究主要是将其作为对资本主义的批判的一个学说以及对人的形而上的关怀的学术的研究，从根本上说是关在书斋里面的研究。与此不同，中国的马克思主义是执政党的指导思想，对中国的现实有着巨大的影响，因此中国的马克思主义研究其现实意义大于学术意义。

马克思主义中国化与中国现代性建构相互促进。坚持把马克思主义中国化、时代化、大众化，使马克思主义在与本国国情相结合的过程中展现并增强其现实针对性和实践性，在与时代发展同进步的过程中体现和保持其时代性和发展性，在与人民群众同呼吸共命运的过程中体现和保持其阶级性和人民性，这是坚持、发展和创新21世纪马克思主义、当代中国马克思主义的基本经验，也是坚持和发展中国特色社会主义实践的内在要求。马克思主义理论的强大生命力归根结底取决于它把握、理解和解决时代问题的程度和水平。过去，对于资本主义片面追求发展而忽略社会公平和社会公正的问题，马克思主义提出了最有力的批判，提出了替代资本主义的方案——社会主义。如今，西方一些福利国家（如北欧的挪威、芬兰等国）在保证社会公平和社会公正、保护妇女和劳工的权利方面，都取得了长足的进步，这些无疑都受到马克思主义的积极影响。中国在追寻现代化和现代性的途中应该更重视的是主观、主体和意识层面的问题。与日本现代化的目标"脱亚入欧"形成鲜明对照，中国现代化一开始就在寻求"不同选择"，始终强调自身的"特殊性"和"自主性"。因此在此意义上可以说"中国现代性"就是以中国马克思主义为主导的现代性。进入21世纪以来，世界已经进入"后西方"、"后秩序"和"后真相"时代，当前大众文化把"革命"这一象征符号变成一个"空洞的能指"，成为一些人"怀旧"的文化商品。笔者认为，在"后革命"、"后权威"、"后西方"、"后秩序"和"后真相"时代，中国现代性建构的主导观念还是应该"向前看"，而不是"向后看"。

三、历史唯物主义中国化与"中国道路"之探索：社会主义的"中国特色"

历史唯物主义的价值不仅仅在于对资本主义社会作了深刻的批判，而且在于为社会主义社会建设提供了有益的启示。在一个"资本逻辑"主导的西方现代性历史进程中，"中国道路"的探索应该从"中国问题"出发，为人类文明的新形态和新模式开辟出新的道路。中国共产党人对历史唯物主义的坚持、运用和发展，特别是中国学者对中国道路和中国经验的学理研究，开辟了历史唯物主义中国化的新境界。研究新问题——深入研究社会主义市场经济条件下人的自由与发展问题。运用新方法——采用宏观研究、中层理论、微观分析相结合的方法。推出新成果——中国特色社会主义理论体系（理论创新）和中国特色社会主义道路（实践创新）。回应新挑战——深刻阐释中国道路与历史唯物主义的内在关联。

从"跨越卡夫丁峡谷论"到"社会主义初级阶段论"。如果没有马克思主义哲学尤其是历史唯物主义的思想指引，会有中国革命的成功和中国建设的成就吗？如果没有"实践是检验真理的唯一标准"的哲学启蒙和思想解放，会有改革开放的大幕开启和今日中国的和平崛起吗？问题的关键是在新的历史起点上发展和创新历史唯物主义。"新中国建立以后对于历史唯物主义基本原理特别是'五形态理论'的坚持、创新与发展，主要体现在两个问题上：'跨越卡夫丁峡谷论'与'社会主义初级阶段论'。"[①]1987年党的"十三大"正式提出，当代中国正处于"社会主义初级阶段"，这是历史唯物主义中国化的理论创新，为中国道路的选择与规划开辟了广阔空间。如今，历史唯物主义更需要深入研究微观视阈问题、社会心理问题、社会结构问题、社会性格问题、社会发展道路问题、人的地位问题、人的选择问题和人的精神世界问题。"现代西方学者在对马克思主义哲学进行反思的时候，大都认为马克思哲学注重从宏观上研究人及其人的外部世界，而从微观上研究人的内部精神世界以及人的社会心理及其行为表现则显得不够。"[②]历史唯物主义不是"名词"，而是"动词"；不是"标签"，而是"方法"；不是"不研究历史的借口"，而是"穿透复杂的社会历史与现实的理论棱镜"。历史唯物主义的核心思想，从静态来讲，主要是社会结构理

---

① 郗戈：《历史唯物主义中国化与中国现代性建构》，《江海学刊》2012年第1期。
② 韩庆祥：《社会心理隐性决定论：文化、社会心理和人的选择》，《哲学动态》2012年第1期。

论;从动态来讲,主要是历史发展过程(规律)理论,"社会结构理论和历史过程理论是马克思解释分析社会历史发展的两种基本框架"①。

从"追寻现代化"到"反思现代性"。"现代化"与"现代性"有联系也有区别:从因果关系来看,"现代化"属原因,而"现代性"则是结果,是科学技术、经济生产、社会转型等现代化过程的推动,才产生了作为现代社会的"属性"的现代性;从事实与价值关系来看,现代化与现代性本质上分属"实证的"与"规范的"两种不同范畴,"现代化"问题可归入"是"的范畴,属于事实性的、可用量化指标来衡量的实证问题,而"现代性"则属于价值的问题,即它的目的取向、内在原则、行为方式等的合理性如何的问题;从哲学视角看,现代化是现代社会的"量的规定",现代性是现代化的"本质规定"。因此,"同样是达到了现代化指标的国家,它们在现代性方面却可以是有所差别,乃至是有天壤之别的,因为它们可以奉行不同的价值理念与行为方式,从而表现为制度规范上的差别。具体言之,可以有资本主义的现代性,也可以有社会主义的现代性,并非只是'自古华山一条路'"②。"中国特色社会主义道路"的理论意义和实践价值就在于中国要探索一条既遵循"现代性一般"的规律,但又不完全同于"西方现代性(资本主义现代性)"而具有中国特色的"现代性特殊"的道路。就此而论,"中国道路"的探索,其根本宗旨在于为人类的未来探索新的可能性。

从"历时态发展"到"时空压缩"。1978年改革开放以来,中国以"时空压缩"的形式加速进行三大转型,即历史转型、社会转型和经济转型。这三大转型使中国在四十多年的时间里浓缩了世界上发达国家近三百年时间所面临的问题和发展任务。因此之故,当代中国社会,既有传统社会主义的矛盾,也有传统资本主义矛盾,既有新社会主义的矛盾,也有现代资本主义的矛盾,同时还不断催生出新的矛盾。这种"历时态"问题"共时态"压缩的复杂性,决定了中国相当长一段时期将处在一个多种价值因素重新博弈和整合过程之中。中国道路的任务之一是同时推进"领域分离"和"再一体化"的进程。一般而言,在前工业社会或前市场经济时代,人类社会的各个领域一般呈现为"领域合一"。工业文明时代以来,随着科学技术的发展和人类分工的发展,社会的经济、政治和精神文化领域走向了"领域分离"。在知识经济和信息化时代,人类

---

① 韩庆祥、张健:《中国特色社会主义建设实践的内在逻辑与发展趋向》,《中国社会科学》2012年第3期。
② 陈嘉明:《现代性与后现代性十五讲》,北京大学出版社2006年版,第36~37页。

社会结构又开始发生重大改变,突出表现在人类社会的经济、政治和精神文化领域之间出现了一种"再一体化"的趋势,从而导致各领域之间界限的模糊,并使社会构成呈现内在差异化和多态化,结果是消解或削弱了主导型领域的统治地位或控制作用。

从"宏大叙事"到"中层理论"。马克思在一百七十多年前提出的历史唯物主义已经受时间的检验和为整个历史发展的过程所证实。历史唯物主义是建立在对社会生活的具体研究之上。马克思主义在十九世纪四十年代的出现和进一步发展都与具体社会问题的研究有着有机联系并为它们所证实。利奥塔等人批评马克思主义是"宏大叙事"。"马克思主义哲学的许多经典著作,从论述的主题看似宏大叙事,但其中有大量的实证性材料与具体性分析,内容极其丰富,不乏微观研究与中观研究,而这正是我们当前的研究所缺乏的。"[1]在当前的研究中,"作为一般理论和方法论基础的历史唯物主义原理,由于缺乏中级理论将其转化为可操作化的概念,仍然停留在高度抽象的层面,既无法对应用研究实施具体指导,也不能将经验研究提高到理论水平"[2]。"要使马克思主义提供的一般理论取向能够指导系统经验研究,就必须发展中层专门理论。"[3]"与社会结构和运行机制从自律的宏观领域和宏观权力向多态化的微观领域和微观权力的这一深层次转变相适应,当代哲学社会科学的思想模式也经历了从宏大叙事向微观叙事,从宏观理论范式向微观理论范式的自觉转变。"[4]当前,基本条件已经具备,可以建构马克思的社会"中层理论",以补充和完善马克思主义社会历史理论。如果马克思主义思想的总取向与经验概括之间的鸿沟能被填平,那么最有可能的是"中层理论"[5]。"长期以来,我们的历史研究一直强调以马克思主义的唯物史观为指导。但是,由于缺乏中层理论和实证工作的支持,唯物史观的一些理论原则并没有得到贯彻,有的人甚至对唯物史观理论本身也存在一些绝对化和片面化的认识。在历史著述中,作

---

[1] 李海青:《困境中的马克思主义哲学研究:一种反思性的视角》,《哲学动态》2012年第3期。
[2] 苏国勋:《社会理论与社会现实》,北京大学出版社2005年版,第161页。
[3] 罗伯特·K.默顿:《社会理论和社会结构》,唐少杰、齐心等译,译林出版社2006年版,第97页。
[4] 衣俊卿:《历史唯物主义与当代社会历史现实》,《中国社会科学》2011年第3期。
[5] 在此方面,社会学"中层理论"具有启发意义。这一理论的一个基本特征是:"中层取向涉及对无知的思考。不是对未知的事物假装知道,而是公开承认为了积累更多的知识还有许多方面有待研究,它不认为自己可以为当今一切紧迫的现实问题提供理论解决之道,而是只去解决现有知识可以解决的问题"。参见罗伯特·K.默顿:《社会理论和社会结构》,唐少杰、齐心等译,译林出版社2006年版,第100页。

为历史主体的民众的活动与贡献很少被提及,民众的生活状态和疾苦、业绩和贡献、利益、愿望、要求和呼声,以及他们对历史的看法,更很少得到反映。这说明,我们的史学研究还没有从固有的史学传统中走出来。就历史的发展来说,民众是历史的主体;民意是解释历史的基础;民益是评价历史的根本标准。"①历史唯物主义作为马克思主义哲学的重要方面,是我们研究社会发展问题和意识形态问题的根本方法。我们是历史唯物主义坚定的倡导者、实践者和捍卫者。然而历史唯物论者"不只在寻求历史的解释知识,最主要在参与历史之改变,亦即根据解放的目标,理性地引导历史向前迈进"②。既然历史活动是人(群众)的活动,那么"随着历史活动的深入,必将是群众队伍的扩大"。"历史是人们创造的,因此个人的活动在历史上不可能没有作用。"③问题的关键是在每个人(个人)与一切人(人类)的统一中把握历史创造的机会和空间。

从"僵化保守"到"审时度势"。中国在追寻现代性过程中,一度非常僵化保守,险些葬送中国前途。世界"力量转移"是一个无法控制的必然过程即"世界潮流",这一潮流"浩浩荡荡,顺之者昌,逆之者亡",这是历史的必然规律。从实证的角度看,"崛起国"与"霸权国"的关系是国际体系的核心。近代以来,国际体系变迁的本质就是霸权(霸权不仅是自我优越的认定,同时也是维持既得利益的必需)的转移和大国在国际体系权力结构中的重新排列与组合。问题是:非西方国家崛起能否超越或改变西方"霸权转移"的特征?中国在21世纪可能成为一个强国,但却不会成为新的全球霸权。中国既要有理有力地反对"任何霸权",同时还应有力有效地打击"暴力恐怖"活动。过去,全球秩序的"力量转移"在引导中国发展模式演进,未来,中国崛起会带动全球秩序的重构。为此,要善于把握和平、发展、合作、共赢的国际大"势",善于把握富强、民主、文明、和谐的国内大"势"。所谓"势"指的是世界和中国的发展主导趋向,就像水从高处飞流直下,没有什么力量可以阻挡。政治家的任务就是判断"势"在哪里,引领国家和社会朝着这个方向前进。"中国现代性"建构"接力赛"中的审"时"度"势"。"明者因时而变,知者随事而制。"把握"中国现代性"建构和中国崛起的"势"与"机",把握好时、度、效,胸怀大局,把握大势,做到因势而谋、应势而动、顺势而为。只要国内外"大势"没有发生根本变化,坚持以经济建设为中心就不能也不应该改变,这是

---

① 郭德宏:《论民众史观》,《史学月刊》2009年第11期。
② 洪鎌德:《人的解放:21世纪马克思学说新探》,扬智文化事业股份有限公司2000年版,第4~5页。
③ 普列汉诺夫:《论个人在历史上的作用问题》,王荫庭译,商务印书馆2010年版,第17页。

坚持党的基本路线100年不动摇的根本要求,也是解决当代中国一切问题的根本要求。实际上,独特的文化传统,独特的历史命运,独特的基本国情,注定了我们必然要走适合自己特点的发展道路。当前,立足多元现代性的视野,探寻中国特色社会主义道路的"中国现代性"之建构,不仅有利于中国道路的完善,而且也有益于世界的共同繁荣。中国特色社会主义道路就是"中国现代性"的展现。与苏联和东欧国家在抛弃计划、集权、封闭、贫穷的社会主义之后急速转型,全然接受"西方模式"和"西方现代性"不同,我们没有"在告别了苏联模式之后,就去选择西方模式"①。这一选择在现实中促成了中国的持续快速发展和社会基本稳定,也丰富和彰显了"中国现代性"。如果说现代化是一个社会从传统向现代的转型的过程,那么"现代性"则是指"现代的文明秩序"建构过程。中国建构新的现代文明秩序的过程,一方面,应该不只是开放并批判地接受启蒙的价值;另一方面,应该不只是中国旧的传统文明秩序的解构,也应该是它的重构。中国的新文明秩序是"现代的",也应该是"中国的"。② 问题的关键是,当代中国人对现代性既要有接受的一面,也要有批判反省的另一面,这才是"健全的现代性态度"。

综上所述,现代性是当代人类面临的一个根本问题,更是"后发展国家"特别是当代中国面临的一个紧迫问题。对于中国这样一个处于结构转型过程中的发展中国家而言,任何建构现代性的努力都必须充分考虑到自身"历史意识"(当代中国是什么?)、"历史方位"(当代中国处于怎样的发展阶段?)和"发展方向"(当代中国向何处去?),同时还应把握世界历史力量转移的主导趋向、世界秩序变革的未来趋向、世界经济发展的未来趋向,否则中国的发展就可能会从世界历史中游离出去。从地方的思维和民族历史的视角来审视现代性,可以得到关于现代性更为本质的清晰认识。"现代中国的发展方向,核心是构建一种超越资本主义的'新现代性'。"③这种新现代性可初步概括为"中国现代性",它是"现代性一般"与"现代性特殊"的统一,是"中国特色"与"社会主义道路"的统一,也是"历史唯物主义中国化"与"中国理论建构"的统一。中国要拓宽发展空间,赢得世界的广泛认同,显示比较优势或独特优势,关键是集中"智力"来分析(判断力),集中"民力"来维稳(稳定力),集中"脑力"来思想(创新力),集中"心力"来落实(执行力)。

---

① 郑永年:《国际发展格局中的中国模式》,《中国社会科学》2009年第1期。
② 详见北京大学潘光旦学术讲座论文《中国现代的文明秩序的建构:论中国的"现代化"与"现代性"》。
③ 郗戈:《历史唯物主义中国化与中国现代性建构》,《江海学刊》2012年第1期。

参考文献

一、经典著作

[1]《马克思恩格斯选集》(第1~4卷),人民出版社1995年版。
[2]《马克思恩格斯文集》(第1~10卷),人民出版社2009年版。
[3] 马克思:《资本论》(第1~3卷),人民出版社2004年版。
[4] 马克思:《1844年经济学哲学手稿》,人民出版社2000年版。
[5]《列宁选集》(第1~4卷),人民出版社1995年版。
[6]《列宁专题文集(论马克思主义)》,人民出版社2009年版。
[7]《列宁专题文集(论辩证唯物主义和历史唯物主义)》,人民出版社2009年版。
[8]《列宁专题文集(论资本主义)》,人民出版社2009年版。
[9]《列宁专题文集(论社会主义)》,人民出版社2009年版。
[10]《列宁专题文集(论无产阶级政党)》,人民出版社2009年版。
[11]《毛泽东选集》(第1卷),人民出版社1991年版。
[12]《毛泽东选集》(第4卷),人民出版社1991年版。
[13]《邓小平文选》(第2卷),人民出版社1994年版。
[14]《邓小平文选》(第3卷),人民出版社1993年版。
[15] 江泽民:《江泽民文选》(第3卷),人民出版社2016年版。
[16] 胡锦涛:《胡锦涛文选》(第3卷),人民出版社2016年版。
[17]《习近平总书记系列重要讲话读本》,人民出版社2016年版。
[18] 习近平:《习近平谈治国理政》,外文出版社2014年版。
[19] 习近平:《习近平谈治国理政》(第2卷),外文出版社2017年版。
[20]《习近平关于实现中华民族伟大复兴的中国梦论述摘编》,中央文献出版社2013年版。
[21]《习近平关于全面深化改革论述摘编》,中央文献出版社2014年版。
[22]《习近平关于全面建成小康社会论述摘编》,中央文献出版社2016年版。
[23] 习近平:《决胜全面建成小康社会 夺取新时代中国特色社会主义伟大胜

利：在中国共产党第十九次全国代表大会上的报告》，人民出版社 2017 年版。

[24] 习近平：《中共中央关于坚持和完善中国特色社会主义制度　推进国家治理体系和治理能力现代化若干重大问题的决定》，人民出版社 2019 年版。

[25] 习近平：《习近平谈治国理政》（第 3 卷），外文出版社 2020 年版。

二、一般著作

[1] 王亚南：《中国官僚政治研究》，中国社会科学出版社 1981 年版。
[2] 陈先达：《走向历史的深处》，上海人民出版社 1987 年版。
[3] 罗荣渠：《从"西化"到现代化：五四以来有关中国的文化趋向和发展道路论争文选》，北京大学出版社 1990 年版。
[4] 王晓明：《人文精神寻思录》，文汇出版社 1996 年版。
[5] 黄瑞祺：《马克思论现代性》，巨流图书公司 1997 年版。
[6] 刘小枫：《现代性社会理论》，上海三联书店 1998 年版。
[7] 高清海、胡海波、贺来：《人的"类生命"与"类哲学"》，吉林人民出版社 1998 年版。
[8] 高清海：《哲学与主体自我意识》，吉林大学出版社 1988 年版。
[9] 高清海：《找回失去的哲学自我：哲学创新的生命本性》，北京师范大学出版社 2004 年版。
[10] 曹沛霖：《政府与市场》，浙江人民出版社 1998 年版。
[11] 金耀基：《从传统到现代》，中国人民大学出版社 1999 年版。
[12] 俞可平：《社群主义》，风云论坛出版有限公司 1999 年版。
[13] 赵汀阳：《现代性与中国》，广东教育出版社 2000 年版。
[14] 石元康：《从中国文化到现代性：典范转移？》，生活·读书·新知三联书店 2000 年版。
[15] 孙伯鍨、张一兵：《走进马克思》，江苏人民出版社 2001 年版。
[16] 黄瑞祺：《马学与现代性》，允晨文化实业股份有限公司 2001 年版。
[17] 黄瑞祺：《现代与后现代》（第二版），巨流图书有限公司 2006 年版。
[18] 黄瑞祺：《迈向后实证主义和后经验主义：社会科学方法论集》，硕亚数码科技有限公司 2012 年版。
[19] 费孝通：《费孝通论文化与文化自觉》，群言出版社 2005 年版。
[20] 黄仁宇：《资本主义与二十一世纪》，联经出版事业股份有限公司 2002 年版。
[21] 俞吾金等：《现代性现象学：与西方马克思主义者的对话》，上海社会科学院

出版社2002年版。

[22] 徐梦秋等:《规范通论》,商务印书馆2011年版。

[23] 李欧梵:《人文六讲》,中国人民大学出版社2012年版。

[24] 何毅亭:《以习近平同志为核心的党中央治国理政新理念新思想新战略》,人民出版社2017年版。

[25] 韩庆祥:《思想的力量:习近平总书记治国理政的总体思路与特点》,中央党校出版社2015年版。

[26] 韩庆祥、黄相怀等:《中国道路能为世界贡献什么》,中国人民大学出版社2017年版。

[27] 韩庆祥:《思想是时代的声音:从哲学到人学》,新世界出版社2005年版。

[28] 韩庆祥:《能力本位》,中国发展出版社1999年版。

[29] 韩庆祥:《建构能力社会:21世纪中国人的发展图景》,广东教育出版社2003年版。

[30] 韩庆祥:《面向"中国问题"的马克思主义哲学》,武汉大学出版社2010年版。

[31] 郑永年:《通往大国之路:中国的知识重建和文明复兴》,东方出版社2012年版。

[32] 陈曙光:《中国话语:说什么?怎么说?》,湖北人民出版社2017年版。

[33] 蔡英文、张福建:《现代性的政治反思》,台湾"中央研究院"人文社会科学研究中心2007年版。

[34] 钱永祥:《纵欲与虚无之上:现代情境里的政治伦理》,生活·读书·新知三联书店2002年版。

[35] 钱永祥:《动情的理性:政治哲学作为道德实践》,联经出版事业股份有限公司2014年版。

[36] 陈嘉明等:《现代性与后现代性》,人民出版社2001年版。

[37] 陈嘉明:《现代性与后现代性十五讲》,北京大学出版社2006年版。

[38] 杨春时:《现代性与中国文化》,国际文化出版公司2002年版。

[39] 周宪:《文化现代性读本》,南京大学出版社2012年版。

[40] 韦森:《大转型:中国改革下一步》,中信出版社2012年版。

[41] 林毅夫、姚洋:《中国奇迹:回顾与展望》,北京大学出版社2006年版。

[42] 林毅夫:《新结构经济学:经济发展理论和政策的反思》,时代文化出版企业股份有限公司2013年版。

[43] 陈宜中:《中国关键七问:忧思者的访谈》,联经出版事业股份有限公司2013年版。

[44] 张颐武:《现代性中国》,河南大学出版社 2005 年版。
[45] 张凤阳:《现代性的谱系》,南京大学出版社 2004 年版。
[46] 佘碧平:《现代性的意义与局限》,上海三联书店 2000 年版。
[47] 吴向东:《重构现代性:当代社会主义价值观研究》,北京师范大学出版社 2009 年修订版。
[48] 张曙光:《现代性论域及其中国话语》,武汉大学出版社 2010 年版。
[49] 杨雁斌、薛晓源:《重写现代性:当代西方学术话语》,社会科学文献出版社 2001 年版。
[50] 于晓:《当代中国问题:现代化还是现代性》,社会科学文献出版社 2009 年版。
[51] 傅永军:《法兰克福学派的现代性理论》,社会科学文献出版社 2007 年版。
[52] 姜义华:《现代性:中国重撰》,北京师范大学出版社 2008 年版。
[53] 吴晓明、邹诗鹏:《全球化背景下的现代性问题》,重庆出版社 2009 年版。
[54] 侯才:《马克思哲学的遗产》,黑龙江人民出版社 2009 年版。
[55] 童星:《现代性的图景:多维视野与多重透视》,北京师范大学出版社 2007 年版。
[56] 汪安民:《现代性基本读本》(上、下),河南大学出版社 2005 年版。
[57] 华东师范大学中国现代思想文化研究所:《现代性的中国视域》(思想与文化第八辑),华东师范大学出版社 2008 年版。
[58] 童世骏:《中西对话中的现代性问题》,学林出版社 2010 年版。
[59] 尹保云:《什么是现代化:概念与范式的探讨》,人民出版社 2001 年版。
[60] 吴忠民:《渐进模式与有效发展:中国现代化研究》,东方出版社 1999 年版。
[61] 刘怀玉:《现代性的平庸与神奇:列斐伏尔日常生活批判哲学的文本学解读》,中央编译出版社 2006 年版。
[62] 夏光:《东亚现代性与西方现代性:从文化的视角看》,生活·读书·新知三联书店 2005 年版。
[63] 张有奎:《现代性的哲学批判:从马克思生存论角度的分析》,社会科学文献出版社 2005 年版。
[64] 邓永芳:《哲学视阈中的文化现代性》,江西人民出版社 2009 年版。
[65] 安丽霞:《非确定的现代性》,中国社会科学出版社 2011 年版。
[66] 张容南:《一种解释学的现代性话语:查尔斯·泰勒论现代性》,上海人民出版社 2011 年版。
[67] 郗戈:《从哲学革命到资本批判:重释马克思哲学革命的历史、逻辑与实质》,

世界图书出版公司2013年版。

[68] 郗戈:《超越资本主义现代性:马克思现代性思想与现代社会发展》,中国人民大学出版社2014年版。

[69] 《黄枬森自选集:哲学的科学化》,首都师范大学出版社2008年版。

[70] 张奎良:《时代呼唤的哲学回响》,黑龙江人民出版社2000年版。

[71] 俞吾金:《重新理解马克思:对马克思哲学的基础理论和当代意义的反思》,北京师范大学出版社2005年版。

[72] 刘森林:《历史唯物主义:现代性的多层反思》,中山大学出版社2016年版。

[73] 何中华:《哲学:走向本体澄明之境》,山东人民出版社2002年版。

[74] 孙正聿:《思想中的时代:当代哲学的理论自觉》,北京师范大学出版社2004年版。

[75] 孙利天:《让马克思主义哲学说中国话》,武汉大学出版社2010年版。

[76] 陈锡喜:《马克思主义:意识形态和话语体系》,华东师范大学出版社2011年版。

[77] 李文阁:《回归现实生活世界:哲学视野的根本置换》,中国社会科学出版社2002年版。

[78] 聂锦芳:《清理与超越:重读马克思文本的意旨、基础与方法》,北京大学出版社2005年版。

[79] 许全兴:《马克思主义哲学自我革命》,中国社会科学出版社2009年版。

[80] 侯才:《马克思哲学的遗产》,黑龙江人民出版社2009年版。

[81] 丰子义:《走向现实的社会历史哲学:马克思社会历史理论的当代价值》,武汉大学出版社2010年版。

[82] 宿景祥、齐琳:《国外著名学者政要论中国崛起》,中共中央党校出版社2007年版。

[83] 韩庆祥、张健、张艳涛:《中国特色社会主义基本原理:中国话语体系研究》,高等教育出版社2015年版。

[84] 韩庆祥、张艳涛:《论"四个伟大"》,北京联合出版公司2018年版。

[85] 马克斯·韦伯:《新教伦理与资本主义精神》,于晓、陈维刚等译,生活·读书·新知三联书店1987年版。

[86] 丹尼尔·贝尔:《资本主义文化矛盾》,赵一凡等译,生活·读书·新知三联书店1989年版。

[87] 《哈贝马斯访谈录:现代性的地平线》,李安东、段怀清译,上海人民出版社1997年版。

[88] 得特勒夫·霍尔斯特:《哈贝马斯传》,章国锋译,东方出版中心 2000 年版。
[89] 查尔斯·泰勒:《现代性之隐忧》,成炼译,中央编译局出版社 2001 年版。
[90] 查尔斯·泰勒:《自我的根源:现代认同的形成》,韩震等译,译林出版社 2001 年版。
[91] 齐格蒙特·鲍曼:《后现代性及其缺憾》,郇建立、李静韬译,学林出版社 2002 年版。
[92] 齐格蒙特·鲍曼:《流动的现代性》,欧阳景根译,上海三联书店 2002 年版。
[93] 齐格蒙特·鲍曼:《现代性与大屠杀》,杨渝东、史建华译,译林出版社 2002 年版。
[94] 齐格蒙特·鲍曼:《现代性与矛盾性》,邵迎生译,商务印书馆 2003 年版。
[95] 马泰·卡林内斯库:《现代性的五副面孔:现代主义、先锋派、颓废、媚俗艺术、后现代主义》,顾爱斌、李瑞华译,商务印书馆 2002 年版。
[96] 马歇尔·伯曼:《一切坚固的东西都烟消云散了:现代性体验》,徐大建、张辑译,商务印书馆 2003 年版。
[97] 尤尔根·哈贝马斯:《现代性的哲学话语》,曹卫东等译,译林出版社 2004 年版。
[98] 阿格妮丝·赫勒:《现代性理论》,李瑞华译,商务印书馆 2005 年版。
[99] 艾森斯塔特:《反思现代性》,旷新年、王爱松译,生活·读书·新知三联书店 2006 年版。
[100] 马克斯·霍克海默、西奥多·阿道尔诺:《启蒙辩证法:哲学断片》,渠敬东、曹卫东译,上海人民出版社 2006 年版。
[101] 达尼洛·马尔图切利:《现代性社会学:二十世纪的历程》,姜志辉译,译林出版社 2007 年版。
[102] 劳伦斯·卡洪:《现代性的困境:哲学、文化和反文化》,王志宏译,商务印书馆 2008 年版。
[103] 安东尼·吉登斯:《现代性与自我认同:现代晚期的自我与社会》,赵旭东、方文译,生活·读书·新知三联书店 1998 年版。
[104] 安东尼·吉登斯:《现代性的后果》,田禾译,译林出版社 2011 年版。
[105] 皮尔森:《现代性:吉登斯访谈录》,尹宏毅译,新华出版社 2000 年版。
[106] 塞瑞娜·潘琳:《阿伦特与现代性的挑战:人权现象学》,张云龙译,江苏人民出版社 2012 年版。
[107] 阿格妮丝·赫勒:《现代性能够幸存吗?》,王秀敏译,黑龙江大学出版社 2012 年版。

[108] 雷蒙·威廉斯:《关键词:文化与社会的词汇》,巨流图书有限公司 2004 年版。

[109] 巴巴利特:《公民资格》,谈谷铮译,桂冠图书股份有限公司 1991 年版。

[110] 丹尼尔·贝尔:《后工业社会的来临》,王宏周等译,桂冠图书股份有限公司 1995 年版。

[111] 戴维·米勒:《政治哲学与幸福根基》,李里峰译,译林出版社 2013 年版。

[112] 曼弗雷德·B.斯蒂格:《全球化面面观》,丁兆国译,译林出版社 2013 年版。

[113] 伊曼纽尔·沃勒斯坦:《现代世界体系:第一卷》,罗荣渠等译,高等教育出版社 1998 年版。

[114] 迈克尔·沃尔泽:《正义诸领域:为多元主义与平等一辩》,褚松燕译,译林出版社 2009 年版。

[115] 布罗代尔:《资本主义的动力》,杨起译,牛津大学出版社 1994 年版。

[116] 蓝普顿:《中国力量的三面:军力、财力和智力》,姚芸竹译,新华出版社 2009 年版。

[117] 阿尔文·托夫勒:《力量转移:临近 21 世纪时的知识、财富和暴力》,刘炳章等译,新华出版社 1996 年版。

[118] 乔纳森·沃尔夫:《当今为什么还要研读马克思》,段忠桥译,高等教育出版社 2006 年版。

[119] 特里·伊格尔顿:《马克思为什么是对的》,李杨、任文科、郑义译,新星出版社 2011 年版。

[120] 本杰明·史华兹:《寻求富强:严复与西方》,叶凤美译,江苏人民出版社 1995 年版。

[121] 杰里米·里夫金:《第三次工业革命:新经济模式如何改变世界》,张体伟等译,中信出版社 2012 年版。

[122] 亨廷顿:《文明的冲突与世界秩序的重建》,周琪等译,新华出版社 2010 年版。

[123] 沃勒斯坦:《转型中的世界体系》,社会科学文献出版社 2006 年版。

[124] 麦库姆斯:《议程设置:大众媒介与舆论》,北京大学出版社 2008 年版。

[125] 费尔克拉夫:《话语与社会变迁》,华夏出版社 2003 年版。

三、学术论文

[1] 汪晖:《当代中国的思想状况与现代性问题》,《天涯》1997 年第 5 期。

[2] 杨春时:《"现代性批判"的错位与虚妄》,《文艺评论》1999 年第 1 期。

[3] 万俊人:《"现代性"的"中国知识"》,《学术月刊》2001年第3期。
[4] 万俊人:《现代性的伦理话语》,《社会科学战线》2002年第1期。
[5] 高清海:《中华民族的未来发展需要有自己的哲学理论》,《吉林大学社会科学学报》2004年第2期。
[6] 衣俊卿:《现代性的维度及其当代命运》,《中国社会科学》2004年第4期。
[7] 陈晓明:《现代性之隐忧与多样性方案》,《海南师范学院学报》2004年第6期。
[8] 吴晓明:《文明的冲突与现代性批判》,《哲学研究》2005年第4期。
[9] 韩震:《现代性、全球化及其认同问题》,《新视野》2005年第5期。
[10] 丰子义:《马克思现代性思想的当代解读》,《中国社会科学》2005年第4期。
[11] 俞可平:《中国公民社会:概念、分类与制度环境》,《中国社会科学》2006年第1期。
[12] 杨春时:《论中国现代性》,《厦门大学学报(哲学社会科学版)》2009年第2期。
[13] 陈嘉明:《"理性化"或是"现代化":中国现代性问题的一点思考》,《文史哲》2009年第4期。
[14] 郑永年:《国际发展格局中的中国模式》,《中国社会科学》2009年第1期。
[15] 韩庆祥:《论转型与发展》,《天津社会科学》2010年第5期。
[16] 侯才:《"中国现代性"的追寻:对当代中国哲学发展主线的一种描述》,《哲学研究》2010年第4期。
[17] 陈玮芬:《日本"自然"概念考辨》,《中国文哲研究集刊》第36期,2010年3月。
[18] 欧阳康:《中国道路及其价值意蕴》,《马克思主义与现实》2011年第3期。
[19] 韩庆祥、张健:《中国特色社会主义建设实践的内在逻辑与发展趋向》,《中国社会科学》2012年第3期。
[20] 赵京华:《"近代的超克"与"脱亚入欧":关于东亚现代性问题的思考》,《开放时代》2012年第7期。
[21] 张有奎:《马克思与现代性的诊疗》,《厦门大学学报(哲学社会科学版)》2006年第6期。
[22] 郗戈:《历史唯物主义中国化与中国现代性建构》,《江海学刊》2012年第1期。
[23] 秦晓:《当代中国问题研究:使命、宗旨和方法论》,《科学决策》2008年第5期。

[24] 刘同舫:《构建人类命运共同体对历史唯物主义的原创性贡献》,《中国社会科学》2018 年第 7 期。

[25] 吴晓明:《马克思主义中国化与新文明类型的可能性》,《哲学研究》2019 年第 7 期。

[26] 陈先达:《历史唯物主义的史学功能:论历史事实·历史现象·历史规律》,《中国社会科学》2011 年第 2 期。

[27] 谢伏瞻:《加快构建中国特色哲学社会科学学科体系、学术体系、话语体系》,《中国社会科学》2019 年第 5 期。

[28] 孙正聿:《"说中国话"的马克思主义哲学:〈让马克思主义哲学说中国话〉的思路与意义》,《学习与探索》2012 年第 8 期。

[29] 李海青:《理解中国道路:有效建构中国话语的前提》,《理论视野》2015 年第 6 期。

[30] 韩庆祥:《全球化背景下中国话语体系建设与中国话语权》,《中共中央党校学报》2014 年第 5 期。

[31] 韩庆祥:《中国话语体系的八个层次》,《社会科学战线》2015 年第 3 期。

[32] 韩庆祥、张艳涛:《马克思哲学的三种形态及其历史命运》,《中国社会科学》2010 年第 4 期。

[33] 韩庆祥、张艳涛:《当代中国的整体转型与力量转移》,《毛泽东邓小平理论研究》2016 年第 1 期。

[34] 韩庆祥、陈远章:《人类命运共同体与中华新文明》,《学习时报》2017 年 6 月 26 日。

[35] 严书翰:《加强我国哲学社会科学话语体系建设的几个重要问题》,《党的文献》2014 年第 6 期。

[36] 韩震:《寻找和构建"真诚"的中国话语》,《对外传播》2015 年第 7 期。

[37] 陈曙光:《中国话语与话语中国》,《教学与研究》2015 年第 10 期。

[38] 陈曙光:《"世界之问"与中国方案》,《马克思主义与现实》2019 年第 6 期。

[39] 欧阳康:《中国哲学话语体系的反思与建构》,《光明日报》2015 年 6 月 10 日。

[40] 郭建宁:《构建当代中国哲学社会科学话语体系的正确维度》,《中国社会科学报》2014 年 11 月 5 日。

[41] 陈金龙:《"三个自信"与中国话语权的建构》,《光明日报》2015 年 1 月 15 日。

[42] 贺来:《哲学理论创新的基本要素:以德国古典哲学研究为个案》,《江海学刊》2014 年第 1 期。

[43] 袁祖社:《当代文明形态变革之主题自觉发展与中国式发展理念的实践——价

值逻辑》,《学习与探索》2016年第1期。

[44] 王庆丰:《历史唯物主义与中国问题》,《天津社会科学》2011年第4期。

[45] 孙亮:《历史唯物主义对"中国问题"的三重建构意义》,《中国社会科学报》2010年9月30日。

[46] 董云虎:《努力建设中国特色哲学社会科学学术话语体系》,《学术月刊》2016年第4期。

[47] 唐世平:《多了解一点世界》,《南风窗》2015年第3期。

[48] 崔唯航:《让马克思主义哲学说汉语:旨趣与路径》,《山东社会科学》2012年第7期。

[49] 郗戈:《历史唯物主义中国化与中国现代性建构》,《江海学刊》2012年第1期。

[50] 许锦云:《文明类型理论与中国特色社会主义》,《探索》2011年第1期。

[51] 姜飞:《18世纪以降文化与文明的话语博弈》,《华中师范大学学报(人文社会科学版)》2013年第6期。

[52] 刘森林:《文化、虚无主义话语与社会发展:德国和俄国对中国的启示》,《西南大学学报(社会科学版)》2014年第1期。

[53] 梁孝、童萍:《话语权:社会科学普遍性与特殊性之争的焦点》,《思想战线》2011第1期。

[54] 李滨:《"百年未有之大变局":世界向何处去》,《人民论坛》2019年第7期。

[55] 汉娜·阿伦特:《哲学与政治》,林晖译,载贺照田:《西方现代性的曲折与展开》,吉林人民出版社2002年版,第339~366页。

[56] 汉娜·阿伦特:《什么是自由》,田立年译,载贺照田:《西方现代性的曲折与展开》,吉林人民出版社2002年版,第396~397页。

[57] 汉娜·阿伦特:《传统与现代》,洪涛译,载贺照田:《西方现代性的曲折与展开》,吉林人民出版社2002年版,第397~396页。

[58] 利奥塔:《重写现代性》,载包亚明:《后现代性与公正游戏:利奥塔访谈、书信录》,谈瀛洲译,上海人民出版社1997年版,第150~155页。

[59] 利奥·施特劳斯:《现代性的三次浪潮》,丁耘译,载贺照田:《西方现代性的曲折与展开》,吉林人民出版社2002年版,第86~101页。

[60] 钱永祥:《现代性已耗尽了批判意义吗?——汪晖论现代性读后有感》,载贺照田:《后发展国家的现代性问题》,吉林人民出版社2002年版,第1~17页。

后 记

现代性虽然发端于西方,但是随着世界历史和全球化进程,它已经跨越了民族国家的界限而成为一种世界现象。如今,"东方睡狮"终究被现代化和现代性唤醒,中国正在加速实现现代化、奋力追求现代性,开启全面建设社会主义现代化国家新征程,与此同时,现代性在西方已显现出种种问题与弊端,可以说关于现代性话语的理论反思和哲学批判恰逢其时。在当代中国研究现代性问题,必须保持两方面的警觉:其一是自觉的"中国现代性"建构意识,这是中国作为后发现代化国家的"后发优势"和"比较优势"得以实现的前提;其二是广阔的"全球视野",这是中国作为绵延不绝的文明古国的"历史优势"和"文化优势"得以实现的基础。如果说现代性是现代社会的内在机理,它表征着渗透到现代社会所有方面的本质规定性,那么"中国现代性"建构则承载着建设现代国家、建设现代社会和建构现代心灵秩序的历史任务。如何协调"现代性建构"和"建立现代民族国家"的冲突,考验着当代中国人的思想深度与政治智慧。现代性作为当代人类社会经验的基本方面无疑已经成为学术研究和理论创新的重心之一。一部现代性的发展史同时也是一部现代性的生成史与理解史,更是一部现代性的反思史与批判史。从文明的高度看,"中国现代性"建构是一个全面的建构,包括经济、政治、社会、文化和生态"五位一体"的全面现代性的目标。因为,当代中国人不仅要成为"当代历史的同时代人",也要努力成为"当代思想的同时代人"。"中国现代性"建构的种种努力与成就,必将影响深远,极有可能开辟"一种新的现代性文明形态"。

我是2007年7月份来厦门大学人文学院哲学系工作的,在厦门大学有两位学者以研究现代性问题而著称:人文学院哲学系陈嘉明教授和人文学院中文系杨春时教授,受两位学术前辈的影响,来到厦门大学后我一直自觉地把现代性作为我学术研究的一个重要方向,力图在这一领域能够有所成就,以承续厦门大学现代性研究之传统。本书的初稿是在2013年3月至2014年3月我在台湾访学期间完成的,与台湾学者的交流使我坚定了"中国现代性"研究的信念。2016年我曾到俄罗斯、白俄罗斯、保加利亚三国参加学术会议,使我对苏联解体、东欧剧变后的现代性走向有了新的思考。2018年我又到英国、法国和德国三国进行"重走马克思之路"的学术考察,更加直观地感受到西方现代性的成就与问题,使我有机会不断充实本书的内容。2019年,中华人民共和国成立70周年,借助于举国大庆的契机,立足人类文明转型发展的视角,我循着"中国奇迹—中国道路—中国理论—中国方案—中国话语"的逻辑,再一次深入思考"中国现代性"建构问题。本书部分内容曾在国内学术期刊发表,包括《哲学研究》《中共中央党校学报》《中国人民大学学报》《人民论坛》《福建论坛》《社会科学》《中共天津市委党校学报》《前线》《当代中国价值观研究》《理论与评论》,首先,感谢这些期刊和论文的编辑,没有他们的提携与帮助,就没有我学术的成长。

其次,感谢本书能够入选厦门大学《南强丛书》,感谢厦门大学出版社编校人员认真专业的编校,使我能够在厦门大学出版社顺利出版第一本学术著作,这也是我献给百年厦大的小小礼物。一晃来厦门大学工作已经十三个春秋,秉承厦门大学"自强不息、止于至善"的校训,我愿只争朝夕、不负韶华!

最后,感谢我家人的理解、支持和包容。我岳母管洪松女士从遥远的黑龙江来到福建厦门,十年如一日地帮我们照看孩子,料理家务,非常辛苦,我感激!我妻子王爱萍女士为了追随我,辞掉熟悉的教学工作,另寻陌生的行政职务,后来又辞掉行政职务重返教学科研岗位,非常不容易,我理解!我已满10岁的女儿张馨洋小朋友,看着她渐渐长大,我既欣慰又紧张,她使我领略到"10后"女孩的万种风情,我珍惜!

张艳涛于厦门大学囊萤楼
2020年9月6日